Esta obra está dedicada a su Santidad el papa Juan Pablo II, a la memoria de la Madre Teresa de Calcuta y al profesor Jérôme Lejeune. Su liderazgo, valor y ejemplo me han inspirado durante muchos años y me han animado y apoyado en mi trabajo.

También está dedicada a mis padres, quienes me dieron la vida y me enseñaron con su ejemplo de entrega cómo vivir y ser compasiva con los demás. Por último, se la dedico a mi propia familia, cuyo amor y apoyo me han permitido realizar esta obra.

Amor y familia

Formación de nuestros hijos en adultos responsables

Mercedes Arzú de Wilson

- Educación
- Comunicación
- Autoestima
- Espiritualidad
- Adolescencia
- Sexualidad
- Planificación familiar

Catalogación en la fuente

Arzú de Wilson, Mercedes
Amor y familia : guía práctica de educación y sexualidad. -- Maryland, USA 2012.
366 p. : il. col. ; 24 cm.
Bibliografía: p. 339-346
ISBN 968-24-6433-1

1. Educación familiar. 2. Matrimonio. I. t.

Título original: Love and Family,
Raising a Traditional Family in
a Secular World
Traducción: Odile Cano

P.O. Box 1170, Dunkirk, MD 20754-1170
Tel. 1-800-443-3395

Tercera edición en español, Marzo 2012 (ISBN 968-24-6433-1)

Prólogo de Enrique Rojas*

UNAS PALABRAS SOBRE MERCEDES ARZÚ DE WILSON

Conocí a la autora en Roma, a propósito de un Congreso Internacional de Medicina en el que participábamos los dos. Me impresionó mucho su claridad de ideas, su firmeza en la exposición de sus conceptos y su entusiasmo inusitado por difundir su pensamiento en un mundo como el nuestro, apasionante, interesantísimo, pero que ha hecho del relativismo un código moral, la llamada ética sin moral de Guilles Lipovetski.

Después coincidí con ella en otra reunión internacional sobre la mujer, en Puerto Rico, bajo los auspicios de dos personajes de verdadero lujo de esta isla: Wifredo Peña y Teruca Rullan. También en esa ocasión pude percatarme de que estábamos ante una mujer de talla. Me habló largo y tendido de este libro, cuyo título original es *Love and Family, Raising a Traditional Family in a Secular World,* y lo traje a Madrid en su idioma original, el inglés. Su tema, el tratamiento del mismo y la claridad expositiva lo convierten en un texto valioso. En los tiempos que corren, hablar del amor, sin caer en los tópicos y lugares comunes, sorprende, sobre todo si tenemos en cuenta la falsificación del lenguaje que los medios de comunicación han conseguido en los últimos años.

Navegar contracorriente es un trabajo esforzado en la marinería superior. Cuando el destino de la travesía está claro, no importan los vientos contrarios, ni que arrecien tempestades y peligros de encallar en cualquier arrecife. Son gajes del oficio. Pero se impone la mirada fija, puesta en el horizonte. Esto es como encontrar un amigo con doctrina, con ideas claras y con el coraje suficiente para exponerlas de forma lúcida, sin adulterarlas ni rebajar su nivel. Aunando criterio y capacidad para hacer atractiva la exigencia.

*Catedrático de Psiquiatría en Madrid; Director del Instituto Español de Investigaciones Psiquiátricas; Premio Conde de Cartagena de la Real Academia de Medicina, Madrid.

Esta es Mercedes. Como el pájaro se eleva por encima del paisaje, ella mantiene sabrosa la fruta del amor: siempre joven, como el neblí, que se alza a lo más alto, con el pico donde viene el aire y le embriaga.

LA PALABRA *AMOR*

El amor es una de esas palabras cargadas de los más variados sentidos. Acometerla con cierto rigor no es tarea fácil. De ella existe un auténtico abuso. En ella se dan cita un conjunto de significados que es preciso matizar. Hay razones de peso para abandonar la tarea, sobre todo si echamos una mirada a nuestro alrededor y vemos cómo es tratada en los grandes medios de comunicación social. El uso, abuso, falsificación, manipulación, adulteración y cosificación del término amor, han ido conduciendo a una cierta ceremonia de desconcierto. Sinfonía léxica desorientada que forma una tupida red de contradicciones.

Tener las ideas poco claras en algo tan primordial como esto es, a la larga, dramático. Y se paga con creces a la hora de la verdad. Desde la expresión francesa *hacer el amor* para referirnos a las relaciones sexuales, pasando por aquella otra de *unidos sentimentalmente* cuando alguien inicia una nueva andadura, hasta llegar a la de *nueva compañera afectiva*. Se mezclan hechos, conceptos, intenciones. Pero hay bastante trivialización en todo ello.

Durante décadas, Occidente se ha preocupado al máximo por la educación intelectual y sus rendimientos. Pero el descuido en lo afectivo ha sido mayúsculo. A mí me parece que la mejor fórmula es *buscar un amor inteligente*, que decide integrar en la misma operación ambas esferas psicológicas: sentimientos y razones, dándose luz recíprocamente. Algunos amores, cuando llegan, suelen ser bastante ciegos y, cuando se van, demasiado lúcidos. Para que esto no ocurra hay que adentrarse en el estado de la cuestión, poniendo orden en la frondosidad de esta jungla terminológica. Aquí la ignorancia o la confusión va a ser dramática. Lo está siendo ya en estos momentos. Hay muchos tipos de amor, pero todos hilvanados por el mismo hilo que los enlaza. Decirle a alguien "te amo" no es lo mismo que pensar "te deseo" o "me siento atraído por ti". Sucesión de secuencias próximas y lejanas. Variedad de fenómenos, que van desde el *enamoramiento*, al *amor ya establecido* y de ahí a la *convivencia*. Trayecto clave, decisivo, terminante: de lo carismático a lo institucional. Transitamos de la sorpresa que es descubrir e irse enamorando para alcanzar una fórmula estable, duradera y persistente.

Unas y otras engendran diversos estados de ánimo: sentirse absorbido, estar encantado, dudar, tener celos, desear físicamente, percibir las dificultades de entendimiento, decepcionarse, volverse a entusiasmar. Las fronteras entre unas y otras son movedizas. Cuando el animal tiene lo que necesita, se calma y deja de necesitar. El hombre es un animal en permanente descontento. Siempre quiere más. Por eso, el conocimiento de lo que es el amor le va llevando hacia lo mejor. Tira, empuja, se ve arrastrado por su fuerza y su belleza. Su menesterosidad es biográfica. El amor es lo más importante de la vida, su principal guión. Lo expresaría de forma más rotunda: "Yo necesito a alguien para compartir mi existencia." Algo frente a *alguien*. Pero vuelvo al origen del vocablo.

Amor deriva etimológicamente del latín *amor -oris* y procede también de *amare*, por un lado, y de *caritas*, por otro–. Amare es tomado del término etrusco *amino*: "genio de amor" y se aplica indistintamente a los animales y a los hombres, ya que tiene un significado muy amplio; quiere decir "amar por inclinación, por simpatía", pues nace un movimiento interior. Su contrario es *odi* (odiar).

Cupido es el dios del amor en la concepción latina. Deriva de *cupere* (desear con ansia, con pasión); y también de *cupidus* (ansioso). *Cupido* es la personificación del amor.

El griego tiene la expresión *Epws* (eros), que era considerado el dios del *amor* en el mundo antiguo. La raíz de *Epws* es *erdh* del indoeuropeo: y significa profundo, oscuro, misterioso, sombrío, abismal, subterráneo. Este significado primitivo se mantiene en *Erda*, personaje sombrío y misterioso de la obra de Wagner *El oro del Rhin*.

En el mito griego, *Epws* tuvo originariamente una tremenda fuerza, capaz de unir los elementos constitutivos del mundo. Posteriormente, el mito de *Eros* se restringió al mundo humano, significando la unión de los sexos. Se le representa plásticamente como un niño alado (rapidez), provisto de flechas.

Del *Eros* griego pasamos al *ágape* cristiano: convivir, compartir la vida con el amado. Ambas nos introducen la psicología y la ética del amor. A pesar de esta variedad de concepciones, hay en el amor algo esencial y común a todas ellas: *la inclinación, la tendencia a adherirse a algo bueno, tanto presente como ausente*.

El amor está universalizado con palabras de absoluta resonancia: *love*, en inglés, *amour*, en francés, *amore*, en italiano y *Liebe*, en alemán, aunque este último idioma utiliza también la expresión *Minne* en el lenguaje vulgar, hoy de menos actualidad.

El perímetro del vocablo amor muestra una gran riqueza en castellano: querer, cariño, estima, predilección, enamoramiento, propensión, entusiasmo, arrebato, fervor, admiración, efusión, reverencia... En todas hay algo que se repite como una constante: *tendencia basada en la elección hacia algo, que nos hace desear su compañía y su bien*. Esta dimensión de tender hacia algo no es otra cosa que predilección: preferir, seleccionar, escoger entre muchas cosas la que es válida para esa persona.

Hay una diferencia que quiero subrayar ahora, la que se establece entre *conocimiento* y *amor*. El primero entraña la *posesión intelectual* mediante el estudio y análisis de sus componentes e intimidad. Por el segundo se tiende a la *posesión real* de aquello que se ama en el sentido de unirse de una forma auténtica y tangible. Amor y conocimiento son dos formas supremas de trascendencia, de superación de la mera individualidad que presupone el deseo de unión. La fórmula clásica tiene aquí toda la seguridad del mundo: *no se puede amar lo que no se conoce*. A medida que uno se adentra en el interior de otra persona y lo va descubriendo, se puede producir la atracción. La intimidad y sus recodos son un fértil campo de atracción magnética que empuja al enamoramiento. Aprender a amar con la razón es recuperarse del primer deslumbramiento y otear el horizonte. Que nos ocurra aquello que *deslumbra sin iluminar*. El sentimentalismo puro ha pasado a la historia, lo mismo que el racionalismo a ultranza. Uno y otro tienen que entender y superar sus diferencias. Están condenados a convivir y deben llevarse bien. Esa es la línea de este libro. Su objetivo último. La educación occidental ha privilegiado la razón abstracta como único cambio para llegar lo más lejos posible, desdeñando la parcela afectiva. Ese modelo ha sido erróneo y ha traído grandes fracasos.

REALIDADES A LAS QUE PODEMOS AMAR

El amor es una complicada realidad que hace referencia a múltiples objetos o aspectos de la vida. Podrían quedar ordenados del siguiente modo:

1. Relación de amistad o simpatía que se produce hacia otra persona; ésta ha de ser de cierta intensidad, lo que supone un determinado nivel de entendimiento ideológico y funcional. El *amor de amistad* es uno de los mejores regalos de la vida; gracias a él podemos percibir la relación humana como próxima, cercana, llena de comprensión. Laín Entralgo la ha definido "como una peculiar relación amorosa que implica la donación de sí mismo y la confidencia: la amistad queda psicológicamente constituida por la sucesión de los actos de benevolencia, beneficencia y confidencia que dan su materia propia a la comunicación". Vázquez de Prada en su *Estudio sobre la amistad* nos trae algunos ejemplos históricos: David y Jonatan; Cicerón y Ático, Goethe y Schiller; en ellos hay intimidad, confidencia, franqueza: porque la amistad es siempre vinculación amorosa.

2. Amplísima gama de relaciones interpersonales: amor de los padres a los hijos y viceversa; amor a los familiares, a los vecinos, a los compañeros de trabajo, etc. En cada una de ellas, la vibración amorosa será de intensidad distinta según la cercanía o alejamiento que exista.

Referido a cosas u objetos inanimados: amor a los muebles antiguos, al arte medieval, al Renacimiento, a la literatura del Romanticismo, etcétera.

3. El amor puede hacer mención también a temas ideales: amor a la justicia, al derecho, al bien, a la verdad, al orden, al rigor metodológico, etc. Aquí la palabra amor es más que nada una forma de hablar; aunque implica inclinación.

4. También puede referirse a actividades o formas de vida: amor a la tradición, a la vida en contacto con la naturaleza, al trabajo bien hecho, amor a la riqueza, a las formas y estilos de vida clásicos, etc. Sobre gustos hay muchas cosas escritas: cada una refleja una forma preferente de instalación en la realidad.

5. Un apartado fundamental es el dedicado al amor al prójimo, entendido éste en su sentido etimológico y literal: a las personas que están cerca de

nosotros y, por tanto, al hecho de ser hombre, con todo lo que ello trae consigo. Hilvanar todo lo humano de amor que unifica y sostiene y dinamiza. Desparramar amor es sembrar la alegría a manos llenas.

6. Un apartado con luz propia es el que se refiere al amor entre dos personas. El análisis del mismo nos ayuda a comprender y a clarificar el resto de los usos amorosos. Es tal la grandeza, la riqueza de matices y la profundidad del amor humano que nos revela las cualidades de cualquier tipo de amor.

Es esta una vía de conocimiento primordial, ya que vibra toda la temática personal, que va desde lo físico a lo psicológico, pasando por lo espiritual y cultural. Sus entresijos y recovecos suelen ser interminables.

El enamoramiento tiene que ser el obligado punto de partida. El centro de la rueda desde donde parten los radios que harán que el carro funcione. Luego vendrán las dificultades de la travesía, pero esa es ya la historia normal de cualquier recorrido.

Francesco Alberoni, en su libro *Te amo* (1996), habla del *estado naciente*, experiencia universal de encantamiento, en donde ve él todo el nacimiento de la cultura. Pretender apostar por un vínculo exclusivo y duradero es hacer y convertir ese amor en algo culto y consistente. Dicho de otro modo: es poner orden en ese sinnúmero de palabras que se arremolinan en torno al término amor: sentirse atraído, desear, querer, gustar, no poder olvidar, etcétera.

Es una empresa noble e intelectualmente provechosa *huir de los tópicos del amor*. Porque uno se pierde cuando llegan las dificultades que inevitablemente irán pidiendo paso como algo natural. Y que cuando uno mire por el espejo retrovisor, éste sea capaz de darnos una visión retrospectiva con fundamento. Ir diseñando *el atlas personal de la geografía* por donde hay que irse metiendo. En él se apilan todos los elementos habituales que vemos al movernos por la realidad: valles, collados, ríos secos y navegables, mares, paisajes serenos y encrespados. Todo eso misteriosamente apelmazado y disperso y a la vez bien diferenciado.

El mundo del amor forma un complejo sistema de referentes, remitentes y preferentes que es menester que cada uno devele, a su leal saber y entender, pero buscando la verdad sobre el hombre. Lo auténtico sobre lo que son, significan y conducen los sentimientos. Porque los mercaderes del templo venden el amor rebajado y cambiando su género. El amor afecta a toda mi ubicación: física, psicológica, profesional, social y cultural. Se cuela por sus entresijos y da vida o la quita. San Agustín decía "*requies nostra locus noster*": nuestro descanso es nuestro lugar.

Extender el *yo* hacia el *tú*, para formar un "nosotros". Queda asimilada la otra persona. Por eso enamorarse es enajenarse, hacerse ajeno, formar una unidad más espaciosa y profunda. El amor auténtico hace a la persona más completa.

7. Por último, está el amor a Dios. Para el creyente, ésta es una razón de ser primordial. En nuestra sociedad actual estamos viviendo un neopaganismo, con la aparición de dioses viejos mezclados con otros nuevos: el sexo, el dinero, el poder, el placer... tomados todos ellos en un sentido radical;

además: el relativismo, la permisividad, la ética indolora, el llamado *new age*; las normas morales a la carta, etcétera.

Pero el Dios judeo-cristiano es *Alguien*. El cristianismo no es una filosofía de vida, ni un conjunto de ideas personales y sociales que ayudan al ser humano a sobrellevar mejor las diferencias de la vida, sino que la esencia del cristianismo es una Persona, Jesucristo, que sirve de modelo de identidad. Punto de referencia que es capaz de iluminar con su esplendor todos los ámbitos del quehacer humano. También este amor debe ser personal, recíproco, amistoso, tejido de diálogo, en donde las diferencias se liman por la grandeza de Dios.

Hay que reconocer que todavía sigue latiendo esa especie de represión de la espiritualidad que surgió hace unos años, aunque parece que los vientos han cambiado de signo. El hombre se hace oceánico con la trascendencia, desamarrado de su propia estima, todo lo pone en Dios: pértiga audaz para dar el salto de sí mismo al otro.

LA SEXUALIDAD DEBE SER UN LENGUAJE DE AMOR

Amor y sexualidad deben formar un binomio irrenunciable. La vida sexual tiene mucha importancia en la armonía de la pareja. Desconocer esto sería ignorar una de sus principales dimensiones. El amor humano, para que sea auténtico, debe hospedar en su seno tres ingredientes: el físico, el psicológico y el espiritual. El amor es el principal argumento. Alrededor de él giran y se mueven una serie de elementos decisivos de la vida, pero él constituye el auténtico gozne, eje diamantino y centro de operaciones desde el que las demás realidades cobran y reciben su sentido.

Es el modo de entender que es el amor lo que perfila nuestra vida. Por eso es básico tener las ideas claras en este campo. El amor es el mejor compañero de viaje. Poner amor en las cosas pequeñas de cada día y en las personas con las que nos tropezamos a diario es una forma sabia y poderosa de actuar. Pero siendo capaces de utilizar la palabra sin degradarla, llamando sexo al sexo; al encuentro epidérmico con el cuerpo de otro, instrumentalización sexual de esa persona; y nombrando al verdadero amor como entrega y donación que procura la felicidad y un mayor grado de libertad.

El amor entre dos personas emerge de la atracción física en un principio. Del plano físico va transitando al psicológico y de éste, al espiritual. Travesía habitual que va descubriendo la personalidad del otro. El anzuelo del principio suele ser casi siempre físico. Lo he dicho en alguna otra ocasión: el hombre se enamora más por lo que ve, mientras que la mujer se enamora más por lo que oye.[1] A mi entender, estos dos sentidos son los que llevan la delantera a todos los demás en esta operación de encantamiento. La vista y el oído actúan de árbitros para dictaminar el rumbo personal de los sentimientos en la decisiva tarea de elegir y comprometerse.

[1] *Véase* mi libro *El amor inteligente*, Temas de Hoy, Madrid, 1997.

Las relaciones entre amor y sexualidad no es que sean estrechas, sino que la una entronca directamente con la otra. Y a su vez, en su seno vibran con fuerza todos y cada uno de los ingredientes que nutren lo mejor del ser humano: lo físico, lo psicológico, lo espiritual y lo cultural. Aquí, en el encuentro sexual, lo que se destaca y toma el mando es la emoción placentera del goce del acto sexual, quedando algo relegadas las otras tres dimensiones, pero envolviéndolo todo. Por eso hay que volver a subrayar que *la relación sexual es un acto íntimo de persona a persona*, nunca de cuerpo a cuerpo.

¿Qué quiere decir esto? Sencillamente que cuando al otro se le trata sólo como ser físico, portador de un cuerpo, se ha escamoteado la grandeza del amor y su profundidad. Esto es lo que pasa hoy en algunas ocasiones.

Por una parte estamos anegados de sexo mediante una propaganda erótica continua. Es difícil, si uno se deja llevar por esos derroteros, ver la sexualidad con unos ojos limpios, sanos, normales. Permanentemente somos invitados al sexo por los medios de comunicación social. Y esta convocatoria se hace de una forma divertida, epidérmica, como una liberación que plenifica y conduce a la maduración de la personalidad. Todo ese mensaje, apretado, sintético, englobado y envuelto en sus mejores aderezos, lleva al que no tiene las ideas claras a pensar que esa es la condición humana. Y nada más. Y eso es sustancialmente falso: reducir la sexualidad a un medio para utilizar al otro, sin más, la rebaja de rango, la envilece. La sexualidad desconectada del amor y de los sentimientos conduce a lo neurótico. Falsifica su verdadero sentido y, hablando y pregonando de libertad, se termina en una de las peores esclavitudes que puede padecer un sujeto: vivir con un tirano dentro que empuja y obliga al contacto sexual preindividual y anónimo.

El cuerpo es algo personal, particular, propio. Éste debe integrarse en el conjunto de la personalidad. *La sexualidad es un lenguaje cuyo idioma es el amor*: por eso la relación sexual debe estar presidida por el amor a la otra persona, que es una entrega rica y diversa, que no sólo se produce en el terreno de la sexualidad. Amor personal comprometido, estable, que vincula a lo corporal, a lo psicológico y a lo espiritual. Dicho en términos más rotundos: el acto sexual auténtico, verdadero, es simultáneamente físico, psicológico y espiritual. Los tres participan directamente en esa sinfonía íntima, misteriosa, delicada y que culmina con la pasión de dos seres que se funden en un abrazo.

La verdad sobre el hombre existe. A pesar del relativismo y la permisividad. También esto vale para lo sexual. Muchas encuestas nos hablan de las relaciones sexuales de los jóvenes y nos ofrecen matices, ángulos y perspectivas diferentes. Pero no olvidemos lo siguiente: la sociología no descubre comportamientos mayoritarios, qué está pasando en la sociedad en esos momentos y sobre ese tema concreto. La moral es el arte de vivir con dignidad y nos enseña cómo debemos actuar, qué es lo mejor para el hombre a la larga. La sociología observa hechos y los ofrece estadísticamente. La moral fija ideales y conductas que hacen al ser humano más libre. La verdad no depende del consenso, ni de lo que diga la mayoría. Eso son opiniones. Las opiniones son como las estatuas de Dédalo, que están en permanente actitud de huida. Hoy se asoman con vigor y mañana se desvanecerán. Cuando uno, en cuestiones esenciales, se apunta a las modas, está perdido a la vuelta de la esquina.

Tres observaciones sobre la marcha que no quiero dejar en el tintero:

1. Hoy estamos asistiendo a una verdadera *idolatría del sexo.* Yo sólo quiero llamar la atención sobre ello. Se ha instalado en el corazón de nuestra sociedad el sexo a todas horas, a impulsos de la pornografía y sus derivados. Cosificación degradante del sexo. Con una nota *sui generis*: trivializa el sexo y, a la vez, lo convierte en religión.

El hombre banalizado, encallado, trivial, insignificante para lo más grande, que reduce la sexualidad a placer genital de usar y tirar. Y nada más. Nos sumergimos, así, en la *sexual perfomance*: las marcas o retos sexuales. Y nos preguntamos: ¿cuántas veces al día o a la semana puede una persona tener relaciones sexuales y de qué modos o técnicas?

2. En el tema sexual bien se puede decir que vivimos en una sociedad neurótica.[2] Es la ceremonia de la confusión. Una sociedad que busca lo que escandaliza y fomenta lo que luego condena. Un botón de muestra: los anuncios en la prensa sobre sexo e incluso sobre sexo adolescente... y cuando éste salta a los medios de comunicación, éstos dan su voz de alarma, vociferando alborotados sobre lo que está sucediendo. Apoteosis de la disolución de los referentes. En el amor inteligente se usa la cabeza y el corazón a la vez, en conformidad con la realidad de lo que son las cosas humanas.

3. ¿Dónde debe ubicarse la sexualidad? ¿En qué zona hay que situarla dentro de la geografía de lo humano? ¿Es una pieza suelta que campa por sus respetos y debe ir y venir según su antojo y apetencias? Estas preguntas remiten a una respuesta: hay que trabajar una educación sexual en la que se integren todas las variables antes apuntadas. La sexualidad no es algo puramente biológico, un placer ligado al cuerpo, sino que mira a lo más íntimo de la persona. Por tanto hay que sacar esta primera conclusión: *la sexualidad es una pieza integradora de los planos físico, psicológico, espiritual y cultural.* Visión del hombre completo. Si la vocación principal del hombre es el amor, toda la vida sexual debe vertebrarse en torno a él... Ahí debe situarse la sexualidad.[3] La sexualidad es un componente fundamental de la persona. La madurez de la personalidad consiste, entre otras cosas, en conocerla, saber para qué sirve y gobernarla, ser dueño de ella y no a la inversa. La sexualidad conyugal es la expresión directa de la donación de uno a otro, de una persona a otra. Relación singular, personal e íntima.

[2]Una sociedad de progreso material, pero sin rumbo, perdida, sin tener unas bases sólidas y aturdida por mensajes contrapuestos.

[3]En *la cultura del orgasmo,* éste es tomado como unidad básica, como *experiencia cumbre* para tomarle el pulso positivo a la vida. Urge una auténtica educación sexual que ponga las cosas en su sitio, al menos para los que quieran tener las ideas claras sobre un asunto tan central.

La relación sexual se hace verdaderamente humana cuando es de persona a persona. *Pervertir el significado de la sexualidad es llevar al ser humano al vacío, a la esclavitud y a la desintegración.* Al primero, porque lo que llena de verdad es lo que mejora y perfecciona a medio-largo plazo. Al segundo, porque no se le puede hablar a un esclavo de libertad. Al tercero, porque sin armonía afectiva el hombre se rompe y salta por los aires a merced de su parte más animal, que ahora dirige sus pasos hacia una patología de sus significados profundos. Cada época tiene sus neurosis y, cada tiempo, sus psicoterapias.

La vida sexual en la pareja debe buscar su mejor acoplamiento a medida que pasa el tiempo. Cuando ésta funciona bien en general, también lo hace en esta parcela, en lo particular. La sexualidad del hombre es bastante más que sexo. Vehículo privado de acercamiento y comprensión, de goce compartido y de donación total. La visión de ella como un simple juguete para divertirse empobrece su sello. Es indudable que el placer del cuerpo tiene en el orgasmo su nivel más alto. Pero no debe quedarse ahí. ¿Por qué? Porque la sexualidad no es un objeto. Hay que tener una visión de la sexualidad en el conjunto de la persona. La maduración consiste precisamente en eso: llevarla a que se incruste en la persona global.

Cuando nos quedamos en el campo exclusivamente biológico, al no ser capaces de totalizar, éste no refleja las ricas y múltiples implicaciones e interdependencias que tiene. Es el arte de ensamblar. La mirada inteligente puesta sobre esta parcela. Reducir la sexualidad a bien de consumo me parece penoso.[4] También esto cuenta para la continuidad matrimonial. La sexualidad inteligente es aquella en la que, junto con la ternura, se mezclan la complicidad, el misterio, la delicadeza, la pasión y el compartir todas las realidades que se tienen y se anuncian. Fórmula para el éxito en el buen entendimiento sexual. Certera combinación, mezcla con arte y talento, en la que todo se ordena en una comunicación profunda y en la alegría del otro y en la propia.

Es un grave error de percepción hacer del placer sexual el mayor bien posible de la vida conyugal. Y también, lo contrario: minimizarlo, posponerlo y dejarlo para momentos estelares es no haber comprendido cuáles son sus claves y resortes principales. Ni idolatría y utilitarismo, por un lado, ni tampoco la otra cara de la moneda: espiritualismo decadente, limitando esta parcela de la geografía personal. Cuando esto no se entiende bien y se vive aún peor, el amor se convierte en una *fusión de egoísmos,* unas veces, y otras, en una *concentración de ignorancias.* No conviene lo uno ni lo otro.

Se trata de ir consiguiendo un *amor sexual y espiritual a la vez.* Espiritualizar la sexualidad conyugal. Igual que la razón ofrece argumentos a la afectividad para hacerla a ésta más madura, hay que impregnar de idealismo, dulzura y elevación el plano sexual. Se mantiene con frescura y lozanía siempre que un romanticismo lo envuelva. Lo veremos más adelante. *La persona es tratada no como objeto de placer, sino como objeto de amor.* No es servirse de ella como algo que se usa. Debe emerger siempre el valor de la otra persona como superior al valor del placer. Frente al principio de utilidad, la norma personalista. La sexualidad puede parecer fácilmente bien,

[4] La oferta del entretenimiento sexual en la televisión y en el cine carece de unos mínimos criterios racionales. Es la vulgaridad sobre el tapete. Pasarlo bien sin restricciones. Esa es la visión de la felicidad. Yo quiero hacer una enmienda a la totalidad: *no eres más libre cuando haces lo que te apetece, sino cuando eliges aquello que te hace más persona.*

Atención, no confundir no tener *tabúes* con no tener *principios.* Existe la misma diferencia que se establece entre *democracia* y *demagogia.* En la primera, lo importante es la participación de todos y la aceptación del pluralismo ideológico. En la segunda, se gobierna buscando agradar a la masa, diciéndole lo que quiere oír, con la sola preocupación de ganar votos. La travesía de uno a otro se puede hacer con facilidad; de ahí la importancia de la *oposición,* para regular y frenar los abusos de poder y falsificación de mensajes.

sólo por la fuerza del deseo. Pero en la sexualidad madura e inteligente este plano queda ampliamente rebasado. *Quiero tu bien antes que el mío.* Se imbrican así y se superponen dimensiones distintas, no excluyentes. Max Scheler y Pascal hablaron de la *logique du coeur.* Por eso, ese amor que se esfuerza por mejorarse a sí mismo, perfecciona y conduce a superarse a sí mismo dando salida a valores típicamente humanos: generosidad, donación, confidencia, capacidad para hacer la vida agradable al otro evitando el egoísmo y el pensar demasiado en uno mismo. La vida conyugal se hace más intensa y sus lazos, más fuertes y rocosos. Recientemente, Goleman ha hablado de *inteligencia emocional,* ensamblando afectividad e inteligencia.

PSICOLOGÍA CONDUCTISTA Y COGNITIVA

La vida actual se ha psicologizado. Cualquier análisis de la realidad ofrece un ángulo psicológico. Esto es un componente moderno que no existía hace tan sólo un par de décadas. A todos nos interesa esta materia. Por una parte, para conocernos mejor y saber dónde están los resortes más importantes de la conducta. Por otra, para facilitarnos las relaciones con los demás, toda vez que la convivencia tiene unas reglas que pasan por saber a qué atenerse en el comportamiento interpersonal. En las últimas décadas, las publicaciones de psicología se han multiplicado y, con ellas, los denominados "libros de autoayuda".

En las últimas décadas se han desarrollado tres escuelas de gran importancia dentro de la psicología científica. El *conductismo* por un lado, la *psicología cognitiva,* por otro, y entre ambas, se ha ido elevando el concepto moderno de *aprendizaje,* que toma influencias de una y otra. Se superan así las viejas concepciones de la psicología existencialista inspirada en el análisis fenomenológico-existencial que tuvo bastante predicamento hasta la década de 1960. Igualmente, el psicoanálisis, tal y como lo concibiera su fundador, Freud, ha perdido fuerza hoy. De él se ha derivado una serie de escuelas con muchos matices y vertientes diversos.

El principio central sobre el que se basa el *conductismo* reside *en considerar que nuestro comportamiento se mueve mediante relaciones estímulo-respuesta, nuestra conducta es producto de nuestro condicionamiento.* Fue Watson, hacia 1913, quien inició su despliegue, prescindiendo de dos puntos básicos que hasta ese momento habían tenido un relieve decisivo: la *conciencia psicológica* y la *introspección.* La persona se puede estudiar igual que el comportamiento animal, siguiendo unas reglas: la observación atenta y cuantificada de lo que se ve hacia fuera, hacia el exterior. La conducta es algo público que puede ser medido, pesado, cuantificado. Por este derrotero se pretendía controlar y predecir lo que puede un hombre hacer, según el tipo de estímulos a que fuera sometido. Llevado esto al tema que nos ocupa, el de la vida de la pareja, quiere decir que sí se controlan las variables que entran en juego en esa comunicación. El conductismo pretendió equiparar la psicología como ciencia, a la física, con unas reglas relativamente bien establecidas. Éste sería el camino para mejorar muchos trastornos psíquicos: desde la falta de entendimiento en una pareja, hasta la tendencia a discutir, pasando por la dificultad para olvidar los agravios recibidos por el otro.

Pero las cosas no han resultado así. Es evidente que esta corriente de pensamiento ha tenido grandes aciertos, pero ha dejado de lado el tema de los *procesos mentales*, cuya incidencia e importancia es enorme: la conciencia, la introspección y los sentimientos. Sus raíces hay que buscarlas, además de en Watson, en Pavlov, Poincaré, Comte y, posteriormente, Skinner.[5] Éste diseñó el concepto de *moldeamiento*: mediante el control del binomio premios-castigos se puede regular la conducta. Eso es muy interesante para la vida conyugal; tanto, que se podría formular la siguiente afirmación: *la clave para que la conducta conyugal sea adecuada descansa sobre la noción de refuerzo*, que puede definirse de la siguiente manera: es aquel estímulo que incrementa la probabilidad de una respuesta. Hay *refuerzos positivos* y *negativos*: los primeros incrementan la frecuencia de una conducta; por ejemplo, si el marido al llegar a casa después de una jornada de trabajo le da un beso a su mujer y le dice –a pesar del cansancio– alguna palabra agradable, lo más probable es que ella reaccione de forma similar; y si el estímulo inicial del marido se sigue repitiendo en días sucesivos, se vuelve a dar un *patrón similar de respuesta*. Los segundos, los negativos, son aquellos que se eliminan después de que se ejecuta una respuesta; por ejemplo, si tengo dolor de cabeza, tomo un analgésico y el dolor desaparece.

Los conceptos centrales del conductismo son: *estímulo, respuesta, estímulo condicionado, estímulo incondicionado, respuesta condicionada, respuesta incondicionada*, así como *frecuencia, intensidad* y *duración* de una respuesta. Desde esas premisas se dibuja todo el mapa de la conducta, según esta corriente psicológica. El amor de una pareja consiste fundamentalmente en *un intercambio de refuerzos positivos, de recompensas actuales*. Que los hechos positivos y gratificantes incrementan una mejoría en las relaciones afectivas, es algo de una evidencia notable, que explica la teoría del refuerzo.[6] Aquí entra de lleno el trabajo del psiquiatra o del psicólogo.

Para la *psicología cognitiva*, nuestro cerebro funciona como una computadora, que recibe información desde fuera (*input*), lo que es seguido de *un procesamiento de la información* para culminar en una tercera etapa que es la *resultante exterior* (*output*). Aquí hay dos conceptos que es necesario matizar: *estímulo nominal* y *funcional*; en el primero, éste es igual para cualquier sujeto: una palabra, un gesto, una cara seria, una voz más alta que otra…; en el segundo, ese mensaje está matizado por el *atributo* que cada uno le da desde su *particular circunstancia*. Es la clave el tratamiento interno que cada persona

[5] Skinner, en su obra *Walden Two*, creía que se podía encontrar la felicidad siguiendo estos principios, haciendo que la gente mejorara su forma de funcionar. En este libro se puede ver, junto a elementos científicos bien definidos, visiones demasiado simplistas, que recuerdan al libro de Huxley, *Un mundo feliz*, o al de Orwell, *1984*. Son tres libros conductistas.

[6] La premisa de toda terapia cognitiva es ésta: *descubrir errores y distorsiones en la atribución de estímulos externos, internos y biográficos*. A eso se le llama *hábito de deformar*: torcer, arquear, deteriorar y rizar lo recibido.

da a los datos que se van almacenando en ella.[7] Es decir, que así como la computadora normal se puede definir como un *procesador general,* ya que es una máquina y no tiene historia, el hombre es un *procesador individual y específico,* lo que significa que, al tener una biografía, adopta distintas formas de archivar según su relación con el entorno próximo y lejano. Cuando una pareja discute por algo trivial, si no tiene cuidado, en vez de centrarse en los datos reales y concretos de ese hecho sobre el que ha tropezado, puede tender a sacar información pasada negativa... que no aporta nada nuevo al momento y que va a distorsionar la posibilidad de un diálogo centrado en algo concreto.

ERRORES MÁS FRECUENTES EN EL PROCESAMIENTO DE LA INFORMACIÓN CONYUGAL

Los principales errores y defectos en el procesamiento de la información conyugal pueden ordenarse del siguiente modo. No hay que olvidar que los principios sobre la organización del material recibido se codifican de manera diferente según las ocasiones y van desde la ordenación espacial, a la asociativa (asociación de ideas, conexión de conceptos similares, redes conceptuales), según la propia jerarquía de cada uno, por semejanza reticular, etc. Estos errores son los siguientes:

1. *Tendencia a distorsionar el pasado.* Suele ser bastante frecuente en parejas en conflicto. Consiste en que pequeños hechos o medianos o de cierta envergadura se almacenan en el interior de la memoria de forma incorrecta, con cargas pasionales negativas y peyorativas, lo que hace que no se pueda olvidar y esos contenidos estén siempre a punto de aflorar a través de la *lista de agravios.* En la psicoterapia, el trabajo consiste en ayudar a esa persona a *hacer otra lectura biográfica,* más sana, fría y desapasionada y asumiendo las cargas psíquicas peores, para evitar la neurotización.
2. *Generalizaciones excesivas.* Es elaborar una regla general a través de hechos aislados: "Tú siempre tienes que tener razón"; "Nada mío te gusta"; "Me corriges siempre que hablo en público"; "Lo nuestro no funciona porque no te veo volcado hacia mí"... Hacer ver que esto es un trastorno psicológico, espigando hechos precisos y aquellos que se repiten más habitualmente, es trabajo específico de psicoterapia.
3. *Maximización y minimización.* Consiste en evaluar la significación de hechos y circunstancias magnificando o, al revés, quitándole demasia-

[7] Toda la terapia conductista conyugal está centrada en favorecer en positivo la tupida red de aprendizajes positivos con el otro. El aumento de los refuerzos positivos de hechos, lenguaje verbal y no verbal. *La ciencia de las relaciones conyugales tiene aquí un fuerte bastión, que se complementa con la psicología cognitiva.*

La complejidad de estos intercambios tiene un puente, que es el arte de saber almacenar y codificar de forma correcta las cosas que el otro hace, dice o expresa con sus gestos.

da importancia. Aprender a valorar los acontecimientos en su cierta y justa medida indica madurez psicológica y una cabeza bien amueblada para enjuiciar lo que sucede.

4. *Adelantarse en negativo.* Es el mecanismo psicológico de adelantar *a priori* conclusiones que son arbitrarias y que tienen el sesgo del pesimismo, sin que exista una evidencia rotunda y clara: "Mi marido nunca cambiará, se lo digo yo, que lo conozco muy bien"; "La psicoterapia no va con él, él no responderá"; "Lo nuestro empeorará a pesar de que los dos hablemos con usted, doctor". La relación estímulo-respuesta se ha roto por la inferencia de las ideas preconcebidas. Falla el concepto de *respuesta.*
5. *Abstracción selectiva.* Así como el apartado anterior se refería a la respuesta, éste alude al *estímulo.* Consiste en centrarse en un detalle extraído de su contexto, sin tomar en cuenta los pormenores y circunstancias que lo rodean y conceptualizar eso de forma negativa y rotunda. "Una vez me dijiste que yo, al no tener carrera universitaria, nunca llegaría a comprenderte..." dice la mujer; y el marido comenta: "Sí, es cierto, pero te lo dije en un momento de enfado; estaba yo descontrolado y no debes tomármelo en cuenta." Apostilla ella: "Sí, qué fácil es decir ahora que no te diste cuenta, pero hay cosas que no se olvidan y que son muy duras para una mujer con la sensibilidad que yo tengo." La capacidad del psicólogo o del psiquiatra para corregir esto y situar los papeles en la ubicación precisa hará que se vayan desmontando estos *déficits en la interpretación de los sucesos.*
6. *Pensamiento dicotómico.* La forma de ver la realidad es maniquea: blanco-negro, bueno-malo, encantador-odioso. Se clasifican los criterios sobre las personas y sobre la propia pareja en dos categorías opuestas, irreconciliables, antagónicas, imposibles de acercar porque están en polos diametralmente opuestos. La discrepancia está servida. Esto traduce un marcado apasionamiento y escasez de juicio reposado. El tema de la estabilidad conyugal[8] es clave en un libro como el que el lector tiene ahora en las manos. Esta forma de manejar el pensamiento, maniquea en definitiva, se vuelve muy negativa para la estabilidad de la pareja, y desde ella es difícil salir hacia delante. Situarse cada uno en las antípodas del otro pone de manifiesto un error de base, ya que se formulan posiciones extremas e irreconciliables. A esto le llamamos *categorías absolutistas negativas.*

Estos seis apartados reflejan *falsos esquemas inconscientes* desde los cuales se acrecienta la distancia entre los miembros de la pareja. El arte del psicoterapeuta consiste precisamente en hacerles ver este fallo y aproximar las posiciones.

[8] Remito al lector al capítulo 6 del presente libro, "La importancia de la comunicación...", donde podrá encontrar algunas reglas prácticas para saltar por encima de esas dificultades.

18

EL AMOR INTELIGENTE

Acaba de aparecer un libro mío con este título. Lo he mencionado antes. *El amor inteligente debe estar tejido de corazón y cabeza, pero unidos ambos por el puente de la espiritualidad.* Necesita de unos sentimientos con una cierta madurez y, al mismo tiempo, la participación de criterios lógico-racionales. El *amor auténtico consiste en una pasión inteligente.* Para entender mejor las pasiones hay que aplicar la inteligencia como capacidad para discriminar, separar, seleccionar, verse de cerca y de lejos, desatascando unos planos en un momento dado y posponiendo otros. Ejercicio de contrastes presidido por un afán de síntesis y evaluación.

El corazón es el símbolo de los sentimientos en prácticamente todas las culturas. Las pasiones van mucho más allá que los cambios hormonales o las alteraciones bioquímicas. Sentimientos y razones: un amor con dos dimensiones, pero que aspira a la participación de la espiritualidad, que ofrece una visión más rica de ese amor.[9]

Al parecer las mujeres prefieren a los hombres solventes económicamente y los hombres buscan a las más jóvenes y atractivas. La persona superior busca algo más. El amor sufí[10] tuvo en el pensador árabe Ib-el-Arabí un gestor decisivo. De igual modo, el rabino Chiquitilla, nacido en Medinaceli, escribió un precioso libro titulado *El misterio de la unión de David y Betsabé,* en el que nos cuenta la leyenda de la búsqueda eterna de nuestra alma gemela, como camino para alcanzar la perfección.[11] Esta fascinación amorosa, para que se haga consistente y sólida, necesita ascender a planos donde la razón fría está mezclada con emociones bien estructuradas, en donde esa relación personal busca el bien del otro.

¿Qué debemos entender aquí por *espiritualidad*? La capacidad para mirar más allá de lo que se ve y se toca. Perspectiva que amplía el horizonte, lo dilata y ayuda a captar otros ángulos más sublimes, pero menos accesibles por el camino escueto de los argumentos. El pensamiento europeo tiene lo expresado en tres grandes libros que recorren nuestra cultura y le dan peso y medida. Son el Corán para los árabes; el Pentateuco para los judíos y el Evangelio para los cristianos. Ahí encontramos las mejores respuestas sobre cómo debe ser entendido el amor trascendente. Hay algunos textos que pueden ser añadidos a éstos. Así, en el Talmud hebreo hay una sentencia que dice lo siguiente:

[9] Es curioso que la mayoría de las agencias matrimoniales busquen este equilibrio como reclamo de sus clientes. Razonable intercambio de vertientes que se adentran la una en la otra. Hoy falta espiritualidad y las consecuencias de ello las tenemos ya sobre la mesa: el materialismo en lo sentimientos ha llegado a un cierto *reduccionismo,* al pensar que casi todo es sexo. Niego la premisa mayor. ¿Por qué? Porque los hechos estadísticos me dan la razón. Los amores trascendentes tienen una permanencia demostrada.

[10] También culto al amor distante y sobrestimación de la dama escogida.

[11] Incluso los agnósticos más recalcitrantes se dan cuenta de que el amor debe tener otra dimensión. Los amores planos, sin verticalidad, sin preocupación por los demás, terminan en el solipsismo de una egolatría más o menos camuflada.

En los últimos días de su vida, Mitterrand le contaba a Elie Wisel, judío practicante, el efecto que le había causado leer el libro *Historia de un alma,* de Teresa de Lisieux, porque "esa mujer sabía lo que era el amor de verdad, como lo más auténtico que hay en el hombre, la espiritualidad".

El hombre fuerte es el que gobierna sus pasiones;
el hombre honrado es el que trata a todos con dignidad;
el hombre sabio aprende de todos con amor.

Asimismo en el Zohar, también llamado Libro del esplendor, el judío puede beber unas fuentes claras, en donde hay pensamientos excelentes que hacen al ser humano aspirar a lo mejor.[12]

En el interior de la bodega
de mi amado bebí y cuando salía
por toda aquesta vega
ya cosa no sabía
y el ganado perdía que antes seguía.

Y otro trozo espléndido que refleja bien a las claras, pero con poesía universal, la fenomenología sentimental:

Mira que la dolencia
del amor, que no se cura
sino con la presencia y la figura
quédeme y olvídeme
el rostro recline sobre el amado;
cesó todo y déjeme
dejando mi cuidado
entre las azucenas olvidado.

El "allí me enseñarás" significa *conocer la sabiduría y la ciencia del amor*, en donde una persona se transforma en la otra, pero transida de visión sobrenatural. Uno se cambia mediante esa nueva óptica en un ser amoroso, capaz de perdonar,[13] de aceptar, asumir corregirse, volver a empezar. La espiritualidad le da otra perspectiva al amor. Lo llena de capacidad de sacrificio y se apoya en los grandes ejemplos judeo-cristianos. Erich Fromm, en *El arte de amar*, dice que el hombre tiene miedo a amar por el pánico a no ser correspondido. *El amor inteligente es tridimensional*. Las columnas que lo sostienen son el sentimiento maduro y la razón ecuánime. Por encima y por debajo: el idealismo de la finura educada en la mirada sobrenatural, que

[12] Julián Marías, en su libro *Tratado de lo mejor* (Alianza Editorial, Madrid, 1995), dice que la desorientación moral de nuestra época conduce a no saber a qué atenerse, porque todo es discutible. Yo, en mi libro *El hombre light* (Temas de Hoy, Madrid, 1997, 4a. ed.), he hablado de los dos grandes disolventes de la conducta moral: el hedonismo y el relativismo. Se desdibuja el horizonte de las normas éticas y se aterriza en dos descendientes más directos: la *permisividad* y el *materialismo*. Con ellos al lado no se puede llegar muy lejos en la estabilidad conyugal.

Hay que pasar del *utilitarismo humano* (en donde lo sexual es mercancía de trato) a la *cultura del amor responsable*. No hay libertad sin responsabilidad. El amor y la sexualidad miran a la zona más íntima de la persona, la respetan y favorecen su mejor edificación.

[13] Ser el primero en perdonar. Adelantarse para ir en busca del otro. Esa actitud rezuma trascendencia. *Perdona*, palabra mágica, que sana. Cuidar el amor requiere una actitud positiva y una atención de arqueólogo. A la larga es una gran inversión. El perdón es uno de los más grandes actos de amor que existen: darlo y recibirlo; ida y vuelta; suma y resta; donación y aceptación de los propios fallos y limitaciones.

pone desinterés, nobleza y romanticismo. Un amor hecho con materiales aristocráticos, distinguidos, ilustres. Es difícil de derribar y se hace compacto con el paso del tiempo, como una ciudad medieval amurallada.

AMOR Y ESPIRITUALIDAD

Sin espiritualidad, el amor conyugal es difícil que se mantenga. Es elevarlo de nivel y transitarlo de lo natural a lo sobrenatural. Lo físico tiende a pasar y a degradarse en alguna medida. Con lo espiritual sucede justamente lo contrario: ayuda a superar las flaquezas personales y suaviza el desgaste de la convivencia. Si amar es querer envejecer juntos, hay que procurar las *tres dimensiones*. Ahí se convocan los tres grandes amores clásicos: de benevolencia, de concupiscencia y de amistad. El primero tiene en el desinterés y en la búsqueda del bien del otro su primera propuesta, pensando más en el otro y menos en sí mismo. Es el amor más puro. Gozar viendo al otro disfrutando y saboreando lo bueno de la vida. *Te deseo lo mejor*. Sentimientos complacientes, generosos, donde uno se olvida de sí mismo para volcarse en el otro: amor magnánimo, amable, desprendido, noble, donde la educación complaciente se hace dócil. Sería como decirle a la otra persona: *guardo las formas como cuando éramos novios*, me esmero por tratarte como lo que quiero que seas para mí, mi apoyo y descanso.[14] Hay que avanzar en esa línea mediante esbozos, tanteos, aprendizajes y, por supuesto, la ilusión de llegar a formar una pareja bien conjugada, armónica. *El amor consiste en un proyecto compartido de generosidad, donde cada vida intenta alumbrar a la otra*. Pensar y ocuparse más del otro. La felicidad propia pasa por delante de la otra persona. Pasaje obligado que engrandece el verdadero amor. Ahí descansa la grandeza conyugal y, al mismo tiempo, también su dificultad. Esto debe quedar muy claro, porque las palabras adornan los hechos, pero la realidad tiene un fondo riguroso y notable: amor compartido, benevolente, que es capaz de crear un "nosotros". El otro, no como objeto de placer, sino como propósito de amor de calidad. Reciprocidad verdadera donde uno apuesta por el otro y le dice que va a esforzarse por darle lo mejor que tiene. *Es un amor moral, porque destila el arte de vivir con dignidad, usando la libertad del mejor modo*. Este era el punto a donde quería llegar.

Frente a la física del amor se eleva la metafísica: escuela de perfección bilateral, vinculada y subordinada a la alegría y al gozo y al sufrimiento compartido.

[14] Quizá alguno se sonría al leer estas expresiones. Sabe muy poco de lo que es el verdadero amor, el que va a él casi sin ideales, entrando en una especie de pragmatismo racionalista, con un fondo escéptico. Recomiendo a esos tales abstenerse de sumergirse en la vida conyugal, ya que su pronóstico de estabilidad y duración será escaso.

León Tolstoi, en su libro *La novela del matrimonio* (Ediciones Bronce, Madrid, 1996), llena de recursos estilísticos, sitúa a la boda de los protagonistas como el comienzo de la verdad de cada uno. Tiene un fino tacto en la descripción magistral de los matices afectivos. Uno y otro van descubriendo cómo hay que entenderse, abriéndose paso el uno en el otro, a través de la comprensión, el diálogo y el juego de cesiones recíprocas.

El amor de concupiscencia tiene en el deseo sexual y en la atracción física su expresión más patente. Y tiene que ser así. Una atracción psicológica que no se acompañara de la física estaría quebrada, sería incompleta y, por tanto, no conduciría a la creación de un nosotros. La tendencia sexual pertenece a la esencia misma del amor humano. El impulso sexual se materializa del mejor modo a través del amor auténtico.[15] No se reduce a la satisfacción de las tendencias biológicas, sino que engloba también las psicológicas y las espirituales. Pero tiene, en el momento del acto sexual, la presidencia del ímpetu instintivo, pero dirigido a la persona, no a su cuerpo. En la conciencia psicológica de ese sujeto hay una idea clara: no se queda sólo en el mero goce, no se agota ahí, sino que va más allá, apunta hacia una cierta excelencia. Por eso, para que un amor sea verdadero, la persona tiene que buscar el bien del otro sin instrumentalizarlo, porque, si no, se convertirá en una relación egoísta que puede ser calificada de amor, pero que está muy lejos de su hondo significado. Hay ahí una frontera sedosa y frágil que, si no se cuida, a la larga esas relaciones tienen un final desgraciado. Cuando esas personas se miran a la cara, de tú a tú, descubren la falsedad del fondo, aunque quieran con las palabras cambiar los hechos. El ser humano es capaz de mentirse a sí mismo, pero en todas las biografías emergen momentos de sinceridad, que se ponen de pie y ponen sobre la mesa la verdad que anida en esas personas.

En tales situaciones, el hombre que no quiere meterse en esa exploración personal, huye, se aleja, se sumerge en otras aguas y mediante este mecanismo de evasión evita enfrentarse con su realidad. En otras ocasiones flotan argumentos estadísticos que apagan cualquier rectificación. Pero en otras ocasiones, la respuesta es dolorosa y la herida invita a rectificar, a tratarse a sí mismo y al otro como seres humanos. Hay en ese *continuum* un trasiego de posibilidades diversas.

La benevolencia es desinterés y completitud; la concupiscencia, impulso sexual; mientras que la amistad es confidencia, camaradería y complicidad. La amistad a secas es un amor sin sexo, hecho de donación y complicidad. Pero en este tercer distrito hay una comunicación entrañable capaz de superar el propio yo para construir un *nosotros*. Mediante él, la naturaleza humana se realiza de su mejor modo y se perfecciona. De este modo se capta realmente que la sexualidad no da noticia del ser humano sólo por lo puramente *físico*, sino que tiene una honda huella *psicológica* y *espiritual*. Así se transita de la *cultura de las cosas* a la *cultura de las personas*. El otro deja de ser utilizado como cosa, como objeto, para convertirse en persona, en ser humano de carne

[15] Existe una diferencia, siguiendo estos términos clásicos, entre el *amor de concupiscencia* y *la concupiscencia misma*. En el primero se busca a la otra persona y se la trata como a tal, hay un encuentro misterioso, repleto de grandeza y entrega, donde *uno queda comprometido*. En el segundo, la pasión sexual pide paso y, si no se la sabe encauzar bien, sólo busca al otro para apagar su sed de sexualidad: carácter utilitario, usar al otro.

La erotización y sexualización de la televisión en especial y del cine tienden a animalizar al hombre. Sexo sin amor a todas horas. Camino seguro para no entender, después, nada de lo que realmente es el amor verdadero. Esto proyecta una cierta luz sobre la degradación del primer medio de comunicación social, con sus tres grandes temas: la grosería del sexo por doquier, la violencia y los *shows* epidérmicos que atontan y narcotizan. El despropósito de la eficacia y del ganar audiencia divinizan el consumo y le dan sal gorda y mercancías sin valor.

y hueso con toda la grandeza del mundo. Encuentro personal, privado, íntimo, secreto, misterioso. El amor personal integra a todo el individuo y lo capacita para vivir en la verdad de uno mismo y del nosotros. Con todas las limitaciones que se quieran, pero lleno de sentido.

METAFÍSICA DEL AMOR

Yo la definiría como aquella operación psicológica que consigue que la relación entre dos personas vaya más allá de la experiencia personal compartida. Reconocer y profundizar en lo que hay en lo más alto y perfecto en los sentimientos. Elevarse por encima de los hechos objetivos, buscando lo eterno, lo perenne, aquello que se perpetúa por encima de los mil vaivenes que tiene la vida conyugal. *La metafísica del amor persigue la trascendencia.* Y ella se dirige como en una batalla hacia la espiritualidad. El amor espiritual tiene voz propia en el pensamiento musulmán, judío y cristiano. Son tres formas de captarlo. Para el mundo occidental, la tradición judeocristiana tiene dos máximos exponentes. Vivirlo de acuerdo con unos principios que lo hacen más sólido y firme. Frente a las oleadas del posmodernismo que relativizan cualquier amor y lo hacen transeúnte, la espiritualidad descubre su grandeza y también sus exigencias.

Hay un texto en el Evangelio (Lc, 6, 46) que es aleccionador en este sentido:

> Todo el que viene a Mí y escucha mis palabras y las pone en práctica os diré a quién es semejante. Es semejante a un hombre que, al edificar una casa, cavó muy hondo (*fodit in altum*) y puso los cimientos sobre la roca (*et posuit fundamentum supra petram*). Al venir una inundación, el río irrumpió contra aquella casa y no pudo derribarla porque estaba bien edificada. El que escucha y no pone en práctica es semejante a un hombre que edificó su casa sobre la tierra sin cimientos; irrumpió contra ella el río y cayó enseguida y fue grande la ruina de aquella casa.

La expresión latina tiene toda su fuerza en la frase *fodit in altum*: cavar profundamente, buscando echar raíces que se metan en las entrañas de la tierra para que el edificio afectivo quede bien enclavado.

Detrás de la trascendencia tejida de espiritualidad se descubre a Dios. Para el creyente, esta travesía es un itinerario de perfección, a pesar de las limitaciones propias de la condición humana. Hay una ilusión de llegar algún día a esa cima, donde el amor humano se hace divino y viceversa. Yo me topo por esos senderos con el mejor amor. Lo humano y lo divino se entrecruzan.[16]

[16] Hay una pregunta que me hago a propósito de las parejas jóvenes: una vez casados, *¿quién va a seguir siendo el novio?* La magia, la fantasía, el saber sorprender al otro con algo agradable, el cultivo de la ternura y de los mejores modales. . . pero para eso tiene uno que *estar bien consigo mismo* o tener un cierto equilibrio personal. Un amor con esperanza. De él se puede esperar lo mejor. *La esperanza es la victoria sobre el pesimismo.* Igual que la verdadera filosofía se reduce al arte de pensar, el amor auténtico le da sentido a la vida y tiene sabor imperecedero, capaz de sortear las dificultades de la convivencia por muy complicada que ésta sea.

El amor se transforma en *complicidad*: compañerismo. Se mantiene la pasión y la ternura; se cuidan también la admiración y el intentar no defraudar al otro. Se muestran el lado positivo y negativo de la convivencia, pero tratando de corregir lo que interfiere el normal funcionamiento de la pareja.

Porque la vida es ser, no tener. Y el ser humano es una extraña sed que busca algo auténtico que lo sacie. Para un psicoanalista, la hermenéutica de esto es fácil: provenimos del medio líquido que es el seno de nuestra madre. Buscamos retornar a ese clima. Es como pretender una armonía interior. La felicidad es estar en paz con uno mismo o tener ciertas dosis de serenidad que dan un temple positivo a la existencia. Pero la paz tiene una raíz muy clara en este contexto: ser fiel a uno mismo y a la otra persona. Lo mío y lo de la otra persona. Las cosas no dan la felicidad, sino saber organizar bien la vida personal, en especial lo afectivo y lo profesional.

Stendhal, en *Ernestina o el nacimiento del amor*, nos recuerda que el amor se centra en el deseo y en la no realización del deseo. Necesita cercanía y distancia. El objeto deseado debe estar envuelto en misterio y lejanía, intimidad y retiro, algo reservado y abierto a la vez. Juegos de aproximación y distancia. Es esencial separar el *bien* del *placer*: vivir con toda su extensión el primero y asumir la naturaleza del segundo.

Porque *el misterio del amor* tiene una enorme importancia: capacidad para soñar, sabiendo que su realidad limita. Por ejemplo: el sexo a la carta suele tener poco misterio y un exceso de pasión. Pero, también en este campo, las relaciones íntimas tienen que verse envueltas por ese halo enigmático y cuidadoso. Ingeniería del trato y del contacto personal. El viejo aforismo "donde hay confianza, hay asco" estaría justamente en el otro extremo. Buscar siempre el mejor comportamiento es convertir el amor diario ordinario en algo metafísico y extraordinario. Suena excesivo. Y lo es en algún sentido, es cierto, pero muchos lo hacen en el campo profesional por ascender unos peldaños y encaramarse hacia una posición en el trabajo más positiva y ventajosa. ¿No se va a intentar hacer lo mismo en el ámbito de la vida matrimonial? Ésta es para mí la enorme sorpresa. Y queda justificado para muchos por el materialismo que, a la larga, se ha ido apoderando de todo lo relacionado con la vida de la pareja.

Las cosas pequeñas positivas y el trato delicado son el combustible que hay que quemar para que arda con cierto vigor el amor conyugal. Así, el fuego se aviva y su brillo ilumina esas dos vidas, con sus posibilidades y limitaciones. Por ahí deambula la espiritualidad comprometida. Aquella que se alarga más allá de la pura teoría.

Esto también lo vemos con fuerza en la Torah judía. Los cinco libros que integran el Pentateuco ofrecen también normas para llevar mejor el matrimonio. Los judíos ortodoxos rezan dos veces al día la Shemá, tres pasajes que recuerdan el sentido de la vida y del amor. Dos pertenecen al Deuteronomio (6, 4-9; 11, 13-21) y el otro al Libro de los Números (15, 37-41). Y advierten del peligro de tomar las manifestaciones externas de devoción como un sustituto de la devoción interior. Igualmente en el Sefer Yetzirah, también llamado *El libro de la Creación*, el libro más antiguo y misterioso de los textos cabalísticos. En él podemos encontrar pasajes de excelente talla sobre el matrimonio.[17]

El matrimonio y la familia forman un *continuum* estrechamente relacionado. El valor del hogar es decisivo. Para los padres, además de darse amor el uno al otro, tienen por delante la excelente tarea de educarlos en lo mejor, trabajo clave, verdadera orfebrería pedagógica. Ellos son los encargados de la educación sexual, que no es otra cosa que enseñar a sus hijos el valor de los sentimientos y su orientación más adecuada.

Presentar el sexo y los sentimientos como un acto pasajero, circunstancial, sin más consecuencias ni responsabilidad, es degradarlo, cosificarlo, convertirlo en algo simplemente trivial, de usar y tirar. La banalización del sexo y su reducción a lo meramente genital es un síntoma de inmadurez e incultura.

En las últimas décadas estamos viviendo, en todo el mundo (la aldea global de McLuhan), una disminución general de la cultura en favor de las informaciones de la televisión sobre todo y de las publicaciones tipo revistas, en sus más diversas fórmulas. Pero también la cultura llega al amor y lo enriquece y mejora. He comentado ya en otras ocasiones que el analfabetismo sentimental en el que estamos inmersos es patético, a lo que se añade la ceremonia confusa y pertinaz de las revistas del corazón que una y otra vez alientan el brujuleo interesante de las noticias frescas de rupturas, enlaces, enganches y salidas de la pista, que rompen la monotonía de todos los días y nos traen ese "aire fresco" de la novedad. Parece como si esas novedades nos sacaran de cierto letargo y nos dieran alas para posarnos sobre la realidad de los acontecimientos y expresar, al filo de esas *uniones calidoscópicas,* lo que opinamos sobre el asunto y qué haríamos cada uno en circunstancias parecidas: proyección, crítica y versión subjetiva de los hechos.

LA SEXUALIDAD COMO ENCUENTRO PERSONAL

Cuando la relación sexual es tan sólo contacto entre dos cuerpos que buscan el placer, no se puede hablar entonces de un auténtico *encuentro personal,* presidido por la afectividad. Será una *relación anónima, preindividual, que no apunta hacia la plenitud y al crecimiento de ambos,* sino que se sumerge en la bóveda de la voluptuosidad dionisiaca de las sensaciones. A la larga, si ese contacto se mantiene, irá distanciando a esas dos personas que se verán desnudas, no sólo físicamente, sino, sobre todo, en sus formas de ser, quedando al descubierto la pobreza psicológica y espiritual de los dos.

En el animal, el instinto sexual lleva a la búsqueda del placer por encima de todo. En el ser humano maduro, deberán existir otras motivaciones más profundas, que sean capaces de dirigir y encauzar las pulsaciones se-

[17] La tradición antigua atribuye este libro al patriarca Abraham. Textos cabalísticos como el *Zohar* (también llamado *Libro del Esplendor*) y *Raziel,* apuntan hacia esta teoría. A los interesados en estas líneas les recomiendo *Célebrations talmudique: portraits et légendes,* de Elie Wiesel, Editions du Seuil, París, 1991, y *La Cábala,* de Shimon Halevi, Debate, Madrid, 1994.

xuales hacia la mejor configuración de uno mismo. Por eso, podemos afirmar que *el animal se mueve regido por los instintos, mientras que el hombre posee tendencias que puede gobernar con su inteligencia y voluntad.* Las diferencias son muy claras. Pero en una sociedad erotizada, que ha hecho del sexo un comercio estandarizado, lo sitúa a éste en un plano de igualdad con el animal, degradando la sexualidad a mero enlace corporal sin ningún compromiso, regido tan sólo por esas dos variables hoy en boga: hedonismo y permisividad, placer y campo abierto de experiencias cada vez más atrevidas. Por esos derroteros muchas vidas se pierden en una nebulosa sin brújula, donde todo va a la deriva.

Tal es el caso de esos libros que exaltan el placer por sí mismo, sin más. Haroun Al-Makhzoumí, en su libro *Las fuentes del placer*, viene a ofrecernos una especie de *Kamasutra árabe*: buscar el máximo placer y ascender a la cima erótico sexual. Esa es la aventura. En esas pasiones suele el hombre perderse a sí mismo, olvidarse de que es humano. No repara en que la mujer es, sobre todo, un ser afectivo, que reclama ternura y consideración. La subida a esas cumbres del placer no llevará al hombre a la felicidad, que siempre es alegría consigo mismo por el esfuerzo personal de sacar lo mejor que tiene dentro de sí mismo, poniéndose al servicio de la otra persona, y por extensión, de la sociedad, para hacerla feliz, ayudándola a que alcance el mayor progreso posible.

El *Kama Sutra* fue escrito por Vasyayana en el siglo v y consiste en un catálogo de posturas y de técnicas y preparaciones para la relación sexual. En él se utilizan símbolos que pretenden explicar la importancia de vivir el placer: el enlace de las lianas, la brisa que mece los árboles frondosos, el abrazo de la vegetación exuberante. La mujer es citada a perseguir el gozo del orgasmo al precio que sea. Y este es el planteamiento de fondo de este tratado. ¿Consiste la felicidad fundamentalmente en el placer? Ahora no nos ocuparemos con detalle de esta cuestión, pero podemos decir, aunque sea muy someramente, que reducir la felicidad al placer es tener del hombre una visión estrecha, con escasas perspectivas y, a la vez, olvidarse de su grandeza y de su destino. El hombre es un ser sediento de amor. Eso es lo que busca a toda costa. Aunque muchas veces se conforme con sucedáneos.

En la mitología griega, Eros es el dios del amor. Emerge después del *Caos primitivo.* Gracias a él se unen la *Noche* y el *Día*, llegando a ser una de las fuerzas fundamentales de tierra, que asegura la continuidad de las especies. En el mundo romano se le identificaba con el dios Cupido. Platón, en su libro *El banquete*, explica su nacimiento, es hijo de Poros (el *Recurso*) y Penia (la *Pobreza*), intermediario entre los dioses y los hombres. Es siempre una fuerza insatisfecha que consigue lo que se propone. En la época alejandrina es representado como un niño alado que lleva una antorcha y, en su espalda, flechas con las que inflama los corazones. En épocas más tardías aparece en formas escultóricas dedicado a juegos infantiles, inocentes, aunque es un dios poderoso, capaz de producir heridas difíciles de curar. Para los griegos, Afrodita es la diosa de la belleza, del amor y del matrimonio. Es un mito de procedencia oriental. Y simboliza el atractivo sexual que conduce al placer. Fue considerada como un principio disolvente, menos arraigado que el sentimiento. Afrodita despierta con su belleza la discordia de los dioses, infundiendo amores y pasiones amorosas.

En el placer se vive una experiencia de expansión del cuerpo, como de dilatación. Es como si sus límites se ampliaran estirándose al máximo. Hombre y mujer vibran físicamente. Pero la unión va más allá. Éxtasis deleitoso y embriagador. Es el clímax sexual del orgasmo. Decir que la sexualidad es la única participante del coito sería ver sólo una vertiente del acto sexual. Cuando no se es capaz de captar los otros planos, pueden iniciarse con el tiempo desajustes en la relación íntima y, a la vez, una degradación que la termina convirtiendo en algo puramente físico, carnal, del cuerpo, dándole la espalda a otros ingredientes decisivos.

Es importante que el marido sepa el tipo de sexualidad y de excitabilidad que posee la mujer. No olvidemos que el hombre tiene una *mise au point* más rápida y está siempre presto a una relación sexual más acelerada. El orgasmo se produce en la mujer de modo más sostenido y lento, tardando en alcanzar las cimas más altas. De ahí el cuidado que debe tener el hombre para que la mujer vibre. Lo ideal es el orgasmo simultáneo, pero éste suele ser por lo general infrecuente y significa el máximo placer, pero no el máximo amor.

En las publicaciones sexuales se anuncia la felicidad a través del sexo como una panacea. Ya he comentado antes que el erotismo, la búsqueda sexual, se disfraza y camufla en forma de arte o incluso de cultura. Es un pretexto para vehiculizar el consumo de sexo. En la pornografía todo es más directo y a las claras: sexo porque sí, por necesidad; desvincula la riqueza psicológica de ella de cualquier posibilidad y la convierte sólo en objeto que invita y que lleva a la excitación y a cualquier práctica sexual. Su poder seductor es grande y conduce a almacenar imágenes.

Voy a terminar esta exposición. Lo he venido diciendo a lo largo de estas páginas: la sexualidad no es algo externo, sino que incide en el núcleo más íntimo de la persona; de ahí la necesidad de que el tema sea abordado con una triple visión: física, psicológica y espiritual. Así, la relación de pareja se hace encuentro de personas y no de cuerpos. Y todo cobra un relieve nuevo.

El cuerpo es un vehículo de amor. Y en el acto sexual lo es también apasionado y sosegado, lleno de emoción y sereno. Por eso la relación sexual es tan comprometida: implica, vincula, une y, por supuesto, responsabiliza. En el sexo sin amor, no hay responsabilidad, sino simple juego divertido con el cuerpo del otro, como cosa. En el amor sólido se ensamblan amor y responsabilidad. Así se alcanza esa pretensión excelsa: integrar la sexualidad en la persona. Cuando el amor deja de ser auténtico para hacerse egoísta e impersonal, la primera víctima del mismo es la persona y, en consecuencia, esa pareja, cuya vulnerabilidad se hace más patente. Es un sexo que se vuelve mentira y que niega lo mejor del hombre. A la larga, se desliza hacia la esclavitud y se va a colar por algún vericueto que le lleva a ser prisionero de una tiranía despótica cada vez más distante del amor real, puro, genuino y verdadero.

ENRIQUE ROJAS

Presentación de Jérôme Lejeune*

Estas dos palabras –amor y familia– no deberían separarse nunca. Es en la familia donde descubrimos el significado del amor, y fundar una familia es el mayor logro con el que pueden soñar los amantes.

Mercedes Arzú de Wilson, en este excelente libro, explora con profundidad, pero con una excepcional claridad de lenguaje, este núcleo de amor y vida que es la familia. Esta ciudadela de esperanza está siendo seriamente atacada. A los más jóvenes se les está lavando el cerebro con la llamada educación sexual que profana la dignidad del cuerpo, y los más ancianos están siendo sometidos a una eliminación camuflada, indebidamente llamada "buena muerte" (eutanasia). Hay que recordar que esta abominación ya se ha escrito en la historia con letras de sangre: *eutanazi*.

Incluyendo todas las edades, una tras otra, este libro enseña a los padres cómo educar a sus propios hijos. Las cuatro partes del libro, escritas con un lenguaje agradable, preciso, directo a los hechos, pero también poético, abarcan todas las situaciones. Mercedes Arzú de Wilson conoce, y expone igual de bien, tanto la psicología de un bebé como la de un adolescente o la de un adulto joven. Sus enseñanzas no sólo son extremadamente competentes, sino también realmente convincentes. Al abarcar desde la autoestima del joven hasta una sana educación sobre sexualidad y la planificación familiar natural, esta obra da respuesta a problemas psicológicos, fisiológicos y sociológicos.

Este libro es una especie de visita.

Un educador encantador devela a unos futuros y atentos padres todos los secretos de la vida y del amor que ellos han experimentado en su propia familia.

*Jérôme Lejeune, doctor en Medicina y Genética; fue Jefe del Departamento de Genética del Hospital Pediátrico de París, Francia. Premio Kennedy en 1962.

Felices aquellos niños cuyos padres lean este libro y pongan en práctica estos consejos. Sus hijos estarán protegidos de las enfermedades venéreas, incluyendo el SIDA; porque se les contará la verdad: no existe el sexo seguro en la promiscuidad.

Pero otros secretos mayores les serán revelados: el amor seguro existe realmente; incluso tiene nombre: felicidad en la fidelidad.

Agradecimientos

Estoy profundamente agradecida a cada uno de los hombres y mujeres que me han ayudado en la preparación de este libro y en la puesta en marcha del Programa *Love & Family* (Amor y Familia). Doy las gracias de corazón a mis distinguidos colegas que proveyeron ensayos y otros materiales para el texto; a los líderes profamilia que generosamente accedieron a revisar el manuscrito final; a Daniel J. Engler y a Teresa A. Donovan por su ayuda editorial; y a mi devoto personal en Maryland y Louisiana, especialmente a Brenda Norton, Jim Landi, Sharon Cook y Laura Pennefather, quienes trabajaron durante largos días, y hasta altas horas, brindando su paciente ayuda a la autora y al editor.

Doy gracias en especial a Patricia Peacock por su incansable ayuda editorial, a John Preble y a Mariano Garzaro por sus hermosos cuadros y gráficos, y a Delaine Johnson y al resto de mi personal y voluntarios por su apoyo constante. Agradezco también al doctor William Gibbons, al profesor Denis St. Marie, a la doctora Francesca Kearns y especialmente a William Carrigan, miembro del consejo cuyo asesoramiento y ayuda aprecio enormemente. De la misma manera extiendo mi gratitud a todo mi consejo de directores y a sus cónyuges por sus ánimos y apoyo: José y Celia Carredano, Paul y Barbara Henkels, Frank y Patricia Lynch, Alberto y Christine Vollmer, y Georges y Anne Higgins.

Palabras que respaldan a esta obra

Su trabajo con las familias es muy importante. Si no hay paz en el mundo hoy es debido a que no hay paz en las familias. Ayudad a vuestras familias a hacer de sus hogares centros de compasión y perdón constante y así llegará la paz. Vuestra primera obligación es ser una familia –ser la presencia de Cristo para los demás– para revelar a los demás algo de su amor, compasión y ternura. Si introducimos de nuevo la oración en nuestras familias, también podremos hacer que el amor regrese; porque la oración concede un corazón puro y un corazón puro puede ver y servir a Jesús en los demás. Ruego para que hagáis de vuestro hogar otro Nazaret donde oración y sacrificio, trabajo y amor, unieron a la Sagrada Familia y la ayudaron a crecer unida en santidad. Rogad por mí como hago por vosotros.

Dios os bendiga.

MADRE TERESA DE CALCUTA

Aquellos que han seguido su obra centrada en el campo de la Planificación Familiar Natural acogerán con agrado esta publicación, de extensas referencias en investigación y haciendo especial énfasis en la abstinencia así como en la enseñanza de la sexualidad a los niños en la única forma y lugar en que debe enseñarse: en casa, en el contexto de la familia y la moralidad.

JOHN CARDINAL O´CONNOR
Arzobispo de Nueva York

Este libro es una guía segura para los padres que se enfrentan a la tarea vital de iniciar a sus hijos en la sexualidad. En una época en la que las presiones de la cultura y la economía modernas intentan alejar a las familias de sus funciones centrales, este libro brinda un instrumento que fortalece a la familia, ayudando a los padres a recuperar su papel, otorgado por Dios, de educadores morales.

ALLAN CARLSON
Doctor en Filosofía
Presidente del Rockford Institute

Esta obra de Mercedes Arzú de Wilson ofrece una guía específica, de probada ayuda, para padres que desean que sus hijos desarrollen actitudes sexuales constructivas y sanas. El libro revela sin lugar a dudas que la vida sexual de un individuo puede ser una de las experiencias humanas más satisfactorias, pero también, paradójicamente, una de las más dolorosas. La información y la sabiduría aquí recogidas ayudarán a las familias a guiar a sus hijos hacia la salud y los alejará de la desinformación y la confusión sobre la sexualidad que caracterizan esta última década del siglo xx.

ARMAND M. NICHOLI JR.
Doctor en Medicina
Profesor de Psiquiatría, Harvard Medical School,
Massachusetts General Hospital, Boston, Massachusetts

Usted y su obra se han centrado en un área vital del comportamiento humano, en la que el hombre moderno suele errar frecuentemente –y donde la ciencia moderna, aunque sea espectacular en el campo de la física y la biología, ha tropezado terriblemente–. Se trata, por supuesto, de la sexualidad humana, no de sus placeres, sino de sus patologías: promiscuidad y embarazos no deseados entre adolescentes, millones de abortos, una vasta colección de artilugios anticonceptivos y drogas con un peligro real para la salud física y psicológica de las mujeres que los usan. Usted, con su Family of the Americas Foundation (Fundación Familia de las Américas), ha logrado un objetivo excepcional: combinar la técnica científica con nuestros valores occidentales de familia, amor y respeto a Dios y al hombre, tanto hacia su cuerpo como a su espíritu. Con demasiada frecuencia lo uno se separa de lo otro.

En lo que se refiere a valores, en su técnica de planificación familiar hay un valor inestimable por el que una mujer, usando un método científicamente impecable, puede determinar ella misma el momento preciso en el cual concebir una vida humana, el mayor regalo de Dios para nosotros, y planificar su familia de acuerdo con ello.

Reunir toda esta información es realmente un logro impresionante –un trabajo maravilloso–. Ha hecho un excelente trabajo y estoy orgulloso de usted.

Walker Percy (1916-1990)
Doctor en Medicina
Miembro de la Academia Americana de las Artes y las Ciencias
Miembro del Instituto Nacional de Artes y Ciencias
Galardonado con el National Book Award, 1962

Mercedes Arzú de Wilson ha escrito un libro que contiene valiosa información e innumerables ideas desafiantes. No hace falta estar de acuerdo con cada uno de los puntos expuestos para reconocer el significado de su contribución. Este libro provee a los padres de un instrumento poderoso para ayudarles a superar los sentimientos de reticencia e impotencia a la hora de educar a sus hijos en uno de los temas más sensibles de la vida.

Michael Medved
Coanfitrión de *SnealPreviews*, PB TV
Jefe de Crítica de Cine para *The New York Post*
Autor de *Hollywood vs. America*

Mercedes Arzú de Wilson admite que una madre y un padre necesitan consejos profundos y honestos a la hora de afrontar el desarrollo sexual de sus hijos. Este libro responde a todas las preguntas que se formulan los padres comprometidos con la educación de hijos sanos y felices. Esta obra es también un excelente recurso para todo aquel que quiera saber más sobre el método de planificación natural que la autora ha enseñado con éxito por todo el mundo. Ella no sólo muestra los hechos que explican por qué la familia está implicada en nuestra actual crisis cultural, sino que también indica qué pasos se pueden emprender para inculcar valores y sentido en la vida de un niño.

Bevery LaHaye
Presidenta de Concerned Women of America

Índice de contenido

PARTE II
Cómo educar adultos responsables

PARTE III
La guerra de la educación

Introducción

Los seres humanos no podemos vivir sin amor. Si éste no se da incondicionalmente, los jóvenes irán a buscarlo a otra parte. Teniendo en mente este hecho fundamental hemos diseñado y probado un programa esperanzador, Amor y Familia, centrado en la familia, para que los padres puedan ofrecer a sus hijos el inapreciable regalo de entender su sexualidad como una parte alegre y sagrada de su humanidad. Les ayudará a enseñarles por qué la intimidad sexual ha sido creada únicamente para el compromiso para toda la vida que es el matrimonio.

Este programa les capacitará para cumplir –y disfrutar al máximo– su papel de profesores insustituibles de sus hijos en estos temas vitales. Explica cómo la castidad prematrimonial es el sustento de una vida adulta verdadera, del respeto a uno mismo, de la verdadera amistad y del amor duradero; les ayudará a enseñar a los más jóvenes a resistir las fuertes corrientes que, como la presión de sus amigos o la cultura actual, pretenden robarles estos bienes. Al mismo tiempo, el programa contribuye a prolongar su salud y felicidad. Presentamos opiniones expertas sobre la vida familiar y la información más actual sobre la fertilidad humana, las enfermedades de trasmisión sexual, la anticoncepción, la esterilización y el aborto. El programa puede también ser una ayuda para que sus hijos "desaprendan" toda desinformación dañina sobre matrimonio, sexo y familia que puedan haber adquirido. Esto, por supuesto, es vital; todos nosotros necesitamos toda la ayuda posible para afrontar los problemas que, hoy día, amenazan a las múltiples recompensas de fundar una familia.

Las familias de hoy se enfrentan a retos virtualmente desconocidos para las generaciones anteriores. Las tendencias económicas han forzado a muchos padres a hacer malabarismos para combinar las exigencias de un trabajo creciente con las responsabilidades familiares. Con frecuencia, los cambios demográficos han originado la dispersión familiar –abuelos, tías, tíos y primos– cuya presencia continuada, de otra manera, podría ser muy enriquecedora para el desarrollo del niño. Sin embargo, la proliferación de fuerzas antifamiliares en la sociedad contemporánea es mucho más perturbadora: en películas, música, videos y revistas se mina o ridiculiza la autoridad de los padres así como los valores morales. Al contrario que en épocas pasadas, las agencias públicas y las instituciones educativas ya no apoyan los esfuerzos de los padres por enseñar a sus hijos la castidad, la obediencia, la honestidad y la virtud. En vez de ello, nos imponen ambulatorios escolares que animan al sexo tanto prematrimonial como homosexual y a otros comportamientos antinaturales.

En el nivel internacional, las poderosas agencias gubernamentales y las organizaciones privadas que se benefician de la distribución de anticonceptivos continúan ejerciendo una presión increíble sobre las parejas y las familias –especialmente en el mundo en desarrollo– en nombre del "control de la población". Hoy oímos innumerables protestas contra el uso de productos químicos en entornos naturales como, por ejemplo, las zonas tropicales. También se denuncia el uso de hormonas artificiales, como los esteroides utilizados por los atletas, considerados como un daño intolerable. Entonces, ¿por qué muchas de estas mismas personas que se oponen a la utilización de estas prácticas dañinas abogan por el uso de esos métodos artificiales de control de la natalidad entre las mujeres?

Todas estas fuerzas juntas contribuyen a fomentar un espíritu materialista destructivo, de autogratificación, y de desprecio hacia los pobres. Este espíritu amenaza a los individuos, a las familias y a la sociedad en conjunto. (En los capítulos 9 y 10 podrán informarse sobre el daño personal y político, originado por los métodos anticonceptivos y el aborto, que promocionan estas fuerzas.) No es sorprendente por ello que muchos padres se sientan aislados e inseguros en su papel de principales educadores de sus hijos. Cada vez más desanimados y confusos, algunos padres han empezado a poner en duda su capacidad (e incluso su derecho y deber) de impartir a sus hijos unas lecciones claras e inequívocas sobre modestia, autocontrol, responsabilidad personal y amor a Dios.

La mayoría de los programas sobre sexualidad promueven comportamientos promiscuos, ignorando y/o minando el papel de los padres y animando a los más jóvenes a experimentar con el sexo. Pocos son los programas que confirman la importancia de la familia y la influencia positiva de unos padres amorosos en el desarrollo de los hijos. En cambio, nuestro programa ofrece no sólo la información científica adecuada, sino también opiniones expertas en un amplio abanico de temas como el matrimonio, la comunicación, la responsabilidad en la toma de decisiones y la valoración de la fertilidad, por sólo mencionar algunos. Así, este programa previene a los padres contra los peligros actuales y les ayuda a guiar a sus hijos ante la desinformación y la tentación. La instrucción y el ejemplo de los padres cariñosos es la mejor fuerza para disuadir el comportamiento promiscuo entre adolescentes. Al esforzarse por vivir los altos ideales asentados en este programa, estarán ayudando a sus hijos a ver que el sexo está verdaderamente destinado al compromiso para toda la vida que es el matrimonio.

El programa que aquí presentamos funciona. Esto queda patente gracias a la impresionantemente baja tasa de embarazos entre adolescentes que se ha logrado durante los tres primeros años de la fase de prueba del programa. Iniciado como proyecto de demostración bajo el nombre de "Fertility Appreciation for Families" (Valoración de la Fertilidad para las Familias), el programa fue, en su origen, financiado por el Departamento de Salud y Servicios Humanos de Estados Unidos (HHS), amparado por el Acta de la Vida Familiar de los Adolescentes. Bajo los auspicios del HHS, se desarrolló un entrenamiento para profesores y se establecieron programas piloto en cuatro ciudades de Estados Unidos a modo de prueba: Corpus Christi (Texas), Wichita (Kansas), Charleston (Carolina del Sur) y Nueva Orléans (Louisiana). Cerca de 6200 padres y adolescentes siguieron el programa durante el periodo de demostración. Los estudios muestran que los adolescentes que participaron en Valoración de la Fertilidad para las Familias tuvieron una tasa de embarazo de sólo 0.05 % comparada con la tasa media de 9.6 % de otro programa y la de 11.1 % de un tercer programa. Este hecho revela el inmenso potencial del programa para ayudar a la gente joven a evitar las relaciones sexuales prematrimoniales, a la par que incrementa la comunicación y la amistad entre padres y adolescentes.

Ustedes, como padres, entienden mejor que nadie las necesidades particulares de sus hijos (independientemente de lo que otros quieran hacerles creer), y también quieren familiarizarse con todos los temas fundamentales que se tratan en este libro. De esta manera no sólo los formarán para una de las más retadoras y gratificantes tareas en tanto que padres, sino que también adquirirán un entendimiento más profundo de su propia sexualidad en el seno del matrimonio. ¿Existe una manera mejor de descubrir la inmensa alegría y las maravillas del amor y de la vida familiar?

Parte I

La familia: núcleo de amor y vida

1 Entender la familia como núcleo de amor y vida

La familia es la unidad natural y fundamental de la sociedad y está sujeta a la protección de la sociedad y del Estado.

Declaración Universal de los Derechos del Hombre, 1948, art. 16, sec. 3

A lo largo de la Historia y en todas las culturas del mundo, las ideas, actitudes y los valores de la familia han configurado la personalidad de cada niño y han ayudado a determinar su desarrollo como adulto feliz, responsable y productivo. A pesar de las restricciones originadas por el constante cambio del mundo, la familia permanece como la mejor manera de educar y alimentar a los niños y de trasmitir las tradiciones y los valores compartidos de una generación a otra. La familia es también el mejor foro para fomentar el amor, la decencia y la moralidad, corazón mismo de la vida.

El 13 de febrero de 1996 Juan Pablo II dijo en su Ángelus dominical:

> El amor auténtico no es un sentimiento vago ni una pasión ciega. Es una actitud interna que envuelve a todo el ser humano. Es ver a los demás, no para usarlos sino para servirlos. Es la capacidad de alegrarse con los que se alegran y sufrir con los que sufren. Es compartir lo que uno posee para que nadie siga privado de lo que necesita. El amor, en pocas palabras, *es el donen sí mismo...* La familia, el gran *taller del amor,* es la *primera escuela*; es más, es una escuela perenne en la que se enseña, no el amor con ideas estériles, sino con el poder incisivo de la experiencia. Que cada familia vuelva a descubrir verdaderamente *su propia vocación de amor.* Un amor que respete absolutamente el plan de Dios, un amor *que sea la elección y don recíproco de sí mismo* dentro de la unidad familiar.

La familia –dicen los historiadores– es "el núcleo de la civilización". Es nuestra institución más antigua y duradera. La familia constituye el cimiento de nuestra sociedad; su fuerza y estabilidad determinan la fuerza y la estabilidad de las comunidades y de las naciones. No ha existido una civilización duradera sin la familia, para educar y alimentar a los hijos, para configurar su moralidad y para trasmitir los valores esenciales.

Las charlas con nuestros hijos sobre sexualidad y matrimonio, amor y paternidad, serán más efectivas si les ayudamos a comprender la importancia crítica de la familia, elocuentemente descrita por el doctor Allan Carlson, presidente del Rockford Institute y consultor de este programa:

> La creación de una familia es el acto central de la existencia humana, una tarea frente a la cual todas las demás son secundarias. La sexualidad encuentra su lugar adecuado en la familia, un lugar donde el amor crea una nueva vida humana que debe ser cuidada y alimentada por los padres. El sexo fuera del círculo familiar es con frecuencia individual y socialmente destructivo. En el seno de la familia, sin embargo, el sexo tiene un sentido profundo y un objetivo constructivo.
>
> La familia también es el corazón vital de una sociedad sana. . . Ofrece protección y alimento a los bebés, a los niños y a los jóvenes durante sus años de formación... Enseña a los jóvenes, principalmente por medio del ejemplo, cómo vivir, coexistir y cooperar en una sociedad más amplia. Es la arena donde se aprende la responsabilidad social cuando somos niños, y donde la ejercemos cuando somos adultos. A los adultos les ofrece un refugio del mundo, un lugar de afecto incondicional al que poder retirarse en las épocas de cansancio. Y, lo que es más importante, la familia provee a sus miembros de su ser histórico, vinculándolos al pasado a través de sus padres y abuelos, y al futuro a través de sus hijos y nietos.[1]

PADRES Y EDUCACIÓN SEXUAL

La familia es la unidad social fundamental. Por ello los padres son los más importantes educadores de sus hijos en todas las materias, incluida, por supuesto, la sexualidad humana.

Algunos padres pueden sentirse incómodos al charlar con sus hijos sobre familia, amor y sexualidad. Puede que algunos padres trasmitan opiniones erróneas sobre estos temas o consideren que los problemas familiares son una barrera para hablar de ello. A pesar de todo, los padres son los verdaderos expertos en lo que concierne a la educación sobre sexualidad humana. Y esto es debido a un buen número de razones:

1. Los padres aman a sus hijos y buscan constantemente lo mejor para ellos.
2. Los padres conocen a sus hijos y sus necesidades mejor que nadie.
3. Los padres trasmiten actitudes y valores sobre la vida y la sexualidad en la medida en que interactúan entre ellos y con sus hijos, día tras día. De hecho, los niños aprenden, sobre todo, a partir del ejemplo de sus padres.
4. Los padres son los verdaderos guardianes de sus hijos, vulnerables, y necesitan protegerlos de la *información sexual* explícita que acaba con la inocencia innata en los niños.

[1] Allan C. Carlson, *On the Importance and History of the Family* informe inédito, presentado en Family of the Americas Foundation, 24 de febrero de 1984.

5. Los padres deben estar disponibles en todo momento para apoyar, contestar a sus preguntas y guiar a sus hijos.
6. Los padres poseen mucha sabiduría para compartir, conocimiento que les proviene de vivir en la fe su compromiso como cónyuges y como padres.

Para proveer a sus hijos de una educación sobre la sexualidad, los padres deben empezar por rechazar la idea de que "expertos" ajenos a la familia pueden realizar la tarea mejor que ellos. Cuando se permite que otra persona actúe como educador principal, la autoridad de los padres se deteriora y se violan sus derechos y deberes de educar y proteger a sus hijos. Los padres deben ser mucho más activos si quieren vencer las múltiples amenazas que existen hoy día contra su autoridad y control sobre la educación de sus hijos.

Los padres necesitan enseñar a sus hijos a reconocer y rechazar la profanación de la sexualidad en la televisión y en las películas, videos, libros y revistas. La sexualidad humana es tan espiritual y psicológica, como física; es mucho más que un mero deseo. *Es un sentimiento profundo que debería madurar en el amor y encontrar su plenitud en el compromiso para toda la vida que es el matrimonio.* Allí el amor se transforma en la procreación de los hijos, que llevarán a la familia, a la comunidad y a la nación hacia el futuro.

Cuando hablemos de estos temas con nuestros hijos, debemos recordar que existen dos caminos primordiales para que el aprendizaje y la enseñanza tengan lugar en el hogar. Uno de ellos es cuando los padres instruyen de forma intencionada a sus hijos sobre aquello que quieren que aprendan. El otro, el propio ejemplo de los padres, es la manera más frecuente en que los hijos aprenden. Esto ocurre de forma espontánea en la medida en que los niños observan a sus padres a lo largo del día. Los valores de los padres sobre la vida se expresan a través de sus actividades de cada día, incluyendo la interacción con los miembros de la familia y los amigos. Los niños absorben de manera inconsciente estas actitudes. Así, los padres deben estar constantemente alerta en lo que respecta a su propia conducta. *Los padres son realmente los primeros y más influyentes educadores de sus hijos, lo quieran o no.*

Está claro, por ejemplo, que si un hijo observa cómo sus padres huyen de los problemas refugiándose en el alcohol o las drogas, o simplemente permaneciendo en un silencio hostil, el niño puede hacer lo mismo para escapar de estas mismas dificultades. Los niños observan e imitan las actitudes y hábitos parentales y con frecuencia los trasladan a su vida adulta. En otras palabras, la manera en la que los padres enfrentan los retos de la vida puede perfectamente determinar cómo sus hijos afrontarán sus propios desafíos. Una influencia positiva puede beneficiar significativamente su calidad de vida en conjunto.

De la misma forma, el hijo aprende de sus padres su identidad sexual y su papel, tanto si se habla expresamente de ello como si no. Así como las niñas y los niños imitan el vestir, los peinados, los gestos y el comportamiento para la resolución de problemas, también observan a sus padres como ejemplos de mujer y de hombre.

La sexualidad humana es la característica que hace que una persona sea únicamente masculina o femenina a lo largo de toda su vida. Se desarrolla como una parte integral de nuestro crecimiento espiritual, emocional, intelectual y físico, y no sólo como algo que surge simplemente como resultado de la pubertad; se desarrolla por etapas. Cada uno de nosotros es concebido como un ser sexual, resultado de la unión del padre con la madre. Nuestro género (nuestra masculinidad o feminidad biológicas) se determina en el momento de la concepción y cada una de las células del cuerpo lleva la marca de esta primera unión.

La concepción como varón o mujer es sólo la primera etapa de un proceso que dura toda la vida. La sexualidad no está limitada al género, sino que incluye también aspectos espirituales y psicológicos; ser biológicamente masculino o femenina es sólo una de las muchas cualidades que definen a un hombre o a una mujer. La sexualidad humana es el sello de la personalidad humana que se manifiesta en todas las dimensiones de la vida: los papeles sociales, las relaciones con los demás, la capacidad para compartir el afecto, el amor, la intimidad, etc. No podemos pensar o describirnos a nosotros mismos sin incluir la característica de nuestra sexualidad. Es posible aislar esta parte de nuestra personalidad con objeto de estudiarla, pero en tanto que parte integral de nosotros mismos, no podemos separar su influencia de nuestros más amplios pensamientos, sentimientos y comportamientos.

La sexualidad, por su impregnación en nuestra naturaleza, tiene relevancia moral para cada uno de nosotros. El doctor Josef Seifert, director de la Academia Internacional de Filosofía en Liechtenstein, explica la fuente de nuestras obligaciones morales en lo que respecta al sexo:

> Podemos comprender la relevancia moral de la procreación humana sólo cuando trascendemos la pura concepción biológica de la sexualidad humana y captamos el hecho de que, en el caso del hombre, la sexualidad sirve para traer a la existencia a un ser humano.[2]

Nuestro respeto por la dignidad de cada ser humano nos lleva a apreciar la maravilla de nuestra capacidad para traer nuevas personas al mundo así como la magnificencia de la familia –la institución que hace posible la trasmisión milagrosa de la vida humana.

Los primeros años de vida

Las consideraciones morales juegan un papel importante en la educación sobre sexualidad y vida familiar, especialmente cuando nos damos cuenta de que los primeros años de vida familiar moldean, decisivamente,

[2] Josef Seifert, *The Moral Difference between Natural Regulation of Conception and Contraception*, documento inédito remitido a Family of the Americas Foundation, 1984, p. 6.

el futuro de una persona en la sociedad. Sin embargo, los padres nunca cesan de enseñar o de servir como modelos a sus hijos. Esto continúa hasta que la edad y la salud deterioran las habilidades de los padres y los convierten en dependientes del cuidado y del amor de sus hijos.

En la medida en que la función primaria de la familia ha permanecido inalterada a lo largo de la historia, su efecto profundo en el desarrollo de niños maduros y sanos permanece también inalterable. Esta experiencia, en gran medida, determina:

- Nuestro carácter de adultos, así como el sentido que tenemos de los ideales, de la responsabilidad y de la moralidad.
- Nuestro respeto hacia lo que somos y la seguridad en las capacidades propias.
- Cómo vemos a los demás y cómo nos sentimos con respecto a ellos; cuando respetamos a los demás como a nosotros mismos, no deseamos decir o hacer cosas que puedan hacerles daño.
- Nuestra habilidad para establecer relaciones cálidas, profundas y amistosas; si experimentamos en el seno de nuestra familia una relación cálida y cariñosa, estamos mejor capacitados para amar a los demás.
- Nuestra manera de dar y encontrar sentido a nuestra existencia, los padres deben comunicar a sus hijos jóvenes que la vida tiene un verdadero sentido de ser y que cada uno de nosotros tenemos un objetivo y una misión por cumplir.

Los primeros años en familia, y la manera en que el niño los interpreta, contribuyen mucho a la formación de actitudes, valores y comportamientos que tienden a persistir en y durante la vida adulta. Es verdad que la familia no es la única fuerza modeladora en la vida de un niño: el colegio, los amigos y las instituciones de enseñanza superior también influyen en las actitudes y valores. Sin embargo, *nada tiene mayor impacto en un niño que su experiencia familiar*, en particular el amor de sus padres y la disciplina, pero ésta sólo puede alcanzar su impacto máximo en la vida de un niño en el momento en que los padres se dan cuenta de este hecho y hacen un uso adecuado de él. Si el niño recibe en casa una enseñanza adecuada, desarrollará la capacidad de reconocer la verdad cuando la escuche y de rechazar la mentira y la propaganda cuando se tope con ellas. Si la identificación de un niño con su familia se hace correctamente, éste no tendrá mayores dificultades para relacionarse con cosas que van más allá y son más grandes que él mismo: la Iglesia, su país, sus familiares, sus amigos, grupos comunitarios, etc. Tener lazos sanos con la familia permite a los niños experimentar no sólo relaciones afectivas, sino también exigencias de cooperación, responsabilidad, contribución y compromiso. También les ayuda a entender que su comportamiento y sus decisiones afectan a los demás. Los hijos llevarán consigo esta educación temprana y ésta seguirá configurándolos, tanto si son conscientes de ello como si no lo son.

Los cambios en el seno de la sociedad son resultado de variaciones en la estructura familiar, pero las necesidades básicas de los niños no han cambiado: necesidad de un amor y un afecto incondicional y necesidad de saberse únicos e irremplazables.

La familia tradicional puede definirse como un hombre y una mujer casados y sus hijos biológicos y/o adoptados. Hoy, sin embargo, existen muchas familias monoparentales, resultado de la pérdida de uno de los padres por fallecimiento, separación o divorcio, o quizá porque uno de los padres nunca asumió su responsabilidad. En algunos países desarrollados, las familias monoparentales representan la única categoría en la que la pobreza es creciente. En Estados Unidos, por ejemplo, la tasa de pobreza entre las familias formadas por parejas casadas es de 5.7 %. En cambio, entre las familias en las que el padre está ausente, la tasa de pobreza es 33.4 %, cinco veces mayor.[3] Las tendencias son igualmente alarmantes en las naciones menos desarrolladas.

El ex Secretario de Educación, William Bennett, también ha notado tendencias perturbadoras para la familia en su *Index of Leading Cultural Indicators* (Índice de principales indicadores culturales). Bennett apunta:

> Desde 1960, la población de Estados Unidos se ha incrementado un 41 %. [...] pero durante este mismo periodo de 30 años (1960-1990) ha habido [...] un incremento de 419 % en los nacimientos ilegítimos, la tasa de divorcios se ha multiplicado por cuatro, se ha triplicado el porcentaje de niños que viven en hogares monoparentales, ha habido un aumento de más de 200 % en la tasa de suicidios entre adolescentes, y una caída de más de 80 puntos en los resultados del SAT[4] (Test de Aptitud Escolar).

Las familias monoparentales, tanto si están encabezadas por un hombre como por una mujer, tanto si residen en áreas rurales como urbanas, en países ricos o en desarrollo, se enfrentan a la tarea adicional de satisfacer las necesidades emocionales, físicas y espirituales de sus hijos. Es importante continuar promoviendo y luchando por el ideal de estructura familiar en la que los niños reciben los cuidados de un padre y una madre unidos en el lazo indisoluble del matrimonio. Con frecuencia resulta difícil, para aquellos que han perdido a uno de los padres, ya sea por fallecimiento, separación o divorcio, dar una respuesta adecuada a las necesidades de los miembros de la familia, pero es posible y necesario compensar por tales pérdidas al niño y a la familia.

CÍRCULO DE AMOR Y VIDA

Educar a nuestros hijos sobre la familia se torna más sencillo cuando les ayudamos a percibir el amor y la vida como un círculo de lazos personales,

[3] Estadísticas de la Oficina del Censo de Estados Unidos. Citadas por el presidente George Bush en su discurso del Día Nacional del Niño, 1992.

[4] William J. Bennett, "Quantifying America s Decline", en *Wall Street Journal*, 15 de marzo de 1993.

la continuación del amor y la vida a través de los miembros de una familia que cuidan unos de los otros. El círculo empieza con los padres, trayendo amorosamente a sus hijos al mundo. El primer hijo de los esposos con frecuencia origina un cambio dramático y positivo en la vida de la pareja. Antes del nacimiento del bebé, los padres se preguntan con frecuencia cómo podrán tener amor suficiente para compartirlo con esta nueva personita porque ellos ya se aman el uno al otro muchísimo. Entonces los hechos demuestran que el amor verdaderamente no tiene límites. Por este niño, los padres están deseosos de sacrificar su sueño, su independencia y, si es preciso, su vida. Cuando posteriormente llega el niño, el amor continúa creciendo y extendiéndose.

Si el niño nace con anormalidades congénitas, o si un accidente o enfermedad posteriores lo discapacitan, los padres estarán al principio comprensiblemente tristes, pero con valor y aceptación normalmente empezarán a superar este reto. Los padres que se han enfrentado a este tipo de desafíos ven incluso cómo este hijo especial se convierte, en palabras de la Madre Teresa de Calcuta, en "el profesor del amor" de la familia.

Hoy día, con frecuencia, oímos a los padres hablar de cuánto ansían el tiempo en que sus hijos estarán fuera del hogar o de la escuela, de tal forma que se verán relevados de su carga. Sin embargo, las responsabilidades de los padres hacia sus hijos nunca terminan. Es más, los niños son extremadamente sensibles y nunca se les debe hacer pensar que son una carga. En cambio, debería asegurarse a los hijos que, más allá de toda crisis moral, psicológica o física que puedan atravesar, sus padres siempre permanecerán a su lado. Cuando los niños reciben esta clase de seguridad están más predispuestos a confiar en sus padres y, ante sus problemas, a buscar consejo primero en ellos.

Consideremos lo que puede ocurrir en el caso de un chico adolescente cuyo mejor amigo, turbado por la separación de sus padres, ha recurrido a las drogas y le está presionando para que las consuma él también. El adolescente necesita la confianza y el apoyo de sus padres para manejar el problema y para ayudar a su amigo. Si sus padres le han comunicado su amor y aceptación incondicionales a lo largo de los años, el adolescente será capaz de acercarse a ellos con confianza. Entenderán su preocupación y le ayudarán a determinar la mejor manera de ayudar a su amigo y de rechazar su presión para que también consuma drogas. El adolescente y sus padres pueden, incluso, acordar invitar al amigo a estar algún tiempo con ellos en casa para que pueda tener el calor y el apoyo de otra familia durante los tiempos difíciles de su vida.

En este ejemplo observamos cómo el ciclo del amor establecido en el seno de una familia continúa expandiéndose y enriqueciendo a una comunidad más amplia, de forma parecida a las ondas concéntricas que se forman cuando lanzamos una piedra en un estanque. El amor que los padres demuestran entre ellos y hacia su hijo inspira al adolescente y le permite llegar, en el espíritu del amor, hasta un amigo en dificultades. Ésa es la belleza y la maravilla del amor –tiene su efecto de ondas concéntricas particular.

Cuanto más aprendemos en este libro acerca del milagro de la vida y del regalo precioso del amor y de la fertilidad, más apreciamos el intrincado patrón de nuestra existencia terrenal. De la misma manera que la naturaleza repite sus estaciones año tras año, y de la misma forma que la fertilidad de la mujer se renueva ciclo tras ciclo, también la vida parece seguir un movimiento circular estable en el que cada generación nace, crece, se casa y crea la siguiente generación.

Las personas valoradas por sus padres durante su infancia están, por naturaleza, más predispuestas a amar y cuidar de sus padres en los años venideros, cuando una generación remplace a la otra. Por ejemplo, Noreen Rackow, un ama de casa de 58 años de edad, de la región centro-oeste de Estados Unidos, ha estado cuidando de su madre de 88 años de edad durante más de 15 años. (El padre de la señora Rackow murió en 1991. Su madre tiene la enfermedad de Alzheimer, un mal que debilita hasta dejar a los pacientes totalmente dependientes de los demás.) "Mi madre y mi padre siempre me han querido y me han ayudado", dice la señora Rackow, "por ello decidí que ésa era la manera en que debían ser también las cosas para ellos". La señora Rackow añade una sabia observación sobre la sociedad en general:

> Los hijos deben cuidar de los padres si pueden hacerlo. Pienso que muchos de nosotros podemos, pero no queremos. Somos sencillamente demasiado egoístas. La gente piensa que es una carga, pero no es cierto. Si alguna vez intentan cuidar de su gente, verán que no es tan terrible. En la vida, muchas cosas son duras. Tienes que poner empeño en ello. Tienes que intentarlo... Me gustaría realmente que (*mi madre*) se quedara conmigo hasta el final. Nunca consideraría acabar su vida con la eutanasia.[5]

Cuando la Madre Teresa de Calcuta habló en el National Prayer Breakfast, en febrero de 1994, en Washington, D. C., relató lo siguiente:

> Nunca podré olvidar la experiencia que tuve cuando visité un hogar donde residen todos esos ancianos, padres de hijos e hijas que simplemente los han dejado en una institución y, quizá, los han olvidado. Vi que, en cada uno de esos hogares, los ancianos tenían de todo, buenos alimentos, un lugar confortable, televisor, todo, pero todos miraban hacia la puerta. Y no vi ni a uno solo de ellos con una sonrisa en el rostro. Me volví hacia la Hermana y pregunté: "¿Por qué estas personas, que tienen de todo aquí, miran todas hacia la puerta? ¿Por qué no sonríen?"
>
> Estoy acostumbrada a ver las sonrisas de nuestra gente, incluso los moribundos sonríen. Y la Hermana dijo: "Esto es lo normal casi todos los días. Están esperando; esperan que un hijo o una hija venga a visitarlos. Están dolidos porque los han olvidado."
>
> Vean, este amor negligente trae pobreza espiritual. Quizá en nuestra propia familia tenemos a alguien que se siente solo, que se siente enfermo, que se siente preocupado. ¿Estamos allí? ¿Estamos dispuestos a dar hasta que nos duela por estar con nuestras familias? ¿O hacemos pasar nuestros intereses primero? Éstas son las

[5] Noreen Rackow, comentado a Mark Torinus en "The Faces of Euthanasia: Alzheimer s: A Caregiver Speaks Out", en *Life Cycle*, núm. 114, abril, de 1992, p. 7.

preguntas que debemos hacernos. Debemos recordar que el amor empieza en casa y también debemos recordar que "el futuro de la humanidad pasa por la familia".

No somos trabajadoras sociales. Aunque quizá, a los ojos de algunas personas, estemos haciendo trabajo social, debemos contemplar el corazón del mundo. Debemos llevar esta presencia de Dios a nuestras familias, porque la familia que reza unida, permanece unida. Hay mucho odio, mucha pobreza (*en el mundo*) y con nuestra oración, con nuestro sacrificio podemos empezar desde casa. El amor empieza en casa, y no es tan importante cuánto hacemos, sino cuánto amor ponemos en lo que hacemos.

Si contemplamos el corazón del mundo con todos sus problemas estos problemas no pueden desanimarnos nunca. Debemos recordar siempre que Dios nos dice en las escrituras: "Incluso aunque una madre pueda olvidar al niño en su seno, algo imposible, pero incluso aunque ella pudiese, Yo nunca me olvidaré de ti."

Y por eso estoy hablando con ustedes. Quiero que encuentren al pobre, pero primero en su propia casa. Y empiecen a amar allí. Lleven las buenas noticias en primer lugar a su propia gente. E interésense por sus vecinos de al lado, ¿saben quiénes son?

He tenido la más extraordinaria experiencia de amor entre vecinos gracias a una familia hindú. Un caballero vino a nuestra casa y dijo: "Madre Teresa, hay una familia que lleva tiempo sin comer. Haga algo." Entonces tomé un poco de arroz y me fui para allá inmediatamente. Y vi a los niños, sus ojos brillaban de hambre. No sé si han visto alguna vez el hambre. Yo lo he visto con frecuencia. Y la madre de la familia tomó el arroz que le entregué y se fue. Cuando volvió, le pregunté: "¿Adónde fuiste? ¿Qué has hecho?" Y me dio una respuesta muy sencilla: "También estaban hambrientos." Lo que me chocó fue que ella les conocía, ¿y quiénes eran?, una familia musulmana, y ella lo sabía. No llevé más arroz aquella noche porque quería que ambos, hindúes y musulmanes, disfrutaran de la alegría de compartir.

Pero estaban aquellos niños, radiantes de alegría, compartiendo la paz y la alegría de su madre porque ella había tenido el amor de dar hasta donde duele. Y, como ven, es allí donde empieza el amor, en casa, en familia.

Tal como lo muestra el ejemplo de la familia, Dios nunca nos olvida y siempre hay algo que tú y yo podemos hacer. Podemos guardar la alegría del Amor de Jesús en nuestros corazones, y compartir esta alegría con todos aquellos con quienes nos encontramos. Hagan de esto un deber, que no exista ningún niño indeseado, falto de amor, desatendido o asesinado y luego tirado por ahí. Y den hasta que les duela, con una sonrisa.[6]

Tristemente la eutanasia (o la "muerte piadosa", como sus promotores querrían que la llamásemos) se ha convertido en una rutina en algunos países del mundo. En Holanda, 65 % de los médicos de cabecera ofrecen la posibilidad de la eutanasia sin antes recibir una petición por parte del paciente.[7] Muchos médicos admiten que matarían pacientes por iniciativa propia.

En Estados Unidos, los defensores del llamado "derecho a morir" empezaron promoviendo "testamentos vitales" durante la década de 1970 como

[6] Madre Teresa de Calcuta, "Whatever You Did Unto One of the Least, You Did Unto Me", conferencia en el National Prayer Breakfast, Washington, D. C., 3 de febrero de 1994.

[7] Barbara L. Lyons, "The Case Against Euthanasia and Assisted Suicide", en *Life Cicle*, núm. 114, abril de 1992, pp. 8-9, citando "Medische Beslissingen Rond het Levenseinde, II: Het Onderzoek Mediscvche Parktijk inzake Euthanasie" (Decisiones médicas sobre el final de la vida, II: estudio ordenado por el comité para investigar las prácticas médicas sobre la eutanasia), en *The Hague*, vol. 2, 1991, p. 83.

un primer paso aceptable hacia la eutanasia. No es sorprendente que, en 1985, haya habido más "muertes piadosas" que en los 23 años precedentes. Y, de hecho, más de 75 % de estos casos ocurrieron en estados que tenían una legislación de "testamentos vitales".[8]

En 1991, Derek Humphrey (fundador de la Hemlock Society) llegó incluso a publicar un manual sobre "cómo suicidarse", titulado *Final Exit* (La última salida). Se vendió en librerías populares de todo el país y apareció en la lista de los más vendidos del *New York Times* durante varias semanas (llegando incluso a ser número 1). Hoy, muchos ancianos estadounidenses enfermos, a los que se les ha hecho creer que no deben ser una "carga" para nadie, sufren de profundas depresiones. Algunos incluso optan por matarse, tal como ha demostrado el terrible trabajo de Jack Kevorkian, un ex patólogo que colaboró en la muerte de cerca de dos docenas de personas a lo ancho de Estados Unidos.

En Europa, hacia el año 2010, las pensiones y el sistema de seguridad social estarán tan "sobrecargados" debido al creciente número de pensionistas frente al menor número de trabajadores contribuyentes a estos sistemas,[9] que la eutanasia puede incluso llegar a tener un mayor apoyo por parte de los que defienden el bienestar material por encima de la compasión humana. Esta falta de respeto hacia los mayores y los minusválidos proviene de la época en que el aborto fue legalizado y en que la madre y el médico obtuvieron licencia para matar a un niño no-nacido. Si no se respeta una vida humana desde el momento de su concepción, ¿cómo va a ser respetada hasta su muerte natural?

Los que apoyan el suicidio asistido y otras formas de eutanasia rehúsan reconocer el valor intrínseco de la vida humana en todas sus etapas. Fracasan en ver la sabiduría y el amor que los abuelos ancianos aportan a la familia. Se ha perdido el perfil de la fe y del valor que comparte con los demás un pariente aquejado de una enfermedad terminal, mientras él o ella soporta el sufrimiento con coraje y se prepara para una muerte pacífica y santa.

La experiencia demuestra que cuidar en casa a los enfermos y a los familiares ancianos brinda grandes beneficios a la familia. Al hacer cosas por los abuelos y por otros parientes ancianos de la casa, los hijos aprenden a amar, a cuidar y a ser considerados, lo que aporta al niño un sentido de la valía personal. Es así como el círculo del amor y de la vida continúa a través de los siglos. Los padres traen a los hijos al mundo con amor y estos mismos hijos ven cómo sus padres se van del mundo con amor.

Peligros para la familia

Hoy día se menosprecia este proceso beneficioso de cuidar de los demás y olvidarse de sí mismo, tachándolo de poco realista y de "antinatural".

[8] Edward R. Grant, J. D. y otros, "Repackaging the Euthanasia Debate: 25 years of Change in Public Policy and Language", en *AUL Insights*, vol. 3, núm. 1, febrero de 1992, p. 9.

[9] William Drozdiak, "Europe s «Birth Dearth» Spawns Reapparaisal of Inmigration", en *The Washington Post*, 20 de enero de 1994, p. A19.

Muchos expertos en familia sostienen que este asalto contra la familia, unidad básica de la sociedad, no tiene absolutamente ningún precedente.

La familia siempre ha tenido que hacer frente a amenazas para poder sobrevivir. Antaño, las amenazas eran tangibles y fácilmente identificables: animales salvajes, falta de comida y techo, tormentas, guerras tribales y enfermedades. Los peligros que afrontan las familias de hoy son más sutiles y, en cierta manera, mucho más siniestros. El debate que viene a continuación pone en tela de juicio algunas de las fuerzas que actualmente minan la estabilidad de la familia.

Quizá la fuerza más conocida que hoy amenaza a la familia es el fracaso a la hora de reconocer un significado más profundo de la vida. Esto hace que muchas personas persigan el placer y las gratificaciones materiales como máximos objetivos en la vida y así se meten en drogas y exceso de alcohol, promiscuidad y otros vicios ruines. El doctor Viktor Frankl, afamado psicoterapeuta y autor, conocido por su profundo sentido humano, describía el síndrome de "la falta de sentido de la vida":

> El problema de nuestro tiempo es que la gente está cautivada por un sentimiento de falta de sentido, [...] acompañado por un sentimiento de vacío [...] Nuestra sociedad industrial está preparada para satisfacer todas nuestras necesidades y nuestra sociedad de consumo incluso crea necesidades para satisfacerlas después. Pero la más humana de todas las necesidades, la necesidad de ver el sentido de la vida de uno mismo, permanece insatisfecha. La gente puede tener bastante *con qué* vivir, pero con más frecuencia que con menos, no tienen nada *por lo qué* vivir.[10]

La gente joven sufre mucho de esta ausencia de sentido de la vida y los resultados se plasman en un trágico número de suicidios, consumo de drogas, muertes, accidentes por conducción bajo los efectos del alcohol, enfermedades venéreas y SIDA. A pesar de haber nacido en una nación bendecida con una prosperidad material tremenda y con un gran desarrollo tecnológico, más de 2000 adolescentes estadounidenses de entre 15 y 19 años de edad se suicidaron en 1989. (El suicidio es la segunda causa de muerte en ese grupo de edad.)[11] El Alan Guttmacher Institute, brazo investigador de la organización Planned Parenthood (Paternidad Planificada), ha calculado que cada año se producen 12 millones de nuevos casos por enfermedades de trasmisión sexual. Dos tercios de estos casos afectan la vida de hombres y mujeres de menos de 25 años de edad.[12] Cada año cerca de 3 millones de adolescentes contraen enfermedades de trasmisión sexual.[13] Entre los más de 289 000 casos de SIDA registrados en Estados Unidos, 1167 corresponden a jóvenes

[10] Viktor Frankl, "The Meaning of Love", IX Congreso Internacional sobre la Familia, Organización Mundial de la Familia, septiembre de 1986, impreso en *Ninth International Congress for the Family: The Fertility of Love* Fayard, París, 1987, p. 39.

[11] National Institute of Mental Health, "Suicide Facts", marzo de 1992.

[12] "Facts in Brief: Sexually Transmited Diseases (STD s) in the United States", The Alan Guttmacher Institute, septiembre de 1993.

[13] *Ibid.*

de 13 a 19 años. Un total de 10 949 casos corresponden a jóvenes entre 20 y 24 años.[14] Es chocante, pero en 1989 "la infección por VIH y SIDA se convirtió en la sexta causa principal de muertes entre las personas de 15 a 24 años en Estados Unidos".[15]

La "falta de sentido de la vida" no es incurable. Los adolescentes que han aprendido a amar y a respetarse a sí mismos y a los demás, aquéllos que han recibido una afectuosa disciplina en casa, y han observado, y se han inspirado en la generosidad y la bondad de sus padres tendrán un sentido realista de optimismo en lo que respecta al futuro. Los esfuerzos por proporcionarles estas cosas que no han tenido en su familia pueden tener éxito.

Si carecen del amor incondicionado de sus padres en cantidad generosa, los hijos normalmente lo buscarán en la primera persona que les preste un poco de atención. Esto puede llevarles a problemas serios, tales como la promiscuidad sexual. A muchos adolescentes les falta una actitud positiva hacia el futuro porque carecen de la experiencia de un amor incondicional por parte de sus padres, hecho que con frecuencia se ve agravado por la fragmentación de sus familias y, en algunos casos, por un estatus económico pobre. Ven escasas posibilidades de obtener un trabajo y les faltan las capacidades necesarias para hacer frente a los retos de la presión que ejerce una sociedad orientada hacia el éxito. Bajo estas circunstancias, es fácil entender cómo los jóvenes pueden desanimarse y eventualmente recurrir a estas falsas escapadas, como un contacto sexual prematuro (fornicación) para intentar disipar sus sentimientos de desesperanza y desesperación. Tales intentos, sin embargo, fracasan. Tal como explica el doctor Armand Nicholi, profesor de Harvard:

> Muchos de los que han trabajado de cerca con adolescentes durante la última década se han dado cuenta de que la nueva libertad sexual no lleva de ninguna manera a un mayor placer, libertad y apertura, o a relaciones más profundas entre los sexos. La experiencia clínica demuestra que la nueva permisividad ha llevado con frecuencia a relaciones vacías, a sentimientos de autodesprecio y de no valer nada, a una epidemia de enfermedades venéreas, y a un rápido incremento de embarazos indeseados... Han detectado que los estudiantes sumergidos en esta nueva libertad sexual la encuentran "insatisfactoria y carente de sentido". Aunque su comportamiento sexual parezca, por lo general, ser un intento desesperado por superar un profundo sentimiento de soledad, (*estos adolescentes*) describen sus relaciones sexuales como poco satisfactorias y (*afirman que*) no les proporcionan el calor emocional que ellos buscaban. Describen un intenso sentimiento de culpa y una preocupación obsesionante por estar siendo utilizados como "objetos sexuales".[16]

[14] United States Department for Health and Human Services, *HIV/AIDS Surveillance Report*, primer cuatrimestre marzo de 1993, vol. 5, núm. 1, mayo de 1993, p. 10.

[15] Centers for Disease Control and Prevention, "HIV/AIDS Prevention: Facts about Adolescent and HIV/AIDS", febrero de 1993, p. 1.

[16] Armand M. Nicholi, "The Adolescent", informe inédito presentado en Family of the Americas Foundation, 1984, pp. 4-5. *Véase también The Harvard Guide to Modern Psychiatry* Bel-Knap Press, Cambridge, 1980, p. 530.

VALORES Y SIGNIFICADO

Incluso en las familias completas, una ausencia frecuente de valores y objetivos para guiar las decisiones y las actividades de la familia puede ser el origen de que sus miembros pierdan el sentido de lo que realmente es valioso en sus vidas, como son los actos de piedad y bondad hacia los menos afortunados. Las posesiones materiales y las relaciones efímeras no pueden satisfacer nuestro deseo profundamente arraigado de sentido de la vida y plenitud; en el corazón humano hay un hambre que la persecución despiadada de los apetitos temporales no puede satisfacer. Compartir con los demás brinda un sentido rico a la vida, produce un crecimiento emocional y espiritual y se convierte en la mejor contribución de la familia a su propio futuro, así como al de su comunidad y su nación. Muchas familias, que están financiera, espiritual y emocionalmente bendecidas, podrían compartir su bienestar con niños que no tienen esa suerte. Las organizaciones comunitarias buscan continuamente familias que desean compartir su amor y su vida con jóvenes que necesitan desesperadamente la experiencia de una familia estable para vivir en ella.

El doctor Frankl afirmaba que nuestra gente joven aprende inicialmente a encontrar el sentido de su vida a través de la influencia y el ejemplo de otras personas, en especial sus padres, que a su vez ya han encontrado su sentido de la vida. Una de las tareas más importantes de la familia es guiar al niño para que descubra que la felicidad es una consecuencia natural de olvidarse de sí mismo y de entregarse a los demás. Ésta es la inestimable lección que podemos dar a nuestros hijos. Los hijos comienzan a aprender y a practicar las virtudes de la disciplina y la generosidad en la familia por medio del ejemplo y de la guía cariñosa de sus padres.

La Madre Teresa nos recuerda lo que las Escrituras nos enseñan: "El último día, Él (*Jesús*) dirá a los que tiene a su derecha, «cualquier cosa que hayáis hecho al más pequeño de éstos, a Mí me lo hicisteis», y también dirá a los que están a su izquierda, «cualquier cosa que dejasteis de hacer al más pequeño de éstos, dejasteis de hacérmelo a Mí»."[17]

[17] Madre Teresa de Calcuta, "Whatever You Did".

2 Construir una familia sólida: retos y soluciones

En la medida en que los padres tengan como objetivo anteponer sus carreras profesionales y sus objetivos a las vidas de sus hijos, el mundo se convertirá en un lugar cada vez más hostil y triste para vivir.

DOUGLAS R. SCOTT
Presidente de Life Decisions International

ESTAMOS REGRESANDO AL PAGANISMO

Debernos reconocer que la verdadera persecución contra la familia y la fe se está realizando en el mundo occidental, donde los dirigentes y legisladores promulgan leyes contra la familia, sus valores y tradiciones.

Estamos viviendo en un mundo que está perdiendo el respeto a todo lo que es sagrado y venerado. Hoy los programas más culturalmente insidiosos están siendo financiados con los impuestos de los contribuyentes, convirtiéndonos en cómplices de nuestra propia destrucción.

El siglo XX se conocerá como la época del oscurantismo de la era moderna, es decir, como la época en que reinaba el control artificial de la natalidad, la esterilización, el aborto, la promoción de prácticas sodómicas como un estilo de vida, la experimentación en fetos humanos, la eutanasia y la venta de órganos humanos extraídos de personas vivas.

Los preparativos empezaron a principios de dicho siglo con la sutil manipulación de la conocida activista radical Margaret Sanger y otros de su calaña. Hubo al principio fuerte oposición a su movimiento, pero empezó a ganar terreno con los años utilizando la sutileza como arma, usando las injusticias que ameritaban un cambio como frentes para infiltrarse en cualquier parte de la sociedad que las sufriera. Se dieron cuenta de que la mujer es la influencia más importante que había que convertir, porque cuando ella se convierte en madre se transforma en el corazón de la familia. Si la mujer acepta el cambio, sus hijos suelen hacerlo también.

La conversión se llevó a cabo con varios pasos importantes:

- Se incitó a las mujeres a rebelarse contra todas las figuras de autoridad masculina.
- Se desdeñó la maternidad y el papel decisivo de una madre protectora.

- Se establecieron guarderías para que fuera más fácil atraer a las mujeres a salir de casa.
- Se inventaron métodos para evitar el embarazo, con total desdén de las consecuencias físicas, mentales, morales y espirituales para la madre y su familia.
- Se introdujo la mentalidad materialista para que las necesidades básicas ya no fueran la única consideración. Dos personas a sueldo se sentían tentadas a vivir por encima de sus medios y a depender de futuros ingresos para saldar sus deudas.

Esta revolución tuvo apoyo total de muchas entidades que se beneficiaban de los gastos masivos ocasionados por una corriente de efectivo aumentada y la fácil disponibilidad de crédito que se concedía, en virtud de que la familia contaba con dos fuentes de ingresos.

En esta conspiración han colaborado:

- La industria farmacéutica, en colaboración con entidades internacionales, la cual cabildeó ante los gobiernos occidentales para obtener financiamiento adicional para la investigación y la distribución de sus productos químicos y dispositivos de control natal perniciosos y a menudo mortales.
- Los políticos a los que se influenció para que creyeran que el mundo en desarrollo era una amenaza para su poder y la seguridad nacional, de modo que se destinaron miles de millones de dólares a programas de control demográfico, usando a menudo medios coercitivos para alcanzar sus fines.
- International Planned Parenthood (Paternidad Planificada Internacional), organismo que se convirtió y sigue siendo el principal distribuidor mundial de programas de control de la natalidad, suministrador de programas pornográficos de educación sexual y proveedor de abortos, todo ello destruyendo la unidad de la familia y la inocencia de los jóvenes.
- Las asociaciones médicas del mundo occidental, las cuales han colaborado en la propagación de programas que son contrarios al juramento hipocrático, pero lucrativos para su profesión.
- Las instituciones docentes en Occidente, las que han abandonado sus bases éticas y morales y sus principios básicos. Hoy día dependen de subvenciones para la investigación y supervivencia, tornándose sumisos a los gobiernos faltos de ética y moral.
- Las Naciones Unidas y todas las organizaciones relacionadas con ella, quienes se están uniendo ahora con dichos grupos para imponer a las naciones pobres en desarrollo del mundo la aceptación de programas y procedimientos que son insidiosos y claramente contrarios a sus culturas, tradiciones y religiones.
- Las instituciones bancarias internacionales, las cuales se han aliado con todos ellos para imponer las tácticas coercitivas al denegar prés-

tamos y asistencia humanitaria a menos que se pongan en práctica repugnantes programas en contra de la familia.
- Los medios de comunicación, que continúan plegándose a sus principales contribuyentes y patrocinadores al promover y divulgar información que refuerza las intenciones de sus patrocinadores, pues los presentan como algo positivo a la vez que ocultan gran parte de la verdad y los hechos. Las omisiones de los detalles completos o estudios ocurren especialmente si son desfavorables a las empresas anunciantes. En vez de publicar o mostrar los hechos imparcialmente, sólo se suele presentar la información que no es desfavorable a los patrocinadores. Esto produce un ocultamiento parcial de la verdad en las noticias.

Las consecuencias de estas políticas, programas e ideologías impuestas han sido que:

- Debido a que ambos padres trabajan, se ven obligados a dejar a sus hijos en manos de extraños en las guarderías.
- Las madres, en especial, sufren una dolorosa ansiedad al dejar a sus hijos, ya que su instinto maternal les llama a quedarse en el hogar cuidando a los niños. Las pobres madres que no tienen más remedio que trabajar, por lo general debido a la irresponsabilidad del padre, se llevan a los hijos con ellas o los dejan al cuidado de sus abuelas o parientes, lo cual es mejor que en una guardería.
- Los niños de edad escolar también pasan al cuidado de extraños o, si tienen suficiente edad, llegan solos a una casa vacía.
- Las horas en que la mayoría de los jóvenes se meten en problemas son después de las horas escolares, antes de que los padres regresen al hogar, luego de su jornada de trabajo.
- Después de trabajar durante ocho horas, los padres están demasiado agotados física y emocionalmente para atender a sus hijos y la televisión se convierte en un padre sustituto, negativo para el niño.
- El rendimiento académico de los niños se ve disminuido porque los padres están demasiado cansados para atenderlos.
- Debido al agotamiento de los padres, surgen peleas acerca de quién es el responsable de prestarle atención al niño y asistir a actividades escolares y después de la escuela.

Las consecuencias del control artificial de la natalidad han sido las siguientes:

- Deterioro de la salud de la mujer debido al uso de productos químicos y dispositivos antinaturales.
- Resentimiento de la mujer por llevar ella la mayor parte de la responsabilidad por la planificación familiar.
- Aún más resentimiento cuando descubre que ella sólo es fértil durante alrededor de 100 horas en cada ciclo, mientras que el hombre es fértil todo el tiempo.

- Poca autoestima cuando se trata a la mujer como un objeto en vez de como alguien a quien se debe apreciar y respetar.
- Aumento en la conducta promiscua entre los jóvenes.
- Como resultado de esa mayor promiscuidad, el número y la incidencia de las enfermedades de trasmisión sexual han aumentado dramáticamente.
- Cuando se esteriliza a un hombre o a una mujer, puede haber graves efectos secundarios físicos, además de las profundas consecuencias psicológicas debido a la mutilación de los órganos destinados expresamente para la procreación. El atractivo especial, de calidad casi mágica, que sienten los esposos el uno por el otro, se ve afectado con esta mutilación. Con el tiempo se dan cuenta de lo que es realmente esta operación –algo para conveniencia de uno o del otro– y aumenta el resentimiento.
- Los divorcios aumentan al disminuir la abnegación y la consideración mutua dentro del matrimonio.
- Aumento de los divorcios. De las décadas de 1960 a 1990 creció a 400 % la tasa de divorcios, ya que el control artificial de la natalidad se convirtió en una forma aceptada de espaciar o evitar enteramente el embarazo.[1] Cuando una pareja se divorcia, los hijos son las víctimas inocentes.
- Sufrimiento de los hijos debido al divorcio de sus padres. Presencia de efectos físicos así como psicológicos, como aumento o pérdida de peso, problemas gastrointestinales, ansiedad, temor a la separación o a perder a uno de los padres, sentimientos de culpa y depresión severa que pueden llevar al suicidio. Cuando el niño tiene poca autoestima, puede recurrir a las drogas o a la promiscuidad sexual. Las estadísticas muestran que hay un aumento dramático de los divorcios entre las parejas que viven juntas antes de casarse.[2] Los hijos de padres divorciados acaban divorciándose a la vez. Entre los niños de edad escolar, la separación de sus padres puede producir un rendimiento académico inferior, expulsiones, suspensiones, abandono escolar, ausencias y delincuencia juvenil. Hay estudios que indican claramente que 70 % de los adultos jóvenes que cumplen condenas de prisión provienen de hogares deshechos.[3] Para la sociedad, las consecuencias financieras del divorcio son enormes. Se suele dar a la madre la patria potestad sobre los hijos; por tanto, los ingresos de la madre sola suelen disminuir considerablemente, a menudo hasta conducirla al nivel de pobreza.[4]
- Las subvenciones que dan los gobiernos a los programas para aliviar el trauma de los padres solos además de las necesidades especiales de

[1] Robert T. Michael, "Why Did The U.S. Divorce Rate Double Within A Decade", 1988. William J., "Quantifying America's Decline", en *Wall Street Journal*, 15 de marzo de 1993.

[2] Jim Abrams, "Until Marriage Us Do Part", en *The Washington Post*, 2 de febrero de 1993, p. C5.

[3] Datos compuestos del NCHS/HHS; datos estadísticos de Estados Unidos, 1993.

[4] Estadísticas de la Oficina del Censo de Estados Unidos, citadas por el presidente George Bush en 1992, al proclamar el Día Nacional de los Niños.

sus hijos, producen a menudo mayores gastos que se financian con los impuestos de los contribuyentes.

- Los programas –subvencionados por los gobiernos– que fomentan la conducta promiscua han producido un aumento monumental de las enfermedades de trasmisión sexual, que ya han cobrado proporciones epidémicas, así como un aumento en los embarazos de las adolescentes. En Estados Unidos, uno de cada cinco ciudadanos padece una enfermedad de trasmisión sexual incurable.[5]
- Hace tres meses la BBC advirtió a los televidentes que la gonorrea, entre adolescentes de 16 a 19 años de edad, había aumentado 46 % de 1995 a 1997 y que los casos de clamidia en el mismo grupo y durante el mismo periodo habían aumentado 56 %. Además, más de medio millón de mujeres adolescentes en el Reino Unido utilizan "anticonceptivos de emergencia", o la píldora para la mañana siguiente, la píldora abortiva. Por tanto, incluso con educación sexual obligatoria en las escuelas para impedir las enfermedades de trasmisión sexual, las autoridades han declarado que su programa es un fracaso total.[6]

Como hemos visto, entre los problemas a los que se enfrenta la familia están las influencias externas que se inmiscuyen en el papel de los padres en tanto que educadores más importantes de sus hijos y atacan sus creencias. La educadora familiar británica Valerie Riches subraya la erosión de los valores familiares y de la autoridad de los padres y dice:

> Cuando una nación está amenazada por enemigos externos o se enfrenta a enemigos políticos que pueden dañar su futura estabilidad nacional, surge un debate público, se piden soluciones y emergen estrategias y políticas alternativas. En cambio, cuando se trata de política familiar y de moral social, el debate político y público parece atemorizado por la parálisis, cerrado al escrutinio, miedoso ante la palabra "moralidad". Y sin embargo el tema concierne a la esencia de la sociedad, al futuro mismo de la raza humana. La amenaza que supone debería urgir a una respuesta inmediata, un debate enérgico así como la creación de contrapolíticas.
>
> Es necesario que la gente de buena voluntad investigue y desenrede el embrollo que se ha tejido con astucia en torno a las políticas, leyes e instituciones de sus respectivos países. Los causantes deben ser identificados y salir a la luz, porque actúan con impunidad, en secreto o detrás de una pantalla de pseudorrespetabilidad que adquieren cuando los gobiernos financian sus actividades y políticas.
>
> Es una situación increíble y hay que actuar. Esto requiere un esfuerzo coordinado de todos aquellos que apoyan y creen en la familia y en la santidad de la vida. Es una batalla que deben emprender ahora aquellos que aman el verdadero concepto de libertad.[7]

[5] Joe S. McIlhaney, Jr., *Safe Sex,* Baker Book House, 1991, p. 16. Scientific American, febrero de 1991, vol. 254, núm. 2; p. 62; artículo, p. 65.

[6] Noticias de la ONU 80/99, Buenos Aires, noviembre 1, 1999.

[7] Valerie Riches, "Sex and Social Engineering", en *Family and Youth Concern,* 1986, Wicken, Reino Unido, pp. 24-25.

El doctor James Hitchcock, de la Universidad de San Luis, expresa la misma preocupación en temas más específicos:

> La profesión de la educación sexual ahora se adhiere masivamente a la idea de que ninguna clase de comportamiento sexual es erróneo mientras no "haga daño a nadie", y que las ideas tradicionales de castidad están, de hecho, haciendo daño a los niños. De esta forma, uno de los objetivos de los programas de educación sexual es hacer que los estudiantes sean tolerantes con toda forma de comportamiento sexual. Ésta es una de las vías por las que se mina la idea profunda de lo que es la familia, ya que, en efecto, se enseña a los estudiantes que la estructura familiar tradicional y estable no es de ninguna manera superior a cualquier otra forma de convivencia conjunta, incluida la cohabitación entre homosexuales.[8]

El doctor Paul Vitz, profesor de Psicología de la Universidad de Nueva York, compara este acercamiento a la sexualidad con el sistema de "valores de clarificación" que se enseña a los escolares estadounidenses desde la década de 1960. Esta tendencia califica la enseñanza directa de la moralidad de desfasada y lleva a los niños a basar sus acciones en el relativismo –la noción de que lo que es bueno o malo varía según cada persona en concreto–. Este sistema contradictorio, y otros similares, como el humanismo secular que rechaza a Dios y promueve una vida centrada en el hombre, originan un peligro real para los más jóvenes que aprenden de ello a justificar su comportamiento inmoral e ilícito.[9]

Además de estos retos, los padres se enfrentan a unos tiempos cada vez más difíciles cuando tratan de equilibrar la influencia de los medios de comunicación y los obstáculos masivos que se crean en contra de la familia. Muchas películas y programas de televisión, por ejemplo, seducen a los adolescentes para que aprueben la promiscuidad sexual y la fornicación. La combinación de violencia y sexo, que se oye con frecuencia en la música *rock* y se ve en los videos musicales, es especialmente peligrosa. El doctor Hitchcock dice lo siguiente sobre la influencia de cierta música *rock*:

> Las diversiones comerciales son, en muchas ocasiones, abiertamente hostiles a los valores familiares. La música *rock*, el más extremo de los casos, festeja la toma de drogas y la promiscuidad sexual y crea héroes que, como mínimo, juegan el papel de ser personalidades depravadas. Al conjunto del mundo de la música de moda le encanta la excitación y las sensaciones inducidas artificialmente. Es un mundo del que los padres con frecuencia se sienten excluidos –un mundo en el que, si penetran en él, encontrarán lo contrario a los valores que han intentado inculcar a sus hijos.[10]

Para que no se diga que aquel que critica la cultura juvenil de hoy día es simplemente un "desfasado", un canoso mojigato u otro estereotipo pareci-

[8] Profesor James Hitchcock, "Forces Working Against the Family", informe inédito remitido a Family of the Americas Foundation, 1984, p. 13.

[9] Paul C. Vitz, "Defending Traditional Values: Comments for Parents", informe inédito remitido a Family of the Americas Foundation, 1984.

[10] Hitchcock, "Forces Working against the Family", p. 15.

do, consideremos esta sabia observación de Jeff Jacoby, un joven periodista, soltero, del periódico liberal *Boston Globe*:

> Me he hartado. Y si una década y media de exposición a esto (películas explícitas, violentas, etc.) me ha cansado ya –teniendo en cuenta mis orígenes, mi educación religiosa, mi sentido de la disciplina–, ¿qué impacto tendrá (*todo esto*) sobre [...] una generación que crece entre familias problemáticas, escuelas indisciplinadas y una cultura de secularismo sin valores? [...] ¿Y qué le ocurre a esta sociedad sin valores? Pues de todo. Los que hacen *footing* en Central Park reciben palizas que los dejan en coma; los estudiantes son promiscuos; los amotinados de Los Ángeles incendian su vecindario [...] Sugerir que las violentas pandillas callejeras son continuadores de la tradición literaria de las tragedias de Sófocles, de la poesía romántica de Chaucer o del testimonio moral de Solzhenitsyn, es sugerir que no hay diferencia entre el sentido de vivir y el vivir sin sentido.[11]

LOS VALORES TIENEN CONSECUENCIAS

Mientras que los peligros actuales que amenazan a la familia son con frecuencia sutiles, los resultados de la ruptura de la vida familiar tradicional son mucho más obvios. Un estudio reciente de la Oficina del Censo de Estados Unidos vio que, comparado con otros países desarrollados, ese país es líder en:

- Tasa de divorcios.
- Número de niños afectados por el divorcio.
- Tasa de embarazos entre adolescentes.
- Tasa de abortos.
- Mayor porcentaje del mundo de abortos entre adolescentes.
- Porcentaje de niños viviendo en hogares monoparentales.
- Porcentaje de muertes violentas entre los jóvenes.[12]

Por si esto fuera poco, en Estados Unidos vive 5 % de la población mundial, pero se consume 50 % de las drogas ilegales de todo el mundo.[13] En resumen, a pesar de su prosperidad económica general y sus recursos abundantes, Estados Unidos sufre una crisis cultural –en muchos sentidos, una crisis de valores– que está dañando tanto a los hijos como a las familias. Patrick F. Fagan, que ha observado durante muchos años las políticas públicas y las tendencias que afectan a la familia, escribe: "Ésta no es una crisis de

[11] Jeff Jacoby, "A desensitized society drenched in sleaze", en *Boston Globe*, 7 de junio de 1995.

[12] Lista extraída del Center for International Research, "Children s Well-Being: An International Comparison", Bureau of the Cesus, U.S. Department of Commerce, International Report Series, núm. 80, noviembre de 1989, p. 95, resumida por Patrick F. Fagan, en "The Social Teaching of John Paul II on the Family: Toward a More Generous Gift of Self in the Family", documento inédito y sin fechar (circa 1990), p. 3. *Véase también U. S. Children and their Families: Current Conditions and Recent Trends*, Informe del Comité sobre Infancia, Juventud y Familia, Congreso de Estados Unidos, 1989.

[13] Tim Russert, "Meet the Press", entrevista con Barry McCaffrey, director del Drug Control Policy, emitida el 28 de abril de 1996.

los hijos, no está causada por los hijos [...] sino que es una crisis del matrimonio, de su estabilidad, y del apoyo social que requiere."[14]

Fagan cita un número de avances que agravan la debilidad familiar y marital, incluyendo alguno ya mencionado con anterioridad: el incremento del trabajo fuera del hogar de los padres y la delegación del cuidado de su hijo en extraños; la televisión siempre en aumento, que no sólo desplaza el tiempo que las familias disponen para pasar juntas, sino que también promociona la "autogratificación" y "el alimento basura para la mente". Añade que, para muchos niños, muchos de estos peligros se combinan con una forma de "vacío emocional".[15] Según Fagan, "el mayor problema social que origina la disfunción de las familias no es la quiebra familiar, el divorcio, la separación y niños nacidos fuera del matrimonio, sino, y más esencial, *la falta de habilidad para formar relaciones estrechas en el seno familiar*".[16]

¿QUÉ PODEMOS HACER?

Los padres, sin importarles la acumulación de éxitos de Hollywood o de las revistas, deben saber que muchos programas de televisión, películas, videos, libros y revistas son veneno para los niños –y también para los adultos–. Los padres deben proteger a sus hijos de lo que les hace daño. También tienen que entender cómo la presión de los amigos hace que a veces los adolescentes actúen en contra de su conciencia e instinto.

La promiscuidad es con frecuencia resultado de esta presión del círculo de amigos. De hecho, incluso en un informe de Planned Parenthood (Paternidad Planificada) se observó que la presión de los amigos es la razón número uno por la que los adolescentes inician una actividad sexual, seguida de razones de curiosidad y de pensar que "todo el mundo lo hace".[17] Como apunta el doctor Hitchcock, los padres pueden neutralizar esta presión de los amigos mostrando a sus hijos que sus amigos necesitan un control más estricto sobre sus diversiones y amistades, e incluso sobre su comportamiento y sus actitudes básicas en la vida.[18] A nadie, especialmente a los niños, le gusta sentirse controlado o utilizado. Michael Keating, respetado comentarista familiar y escolar, dice que los padres pueden también recordar a sus hijos la idea de que no tiene sentido que las personas formen todas sus opiniones sobre la vida exclusivamente a partir de la gente de su misma edad. Otras recomendaciones de Keating para contener la presión de los amigos son: enseñar a los hijos a ser independientes de sus amigos; limitar el tiempo que los hijos pasan con los amigos y advertirles sobre situaciones

[14] Fagan, "The Social Teaching of John Paul II on the Family: Towards a More Generous Gift of Self in the Family", p. 3.

[15] *Ibid.*, p. 4.

[16] *Ibid.*, p. 6. Cita el informe del National Institute of Drug Abuse (NIDA) sobre los procesos que llevan a la adicción: *The Psychodynamics of Drug Dependence*, NIDA/ADAMHA, 1977.

[17] "American Teens Speak: Sex, Myths, TV and Birth Control-The Planned Parenthood Poll", encuesta de opinión pública encargada por Planned Parenthood Federation of America y elaborada por Louis Harris & Associates, Nueva York, 1986.

[18] Hitchcock, "Forces Working against the Family".

potencialmente peligrosas; animar a los hijos a emprender relaciones saludables tanto con mayores como con personas más jóvenes; y procurar influir positivamente en el grupo de amigos por medio del contacto con profesores sobresalientes, jóvenes líderes y otros modelos positivos.[19]

¿Qué más podemos hacer para alertar a nuestros hijos sobre la negatividad que puede ejercer el círculo de sus amigos, así como sobre los otros peligros que hemos subrayado aquí? El doctor Vitz hace algunas sugerencias excelentes. Para empezar, los padres deben tener alguna clase de alternativa en la cabeza.

> En primer lugar deben estar dispuestos –amable pero firmemente– a criticar esta "nueva" moralidad relativista y permisiva.
>
> Segundo, deben estar dispuestos a defender los valores tradicionales y mostrarlos en sus propias vidas. ¿Cuáles son estos valores tradicionales? He aquí una lista de valores tradicionales que pueden encontrarse en la herencia de casi todo el mundo: honestidad, trabajo duro, respeto a los demás, y también valor, perseverancia, justicia, liderazgo [...]
>
> En tercer lugar, no deben desestimar los valores tradicionales estadounidenses de trabajo duro y éxito, combinados con la bondad y la generosidad hacia los demás. En lo que respecta a la moral sexual, la mayor parte de las religiones y de las culturas sienten un gran respeto por la castidad y el autocontrol; todas critican a la gente sexualmente permisiva y que carece de autocontrol. Es difícil respetar a alguien que no puede o no quiere controlar su cuerpo, porque está "dominado por las hormonas".[20]

Los padres pueden tener miedo de ser tachados de "pasados de moda" o de ser demasiado estrictos o cuadriculados o de lo que sea. ¡No se preocupen! En lo más profundo de sí mismos, la mayoría de los niños saben que cuando sus padres insisten en un comportamiento ético elevado es porque los aman de todo corazón. Incluso cuando se rebelan, muchos niños saben en sus corazones que mamá y papá tienen razón. *Manténganse firmes en lo que saben que es bueno para ellos y recen a Dios.* (Recuerden que al fijar los límites de un comportamiento aceptable, no sólo demuestren a sus hijos que se preocupan por ellos, sino que también les están proporcionando una salida para que "salven la cara" en caso de que la presión de sus amigos sea especialmente fuerte. Los adolescentes con frecuencia agradecen poder decir: "De ninguna manera, ¡no puedo! ¡Mi padre probablemente me castigaría durante semanas si nos sorprenden!")

Matrimonio y divorcio

Otro regalo que podemos ofrecer a nuestros hijos es el mensaje de que una relación marital fuerte y duradera es mejor que cualquier otro tipo de arreglo. La sociedad ya no trasmite a la gente la necesidad de un matrimonio estable para construir familias sanas. Ésta podría muy bien ser la única

[19] Michael Keating, "The Stolen Generation", Eleventh International Congress on the Family, Les Editions Européennes, Bruselas, 1988, pp. 61-69.

[20] Vitz, "Defending Traditional Values", pp. 10-11.

razón por la que el divorcio es tan frecuente desde 1960 y explicaría el continuo crecimiento de la tasa de divorcios.

La ruptura marital no sólo se ha convertido en algo aceptable, sino que también se perdona. Sin embargo, en contraste con esta tendencia, mucha gente continúa sugiriendo la necesidad de un vínculo permanente en el matrimonio. El reverendo Edward O'Connor, de la Universidad de Notre Dame, es uno de ellos:

> Dejando incluso a un lado las necesidades de los niños, el amor de los mismos esposos requiere con fuerza esta unión. La entereza y la intimidad del regalo de uno mismo, traducido en la unión marital, apela a un lazo que debe permanecer intacto. El sexo extramatrimonial es una contradicción intrínseca; y el dolor profundo, la frustración y el disgusto por el que es conocido son simplemente signos de ello. El amor marital es diferente de la amistad, ésta puede ser más o menos superficial, más o menos transitoria. No hay duda de que en la vida humana hay sitio para la amistad superficial; pero el corazón humano tiene también necesidad de otro tipo de vínculo, estable y que lo abarque todo, porque es un amor dado de tal manera que no se puede retirar jamás. El amor marital, por su propia naturaleza, tiene un carácter de unión absoluta e inviolable. Los esposos, en este nuestro imperfecto mundo, pueden, naturalmente, fracasar en su fidelidad y un orden social realista debe tener una vía para manejar esos fracasos. Pero hay que reconocerlos como fracasos, no como opciones.[21]

Los niños, y todos nosotros, necesitan descubrir que muchos matrimonios modernos podrían funcionar de la misma manera que han funcionado siempre los matrimonios: con los cónyuges deseosos de sacrificar una parte de sí mismos en interés de los otros miembros de la familia. Como declara el doctor Nicholi, de Harvard:

> La respuesta a un matrimonio exitoso descansa no en el número o la intensidad de los conflictos, sino en la voluntad y en los recursos emocionales y espirituales de los padres para solucionar los conflictos. Toda relación profunda requiere un esfuerzo continuo, tiempo y trabajo para mantenerla. Necesitamos invertir este tiempo y trabajo para mantenerla. Necesitamos invertir este tiempo y esfuerzo porque los adultos, igual que nuestros hijos, necesitamos la estrecha, cálida y continuada relación que sólo un entorno familiar sano puede proveernos. En mi vida de médico ajetreado he descubierto que el tiempo necesario para mantener y nutrir estas relaciones rara vez existe a menos que lo programe en mi agenda –y le dé la misma prioridad que a una emergencia médica.[22]

En la otra cara de la moneda, el profesor Nicholi ha estudiado cómo la ausencia de uno de los padres afecta a los hijos:

> Si hay un factor que influye en el desarrollo del carácter y en la estabilidad emocional de una persona, ése es la calidad de la relación que experimenta de niño con sus dos progenitores... la accesibilidad de sus padres, tanto física

[21] Edward D. O Connor, C.S.C., *The Catholic Vision* Our Sudnay Visitor Publishing, Huntington, 1992, pp. 208-209.

[22] Armand M. Nicholi, Jr., "The Impact of Separation and Divorce on Children", documento inédito, remitido a Family of the Americas Foundation, sin fechar (*circa* 1984).

como emocional, o ambas, puede ejercer una profunda influencia en la salud emocional del niño.[23]

Es más, añade:

> Amplias investigaciones durante las tres últimas décadas muestran que muchas formas de psiconeurosis y desórdenes del carácter pueden tener su origen en la separación del niño de su padre o de su madre… se ha demostrado una y otra vez que una relación estrecha, cálida, sostenida y continuada con los dos padres es lo que más contribuye al desarrollo emocional del niño.[24]

A pesar de este hecho, la tasa de divorcios sigue siendo alta y un número cada vez mayor de niños pierde a uno de sus padres. Además, ésta es una de las principales razones por las que la crianza de los niños ha pasado de ser en casa y con los padres a tener lugar a través de agencias y personas ajenas a la familia. Nicholi sugiere que esta tasa de divorcios elevada y continuada significará un deterioro adicional en la vida familiar y tendrá una mayor incidencia en enfermedades mentales y en los problemas sociales. Él llama a la desintegración familiar "el más doloroso y la más estremecedora de las experiencias humanas". Está convencido de que, "debido al divorcio y a la desintegración familiar, millones de personas luchan contra la soledad en alguna etapa de sus vidas". Naciones enteras, igual que las personas, soportan las consecuencias del divorcio y de las rupturas familiares resultantes. Por ejemplo, el estudio de unos sociólogos de la Universidad Princeton (en Estados Unidos) reveló que los estudiantes de bachillerato cuyos padres estaban divorciados o separados eran tres veces más propensos que sus compañeros a abandonar los estudios. Es más, investigadores de la Universidad de Cambridge, en Gran Bretaña, vieron que los niños de padres divorciados son tres veces más propensos a dejar el hogar después de una pelea y cuatro veces y media más propensos a cohabitar a una edad temprana. Como se apuntaba en la revista británica *The Economist*, la ruptura de la vida familiar y de los valores tiene también consecuencias económicas a gran escala:

> Cuando se educa mal a los niños, cuando una gran parte de la renta nacional debe retirarse de los hogares para cuidar, o curar, a aquellos que no pueden cuidarse por sí mismos, cuando una parte no menos pequeña (*de la renta*) debe emplearse en la policía y en la protección contra la delincuencia, a un país le resulta difícil enriquecerse.[25]

Afortunadamente, muchas familias monoparentales adoptan medidas para fortalecerse, como pedir consejo cuando lo necesitan, y se esfuerzan por fortalecer el amor, el respeto, al compartir, la oración en común, el perdón y la esperanza en el futuro. La perseverancia es la clave de este proceso.

[23] *Ibid.*
[24] *Ibid.*
[25] "Children of Divorce, An Economic Burden on Society", en *Europe Today*, núm. 16, 29 de marzo de 1993. Cita a *The Economist* (no menciona la fecha ni el número de página).

3 La familia, fuente de esperanza

El amor no se entiende como un mero efecto colateral del sexo, sino que el sexo es una manera de expresar la experiencia de esa unión definitiva que se llama amor.

VIKTOR E. FRANKL
Man´s Search for Meaning

A pesar de la elevada tasa de divorcios y de otros problemas, existen muchas personas que no sólo son conscientes de la importancia de la familia, sino que también perciben su hogar como un refugio de amor y vida en nuestro mundo turbulento. Estas personas comprenden la necesidad de revitalizar sus propias familias y las de su comunidad y país.

Las sugerencias del doctor James Hitchcock sobre este tema encuentran eco en otros muchos especialistas en la familia: hay que actuar para planear y trabajar por la vida familiar, aprendiendo sobre las fuerzas antifamiliares y advirtiendo a nuestros hijos contra ellas, hay que asociarse con otras familias que piensan igual y con grupos que se defienden a sí mismos y a sus ideales, hay que rezar juntos y ayudar a muchas otras personas a las que les gustaría reencontrar una familia sana y cariñosa si se les diese el conocimiento y el valor necesarios para ello.

LOS PADRES COMO LÍDERES Y MAESTROS

Cuando llegue el momento, los padres tendrán que reservar un tiempo especial para hablar con sus hijos sobre el amor, la vida y la familia. Se sentirán más seguros de ellos mismos si tienen presente sus capacidades como líderes, profesores, protectores y guías de sus hijos. Estos son los papeles que han adquirido desde el nacimiento de sus hijos. El reverendo Edward D. O Connor habla de la responsabilidad de los padres de cuidar de los hijos:

> La esencia del matrimonio procede principalmente de las necesidades de los descendientes. Para los humanos no es suficiente ser engendrados, como las tortugas o los renacuajos. Los seres humanos necesitan también ser alimentados, vestidos, protegidos y educados… Necesitan que se les enseñe innumerables cosas, desde la higiene básica personal hasta las exigencias de las relaciones interpersonales. Deben aprender cómo ganarse la vida y cómo desarrollar su po-

> tencial social e intelectual. Hay que formar su conciencia. Por último, necesitan un entorno cariñoso para que puedan aprender a amar a los demás. Todo esto requiere unos cuidados devotos, cuidados que nadie, salvo sus padres, pueden darles. Se requiere la combinación de la fuerza de un padre y la ternura de una madre. Para asegurar todo esto, la procreación de los niños necesita tener lugar en el seno de una unión personal y estable que llamamos matrimonio.[1]

Los padres deben responder a las necesidades del hijo de tal manera que éste pueda, con el tiempo, lograr su independencia a la par que mantiene una sana unión con sus padres. Los padres representarán diferentes papeles en la medida en que ayuden al niño a crecer como adulto responsable; pero, en esencia, actuarán como líderes y maestros.

Una familia saludable tiene las cualidades de un liderazgo fuerte, idealmente compartido por el padre y la madre. Los padres serán líderes y profesores efectivos si previamente mantienen entre ellos una relación fuerte y cariñosa. Esto demostrará a los hijos lo que significa compartir afecto, sentimientos, ideas y sueños; qué significa ser sensible a las necesidades del otro y aceptar las faltas ajenas.

Por otro lado, los problemas entre los padres pueden ser el mayor obstáculo en la educación de los hijos. El enfado entre los padres origina con frecuencia que uno de ellos se oponga deliberadamente al otro, especialmente en los temas relacionados con la disciplina. Un padre puede querer compensar la injusticia o la dureza que ejerce el otro cónyuge sobre el niño. El padre (o la madre) que compensa así al niño puede llegar a tolerar el mal comportamiento, colmar al hijo de regalos o dejarle hacer algo que no le está permitido. Cuando los padres entran en este tipo de lucha por el poder, el niño puede utilizarlo como una oportunidad para manipular a sus padres y obtener de ellos lo que quiere. El niño aprende cuál de los dos padres se comporta como el "blando" e irá constantemente a él o ella con peticiones. En su ser más profundo, los padres saben que este "enfrentamiento de voluntades" está dañando al niño y al matrimonio. Sin embargo, puede también convertirse en una manera de atraer la atención del otro cónyuge.

Los niños que viven la experiencia de un liderazgo parental fuerte y cariñoso en su familia se sienten seguros. Los niños respetan y confían en los padres que no tienen miedo de ser líderes fuertes. Cuando esto ocurre, el niño no sufre confusión sobre "quién se encarga" y "cuál es la norma".

Hay familias en las que los hijos intentan asumir el papel básico de líder porque los padres no se preocupan de asumir esta importante responsabilidad. Tales situaciones son siempre trágicas, porque los hijos sienten la necesidad familiar de tener un líder, pero no están preparados para la tarea y ésta les sobrepasa.

La responsabilidad del liderazgo no excluye encarar de forma creativa las responsabilidades menores y las tareas domésticas. Mamá puede manejar mejor las finanzas de la casa, papá puede ocuparse mejor de la disciplina; los niños mayores pueden asumir el liderazgo en la limpieza de la casa, en las

[1] O Connor, C. S. C., *The Catholic Vision,* Our Sunday Visitor Publishing, Huntington, Ind., 1992, p. 10.

reparaciones del coche, en las compras, y así sucesivamente. Muchas familias muestran una creatividad fuera de serie en este campo, y esto merece ser reconocido. Sin embargo, ese es un tema bastante diferente y no hay que confundirlo con el liderazgo básico y la responsabilidad hacia la familia.

El papel de los padres como líderes y profesores deriva del verdadero propósito de la paternidad, que es desarrollar jóvenes capacitados para convertirlos en adultos responsables y afectuosos. Esto tiene muchísima importancia, porque este objetivo determinará la manera en que los padres guiarán a sus hijos cuando se desarrollen y maduren. La paternidad es, sin duda alguna, la tarea más importante que pueden desarrollar.

Los padres siempre esperan que sus hijos destaquen en la sociedad en la que viven. Pero los honores y el éxito en este mundo no pueden ser siempre posibles e, incluso, deseables. En tanto que gente honorable puede que nos veamos obligados a actuar en contra de las costumbres de moda y nos enfrentemos a la sociedad y sus actitudes. Cuando esto suceda (y hoy día, si la paternidad ha sido efectiva, es inevitable) confiamos en que nuestros hijos harán valerosamente lo que saben que es correcto y bueno, para ellos y para la sociedad, tal y como nosotros, sus padres, lo hemos intentado hacer.

La familia sana

Cuando guiemos a nuestros hijos para educarlos sobre sexualidad y matrimonio, querremos ayudarles a comprender las cualidades de una familia sana. Cuando se estudia de cerca estas cualidades, queda claro lo complejo y absorbente que es mantener el sistema familiar en marcha de una manera saludable. Pero cuando la familia funciona como un equipo, es una maravillosa experiencia y un verdadero recurso para la resolución de problemas.

Dolores Curran, conocida columnista en Estados Unidos, ha recopilado una lista de las cualidades de una familia sana. Todos podemos beneficiarnos de esta lista, que describe a una familia sana como aquella que:

1. Comunica y escucha.
2. Sus miembros se apoyan y reafirman entre ellos.
3. Enseña el respeto a los demás.
4. Desarrolla el sentimiento de confianza.
5. Tiene sentido del humor y del juego.
6. Comparte la responsabilidad con sentido común.
7. Enseña con sentido común lo que está bien y lo que está mal.
8. Posee un fuerte sentido de la familia en el que abundan las tradiciones.
9. Equilibra la interacción entre los miembros de la familia.
10. Tiene un sentido religioso equilibrado.
11. Respeta la privacidad de los otros.
12. Valora el servicio a los demás.
13. Fomenta las conversaciones y las comidas en familia.

14. Comparte su tiempo libre.
15. Admite y busca ayuda ante los problemas.

VALORES Y FAMILIA

Las familias sanas no son algo posible sin los valores familiares fundamentales. En casi todas partes, la gente siempre ha creído en la honestidad, el valor, la castidad, el respeto hacia los padres, la fidelidad en el matrimonio y el autocontrol. Tanto la historia como las estadísticas actuales sobre el divorcio prueban que, cuando estos valores no son centrales en una cultura o en una familia concreta, esa cultura o esa familia no puede perdurar.

Toda familia, cualquiera que sea su origen étnico o religioso, tiene en su herencia un conjunto de valores esenciales que da ejemplo e inspira a sus miembros. Estos valores son considerablemente parecidos a lo ancho de todo el mundo. La noción central de que uno debe vivir una vida de autocontrol es común a estos valores porque, cuando el autocontrol se pierde, la vida se precipita rápidamente hacia la ira, la adicción, los abusos sexuales, etcétera.

Tal como veremos más tarde en detalle, hoy día existe una gran presión para romper la resistencia moral de los jóvenes. Entre los que presionan se hallan las entidades que ganan dinero gracias al incremento del gasto que supone esa ruptura: las compañías farmacéuticas que venden píldoras anticonceptivas y otros dispositivos, las clínicas de control de natalidad que distribuyen estos productos y que exigen dólares procedentes de los impuestos para apoyarles, y las productoras de cine y de películas pornográficas, que se aprovechan de la curiosidad natural de los jóvenes y llaman a la lujuria a aquéllos que ya deberían ser suficientemente mayores como para evitarla.

El lado dañino de la píldora anticonceptiva y de otros dispositivos se explicará en detalle en la parte IV de este libro, pero mientras tanto hay que destacar aquí los intentos deliberados de muchas compañías farmacéuticas y de otros grupos de interés por mitigar, e incluso ocultar, las investigaciones científicas que demuestran que estas píldoras y dispositivos son pocos seguros, mientras que se dedican a enfatizar los estudios más "favorables". Por ejemplo, según un informe periodístico de 1988, cuando se estaba realizando un estudio de investigación sobre la píldora anticonceptiva trifásica, los organismos que regulan la comercialización de fármacos en Estados Unidos, Canadá, Australia y Reino Unido anunciaron que volverían a estudiar los datos que les habían sido remitidos. El periodista Brian Deer brinda un ejemplo de todo esto:

> Un análisis informático de la propaganda de (*los laboratorios*) Wyeth destinada a los médicos, en 1986, revela que las declaraciones en apoyo a la nueva generación trifásica de anticonceptivos orales estaban basadas, esencialmente, en material procedente de publicaciones de segundo orden o financiado por las compañías farmacéuticas.
>
> El análisis, preparado para (*el periódico londinense*) *The Sunday Times* por el Instituto de Información Científica de Filadelfia, revela que sólo siete de las

73 referencias incluidas en la "bibliografía mundial" publicada por Wyeth estaban entre las 1000 mejores revistas científicas de biomedicina.

Del resto, 27 eran transcripciones de simposios especiales o de suplementos informativos financiados por las compañías farmacéuticas... Otras ocho referencias habían sido publicadas por los altos directivos de Schering A. G. o Wyeth (*ambas son compañías farmacéuticas*).[2]

Para hacer frente a tales presiones, los padres deben ser capaces de ofrecer a sus hijos una alternativa viable. Los valores familiares sólidos y afectuosos constituyen esta alternativa. Pueden funcionar y, de hecho, funcionan, tal como lo saben millones de personas.

Los valores no son sólo prohibiciones *contra* determinados comportamientos, sino que son ideales *por* los que vivir, estándares de *cómo* vivir. Sirven como base a las acciones y a los juicios y son cruciales para la toma de decisiones. Estos valores son maneras concretas de describir qué es lo importante. En esencia, actúan sobre la toma de decisiones. Cuando la gente es capaz de definir sus valores claramente, la toma de decisión es más efectiva. Los valores están configurados por muchas fuentes, incluyendo a los padres, la Iglesia o el grupo religioso, los profesores, los amigos. Ellos nos ayudan a decidir qué caminos elegir y, por último, determinan nuestro carácter.

Los valores se enseñan por medio de la palabra y del ejemplo. Lo que somos deja más huella que lo que decimos. En una unidad familiar sana, los padres deben establecer un conjunto claro de valores y deben tener la integridad de acatarlos. Así los miembros de la familia expresan y comparten los mismos valores.

Los niños necesitan ver en sus padres la fuerza y la convicción de un código moral firme, especialmente durante los primeros años de formación. Los padres que son buenos comunicadores no sólo trasmiten a sus hijos su código de manera verbal, sino que también lo viven día tras día para que los hijos sean testigos de la integridad de sus padres y de la eficacia de sus estándares. Por ejemplo, aquellos padres que reprenden o castigan debidamente a su hijo porque ha llamado a otro de manera burlona "gordo" o "idiota", deben cuidar mucho que su *propio* vocabulario no incluya palabras odiosas. Si su hijo les oye después hablar mal de un vecino llamándole "tonto o estúpido" o en la calle insultar a otro conductor, el niño estará lógicamente confundido, o quizá, enfadado por la hipocresía de sus padres. Es la trágica ironía de la historia del chico a quien el colegio manda a casa por robar lápices del almacén de la clase; su padre, un funcionario, le pregunta severamente: "¿Por qué diantres hiciste una cosa así? ¡Si hubiese sabido que querías lápices te habría traído una caja de la oficina!" ¿Hay de verdad algún misterio en ver por qué el chico pensó que no estaba mal tomar lo que no le pertenecía?

El doctor R. Scott, presidente de Life Decisions International, organización líder en el mundo dedicada a desafiar la actuación de Planned

[2] Brian Deer, "Inquiry Ordered on Professor s Bogus Pill Test", en *Child and Family*, vol. 20, núm. 2, pp. 116-117, 1988. Reproducción de *The Sunday Times*, Londres, 5 de octubre de 1986.

Parenthood (Paternidad Planificada), ha escrito sobre la importancia de que los padres practiquen lo que predican:

> Es importante recordar que los hijos con frecuencia imitan a lo largo de sus vidas las acciones de los adultos. No es un secreto el hecho de que los niños, muchas veces, cometen los mismos errores que sus padres. Así, si los padres están envueltos en un comportamiento que han prohibido a su hijo, ¿cómo pueden esperar que su hijo se tome las cosas en serio? Los niños quieren poder respetar a sus padres, por lo que es importante para los padres hacer todo lo posible por ganarse este respeto. Esto es especialmente cierto para los padres solteros.[3]

AMOR Y FAMILIA

El amor, el mayor poder de todos, debe trasmitirse de persona a persona. Pero no es algo que se pueda trasmitir sólo con palabras. Podemos leer en el diccionario la definición de amor para saber qué es. Existen maravillosos ejemplos vivos de amor, personas que han sido amantes en el más profundo sentido de la palabra y cuyo amor ha trascendido fronteras, culturas y tradiciones. Una de ellas es la Madre Teresa de Calcuta, a quien personas de muy diversas creencias reconocen de inmediato como la personificación y la presencia viva del amor. Entre sus muchas obras de amor destaca el Hogar para los moribundos de Calcuta. Allí, ella y sus compañeras Misioneras de la Caridad han llevado a miles de personas que estaban expirando en las calles para que no murieran solos, sino con dignidad, amor y paz. La Madre Teresa, con sus Hermanas y Hermanos, también ayudaba a los que se podían curar. Ella habló así de un hombre:

> Le llevamos a casa. Estaba borracho; pero las Hermanas le dieron mucho amor, muchos cuidados, mucho de todo. Después de un par de días, él dijo a una Hermana: "Mi corazón está abierto. Me he dado cuenta de que Dios me ama. Ahora entiendo Su tierno amor por mí. Quiero irme a casa." Así que le ayudamos a irse a casa. Un mes más tarde volvió a (*nuestro*) hogar y entregó a las Hermanas su primer salario y les dijo: "Hagan por los demás lo que han hecho por mí." Se marchó; era un ser humano diferente. El amor le había devuelto a su familia, le había devuelto al amor y a la ternura de sus hijos.[4]

La Madre Teresa, en sus escritos y en sus discursos públicos a través del mundo, nos ha dejado muchas sugerencias para construir familias fuertes. Nos decía que si los padres se tuviesen amor y se preocupasen el uno por el otro, sus hijos aprenderían de ello y entonces sabrían qué hacer cuando, a su vez, les llegase el momento de formar una nueva familia. Hablaba con frecuencia de los padres como "los únicos que quedan hoy día para ayudar a los niños". Y nos pedía que enseñásemos a nuestros hijos a amar y a res-

[3] Douglas R. Scott, *Bad Choices: A Look Inside Planned Parenthood,* Legacy Communications, Franklin, Tenn., 1992, p. 93.

[4] Madre Teresa de Calcuta, "Children-Wealth of Nations", IX Congreso Internacional sobre la Familia Fayard, París, 1987, p. 456.

petar a los demás, a hablar y a divertirse juntos y que aprendiesen a compartir, a sacrificar y a dar a quienes lo necesitan. No hace mucho, en un discurso pronunciado en Washington, decía:

> Hablo mucho de dar con una sonrisa y una vez un profesor de Estados Unidos me preguntó: "¿Está casada?" Y le dije "Sí, y a veces encuentro difícil sonreír a mi esposo, Jesús, porque a veces Él es muy exigente." Esto es realmente cierto. Y allí es donde entra en juego el amor –cuando nos lo exigen y somos capaces de darlo con alegría.[5]

La Madre Teresa urgía a las familias a orar juntas y a descubrir entonces "la alegría de amar". Decía que para vivir juntos es necesario rezar juntos. Finalmente nos recordaba que "lo que cuenta no es cuánto damos, sino cuánto amamos". Estos son valores que nosotros, nuestros hijos y nuestro mundo realmente necesitamos.

El fruto del silencio es la oración.
El fruto de la oración es la fe.
El fruto de la fe es el amor.
El fruto del amor es el servicio.
El fruto del servicio es la paz.

MADRE TERESA DE CALCUTA

VALORES Y NIÑOS

De la misma manera que la Madre Teresa y sus Hermanas llegan hasta los demás, los padres pueden enseñar a sus hijos lo que es el amor y el valor que éste tiene en su vida. Los padres muestran con su ejemplo qué quiere decir amar a su cónyuge y qué quiere decir amar a los hijos. Son el mejor modelo porque son "amor vivo", tanto en los tiempos de dolor y pena, como en los de alegría.

A lo largo de su vida, el niño observa a sus padres, y los padres poco a poco empiezan a ver el resultado de su educación en casa. Lo que los padres dan a los hijos durante su periodo de formación determinará, por último, el curso de la vida de sus hijos y lo que éstos serán en el futuro.

En la primera infancia, la educación sobre la sexualidad no es tanto una cuestión de instruir sobre los aspectos físicos del sexo y la reproducción, sino de adoptar una actitud con respecto a uno mismo que se adquiere primordialmente a partir de la interacción con la madre, el padre y otros miembros de la familia. Los niños, de forma inconsciente, aprenden a valorar su propia sexualidad basándose en su percepción de lo que sus padres sienten sobre sí mismos. Si el niño percibe que la madre se alegra de ser una mujer y el padre de ser un hombre, el niño probablemente querrá ser como ellos algún día.

[5] Madre Teresa de Calcuta, "Whatever You Did Unto One of the Least, You Did Unto Me", discurso en el National Prayer Breakfast, Washington, D. C., 3 de febrero de 1994.

Una niña pequeña querrá crecer para ser como su madre a la que concibe básicamente como una persona feliz, satisfecha consigo misma y amada por su marido. De la misma manera, el niño que tiene la experiencia de un padre como un hombre fuerte y afectuoso, querrá crecer para ser como él y ser amado y cuidado por alguien como su madre.

Los valores influyen en cómo la gente se trata a sí misma y a los demás; tienen un peso directo en las actitudes de las personas y en las decisiones. La gente que se valora a sí misma, y a los demás, por ejemplo, tiene más tendencia a tratar a los demás como personas, en vez de como meros objetos de entretenimiento. Los niños que han aprendido valores morales como el respeto, la castidad, la honestidad y la integridad en el seno de sus propias familias tienen mejores oportunidades de disfrutar una vida adulta plena y productiva.

La adolescencia es el tiempo para planear la vida y fijar objetivos que reflejen estos valores. Sin embargo, éste es un proceso difícil porque los adolescentes experimentan muchos cambios de opinión, emociones e intereses. Deben elegir a sus amigos entre los compañeros(as) que tengan una moral similar a la suya; de otra forma, el adolescente se enfrentará a la fuerte presión de tener que someterse a valores diferentes. Muchos adolescentes respetan a la gente que tiene el valor de decir "no" y de permanecer fiel a sus propias creencias y valores.

En la historia, los grandes personajes tuvieron que someterse a diferentes reglas, pero también, en los momentos cruciales, tuvieron la habilidad y el coraje de destacarse, incluso contra la mayor de las presiones, por sus principios. Un chico o una chica no se convierte en un líder, y ni siquiera en su propia persona, siguiendo a la multitud. Unirse a la masa puede hacer que nos sintamos bien por un momento, pero impide que la persona se convierta en un individuo real. Ser una persona y un líder equivale a mantenerse en los valores y las convicciones tradicionales. Es decir al mundo: "Te respeto y valoro a los demás como a mí mismo."

¿Qué les hemos estado enseñando?

Podemos intensificar la educación de nuestros hijos sobre el amor y la vida preguntándonos primero qué les hemos estado enseñando y determinar si es coherente con los valores y la filosofía de vida que queremos trasmitirles. A continuación presentamos un ejercicio que nos ayudará en esta tarea.

Las prioridades de los padres

Una de las claves para una vida familiar sana, llena de amor y fructífera, es el grado con que los padres insisten en algunas normas y cuestiones. Algunos padres hacen hincapié en demasiadas normas; otros, en demasiado pocas. El propósito de este ejercicio es ayudar a los padres a pensar sobre qué normas consideran más importantes para su familia. También les ayudará a reconocer si estas prioridades se reflejan en la práctica.

Primero hagan una lista de las normas en las que invierten más energía a la hora de insistir en ellas. ¿A qué temas dedican más tiempo cuando están con sus hijos? Algunos ejemplos de estos temas o normas pueden ser:

1. Programas de televisión apropiados, películas, videos y música.
2. Alcohol u otras drogas.
3. Elección de los amigos.
4. Responsabilidades en el colegio, en casa y en el puesto de trabajo.
5. Buenas maneras, cortesía.
6. Guía para las primeras citas y salidas.

Ahora, empleen algún tiempo en reflexionar sobre su enseñanza como padres. ¿Qué necesitan aprender sus hijos de ustedes para vivir bien su vida? ¿Qué lecciones, creencias o valores desean que recuerden de su convivencia con ustedes? Realicen una lista de los seis objetivos esenciales que desean que sus hijos recuerden y posean. He aquí algunos ejemplos:

1. Honrar a sus padres.
2. Tomarse el tiempo de pensar en los demás y realizar actos de bondad.
3. Compartir lo que se tiene con los demás, en casa y en todas partes.
4. Ser fiel a sus principios.
5. Recordar que cada uno tiene un propósito único y una misión en la vida.
6. Recordar que cada ser humano tiene una dignidad y un valor innatos.
7. Cada uno de nosotros está en este mundo para un propósito determinado y ha sido elegido para realizarlo.

La fuerza y el carácter de una familia están muy influenciados por aquellos temas en los que los padres insisten más. Las reglas y la organización de una familia son, en muchos aspectos, un currículo que los padres enseñan. Los padres deberían preguntarse: ¿están enseñando lo que desean y lo que sus hijos necesitan?

Reflexionen sobre las dos listas que han confeccionado. ¿Existe diferencia entre aquello a lo que dedican su tiempo y aquello que piensan que es lo más importante? ¿Sus objetivos de aprendizaje prioritarios se reflejan en las reglas y temas sobre los que insisten con más frecuencia? Si no es así, elaboren una lista de pasos concretos que pueden emprender para llegar a un equilibrio distinto en sus enseñanzas como padres, como se observa en el ejemplo.

Pasos para la acción:

1. Ayudar a nuestros hijos a emprender tareas para los demás.
2. Organizar una reunión con los padres de los amigos de nuestros hijos.
3. Planificar el tiempo familiar común (cenas, tiempo libre, debates, etc.).

4. Hacer que ese tiempo sea más atractivo y ameno que ver la televisión. Asegurarnos de que nuestros hijos se dan cuenta de que este entretenimiento es normalmente inútil, que en buena medida es responsable de la delincuencia, así como de la promiscuidad sexual y otras cosas terribles. En este sentido, ayudar a nuestros hijos a reconocer que el lenguaje soez y la violencia de las películas actuales y de los programas televisivos han propagado una falta de respeto hacia uno mismo y hacia los demás. Por supuesto, nuestros hijos deben saber que la televisión que hemos elegido ver es esencialmente educativa o de puro entretenimiento.
5. Rezar juntos a Dios con frecuencia, ayudará a nuestros hijos no sólo en su vida diaria, sino también en los tiempos de crisis y de tristeza, en los que caemos todos en algún momento. Además establece el buen hábito y resalta la importancia del bienestar espiritual del niño.

LA FAMILIA Y LA ESPERANZA

En este capítulo hemos examinado la familia en tanto que núcleo de amor y vida, así como los peligros que hoy día amenazan a la familia y a la gente joven, y diferentes maneras de defender a nuestros hijos y a nuestras familias. También hemos aprendido sobre la fuerza moral de la familia y su durabilidad a través de los siglos. Esta promesa de la familia para el futuro la ha descrito muy bien Jean Vanier, amigo de las personas con discapacidades físicas y mentales y fundador de las Comunidades El Arca y del movimiento Faith and Light (Fe y Luz):

> Estoy profundamente convencido de que la familia es la portadora de la esperanza hoy día. Al mismo tiempo estoy asustado porque veo unas fuerzas destructivas inmensas que atacan a la familia, levantando una barrera entre el hombre y la mujer, barreras de falta de confianza entre los dos y barreras relativas a la fertilidad y a la esperanza familiar, barreras contra la familia, que está llamada a ser un oasis, un lugar de vida y paz para un mundo sufriente y angustiado...
>
> Estamos ante un mundo donde la guerra y la división son enormes. Pero sabemos que la familia puede ser una portadora de paz, un oasis de compasión para un mundo donde la gente se siente sola, aislada y culpable. Estas comunidades de esperanza nos conducirán a descubrir que nuestro mundo no está condenado a la angustia, a la muerte, ni cada uno de nosotros al aislamiento, sino que estamos destinados a la vida, al pacto divino, al amor y a dar esperanza a nuestro mundo.[6]

[6] Jean Vanier, "Family = Hope = The Fertility of Love", IX Congreso Internacional sobre la Familia Fayard, París, 1987, p. 106.

Parte II

Cómo educar adultos responsables

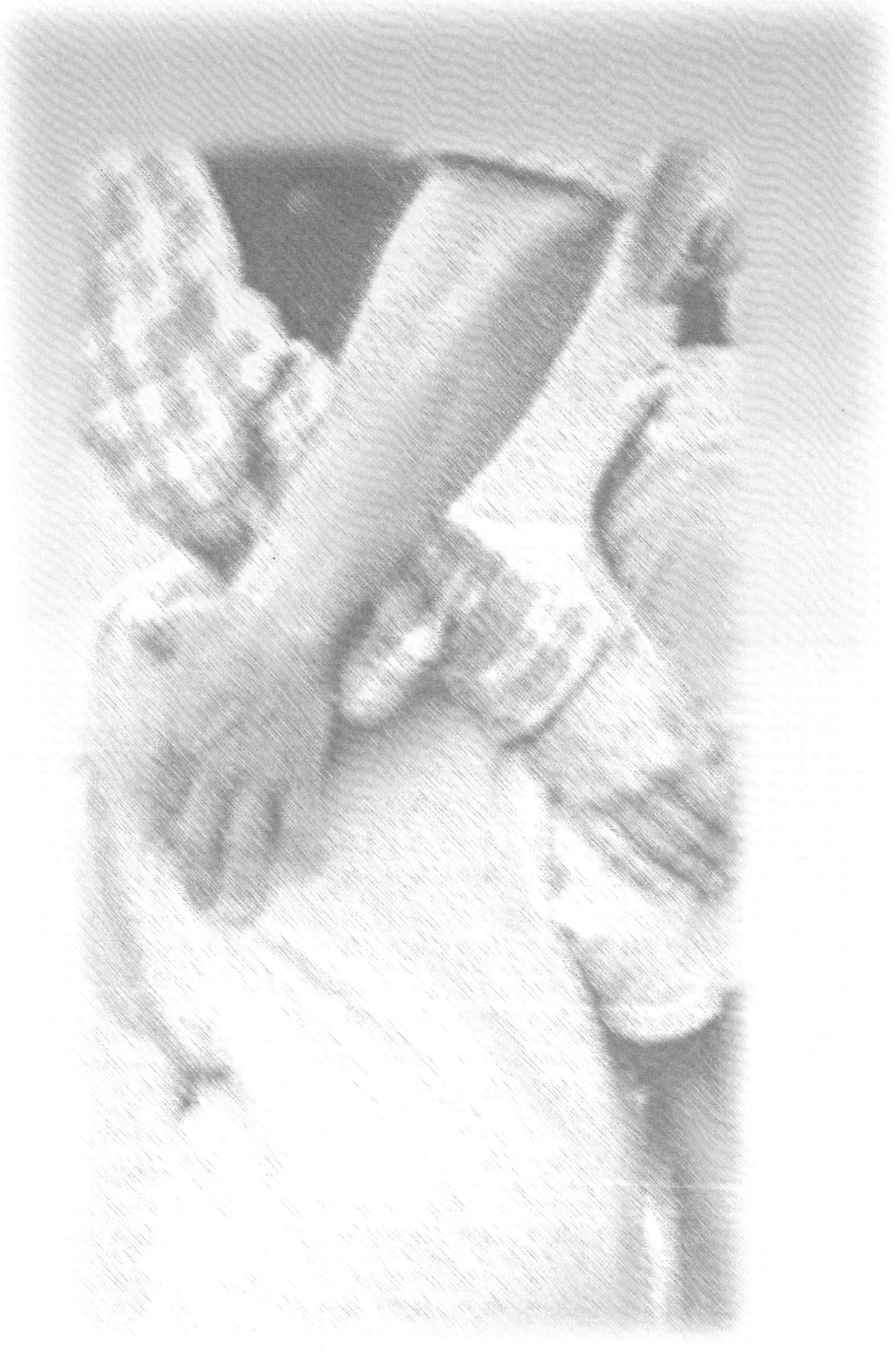

4 Descubrir la autoestima y establecer la comunicación

Cuando las familias son fuertes y están unidas, los niños pueden percibir en el amor de su padre y de su madre el amor especial de Dios, y pueden o crecer para hacer de su país un lugar de amor y oración. Un hijo es el mejor regalo de Dios a la familia y necesita tanto a su madre como a su padre porque cada uno de ellos muestra el amor de Dios de una manera especial. La familia que reza unida permanece unida, y si permanece unida, se amarán unos a otros como Dios los ama a cada uno de ellos. Y las obras de amor son siempre obras de paz.

MADRE TERESA DE CALCUTA
Mensaje a los delegados de la
IV Conferencia Internacional de la Mujer, Beijing,
República Popular China.

Tanto los niños como los adultos necesitamos comprender el papel de la autoestima y de la comunicación en el desarrollo de actitudes y comportamientos sexuales sanos. Podemos ayudar a nuestros hijos, ahora y durante los años venideros, haciéndoles ver la importancia de estos papeles.

LOS NIÑOS Y LA AUTOESTIMA

Cada persona nace con una autoestima inherente, es un regalo y una dignidad de Dios que nadie puede adquirir o rechazar. Los niños cuyos padres les ayudan a descubrir su verdadera dignidad crecerán como adultos sanos, capaces de amar y de ser amados.

Los niños cuyos padres están presentes y responden a las necesidades de sus hijos, saben que su hogar es un entorno seguro y fértil. Aprenderán que la vida merece ser vivida y que cada uno de nosotros, incluidos ellos, está en este mundo por un propósito específico –para contribuir de alguna manera a hacerlo mejor–. Cuando un niño se hace daño o cuando se siente abrumado o sobrecargado por los problemas, sabrá instintivamente que su casa es un refugio donde él o ella puede recuperarse, reconfortarse, para después volver a sus amigos, al mundo, como una persona más fuerte y mejor. Debido precisamente a que la familia tiene una importancia enorme para el niño, cuando se viola esta relación con abusos, negligencia o por el abandono de uno o de los dos progenitores, o dando un trato de preferencia a uno de los hijos, entonces surgen problemas devastadores. Los hijos observan siempre con atención a sus padres. Los hijos más jóvenes son muy sensibles y tienen tendencia a sentirse profundamente heridos si no se les da amor, atención y afecto por igual y adecuadamente.

Incluso en las familias destrozadas debido al rompimiento del matrimonio, el amor comprometido de uno de los padres ayuda al niño. Las parejas separadas o divorciadas pueden no ser capaces de vivir con el otro cónyuge, pero pueden mantener una profunda relación con los hijos, una relación que incremente su propia autoestima y la de sus hijos. Esto requiere, sin embargo, que se elimine el juego sucio de un progenitor contra el otro.

Por medio de imágenes –que serán muy relevantes en nuestra discusión posterior sobre la vida, la sexualidad, el amor y el crecimiento–, Jean Vanier describe lo que sucede en los corazones de los niños que no son valorados o amados por personas significativas en su vida, especialmente por sus padres:

> Personalmente conozco lo que sucede cuando un niño no es aceptado tal como es, cuando el niño siente que no es amado, cuando el niño es tan pequeño y tan frágil que siente que no le quieren. En ese momento, se encierra en sí mismo, entra en un mundo de miedo, un mundo de inseguridad; su pequeño corazón está herido. Lo que es verdad para el niño herido, es verdad para cada uno de nosotros; todos necesitamos un amor tierno, un amor que nos apoye. Si tenemos la impresión de que nadie nos ama, toda clase de cosas ocurrirán en el interior de nuestros corazones que nos llevarán a una forma de ansiedad. La fertilidad de los padres después del nacimiento de un niño es una fertilidad de espiritualidad humana muy profunda. El niño tiene que ser amado, hay que ayudarle a vivir en paz; hay que hacer que se sienta protegido, animado a crecer y a confiar en sí mismo de tal manera que pueda caminar suavemente, de acuerdo con el ritmo de la naturaleza, de acuerdo con sus capacidades, hacia una madurez de amor donde él mismo puede convertirse en fértil, con esa misma fertilidad espiritual. La fertilidad del amor viene de la unión de los cuerpos, de un hombre y una mujer unidos. Cuando un hombre y una mujer están divididos, el niño se hunde en la inseguridad.
>
> La fertilidad es no sólo una persona dando la vida a otro ser, sino una comunidad, un hombre y una mujer, que ayuda al hijo a crecer brindándole ternura, seguridad, apoyo, y la relación que él necesita para crecer hacia la madurez. Ocurre lo mismo con cada comunidad humana y cristiana. Para crecer, el niño necesita un amor que no sea posesivo, sino liberador; un amor que le deje crecer y cumplir su misión.[1]

La presencia segura y el amor incondicional de sus padres producen un impacto irremplazable en la vida de un niño. Los padres ejercen su influencia desde que el hijo está en el seno de la madre. A partir de ese momento y siempre, el amor es la mejor medida preventiva que los padres pueden utilizar para proteger y alimentar a su hijo. Si los niños reciben amor en casa, será menos probable que lo busquen en otra parte. También habrá menos

[1] Jean Vanier, "Family = Hope = The Fertility of Love", IX Congreso Internacional sobre la Familia, Fayard, París, 1987, pp. 104-105.

posibilidades de que tomen decisiones dañinas que entristecerán y decepcionarán a su familia porque la mayoría de las personas no pueden soportar el solo pensamiento de hacer daño a aquéllos a los que aman.

Nuestro sentido de la autoestima es parte integral de nuestra relación con los demás. Los niños descubren su gran dignidad y valor esencialmente a través de su vida familiar. Los seres humanos estamos literalmente preprogramados para la interconexión con los demás. La gente llega a la existencia como resultado de la unión entre un hombre y una mujer y entonces la relación empieza de inmediato. Nos convertimos en seres humanos funcionales por este hecho. Incluso el valor de dejar a la familia y ser independientes procede de esta relación saludable en el seno de la familia; una vida familiar saludable produce personas que se sienten lo suficientemente seguras de su propia valía y capacidad como para poder establecer una vida independiente sin cortar los lazos con sus padres y hermanos.

Los seres humanos nacen con una valía y un valor inherentes, pero normalmente es durante y a través de las relaciones con los demás cuando la gente aprende esto de sí misma. *Esto es, de hecho, un objetivo esencial de la familia: amar y cuidar de cada uno de tal manera que cada miembro pueda aprender a respetar y valorarse tanto a sí mismo como a los demás.* Cuando un niño no tiene esta experiencia de amor inicial es más difícil que pueda llegar a realizarse después en la vida.

La falta de amor y cariño en la infancia se muestra frecuentemente en la adolescencia. Estos jóvenes llegan a encontrar el amor y la aceptación entre sus amigos e iguales a través del sexo y de las drogas. Muchas veces no entienden que lo hacen motivados por el deseo de sentirse importantes y necesitados. El afecto de los padres durante los primeros años de vida es una fuerza que los frena ante tales comportamientos.

La Madre Teresa subrayaba que:

> Sabemos que el mejor lugar para que los niños aprendan a amar y a rezar es en el seno de la familia, viendo el amor y la oración de su madre y de su padre. Cuando las familias se rompen o están separadas, muchos niños crecen sin saber cómo amar y cómo rezar. Aquel país cuyas familias hayan sido destruidas de esta manera, tendrá muchos problemas. He visto con frecuencia, especialmente en los países ricos, cómo los hijos se lanzan a las drogas y a otras cosas para huir del sentimiento de no ser queridos y de verse rechazados.[2]

Para vivir una vida satisfactoria, feliz, los niños necesitan saber que son valiosos y que su vida puede marcar una diferencia, que el mundo es un lugar mejor porque ellos están en él. Sin esto, la vida se vuelve poco atractiva, desolada y desesperada. Como resultado de una autopercepción negativa, muchos jóvenes deciden vivir únicamente "el momento", buscando cualquier tipo de placer que puedan obtener de una situación determinada.

[2] Madre Teresa de Calcuta, mensaje a los delegados de la IV Conferencia Internacional sobre la Mujer de la ONU, Beijing, República Popular China, septiembre, 1995.

EL AMOR EN LA FAMILIA

No podría existir una lección más vital en la vida familiar y en la sexualidad que la de saber qué es el amor. A lo largo de los siglos, la gente ha estado de acuerdo, aunque la elección de las palabras empleadas pudiese diferir, en que el amor es un compromiso para el bien de la otra persona. Incluye no sólo cuidar y conocer a la otra persona, sino que también conlleva compasión, sacrificio y fidelidad.

Sobre el verdadero significado del amor, la Madre Teresa de Calcuta decía:

> No es suficiente decir: "Amo a Dios", sino que también tengo que amar a mi prójimo. San Juan dice que eres un mentiroso si afirmas amar a Dios y no amas a tu vecino. ¿Cómo puedes amar a Dios, a quien no ves, si no amas a tu vecino a quien puedes ver, a quien puedes tocar, con quien convives? Y esto es muy importante para darnos cuenta de que el amor, para ser verdadero, tiene que doler. Hay que estar dispuesto a dar lo que sea con tal de no hacer daño a los demás, y, de hecho, para hacerles el bien. Esto requiere que desee dar hasta que me duela. De otra manera, no habrá verdadero amor en mí y traeré injusticia, y no paz, a los que están a mi alrededor.[3]

El amor es tan importante para el bienestar emocional y psicológico del niño como lo es el alimento para su físico. Esto implica una relación comprometida en la que el niño es aceptado y amado incluso cuando su comportamiento es inaceptable.

El amor comprometido dice al niño: "Eres una persona muy importante, y siempre estaré contigo cuando me necesites. Haré todo lo posible por ayudarte a convertirte en un ser humano afectuoso que será bondadoso, comprensivo y perdonará a los demás. No siempre nos entenderemos y los dos cometeremos errores, pero eso es parte del crecimiento y del aprendizaje; simplemente nos tendremos que perdonar el uno al otro. Pero no importa lo que ocurra, nunca cambiará mi amor por ti. Siempre te querré."

Por su parte, el filósofo Damian Fedoryka habla sobre el poder del amor de los padres:

> La genuina formación del niño como persona parece imposible sin amor... Este amor parental debe incluir la respuesta de la reverencia, reverencia hacia el misterio y la dignidad del niño como ser humano, reverencia ante la intervención del Altísimo, quien desciende a los asuntos humanos en respuesta al reto del acto conyugal de los padres(y), finalmente, reverencia como reacción al impresionante hecho de que una persona, que pertenece esencialmente a Dios, nos haya sido confiada a nosotros, llamados a ser el primer contacto del niño con el Soberano.[4]

[3] *Ibid.*

[4] Damian Fedoryka, "Reflections on Christian Parenthood", documento inédito remitido a Family of the Americas Foundation, pp. 4-5.

Necesidades del niño

El niño indefenso, al menos en las primeras etapas de su desarrollo, parece ser sólo un conjunto de necesidades. Pero el niño es más que eso; es un ser espiritual. Lo que posteriormente se revela como decisivo es si el niño es (o no) amado y si la satisfacción de sus necesidades va acompañada de amor. De hecho, es más importante que el niño sea amado a que un determinado número de sus necesidades objetivas no se satisfaga.

En el núcleo de esta consideración está el poder real, aunque misterioso, del amor de tocar y alimentar a otra persona. Si el niño, aunque le cuiden, no es amado, o si siente el egocentrismo de sus padres, se volverá retraído. El egocentrismo puede establecerse como modelo en el niño, desde los primeros años.

Para un desarrollo sano es crucial que los padres comuniquen amor cuando los niños cometen errores o desobedecen deliberadamente. Si un niño es negligente con sus deberes y obtiene bajas calificaciones, es perjudicial para los padres despreciar al niño por su falta de responsabilidad. El niño ya sabe, sin que se lo digan, que ha sido negligente. Los padres podrían decirle que están decepcionados porque saben que su hijo puede hacer las cosas mejor. Podrían entonces decir al niño que, con su ayuda, elabore un plan para mejorar su trabajo en la escuela. *Es importante que el niño entienda que él no es un fracasado (aunque haya fallado en ser responsable con su trabajo) y que esos problemas pueden corregirse.* Los padres deben ser sensibles a la necesidad de su hijo de ser amado incluso cuando ha fracasado. La disciplina debe ser afectuosa y debe estar dirigida a la corrección de problemas más que hacia la destrucción del espíritu de esperanza en el corazón del niño.

Algunas veces, los padres no están al corriente de las necesidades de sus hijos porque están ocupados con sus trabajos o fracasan a la hora de entender lo abrumada que puede llegar a sentirse la gente joven cuando tiene problemas. Las obligaciones parentales requerirán, a veces, que los padres dejen a un lado sus propios planes para ponerse a disposición de sus hijos. Este compromiso no puede alterarse por la inconveniencia o la dificultad de una situación particular. Los padres siempre deben estar deseosos de hacer todo lo necesario para ayudar a sus hijos, incluso cuando no es fácil ni conveniente.

La Madre Teresa trató este tema:

> Me sorprendió ver, en Occidente, a tantos chicos y chicas dados a las drogas. He intentado encontrar el porqué. ¿Por qué ocurre esto, cuando los occidentales tienen muchas más cosas que los orientales? Y la respuesta fue: "Porque no hay nadie en la familia que los acoja." Nuestros niños dependen de nosotros para todo, su salud, su alimentación, su seguridad, su conocimiento y amor a Dios. Por todo ello, nos miran con confianza, esperanza y expectación. Pero con frecuencia el padre y la madre están tan ocupados que no tienen tiempo para sus hijos, o quizá ni siquiera están casados o han roto su matrimonio. Entonces los niños van a las calles y se ven involucrados en drogas u otras

> cosas. Estamos hablando de amor a los niños ya que es allí donde el amor y la paz empiezan, aquí en nuestra propia familia.[5]

El amor es más que un simple sentimiento de cuidado o preocupación. El amor debe ser tangible; para ser real debe expresarse en la acción. El amor es la habilidad para reconocer las necesidades de los demás y la voluntad de utilizar sus propios recursos para responder a esas necesidades. Requiere dejar de lado todo, incluidos nuestros propios deseos, por el bien del otro.

¡Pero el amor produce una sensación de satisfacción más que de sacrificio! Esto se debe a que, cuando amamos a otro, nada de lo que hagamos será demasiado. Amar a los demás es extraer lo mejor de nosotros mismos y nos hace darnos cuenta de que el placer de dar supera al de recibir. Un ejemplo de ello es que, a medida que los niños maduran, encuentran más y más satisfacción en ofrecer regalos a sus padres y abuelos. Podemos observar su alegría cuando han preparado una sorpresa para alguien, especialmente si es algo que ellos mismos han confeccionado.

MIMAR FRENTE A *AMAR*

La actitud del amor es diferente a la de "mimar" a los hijos ofreciéndoles todo lo que quieren y piden. *El niño necesita amor, no cosas materiales.*

Algunos padres se sienten culpables porque no pasan suficiente tiempo con sus hijos e intentan compensarlo con regalos materiales. Hacen esto no tanto por sus hijos, sino por ellos mismos, para sentirse mejor. Cuando las familias son materialmente ricas, los padres deben disciplinarse para no dar demasiadas cosas al niño. Los niños aprenden mejor a apreciar y a ser agradecidos si tienen que planear y esperar por algo que desean, más que tenerlo todo sin ningún esfuerzo de su parte. Con esto, los padres incluyen al niño en la compra de algo que quiere, haciendo que contribuya de alguna forma en esa situación.

Los problemas de los niños mimados tienden a trasladarse a la vida adulta y se expresan con frecuencia en problemas maritales, incluyendo la infidelidad. Los adultos que han sido niños mimados raras veces han tenido que ser cuidadosos, considerados y responsables. Cuando se casan y tienen hijos, con frecuencia esperan que sea el cónyuge quien asuma la responsabilidad absoluta de la familia. Esto se hace evidente en las situaciones en las que la esposa prefiere tolerar la falta de compromiso de su marido a despertar su ira pidiéndole que comparta con ella el cuidado de los niños. Muchas esposas toleran "maridos mimados" debido a su inseguridad sobre la relación y su miedo a arriesgarse al juicio o la desaprobación de su esposo. Si reflexionamos con detalle sobre quién hace al hombre machista, vemos que, de hecho, es la mujer quien lo empuja.

[5] Madre Teresa de Calcuta, "Whatever You Did Unto One of the Least, You Did Unto Me", discurso pronunciado en el National Prayer Breakfast, Washington, D. C., 3 de febrero de 1994.

Con frecuencia la responsabilidad de ocuparse del cuidado de los niños antes y después del día de trabajo, así como de las tareas normales del hogar, recae en la madre trabajadora. Muchos maridos piensan que su obligación familiar consiste principalmente (e incluso, exclusivamente) en proveer apoyo financiero. Al tolerar esta actitud y al excluir al marido de su compromiso con los niños, muchas mujeres refuerzan esta postura. Como resultado, ellas terminan con tres trabajos: familia, hogar y trabajo fuera de casa. Esto explica por qué el llamado movimiento de liberación de la mujer ha supuesto, en muchas ocasiones, no la emancipación, sino un obstáculo, dando el triple de trabajo a la mujer.

Los padres que están comprometidos con el bienestar de sus hijos se guían por preguntas como éstas: "¿Qué necesita nuestro hijo en esta situación?" y "lo que estamos haciendo, ¿ayuda o perjudica al niño?". Los niños que son objeto de esta clase de preocupación tienden a responder bien.

Cariño y elogio

Un amor parental comprometido incluye la obligación de dar al niño afecto y disciplina. Ambos son esenciales para el desarrollo sano de los niños.

El afecto es la parte fácil del amor, surge de forma natural en la mayoría de los padres. Incluye gestos de amor como abrazos, besos y caricias, igual que signos no físicos como los elogios, escucharlos, etc., que comunican, de forma inmediata, aceptación. Los niños que reciben afecto tienen buenos sentimientos sobre sí mismos y sobre su pertenencia a la familia. Si los padres y la familia han cuidado bien a sus hijos, ya se ha adelantado mucho camino en la tarea de desarrollar la habilidad de sus hijos para cuidar a los demás. Que los hijos mayores cuiden de los hermanos más jóvenes o que visiten a los abuelos en vez de salir con los amigos puede ayudar a que los niños aprendan la alegría de elegir a los demás antes que a sí mismos, incluso aunque no se den cuenta, en ese momento, de la alegría que hay en ello.

Los niños continúan necesitando afecto, incluso durante los años de la adolescencia, momento en que experimentan una tendencia natural a distanciarse de sus padres y de su familia. Los padres deberían decirles y demostrarles que les quieren, incluso cuando ponen a prueba su independencia y se vuelven rebeldes. Los padres pueden necesitar recordarse a sí mismos que deben ser afectuosos con los adolescentes; un brazo alrededor del hombro, una palmada en la espalda, un abrazo; estas expresiones variarán dependiendo de la familia. Del mismo modo, los padres necesitan y desean recibir expresiones de afecto de sus hijos. Después de todo, las madres y los padres son también personas y su necesidad de afecto nunca deja de crecer. Los padres deberían recordar, sin embargo, que un cierto distanciamiento por parte del niño es un componente natural del proceso de maduración.

Algunas veces, los padres son demasiado rápidos en la disciplina y demasiado lentos en reconocer un buen comportamiento. Por un lado, quieren que sus hijos se comporten y actúen con madurez, pero por otro, tienden a olvidar que un buen comportamiento es fruto de un aprendizaje y necesita reconocimiento.

El elogio también puede ser una excelente manera de reforzar los buenos comportamientos. Por ejemplo, cuando decimos "gracias" por algo que nos gusta, estamos enseñando buenas maneras y también reforzándolas. Es incluso mejor ser específico, etiquetando la acción deseada. Por ejemplo: "Gracias por ayudarme con los platos. Esto me da más tiempo, y puedo terminar de zurcir tu disfraz."

No es una buena idea hacer alabanzas si éstas realmente no se merecen, porque el que recibe el elogio inmerecido puede detectar la falta de sinceridad y el otro perdería así su credibilidad. Por ejemplo, si un niño tiene un mal rendimiento en una competición del colegio, o en un acontecimiento deportivo local, sería falso alabar su actuación diciéndole que las reglas eran demasiado duras o injustas. Es mejor elogiar al niño por su determinación y su trabajo constante, pero, a la vez, animarle a que aprenda de la experiencia y mire hacia la próxima competición.

Igual que con la disciplina, cuando la alabanza es merecida es mejor darla de inmediato. Es muy fácil ser crítico, los padres deben aprender a pensar más positivamente y a reconocer y animar un comportamiento digno de alabanza. Aquí ofrecemos un ejemplo de cómo convertir un comentario negativo en uno positivo, y cumpliendo en ambos casos el mismo objetivo:

Respuesta negativa: "¡¡Ahora no puedes salir con tus amigos!!"
Respuesta positiva: "Cuando termines tus deberes, podrás salir con tus amigos."

DISCIPLINA Y AUTOESTIMA

La palabra "disciplina" suele ser mal entendida y, con frecuencia, mal utilizada. Mucha gente identifica *disciplina* con *castigo*. Sin embargo, la disciplina significa "recibir instrucción de otro, corregir, moldear y fortalecer". En resumen, significa enseñar. La disciplina es una expresión de amor y una educación en la justicia.

Los niños con sentido de la valía personal provienen de familias donde hay adecuadas dosis de afecto y disciplina, y también una saludable combinación de los dos. No son formas opuestas, sino diferentes, de expresar amor. Cuando los padres tienen que ser duros y firmes con sus hijos, están también siendo cariñosos, y realizan un acto de amor como en el afecto, ya que lo que el niño requiere en ese instante es firmeza.

Los padres que esperan que sus hijos, a medida que crezcan, se vuelvan más responsables y más maduros emocionalmente, deberán permitirles crecer a lo largo del camino. Esto no quiere decir que los principios de la disciplina ya no se apliquen, sino que la juventud necesita oportunidades cada vez mayores para ejercer la libertad y la responsabilidad y así construir su autoconfianza. Por ejemplo, sería apropiado permitir que un chico mayor empiece a salir con chicas, pero no lo sería para un niño de 12 años de edad. De la misma manera, los padres deberían ser reacios a dar a su hijo o hija adolescente el privilegio de obtener el permiso de conducir si el adolescente en cuestión demuestra escaso o ningún sentido de la responsabilidad hacia sus deberes o en casa.

La cimentación de la autodisciplina durante la adolescencia se asienta durante los primeros años de la infancia. Los padres no pueden permitir retrasos a la hora de ayudar a sus hijos a desarrollar la autodisciplina, a enseñarles cómo manejarse ellos mismos, sus emociones y sus comportamientos. Esta disciplina debe empezar pronto en la vida y debe administrarse a partir del amor y del deseo de proteger al niño del mal.

La disciplina debe dirigirse hacia el desarrollo de la responsabilidad, el valor más importante. Los padres deben pensar en la responsabilidad como la "respuesta-habilidad", es decir, la habilidad de responder adecuadamente a diferentes situaciones de la vida. Asumir una responsabilidad quiere decir considerar las consecuencias de la acción, tanto hacia nosotros mismos como hacia los demás, y tomar una decisión por la que estamos deseosos de ser responsables. Los jóvenes incrementan sus sentimientos de autoestima cuando se comportan de forma responsable y toman decisiones de amor con las que se ayudan a sí mismos y a los demás.

5 Responsabilidad, sexualidad y autoestima

Dar, empezando por la propia familia, y continuando con toda la sociedad, es el núcleo moral del sistema.

GEORGE GILDER
Men and Marriage

Cada persona es, evidentemente, un ser humano individual, pero también es parte de una familia y de una comunidad. *Nuestras elecciones personales afectan no sólo a nosotros mismos, sino también a los demás.* Una de las mayores mentiras de hoy día es afirmar que la gente, los adolescentes incluidos, puede ir a una habitación, hacer lo que le dé la gana y que el resto de la sociedad no tiene nada que decir al respecto. Las tendencias actuales hacen que incluso el sonido de la palabra "fornicación" suene anticuado y el hecho es que ese comportamiento sexual tiene muchas consecuencias dañinas para las personas, las parejas y la sociedad. Por ejemplo, si una actividad sexual ilícita termina en embarazo, por lo general la madre necesitará los servicios de un hospital provisto y financiado por la comunidad. Si no hay embarazo, pero sí una enfermedad, por ejemplo, una venérea, las personas afectadas acudirán a sus padres, amigos, o a la seguridad social, para ser ayudadas. Nuestra interacción es algo que debemos descubrir y la familia es el lugar esencial donde los niños pueden aprender que las elecciones personales y nuestro comportamiento afectan a los demás.

De acuerdo con Dorothy Wallis, presidenta de la asociación Louisiana's Adolescent Pregnancy Commision (Comisión de embarazos adolescentes de Louisiana), cada día 42 estudiantes de Louisiana se quedan embarazadas y 18 deben ser atendidas por enfermedades de trasmisión sexual. Los gastos gubernamentales (tanto federales como estatales) relacionados con los embarazos de adolescentes ascendieron a 335 millones de dólares durante el año fiscal 1991-1992. En el estado de Mississippi, 21.4 % de todos los embarazos registrados en 1992 implicaban a chicas de entre 10 y 19 años. Un año antes, los gastos del Estado para programas sociales relacionados con los embarazos entre adolescentes ascendieron a 92 millones de dólares.[1]

[1] "High Cost of Teen Pregnancies", editorial de *The Times-Picayune,* Nueva Orléans, 13 de enero de 1994.

Con frecuencia, los adolescentes atraviesan periodos en los que quieren mayor libertad pero sin asumir la mayor responsabilidad que ello conlleva. Acceder a una petición de mayor libertad debería basarse en la voluntad y habilidad del hijo de aceptar un incremento de responsabilidad. Aunque un adolescente pueda alcanzar la edad mínima requerida para obtener un permiso de conducir un automóvil, los padres sólo deberían otorgar este privilegio si el adolescente ha demostrado ser responsable en otras áreas (como en la escuela, en las tareas del hogar, tener consideración hacia los demás, etc.) y si ha demostrado tener una comprensión de las consecuencias que trae consigo el abuso de ese privilegio. Cuando un padre actúa irresponsablemente y concede este privilegio antes de que el adolescente esté preparado, está rindiendo un pobre servicio tanto a la comunidad como al joven.

Estas son algunas formas para que la gente joven aprenda y demuestre autodisciplina y responsabilidad, e incremente su autoestima:

1. Hacer cosas por los demás, los amigos, los ancianos, los enfermos o los discapacitados.
2. Ayudar y pensar en los demás miembros de la familia, especialmente en los ancianos.
3. Asumir seriamente las responsabilidades (deberes, higiene personal, tareas del hogar, etc.). No debemos dejar que nuestro hijo sea un invitado en su propia casa.
4. Siendo sinceros con ellos mismos, manteniéndose firmes en sus valores y creencias a pesar de la presión de sus amigos para que hagan lo opuesto.
5. Aceptar la responsabilidad de su propio comportamiento y decisiones.

El conocimiento de la valía personal es esencial para el desarrollo de una actitud positiva y sana hacia la sexualidad. Todas nuestras elecciones en la vida reflejan cómo nos sentimos con respecto a nosotros mismos. El sexo ilícito, por ejemplo, indica una falta de respeto hacia uno mismo y hacia los demás.

DECISIONES Y SOLUCIONES

La fuerza de carácter no surge de una vida sin problemas. Tener problemas es parte de la existencia humana. Es más, un carácter fuerte es la consecuencia de la voluntad de trabajar hacia la resolución de los problemas inevitables a los que uno se enfrenta. Desarrollar esto y tomar decisiones son disciplinas que los padres pueden empezar a enseñar desde los primeros años de la infancia. Consideremos el ejemplo de un niño de tres años de edad que está haciendo una rabieta. Utilizando una técnica de aproximación conocida como "expulsión" o "tiempo muerto", los padres le dicen que se siente en una silla hasta que recupere el control de sí mismo y sea capaz de encontrar otra manera de afrontar el problema, o quiera dejarse ayudar por sus padres para encontrar una solución. Esta clase de acercamiento es un proceso hacia la responsabilidad y la solución de problemas porque:

1. Envía un mensaje claro de que tener un estallido de furia no es un comportamiento aceptable.
2. Enseña control emocional (autocontrol) y ofrece la oportunidad a los padres de enseñar al niño que hablar es mejor que dejarse llevar por los sentimientos.
3. Fuerza al niño a encontrar una solución aceptable y apropiada a un problema o desencanto.

CRECER EN LA ADOLESCENCIA

Los padres tenemos información de primera mano sobre los miedos, las esperanzas y las experiencias a las que se enfrentan los adolescentes. Conocemos lo que más les preocupa: quiénes son, hacia dónde van, cómo van a lograr llegar hasta allí. También podemos recordar lo que es experimentar tantos cambios en la anatomía y la fisiología de nuestros cuerpos, sentimientos y actitudes. Esta visión nos ayudará a sentirnos más cómodos para hablar con los adolescentes. Esta es la primera experiencia de nuestro hijo sobre la adolescencia; nosotros *ya* la hemos vivido y poseemos mucha sabiduría para compartir, ¡y muchas aventuras también!

Y, aunque ser un adolescente y crecer no es lo más fácil del mundo, tampoco es necesario sobreproteger a los hijos por ello. Sabemos que no es fácil, pero también sabemos que se logra superar.

Crecer y madurar puede compararse con el inicio de la vida y con el nacimiento. Al principio, el niño está cómodo, calientito y protegido en el útero materno. Sin embargo, el bebé no se puede quedar allí, hay que hacerle salir al mundo. Convertirse en un adulto es igualmente inseguro, temible y doloroso, pero algo mejor se presenta delante: la libertad de contribuir y cuidar a los demás, de proseguir la vocación de uno mismo y quizá tener una familia propia. Pero este proceso no ocurre de repente.

La palabra "adolescencia" viene del latín *adolescere*, que quiere decir "crecer". Es el excitante, pero también desafiante, viaje de la infancia a la vida adulta. Como padres podemos explicar a nuestros hijos que nosotros ya hemos hecho este viaje y estamos dispuestos a animarlos y a aconsejarlos contra las malas pasadas, que estamos ansiosos por ayudarles a cumplir su misión y objetivos únicos en esta vida.

La Minnesota State Planning Agency (Agencia Estatal de Planificación de Minnesota) ha compilado una lista de los factores que contribuyen al comportamiento de riesgo entre los adolescentes. Entre estos factores están:

- Valores parentales poco claros.
- Escasa comunicación con los padres.
- Abuso del alcohol por parte de uno de los progenitores.
- Una familia inestable.

Los adolescentes que se encuentran en estas situaciones desarrollan con frecuencia una baja autoestima y se ven envueltos en un comportamiento arriesgado.

Autoestima e inferioridad

Uno de los peligros de la adolescencia es la posibilidad de caer en un sentimiento de inferioridad difícil de superar. Tal sentimiento puede llevar, como ya se ha descrito, a un comportamiento autodestructivo.

Para evitar el desarrollo de tal sentimiento de inferioridad, los hijos necesitan saber que son amados y escuchar este mensaje: "Has nacido con una dignidad y una valía que nadie puede quitarte. ¡Ni siquiera tú te la puedes quitar a ti mismo! Eres una persona, un regalo único, precioso. La vida tiene sentido y tu tarea y desafío es descubrirlo. Tienes una contribución irremplazable por hacer a tu familia y a la sociedad, que nadie puede hacer por ti. Si tú quieres, tu vida puede marcar una diferencia."

Los adolescentes pueden enfrentarse a sentimientos de inferioridad por las preocupaciones sobre el atractivo físico, la inteligencia, el dinero y las oportunidades que acompañan a la pubertad. Los sentimientos adolescentes sobre la valía personal también están muy influidos por lo que los demás –en especial sus padres y amigos– piensan de ellos. La clave para superar los altibajos de este tipo de sentimientos es sentirse orgulloso de uno mismo.

Para que los adolescentes vivan su vida en forma satisfactoria, necesitan sentir que son valiosos y que el mundo es un lugar mejor porque ellos están en él. Si los padres y los demás miembros adultos de la familia actúan positivamente en este sentido –expresando el mensaje de que son importantes y valiosos–, los adolescentes tenderán a sentirse de esa manera. Sin embargo, si los padres y los familiares devalúan a los adolescentes diciéndoles cosas poco amables o amenazándoles con la indiferencia o el rechazo, su autoestima puede verse disminuida y confundida.

Por supuesto, preocuparse constantemente por lo que los demás piensan puede convertir a una persona en tímida y egocéntrica, ya que se crea un sentimiento de duda e inseguridad con respecto a uno mismo. Por ello es importante recordar que somos únicos y valiosos, incluso cuando *no* recibimos buenos comentarios de los demás. Por mucho que nuestra percepción sobre la autoestima cambie, nunca perdemos el regalo intrínseco que es nuestra valía personal.

Ocho claves sobre el valor personal

He aquí algunos puntos importantes sobre el valor personal que debemos recordar y compartir con nuestros hijos:

1. *El valor de una persona nunca cambia.* El ser humano es creado con una dignidad y un valor innato, regalo de Dios. Un fuerte sentido de nuestro valor inherente puede ayudarnos cuando los demás no nos confirman o valoran como nos gustaría. Esto es especialmente importante para la capacidad del adolescente de hacer frente a la presión de sus amigos que quieren que se comporte irresponsablemente (embarcándole en el alcohol, en el uso de las drogas o en una actividad sexual ilícita, etc.). La persona joven que tiene ideales sólidos a la par que un buen sentido del valor personal, podrá aguantar el rechazo o la burla de sus amigos cuando decida no participar en esas actividades.

2. *Los adolescentes no están solos.* Solamente necesitamos observar a los demás para darnos cuenta de que todos tenemos momentos en los que nos sentimos tímidos, silenciosos, enfadados, mezquinos, tontos, o distantes y apartados. La gente suele actuar así cuando se siente insegura. Todo el mundo experimenta estas sensaciones alguna vez.

3. *No hay que compararse con los demás.* Esto es la raíz de la inferioridad. Es una locura porque la gente tiende a comparar su mayor debilidad con la mayor fortaleza de otro, o sus profundos sentimientos de inferioridad con la apariencia externa de otra persona. Siempre habrá personas mejores o peores que nosotros en algunas cosas. Cuando la gente se acepta tal como es, ya no necesita compararse con los demás. En vez de comparar, hay que hacer todo lo posible por concentrarse en los puntos fuertes: acentúa tus capacidades y trabaja para desarrollar otras nuevas basadas en lo que observas y admiras en los demás. Si te respetas a ti mismo, normalmente los demás también te respetarán.

4. *Establece una auténtica amistad.* En vez de compararte con los demás, cuida de ellos. La mejor manera de hacer buenos amigos es ser primero un buen amigo, haciendo cosas por los demás y sin esperar nada a cambio. El reverendo John Powell explica:

> El amor rechaza la pregunta "¿Qué obtengo con esto?" El amor entiende, por experiencia directa, las palabras, con frecuencia citadas, de San Francisco de Asís: "es al dar cuando recibimos "...
>
> Darme a mí mismo como regalo en amor me deja con una profunda y duradera satisfacción de haber hecho algo bueno con mi vida... de haber usado bien los regalos que Dios ha invertido en mí... (*El amor*) supone una voluntad de lucha, de trabajo, de sufrimiento, y juntarse en la alegría...
>
> Ésta es, por supuesto, la paradoja de los Evangelios: la satisfacción y la plenitud son las consecuencias de un amor devoto.[2]

[2] John Powell, *Unconditional Love*, Pabor Publications, Allen, Texas, 1978, pp. 56-57.

5. *Sé tú mismo.* Esto requiere conocer tus valores y ser fiel a ellos. Esto ayuda a saber qué quieres y a tener un plan para lograrlo. Lleva un diario con tus objetivos, ideales, prioridades y valores. De otra manera, cualquier distracción que surja a tu alrededor te hará zozobrar.

6. *Presta atención a la oración y a tu crecimiento espiritual.* Estudia qué es lo realmente importante en la vida. Las necesidades espirituales deben tenerse en cuenta para que la persona entera se mantenga sana. Recuerda que hombres y mujeres son seres tanto espirituales como físicos.

7. *Permanece en contacto y comunícate con tus padres.* Los padres son amigos fieles y constantes, interesados en el bienestar y la felicidad de sus hijos. Tienen mucha sabiduría y amor y pueden ser el mayor apoyo en tiempos difíciles. Comunícales tus problemas, busca su consejo y ruega por ellos. Es también bueno permanecer en contacto con tus abuelos porque ellos tienen muchos años de experiencia y sabiduría por compartir.

8. *Enfréntate a tus problemas.* Ignorar los problemas no los hará desaparecer. Al contrario, eso tiende a reducir el sentimiento de valía personal. Cuando intentes por ti mismo evitar la demora y te enfrentes a tus problemas, encontrarás que es más fácil alcanzar los retos del futuro.

Ocho claves sobre la amistad

En relación con el punto número cuatro mencionado en el apartado anterior, he aquí algunos trucos para la gente joven (y también para los adultos) que les ayudarán a ser un auténtico buen amigo:

1. Acepta y respeta a los demás.
2. Sé un buen oyente.
3. Evita los chismorreos. La gente tiende a respetar y confiar en aquellos que nunca hablan mal de los demás.
4. Evita comentarios sarcásticos o insultos así como fastidiar a los demás. Ayuda a la gente a levantarse, no la eches abajo.
5. Sé sensible con los demás, con sus deseos y necesidades. No persigas una amistad sólo por tu propio interés.
6. No seas irrazonablemente crítico con los demás, pero no tengas miedo de hablar claro cuando un verdadero amigo sí lo haría.
7. Brinda a los demás el beneficio de la duda.
8. Recuerda la regla de oro: "Haz a los demás lo que te gustaría que te hicieran a ti."

Una prueba para descubrir lo que vales

En seguida presentamos una breve lista. Son ejemplos de actividades que ayudarán a nuestros hijos a sentirse bien consigo mismos. Con nuestra ayuda, nuestros hijos pueden hacer una lista de todos sus puntos positivos y de las cosas que les gustan de sí mismos. Pueden colocar la lista en un sitio donde la vean con frecuencia y ampliarla cuando lo deseen. Nuestros hijos pueden tomar de esta lista lo que es verdad en su caso y añadir otros conceptos nuevos:

- Ayudo en las tareas de casa o de la granja.
- Ayudo a mi hermano o hermana con sus deberes.
- Paso tiempo con mis abuelos.
- Empleo parte de mi tiempo ayudando a los pobres.
- Intento mantenerme sano: como alimentos nutritivos, hago ejercicio y duermo lo suficiente.
- Normalmente soy educado(a) y practico las buenas maneras.
- No bebo alcohol ni consumo drogas.
- Soy un conductor responsable.
- Mis padres pueden confiar en mi puntualidad para llegar a casa cuando salgo y les digo que volveré a determinada hora.
- Con frecuencia intento pensar en las necesidades e intereses de los demás antes que en los míos propios.
- Intento ser amable con todo el mundo, incluso con los que no me caen particularmente bien.

Escribe al menos un problema que te preocupe:

____

____

Confía en tus padres y habla con uno de ellos, o con los dos, sobre lo que has escrito. Con su ayuda, planea una estrategia para solucionar los problemas que se pueden resolver. Puedes trabajar sobre un problema durante una semana o un mes. He aquí una guía, sólo para darte una idea:

Mi problema es:

____

____

He decidido alcanzar este objetivo para solucionar mi problema. He aquí algunos pasos que voy a emprender para solucionar mi problema:

____

____

Periódicamente revisa esos pasos para ver si los has cumplido.

Nuestros hijos están ahora en camino de resolver al menos uno de sus problemas. Sin embargo, quizá haya algunos que no se puedan resolver en el presente. ¿Qué actitud debemos tomar frente a estos problemas? Hablar con nuestros hijos. "La mejor manera de tener una mente sana es aprender a manejar aquellas cosas que no podemos cambiar." En efecto, si no podemos resolver un problema, podemos aprender a minimizar sus efectos o consecuencias negativas. Anime a sus hijos a que escriban una lista con sus problemas "insolucionables", pero primero vea cuál de ellos puede ayudar a resolver y, entonces, anímelos a dejar de preocuparse sobre los otros problemas. Asegúrese también de decir a sus hijos: "Sustituye las preocupaciones por oraciones."

6 La importancia de la comunicación para fortalecer la vida familiar y la autoestima

El ser humano es un ser para quien la única dimensión adecuada es el amor. . . Para una persona, el amor excluye la posibilidad de ser tratado como un objeto de placer.

JUAN PABLO II
Cruzando el umbral de la esperanza

La comunicación es muy importante para el desarrollo de la persona. Es especialmente importante alimentar el diálogo en la familia. Patrick Fagan escribe:

> La conversación puede ser una gran forma de dar, de autorrevelarse y de brindarse pacientemente a escuchar y comprender. La gran necesidad de hoy día es dialogar mucho, y el gran peligro de hoy día es la escasez de conversación debido a un exceso de televisión y de tecnologías similares. Éstas impiden el diálogo. La conversación es la savia de la familia, de un desarrollo fuerte de los hijos, de la unidad marital, de una profunda amistad. ¡Si no hay diálogo suficiente, todos los males anteriormente citados (*y aquí no reproducidos*) y otros muchos más pueden suceder!
>
> A los niños les gusta mucho la conversación. Es el mayor regalo que un padre puede dar a un hijo y a su familia...[1]

Normalmente pensamos en la comunicación como palabras, escritas o habladas, pero la mayor parte de la comunicación es no verbal e incluye los gestos, las expresiones, las inflexiones de la voz y la postura. No podemos dejar de comunicarnos. Incluso cuando estamos en silencio nos comunicamos de manera no verbal. Esta forma de comunicación con frecuencia provee una descripción más detallada de lo que estamos sintiendo porque no somos capaces de controlarlo tan bien como controlamos la comunicación verbal. Nuestros sentimientos salen a la luz a pesar de nuestros mejores esfuerzos.

El contacto es una buena manera de comunicación no verbal y refuerza el amor. Puede ser un símbolo de aceptación de una persona como un igual.

[1] Patrick Fagan, "The Social Teaching of John Paul II on the Family: Towards a More Generous Gift of Self in the family" documento inédito y sin fechar (*circa* 1990), p. 13.

Los padres no están renunciando a ninguna autoridad cuando hacen saber a sus hijos que son personas de igual valor y estima; cuando los padres y los hijos salen al encuentro uno del otro y se dan un beso, una palmada animosa en la espalda, un abrazo, un apretón de manos, etcétera.

Unas palabras de atención: ya que la comunicación no verbal pesa más que la verbal, la gente joven necesita estar alerta sobre cómo se comunica con su cuerpo. Mientras que es natural querer parecer y sentirse atractivo (especialmente en el momento en que uno se empieza a interesar por salir con los amigos), habría que evitar llevar ropa sugerente y actuar de manera seductora porque, además de dar una mala impresión, podría llevar a conductas ilícitas. Es importante enviar un mensaje claro y consistente sobre nuestras intenciones. Esto minimizará cualquier malentendido. Cuando el mensaje no verbal es claro, hay menos necesidad de clarificarlo con más palabras. (*Más aún, es importante recordar a la gente joven que el verdadero atractivo proviene del interior y que nada es más bonito que la bondad.*) Esta es la lección de los cuentos más populares para niños: *La Cenicienta, La Bella y La Bestia*... y esta es la sabiduría que encontramos en Pr 31, 30: "Engañosa es la gracia, fugaz la belleza; la mujer que teme a Dios ésa es la de alabar."

Los padres, debido a que los valores de la familia entran muchas veces en conflicto con los de la sociedad, deben adoptar una postura firme en relación con sus propias creencias y deben asegurarse que las comunican a sus hijos por medio de la palabra y de los hechos. Hoy, mucha gente, incluyendo algunos padres, cree que es saludable e inevitable que los jóvenes tengan experiencias sexuales. Esta actitud existe a pesar de las trágicas consecuencias que la rodean: la alta incidencia de abortos entre adolescentes, las enfermedades de trasmisión sexual, los nacimientos fuera del matrimonio, etc. Los padres deben subrayar a sus hijos que unas relaciones adolescentes normales y sanas no incluyen la fornicación.

Salvaremos a nuestros hijos de una pena incalculable y de muchos problemas serios si les mostramos que una relación promiscua es un sustituto inapropiado e insano de las otras formas de comunicación. Podemos ayudarles a reconocer los peligros antes mencionados y también recordarles que:

1. Cuando se tienen relaciones sexuales antes del matrimonio, la relación pierde su potencial de verdadera intimidad y se transforma sólo en física.
2. Con el sexo prematrimonial, las parejas se saltan importantes pasos en el conocimiento mutuo. El contacto físico se convierte en un pobre sustituto de la auténtica comunicación.
3. Cuando la pareja comienza a tener relaciones sexuales es difícil (aunque necesario) que vuelva a compartir gradualmente los pensamientos e intereses que forman una relación sólida. (Estos puntos se tratan con más detalle en la parte III de este libro.)

Escuchar es la manera de comunicación más frecuente. Entre 70 y 80 % de las horas que pasamos despiertos las empleamos en alguna forma de comunicación. De ese tiempo, utilizamos 9 % en escribir, 16 % en leer, 30 % en hablar y 45 % en escuchar. Más de 90 % de lo que aprendemos a lo largo de nuestra vida procede de los sentidos de la vista y el oído.

Escuchar es una manera de validar a otra persona. De hecho, es una de las más poderosas formas de amar a los demás. Los buenos oyentes se gustan y quieren a sí mismos y, a cambio, gustan y son queridos por los demás. Los estudios revelan que la gente escucha con eficiencia sólo 25 % de su tiempo. Fracasar en la escucha equivale a enviar el mensaje, intencionado o no, de que la persona que habla y lo que dice no son importantes.

En un momento u otro, todos nosotros hemos tenido la experiencia de no haber sido escuchados. Podemos probablemente recordar con bastante facilidad nuestros sentimientos de frustración y enfado. En otras ocasiones, nos hemos sorprendido a nosotros mismos sin escuchar y nos hemos sentido incómodos y culpables. Cuántas veces padres e hijos se dicen mutuamente: "¡No me estás escuchando!"

OCHO CONSEJOS PARA ESCUCHAR MEJOR

Las siguientes sugerencias le ayudarán a convertirse en un buen oyente:

1. Concéntrese y mantenga el contacto visual.
2. Intente aprender.
3. Escuche los sentimientos no expresados verbalmente, así como las palabras del orador(a).
4. Respete las opiniones del orador(a).
5. No se "distraiga" cuando la conversación se vuelva aburrida.
6. No piense en qué va a contestar mientras la otra persona está todavía hablando.
7. Inclínese hacia la persona.
8. Responda con comentarios apropiados (*feedback* o retroalimentación); por ejemplo: "Sí, eso es interesante", etcétera.

OCHO MALOS HÁBITOS EN LA ESCUCHA

Si posee alguno de los siguientes hábitos, esfuércese por acabar con ellos:

1. Cambiar de tema.
2. Evitar el contacto visual.
3. Interrumpir.
4. Interpretar en vez de aceptar los argumentos.
5. Parecer que se está aburriendo.
6. Reírse de las palabras o preocupaciones del orador.
7. Pensar en la respuesta que va a dar mientras la otra persona está todavía hablando.

8. Emprender otra actividad, como leer o hacer dibujitos, mientras la otra persona está hablando.

COMUNICAR LA VERDAD

El requisito fundamental para una comunicación sincera entre personas es la confianza. Esto no es menos cierto cuando implica a padres e hijos. Los padres deben empezar a construir una relación de confianza en el mismo momento del nacimiento de sus hijos y deben involucrarse de manera consistente en sus jóvenes vidas, participando juntos en las oraciones familiares y en las tareas comunitarias, en el deporte, en las funciones del colegio y otras actividades. A través de este contacto diario y la interacción, los niños llegarán a valorar a sus padres, no sólo como padres y profesores, sino también como sus mejores amigos de confianza.

Otra manera por la que los padres pueden obtener la confianza de sus hijos es diciéndoles la verdad sobre el mundo en el que viven. Los niños necesitan saber que el mundo y la gente fuera de casa, aunque puedan ser interesantes y hermosos, no son incondicionalmente bondadosos y acogedores como la propia familia. Los niños deben estar preparados para resistir a las presiones externas que minan los valores que se les enseñan en casa. También habrá que enseñarles que la oración en los tiempos buenos es una excelente preparación para los malos tiempos, momentos en los que puede ser nuestra mejor, y quizá única, solución. Si los padres son sabios al preparar a sus hijos para la transición hacia un entorno más complejo y desafiante fuera de casa, estos jóvenes no estarán sobreprotegidos cuando llegue el momento, sino que serán capaces de hacer sus propias contribuciones de una manera más responsable y prudente.

ASERTIVIDAD Y COMUNICACIÓN

La asertividad es otro componente de la comunicación. Ser asertivo significa ser honesto con las propias necesidades y expresarlas de manera directa respetando, al mismo tiempo, la dignidad y la igualdad de la otra persona.

Una persona hostil o agresiva no es asertiva. Algunos ejemplos de argumentos hostiles o agresivos pueden ser:

- "Ésta es otra de tus ideas tontas."
- "Siempre embrollas las cosas."
- "Siempre piensas primero en ti mismo."

Tampoco es asertivo rendirse o aceptar "en nombre de la paz":

- "Bueno, si eso es lo que quieres..."
- "Bien, creo que no tengo elección."
- "Siempre consigues lo que quieres."

Una conversación asertiva no es brusca ni anulativa, es directa. Ejemplos:

- "Necesito que hablemos de este problema."
- "No podemos seguir así."
- "Quiero que sepas lo bien que me siento."
- "Creo que hay otra manera de ver las cosas."

Observe que los argumentos asertivos son argumentos en primera persona. La gente asertiva está deseosa de mostrar cómo se siente y de aceptar la responsabilidad de sus sentimientos y decisiones.

¿ES USTED ACCESIBLE?

Teniendo en cuenta que la comunicación implica un "dar y tomar" es importante que los hijos sientan que sus padres son accesibles. Complete esta prueba para ver si usted es un padre accesible. La escala de puntuación es de 5 a 1 (5 = Excelente, 4 = Bueno, 3 = Normal, 2 = Flojo, 1 = Pobre).

Un padre o tutor accesible...

____ escucha de verdad.
____ se toma a los adolescentes en serio (no los ridiculiza).
____ no evita responder a las preguntas difíciles.
____ está deseoso de encontrar respuestas, buscar información.
____ no se incomoda fácilmente.
____ es sincero.
____ no sospecha, no saca conclusiones precipitadas sobre el comportamiento del adolescente ante las preguntas de éste.
____ saca temas o preocupaciones con un adolescente que no habla demasiado.

HABLAR CON ADOLESCENTES

¿Le resultan familiares estas ideas-guía para hablar con adolescentes?

1. La comunicación entre los padres y los hijos es importante en todas las edades. La adolescencia sería más fácil si la comunicación hubiese tenido lugar de manera consistente durante los primeros años.
2. Los adolescentes necesitan, quieren y valoran las opiniones de sus padres. Puede parecer que las rechazan a veces, pero es sólo una prueba inconsciente para ver si realmente saben de qué están hablando.
3. Los padres debemos hablar con nuestros hijos adolescentes sobre los temas que les preocupan y darles ejemplos, estadísticas, hablarles de casos estudiados, proporcionarles artículos de los periódicos, reco-

mendarles programas de TV, etc. Esto es sacar ventaja de los momentos de enseñanza. Al hacerlo incrementaremos nuestra credibilidad como profesores.

4. Es importante tener voluntad de escuchar las preocupaciones de nuestros hijos adolescentes (en su momento, no en el que nos convenga más a nosotros) y tomarles en serio. Sin duda, es mejor que se expresen aunque no estemos de acuerdo con ellos, a que no nos cuenten nada. Debemos ser siempre guías sin ser desagradables.
5. No debemos animar a nuestro hijo o hija a mantener citas a solas hasta que alcance la madurez necesaria y debemos asegurarnos de desanimarles a salir con otra persona cuando haya una gran diferencia de edad.
6. Hay que animar a nuestros hijos que se distraigan en casa.
7. Debemos asegurarnos de que nuestro hijo(a) adolescente es capaz de ser fiel a los principios que le hemos enseñado y dejar claro que estamos dispuestos a dar confianza cuando ésta ha sido merecida. (Cuando se confía y el hijo responde actuando responsablemente, esto engendra aún más confianza.)
8. Hay que ser firmes con nuestros ideales, valores y creencias.

LA VALÍA PERSONAL Y NUESTRA FAMILIA

En este capítulo hemos revisado los efectos del sentido de la autoestima y de la capacidad de comunicación en el desarrollo de actitudes sexuales y comportamientos sanos. También hemos confeccionado una lista de los sí y de los no y las formas de alimentar una autoestima fuerte así como las capacidades de comunicación de nuestros hijos. Cuanta más prioridad demos a estos esfuerzos, mejor ejemplo estaremos ofreciendo y más haremos saber a nuestros hijos cuánto les queremos y nos preocupamos por ellos.

Parte III

La guerra de la educación

7 Conocer el crecimiento y desarrollo normal del ser humano

La madurez sexual [. . .] requiere y alimenta muchas otras virtudes perfectivas del ser humano, por ejemplo, la seriedad, la caridad y la responsabilidad [. . .] De hecho, [el autodominio] es una característica que nos capacita para hacer elecciones que son valiosas para nuestra personalidad, valiosas para nuestra naturaleza humana.

JANET E. SMITH
"Humanae vitae": A Generation Later

Para una persona joven, el correcto entendimiento de la sexualidad no se da porque los padres le hayan "explicado bien el sexo" en una charla. La castidad es parte de la formación de la identidad de los más jóvenes y empieza mucho antes de la adolescencia. Erik Erikson, psicoterapeuta y escritor, ha estudiado el desarrollo del niño y del adolescente y ha identificado ocho etapas:

1. Confianza básica frente a desconfianza básica.
2. Autonomía frente a vergüenza y duda.
3. Iniciativa frente a culpabilidad.
4. Laboriosidad frente a inferioridad.
5. Identidad frente a confusión de papeles.
6. Intimidad frente a aislamiento.
7. Generación frente a estancamiento.
8. Integridad del ego frente a desesperación.[1]

En este capítulo examinaremos la madurez del niño y la importancia del ejemplo y de la guía parental, construida sobre estas etapas básicas.

CONFIANZA BÁSICA FRENTE A DESCONFIANZA BÁSICA

Mientras está en el útero de su madre, el niño está a salvo, seguro, cómodo y calientito. De pronto, con el nacimiento, el niño es expulsado a un

[1] Paula Vandegaer, "The Psycho-Sexual Development of Young People", documento inédito entregado a Family of the Americas Foundation, 2a. parte, 1984.

mundo exterior de frialdad, luz y diferentes sensaciones. Con el nacimiento, el niño no se da cuenta de que él o ella es parte del mundo. Para el bebé, todo es él mismo. Sabe si se siente cómodo o no; llora y, si alguien acude y se ocupa de él, se siente bien de nuevo. Cuando su madre le toma entre sus brazos, se siente de nuevo próximo a las condiciones que ha tenido durante nueve meses en el útero. El gorjeo del estómago y el latido del corazón de su madre le resultan familiares y le reconfortan. Esto explica cómo es posible que una madre inexperimentada logre consolar a su bebé cuando la anciana y experimentada abuela no lo ha logrado.

Gradualmente, el bebé empieza a descubrir sus manos, sus pies y los objetos que hay alrededor. Se lleva todo a la boca. Pronto empieza a diferenciar. Algunas cosas son parte de él y otras no. Entonces hace un descubrimiento importante: ¡se da cuenta de que es parte de un mundo mayor que él mismo! A medida que crece, primero gatea y después anda. Va a los armarios y saca todas las cacerolas y las sartenes. Debe imaginarse algo del mundo en el que vive. ¿Aprenderá que es un mundo bueno, de confianza y seguro, o que no lo es? ¿Aprenderá que el mundo le cuidará o que, por el contrario, es un mundo precario y temible? Es de desear que conozca un maravilloso mundo pleno de confianza y felicidad.

AUTONOMÍA FRENTE A VERGÜENZA Y DUDA

A los dos años de edad el niño alcanza otra etapa: empieza a elegir. La madre comienza a pedirle cosas. Ella quiere lavarle y mantenerle alejado de los armarios. Le dice: "No toques esto, no hagas lo otro." Él aprende a decir "no". Descubre que es un ser humano autónomo que puede cooperar o no.

Los niños de dos años practican el decir "no". Es una respuesta estándar a cualquier petición. En esta etapa no hay verdadera conciencia, excepto para lo que los padres son capaces de inculcar a esta temprana edad del desarrollo. Cuando le dicen "No toques las flores de la mesa", no las tocará. Si mamá y papá se van de la habitación, entonces, con toda probabilidad irá por las flores. En el desarrollo de la vergüenza y la duda se involucran complejos mecanismos. El niño alcanza la plenitud y la libertad en un conjunto de fronteras y limitaciones. Para un niño, tener que levantarse por las mañanas y tomar sus propias decisiones para todo no es liberador ni bueno. Sin embargo, cuando se levanta por las mañanas sabiendo que debe ponerse la ropa, lavarse los dientes, etc., no tiene que pensar en todas estas cosas. Los hábitos y valores que le han enseñado sus padres le hacen sentirse cómodo.

Para un niño pequeño con un recién encontrado sentido de la identidad, estas guías consistentes son una necesidad. Si mamá y papá son demasiado estrictos en su instrucción, o si son erráticos y dejan al hijo demasiada libertad y capacidad de decisión, el niño carecerá de un sentido de seguridad.

Todos los extremos pueden producir sensaciones de duda, inseguridad y vergüenza. Si un niño atraviesa esta etapa con éxito, lo opuesto será cierto.

INICIATIVA FRENTE A CULPABILIDAD

Entre los tres y los siete años de edad ocurre un cambio importante: el niño empieza a ver que él es una persona que vive en un mundo seguro. Aprende que puede tener iniciativa en las relaciones, que puede intentar divertir a los demás o estarse quieto, que puede abrazar, o no, a la tía Susi. Esta es una edad en la que los niños son encantadores. El niño se acurruca en nuestro regazo, quiere oír cuentos y quiere que le amemos (tal y como lo necesita).

La verdadera formación de la conciencia ocurre durante este tiempo, cuando va asumiendo poco a poco a mamá y papá. El niño empieza a pensar: "A mamá y papá no les gustaría esto" y, con el tiempo, "Sé que esto está mal". Consideremos el ejemplo de un niño pequeño que pinta con un rotulador la pared del salón. Cuando termina, se da cuenta de que a mamá no le va a gustar y se siente culpable porque ha hecho algo malo. Esta es una experiencia temprana de la conciencia. La madre nunca le ha dicho al niño, de manera directa, que no haga eso, pero el niño lo sabe. La madre responde explicando al niño que no se debe pintar en las paredes y que existen el papel y otros materiales adecuados para dibujar. Le enseña estos materiales, le dice que los use y que nunca utilice la pared. El niño está entonces seguro que ha hecho algo mal y sabe que su madre está triste, pero también sabe que ella ya le ha perdonado.

Muchos años después, este mismo mecanismo sigue operando en todas las áreas de su vida, incluyendo la sexual. Entre tanto, el niño necesita la guía sólida y amorosa de sus padres a medida que su conciencia se va formando.

EL IMPACTO DE LA TELEVISIÓN

Unas palabras sobre una preocupación especial: durante estos años de formación, los más jóvenes se ven envueltos en un pensamiento muy imaginativo. Los niños pequeños no disciernen muy bien entre fantasía y realidad. Si un niño piensa que hay algo espantoso en su cuarto, en lo que a él concierne hay algo terrible en su habitación que sólo se irá al encender la luz, o bien con una intervención de papá y mamá. De la misma manera, un niño llorará si los personajes de un cuento resultan heridos; para él son muy reales. Los padres deben tener mucho cuidado a la hora de controlar qué clase de programas de televisión y qué publicidad pueden ver sus hijos a estas edades. La responsabilidad es especialmente urgente en una época en la que muchas veces al día los programas de televisión contienen imágenes sobre sexo y violencia.

Michael Medved, afamado crítico de películas y de programas de televisión en Estados Unidos, ha analizado, en su libro *Hollywood vs. America*, el impacto negativo que algunos sectores del entretenimiento industrial tienen sobre la sociedad. Y escribe:

> En 1988, Planned Parenthood Federation of America [*Federación Americana de Paternidad Planificada*] encargó a Louis Harris & Associates un estudio exhaustivo del que se extraía que, durante la sobremesa y la tarde-noche, las tres mayores cadenas de televisión emiten cada año más de 65 000 referencias a temas sexuales. Esto implica un promedio de 27 ejemplos de contenido sexual cada hora, de una a dos descripciones o menciones a relaciones o "prácticas sexuales desviadas y poco recomendadas". El estudio determinaba que el telespectador estadounidense promedio ve 14 000 referencias al sexo en el transcurso de un año.[2]

Medved escribe que, en 1981, *Journal of Communication* publicó un estudio sobre comportamiento sexual en las horas de máxima audiencia televisiva:

> Los investigadores [...] revisaron un episodio de cada una de las series más populares –58 programas en total–. En estos episodios encontraron 41 ejemplos de relaciones sexuales fuera del matrimonio, y sólo seis referencias a relaciones entre gente casada, lo que equivale a una proporción de ¡7 a 1![3]

Los padres deberían conocer bien qué es lo que las cadenas de televisión clasifican como programación para niños o familias. Aunque el contenido mismo pueda ser adecuado para los niños, la publicidad de los intermedios puede contener escenas poco adecuadas para ellos. Por ejemplo, un anuncio televisivo puede contener escenas de una película explícitamente violenta o de sexo que pasará por la noche. Otros anuncios pueden mostrar modelos ligeras de ropa y otras imágenes sexualmente sugestivas para vender desde una cerveza hasta un perfume. Una vez que empecemos a controlar el contenido de los programas de televisión y los anuncios, nos sorprenderemos de la frecuencia con la que tendremos que buscar entretenimientos alternativos para nuestros hijos y nuestra familia.

LABORIOSIDAD FRENTE A INFERIORIDAD

Desde los siete años de edad y hasta la pubertad, los niños se ven envueltos en un aprendizaje cada vez mayor sobre el mundo, desarrollan sus músculos y habilidades y exploran sus intereses, desde el deporte hasta la danza, pasando por la música y los libros. Una pregunta frecuente a esta edad suele ser "¿por qué?". ¿Por qué ocurre esto? ¿Por qué esto es así? Los

[2] Michael Medved, *Hollywood vs. America*, HarperPerennial, Nueva York, 1992, p. 110.
[3] *Ibid.*, p. 111.

niños de estas edades también aprenden a trabajar y a ser productivos. Si viven en el campo, estarán más cerca de la naturaleza, aprendiendo directamente de sus padres. El doctor Melvin Anchel, miembro de la American Society of Psychoanalytic Physicians (Sociedad Americana de Médicos Psicoanalistas) y de la American Academy of Psychosomatic Physicians (Sociedad Americana de Medicina Psicosomática), describe esta fase del desarrollo del niño como "el periodo latente":

> Este es un periodo en el que la naturaleza hace que, de los seis a los 12 años, las energías sexuales estén dormidas. No hay nada de hipotético en el periodo latente. Se ha demostrado que existe en todo el mundo, tanto en los pueblos primitivos como en los civilizados [...]
>
> Aunque las energías sexuales directas se vuelven inactivas durante el periodo latente, estas energías no desaparecen, sino que desde los seis a los 12 años se redirigen y se utilizan para otros propósitos. Por ejemplo, parte de esta energía redirigida se usa para adquirir conocimientos. Esto explica por qué el niño de seis a 12 años es más fácilmente educable.[4]

Durante este tiempo, los padres esperan que sus hijos empiecen a descubrir sus propios talentos, aquellos para los que están más capacitados y con los que disfrutan. También esperan que, a lo largo de los años, los niños encuentren satisfacción en la laboriosidad y en participar con éxito en nuestro mundo.

IDENTIDAD FRENTE A CONFUSIÓN DE PAPELES

Ahora llegamos a la pubertad, a la adolescencia y después a la vida adulta. La pubertad puede suceder en cualquier momento entre los ocho y los 16 años de edad (generalmente las chicas van un par de años por delante de los chicos). Los más jóvenes pueden sufrir un estirón en el crecimiento. Crecerán más durante la pubertad que en cualquier otra etapa, exceptuando los dos primeros años de vida. El crecimiento puede ser desigual; es decir, las extremidades pueden crecer primero y el tronco después y tener como resultado una apariencia desgarbada. (Los órganos internos también crecen de manera desigual.)

La vida social del niño es inestable en esta etapa. A esta edad, él o ella querrá mucho a su mejor amigo(a) una determinada semana, y se convertirán en los peores enemigos la siguiente, para volver a ser amigos una semana más tarde. Si está en un grupo de amigos, tendrán grandes ideas y harán grandes planes, pero tendrán dificultades para llevarlos a cabo.

La principal tarea en esta etapa es la de formar su identidad de adulto. Surge, a la par que un cuerpo de aspecto diferente, un nuevo sentido de la

[4] Melvin Anchell, *What s Wrong with Sex Education?*, The Hoffman Ceter for the Family, Selma, Alabama, 1991, pp. 16-17.

sexualidad. La sociedad también empieza a tener diferentes expectativas de los niños de estas edades. Son capaces de tener mayor responsabilidad y mejor juicio; se están convirtiendo en adultos. Les llevará un tiempo asimilarlo y dar nombre a estas nuevas identidades. Inconscientemente identifican e imitan a héroes y heroínas. Las chicas se hacen nuevos peinados, se ponen ropa nueva, etcétera.

Es en esta edad cuando la educación sexual positiva es más importante (y bienvenida) que nunca. Los jóvenes están ávidos de grandes ideales. Quieren saber cómo convertirse en adultos buenos y positivos y cómo pensar hacia el futuro más que simplemente reaccionar ante las circunstancias. Una charla con los padres con frecuencia significa mucho para ellos. Una conversación adulta, unida a la aceptación de su reciente y emergente vida adulta, es una experiencia positiva. Escucharán con cuidado las palabras de consejo así como la sabiduría de sus padres.

Puede parecer que algunos jóvenes púberes se burlan y no escuchan, pero es sólo una cortina de humo para esconder sus verdaderos sentimientos e interés. En vez de desanimarnos, simplemente debemos enseñarles lo que queremos que aprendan, tan cariñosa y cuidadosamente como podamos. Si nos sentimos torpes, no tenemos por qué preocuparnos. Debido a su curiosidad, los niños probablemente aceptan nuestros esfuerzos más de lo que creemos.

La mejor salvaguarda durante este periodo de sexualidad emergente es la relación del joven con sus padres. Los padres que apoyan a sus hijos y les demuestran un amor total e incondicional, consideran que esta es la mejor motivación para evitar la promiscuidad en ellos. El verdadero amor y la amistad entre los padres y los hijos es una fuerza poderosa que, con mucha frecuencia, les impedirá, más adelante, emprender acciones que decepcionarían a sus padres. Los niños de todas las edades buscan complacer a sus padres. Si ven que es imposible ganar el amor y el respeto de sus padres, lo buscarán en otro sitio. Nadie puede vivir sin amor.

La importancia de compartir con nuestros hijos

Incluso cuando los padres hacen todo correctamente (si eso fuese posible), el rechazo a los valores parentales ocurre a veces. Las fuertes tendencias culturales o los malos compañeros seducen a los hijos para que experimenten con el sexo y las drogas. Sin embargo, si los padres los han amado durante los primeros años de manera consistente e incondicional, los niños casi siempre volverán al camino correcto después de un tiempo de madurez. Participar con ellos es el regalo más importante que podemos ofrecer a nuestros hijos. Quererlos a pesar de lo que puedan hacer incluso cuando el amor exija mostrar disciplina y reproche.

Además de los valores que los padres enseñan, existen barreras naturales para la sexualidad emergente del niño o niña en pubertad. Tienden a ser tímidos, les da vergüenza su cuerpo, suelen tener cambios de humor y ser erráticos. Aunque sienten curiosidad por el sexo, normalmente no experimentan con él; la modestia natural, la timidez y un sentido extremo de la privacidad son sus principales características. Cuando estas barreras naturales no están presentes, los padres deben buscar el porqué.

El problema puede estar localizado tanto dentro como fuera de la familia. Si una chica es infeliz en su casa, podría llegar a imaginar que un embarazo le conferirá independencia y una vida adulta, y le hará ser querida. El problema también puede estar en el colegio. La norma que establecen sus amigas puede conducir a la promiscuidad y a los embarazos. O la causa puede ser un adolescente, mayor promiscuo, que nuestro hijo(a) admira y busca emular.

Si el problema está en el colegio, las discusiones en grupo sobre la castidad pueden ser de ayuda. Los adolescentes necesitan entender que las relaciones prematrimoniales y la sexualidad ilícita nunca son buenas ni son un signo de madurez; de hecho, son justo lo contrario. Los padres, con el apoyo de los profesores y otros adultos, pueden ayudar a los jóvenes a desarrollar esta actitud.

Si existe la sospecha de que nuestro hijo(a) es promiscuo(a), debemos asegurarnos de indagar si algo le resulta problemático en casa. ¿Qué le preocupa? ¿Se siente querido(a) y respetado(a) por nosotros? ¿Qué está influyendo de esa manera sobre nuestro hijo(a)? Ahora deberemos hablar con él o ella sobre moral sexual, comportamiento apropiado, las ventajas de la castidad y las catastróficas consecuencias de las relaciones prematrimoniales, en particular el grave riesgo de sufrir consecuencias emocionales y físicas. Las chicas se sienten profundamente afectadas cuando oyen decir que muchos chicos admiten que, con frecuencia, utilizan a las jóvenes promiscuas como meros objetos, olvidándose de ellas después, sin considerarlas como posibles futuras madres de sus hijos. Las chicas tienden a querer intercambiar un "poco de sexo" a cambio de mucho amor y afecto, mientras que los chicos suelen dar un poco de amor a cambio de mucho sexo.

INTIMIDAD FRENTE A AISLAMIENTO

Después de la pubertad, llega la adolescencia. Generalmente empieza alrededor de los 15 o 16 años de edad y puede durar hasta los 20. Durante este tiempo, la gente joven empieza a madurar, desarrolla un concepto del sentido de la vida y se va formando una idea de lo que quiere ser. Pueden aceptar los valores y planteamientos éticos de sus padres, o rechazarlos.

Los adolescentes comentarán con otros adolescentes: "¿Qué opinas de lo que he dicho?" "Esto es lo que pienso." "Esto es lo que yo opino. Déjame que te cuente qué pasó", etc. Se pasan horas charlando entre ellos. De esta manera van consolidando su recién descubierta identidad. Conocemos nuestra personalidad por medio de las reacciones que obtenemos de otras personas. Una mujer joven sentirá curiosidad por saber qué le parece su personalidad a un joven, y viceversa.

Las citas son muy importantes a esta edad. Una mujer joven quiere ser amada por sí misma, por su ideas, valores y personalidad. Un hombre joven desea ser valorado por todas las virtudes principales que posee. Si la relación sexual forma parte de la relación, la inseguridad se instala en ella. Los adolescentes se pueden preguntar si están siendo queridos por sí mismos o por su disponibilidad sexual. Sólo se puede obtener la respuesta a esta pregunta por medio de la abstinencia. *Para consolidar una relación genuina, la abstinencia es absolutamente necesaria.*

Hoy día hay muchos hombres y mujeres jóvenes sexualmente inmaduros. Son personas que carecen de autocontrol. Se da por entendido que la madurez sexual equivale a dejar de lado la disciplina sexual, cuando en realidad la madurez sexual es controlar las acciones. Dicha disciplina debería enseñarse desde la más temprana infancia como preparación para el futuro. Cuando un hombre y una mujer jóvenes salen juntos, están profundamente enamorados y planean casarse, ambos poseen un derecho adquirido y aprenderán el uno del otro a ser sexualmente maduros.

Adolescentes y sexualidad

Muchas investigaciones se han ocupado de la actividad sexual y de las actitudes de los adolescentes. En lo que concierne a la promiscuidad, aparecen varios factores:

1. Bajo grado de participación e identificación con una religión organizada.
2. Ausencia de amor en casa y consecuente necesidad de afecto.
3. Presión del grupo de amigos acompañada de actitudes permisivas hacia el sexo.
4. Baja autoestima
5. Tensión entre los padres y el hijo.
6. Poco énfasis en los logros educacionales; bajas aspiraciones educativas.
7. Actitudes desordenadas.
8. Consumo de drogas y alcohol.

En estas investigaciones se identifican ocho áreas problemáticas en donde los padres deben poner mayor atención para prevenir y/o solucionar conflictos en nuestra vida familiar. Esto también sugiere una vía positiva para animar a los adolescentes a examinar las razones de la promiscuidad sexual. La gente joven que está tentada por las relaciones sexuales antes del matrimonio debería preguntarse a sí misma: "¿Puedo, realmente, satisfacer mis necesidades de amor, afecto y respeto hacia mí mismo(a), convirtiéndome en un objeto sexual, usando anticonceptivos y minando tanto mi salud como la relación con mis padres y mis creencias?"

En un estudio reciente, los cuatro factores principales relacionados con la actividad sexual precoz eran: consumo de alcohol, salir con un chico(a), escasa dirección por parte de los padres y actitudes parentales permisivas. Otros factores incluyen un historial de abusos, un expediente académico pésimo, o sentimientos de oportunidades limitadas para el avance socioeconómico.[5]

Los más jóvenes son tentados a diario para que rompan las leyes naturales que protegen su inocencia, pureza y modestia. En lo más profundo de ellos mismos saben que es una locura hacerlo; saben que necesitan ser disciplinados y recatados. Necesitan oír de sus padres y de otros adultos que el autocontrol es una virtud y es una obligación para todos los seres humanos responsables. Los adolescentes deberían conocer la gran dignidad y belleza del amor de los casados y buscar este fin, más que malvenderse. El sexo antes del matrimonio es menos, mucho menos. El doctor Josef Seifert comenta la bondad y la sacralización del amor de los esposos:

> El acto sexual es una autodonación profunda e íntima y crea una unión extraordinaria e íntima entre dos personas. Es más, es moralmente legítimo sólo cuando es la expresión de una unión, exclusiva, duradera e irrevocable en la que dos personas entran a formar parte por medio de un acto de consentimiento. De otra manera, el acto sexual se convierte en una manera de desperdiciarse.[6]

Los adolescentes también lograrán apreciar la sexualidad cuanto más entiendan el regalo que es la fertilidad y vean el tremendo potencial de la sexualidad. Las parejas se darán cuenta de que la castidad y el decir "no" son decisiones basadas en el respeto mutuo. En diferentes ocasiones cada uno de ellos deberá tomar la decisión y ser el fuerte. Es lo contrario el concepto que existe entre los promiscuos según el cual la castidad es para hombres y mujeres que no asumen su responsabilidad. Toda persona joven debe estar deseosa de saber que, aunque las consecuencias de una actividad sexual precoz sean más aparentes en la chica que en el chico, él soporta la misma responsabilidad por aceptar el sexo prematrimonial y debería ser igual de responsable ante los resultados.

Sexo y responsabilidad

En una carta al doctor Joseph A. Califano, entonces Secretario del Departamento de Sanidad, Educación y Bienestar de Estados Unidos, al doctor John Brennan, del Colegio Médico de Wisconsin, escribía: "Uno de los mayores valores para la salud de nuestros adolescentes sería, con mucho, su papel (*el de Califano*) de líder en un programa nacional para proteger sus órganos reproductores internos por medio del más efectivo, y menos caro, sistema de control de natalidad: la abstinencia sexual."

[5] Stephen A. Small y Tom Luster, "Adolescent Sexual Activity: An Ecological, Risk Factor Approach", en *Journal of the Marriage and the Family,* vol. 56, núm. 1 de febrero de 1994, pp. 181-192.

[6] Josef Seifert, "The Moral Difference between Natural Regulation of Conception and Contraception", documento inédito, entregado a Family of the Americas Foundation, p. 7.

Brennan escribió que, junto con "los derechos de libertad reproductora, viene la responsabilidad y con la responsabilidad, las recompensas". Brennan ofrece algo concreto, aclarando que las personas que eligen la abstinencia estarán libres de:

1. Embarazos no deseados.
2. Complicaciones de la píldora y del dispositivo intrauterino (DIU).
3. Enfermedades venéreas.
4. Esterilización prematura debida a una enfermedad venérea o a complicaciones en el embarazo.
5. Complicaciones del aborto.
6. Algunas formas de cáncer de los genitales.
7. La pena que recae sobre la familia ante una hija soltera embarazada.
8. La incapacidad para explorar todas las dimensiones de la personalidad.

Según el doctor Brennan, "la necesidad de autodisciplina en la sexualidad no difiere de la necesidad de esta característica en otros aspectos de nuestra vida diaria".[7] Aporta otras sugerencias:

> Debería enseñarse a los adolescentes que los miles de huevecillos de los ovarios de las chicas son su regalo de la vida, que hay que protegerlos hasta que se dé el entorno adecuado para tener hijos.
>
> La naturaleza ha decidido que la gente joven sea físicamente capaz de reproducirse en cuanto llega la adolescencia. Por ello se les debe enseñar que la inteligencia y el autocontrol son fundamentales. Los estándares sociales, económicos y educativos indican que deben esperar un tiempo de quizá 10 años antes de que puedan reproducirse. El éxito total en evitar los embarazos no deseados, el aborto, las enfermedades venéreas, las complicaciones de la píldora y el DIU, depende no de los avances posteriores de la tecnología, sino de una fuerte campaña nacional que fomente las ventajas de la disciplina.
>
> La nuestra sería realmente una sociedad rara si el gobierno dijese que fumar es malo, que el alcohol es malo, que las drogas son malas, que la mentira, el robo y todas las formas de violencia son malas, pero que en el sexo no hay nada malo.[8]

Juventud e ideales

Como hemos visto, la gente joven responde a los grandes ideales. Los jóvenes, para formarse un carácter fuerte, necesitan sentirse desafiados. La mayoría de las veces reaccionan positivamente. Los siguientes comentarios se escuchan con frecuencia entre adolescentes que no han tenido ese reto o

[7] John Brennan, carta al entonces secretario del Departamento de Sanidad, Educación y Bienestar de Estados Unidos, doctor Joseph Califano, citado por Mercedes Arzú de Wilson en *The Ovulation Method of Birth Regulation,* Van Nostrad Reinhold, Nueva York, 1981.

[8] Brennan, entrevista personal con Mercedes Arzú de Wilson, 1981.

no han sido guiados adecuadamente: "No nos traten como si fuéramos animales que no pudiesen controlar sus emociones. No nos insulten arrojándonos píldoras o condones. Eso equivale a decirnos: 'Sabemos que son débiles y que no pueden controlar sus impulsos sexuales. Tomen esto, así nosotros, los padres y la sociedad, no tendremos que preocuparnos por su promiscuidad'."

La Madre Teresa desafiaba a la gente joven diciéndole que el mayor regalo que se pueden ofrecer una mujer y un hombre jóvenes el día de su boda es el regalo de su virginidad. Contaba un incidente que ilustra de manera muy bella la capacidad de nuestros jóvenes de renunciar a sí mismos por el bien de los demás. Un día, dos jóvenes acudieron a su casa y le dieron una gran cantidad de dinero. Ella les preguntó: "¿De dónde han sacado tanto dinero?" Ellos respondieron: "Hace dos días que nos casamos, y antes de la boda, decidimos que no habría banquete, que no compraríamos ropa de boda, para así darte el dinero." La Madre Teresa sabía el enorme sacrificio que eso suponía, por lo que le preguntó a la pareja: "¿Por qué hacen esto?" Ellos replicaron: "Nos amamos tanto el uno al otro que hemos querido compartir la alegría del amor con la gente a la que sirves."

Estos jóvenes habían madurado para la etapa de desarrollo de la intimidad. En contraste, la gente joven que es promiscua a esta edad está todavía en la fase de la identidad. Si una mujer joven decide ser sexualmente activa y tomar píldoras para controlar la natalidad, se identifica a sí misma no como una chica buena que está experimentando, sino como una persona que es intencionadamente promiscua. Involuntariamente o no, esto es una formación de identidad, aunque sea una identidad inestable e indeseable. La decisión de empezar a tomar la píldora es psicológicamente destructiva a la vez que deteriora el cuerpo y es moralmente errónea.

Los padres, los jóvenes y la promiscuidad sexual

¿Qué pueden hacer los padres si sospechan que su hijo adolescente es sexualmente promiscuo(a)? ¿Deben aceptar la situación para no perder a su hijo(a)? Desgraciadamente, hoy día, esta no es una reacción infrecuente en nuestra sociedad permisiva que perdona este tipo de conductas. Pero sabemos que el verdadero amor no tiene nada que ver con la "liberalización sexual", que ha hecho que *el sexo sea el producto de consumo número uno* gracias a la televisión, las películas, los libros, las revistas de "moda" y la pornografía dura, incluyendo pornografía en disquetes de computadora.[9] Hoy la "liberación sexual" significa, de hecho, la explotación y el abaratamiento de la sexualidad humana, desatando instintos que, igual que cualquier otro apetito, necesitan controlarse.

[9] "Kids Now Swap Hard-Core Porn on Computer Floppy Disks", en *Europe Today,* núm. 3, 23 de noviembre de 1992, p. 14.

Los padres, con frecuencia, son reacios a desaprobar la actividad sexual y otros errores morales de los adolescentes, por lo que tácitamente los están aprobando. Un padre o una madre puede sentir incluso compasión hacia un joven que es promiscuo pensando que a los adolescentes les es imposible controlar sus impulsos sexuales o no seguir la corriente "cuando todo el mundo lo hace". Los padres que fueron capaces de controlar sus deseos sexuales antes del matrimonio no deberían permitirse a sí mismos decepcionarse con la creencia de que esta generación de gente joven no puede hacer lo mismo. Sin embargo, si los mismos padres no practican el autocontrol, creerán que sus adolescentes tampoco pueden. Los padres, confundidos y equivocados, animan a la promiscuidad cuando proveen de preservativos y píldoras a sus hijos(as) adolescentes. Lo hacen sin darse cuenta de que están también promocionando un comportamiento irresponsable, así como la inmadurez del adolescente, y otras dificultades para los años venideros.

Las consecuencias de la promiscuidad son severas, especialmente para las mujeres. Por ejemplo, además de la amenaza de contraer enfermedades de trasmisión sexual (ETS), como el herpes, la clamidia y el virus de la inmunodeficiencia humana (VIH), los estudios demuestran que las mujeres que tienen mayor riesgo de desarrollar cáncer de cuello uterino son aquéllas sexualmente activas antes de los 20 años, que han tenido una relación sexual con tres o más hombres antes de los 25, o que han tenido relaciones con alguien que haya tenido tres o más parejas diferentes. "Como resultado directo de las relaciones sexuales precoces –observa un médico de Nueva York–, una mujer corre mayor riesgo de tener un cáncer de cérvix a una edad relativamente temprana (a los veintitantos, en los primeros 30 años). Si existía alguna duda de que hubiese una epidemia de cáncer de cérvix entre las jóvenes, esta duda ha desaparecido." Un estudio de la Universidad de Oxford, realizado entre mujeres que usan anticonceptivos orales, muestra una relación entre el uso prolongado de las píldoras de control de natalidad y la incidencia del cáncer de cérvix, por lo que las mujeres jóvenes que son sexualmente activas *y además* están tomando la píldora están intensificando el riesgo.[10] Entonces, las jóvenes que son sexualmente promiscuas y toman anticonceptivos están intensificando el riesgo. (Es más, los adolescentes de uno y otro sexo son mucho más susceptibles al daño de las ETS porque tienen un menor nivel de anticuerpos que los adultos.)

El incremento de riesgo de algunas formas de cáncer no es la única consecuencia negativa de una actividad sexual temprana:

> El sexo entre adolescentes, especialmente a los 15 años o antes, es especialmente peligroso para la salud física y psicológica. Varios investigadores han encontrado altas correlaciones entre las experiencias sexuales tempranas y el consumo de alcohol y marihuana. Se ha relacionado la experiencia sexual temprana con el consumo de cigarrillos, con los delitos menores y las dificultades escolares. Las chicas no vírgenes son también seis veces más propensas a los in-

[10] "Studies Link Pill to Higher Cancer Rate", en *The Lancet,* Londres, núm. 8356, 22 de octubre de 1983, pp. 930-934, cita estudios de la Universidad del Sur de California y de la Universidad de Oxford.

tentos de suicidio y tienen un ligeramente mayor riesgo de sentirse solas, sentirse tristes, tener dificultades para dormir, y experimentan también una baja autoestima.[11]

A la luz de estos hechos, la formación de la identidad sexual de nuestras hijas puede desarrollarse mucho si, como escribe George Gilder, las ayudamos a ver de una vez que la sociedad las está presionando para que renuncien, a través del sexo anticonceptivo, a su potencial único y femenino de tener hijos más adelante.[12] La Madre Teresa no era la única que llamaba a las madres "el corazón de la familia" y, como dice Gilder, incluso en las familias en las que los dos padres tienen carreras profesionales, el padre admite que el papel de la madre es más imprescindible, sin importar cómo están divididas las tareas de la crianza. Se debe enseñar a la mujer, desde joven, como parte de la formación de su identidad, que la feminidad, la virginidad y la fertilidad son regalos preciosos que no debe derrochar, ni renegar de ellos. En el momento de hablar con parejas jóvenes que quieren irse a vivir juntos antes de estar casados, los padres no deben intentar remediar la situación con acusaciones; deben enfrentarse a esta decisión con preguntas como: "¿Qué razones hay para que no haya una promesa de compromiso mutuo? ¿Qué harán si viene un bebé? ¿Qué futuro ven a largo plazo?" La pareja puede intentar racionalizar que es más moral vivir con una misma persona en vez de cambiar de pareja en pareja.

¿Qué podemos hacer para proteger a nuestros hijos en esta situación? Primero, decir a nuestro hijo o hija que hay una alta incidencia de divorcios entre las parejas que han convivido antes del matrimonio.[13] Después de revisar 50 años de investigaciones, Jeffry Larson, de la Universidad Brigham Young, concluyó que las parejas que han cohabitado antes del matrimonio tienen 50 % más de posibilidades de acabar en divorcio que las que no lo han hecho. El diario *The Washington Post* informa que las investigaciones de dos sociólogos, William G. Axinn y Arnald Thornton, muestran similares resultados:

> Axinn y Thornton no comparan las tasas de divorcio en sus estudios, pero citan otros estudios que han demostrado que las parejas que viven juntas antes del matrimonio tienen tasas de divorcio de 50 a 100 % más elevadas que las que no lo han hecho. Vivir juntos "puede reforzar la idea de que las relaciones íntimas son frágiles y temporales" y esto puede "reducir las expectativas de que el matrimonio sea un compromiso para toda la vida," dicen.[14]

Robert R. Bell, autor de *Premarital Sex in a Changing Society*, explica que las relaciones sexuales prematrimoniales "aumentan el riesgo de sexo

[11] Bradley P. Hayton, "The Risky Business of Adolescence: How to Help Teens Stay Safe", testimonio ante el Select Committee on Children, Youth and Families, United State House of Representatives, 18 de junio de 1991, p. 5.

[12] George Gilder, *Men and Marriage,* Pelican Publishing Company, Gretna, 1986, pp. 5-7.

[13] Jim Abrams, "Until Marriage Us Do Part", en *The Washington Post,* 2 de febrero de 1993, p. C5.

[14] *Demography,* agosto de 1992, citado por Abrams.

La incidencia del divorcio es de 33 a 80 % mayor entre las parejas que han vivido juntas antes del matrimonio

Participantes del estudio	*Incidencia de divorcio o separación*
13000 adultos en Estados Unidos	33 %
5300 mujeres en Canadá	54 %
4300 mujeres en Suecia	80 %

FUENTES: Abrams, Jim, "Until Marriage Us Do Part", en *The Washington Post,* 2 de febrero de 1993, p. C5. Cita el estudio de los sociólogos William A. Axinn (Universidad de Chicago) y Arland Thornton (Universidad de Michigan), como se informa en *Demography,* agosto de 1992, Peterson, Karen S., "Couples Who Cohabited More Likely to Divorce", en *USA Today,* 7 de octubre de 1993. Citas estudiadas por Jeffry Larson (Universidad Brigham Young) presentando a la American Association for Marriage and Family Therapy (Asociación americana para el matrimonio y la terapia familiar). Schlessinger, Lauren, "The Cohabitation Trap", en *Cosmopolitan,* marzo de 1994, pp. 96-96H. Cita al psicólogo David G. Myers, y su obra *The Pursuit of Happiness.*

extramatrimonial, lo que con frecuencia lleva al divorcio". Bell sugiere que "un hombre que ha sido sexualmente activo antes del matrimonio puede verse con frecuencia guiado por sus deseos carnales después de la boda. Debido a que el sexo no es un acto especial para él, está más abierto a tener problemas con la lujuria...".[15]

"La sabiduría convencional sugiere que la cohabitación sirve como filtro para deshacerse de aquellos que no son compatibles, y como prueba para ver si las parejas pueden estar juntas", dice Larson. Sin embargo, "hemos visto pruebas evidentes de que los matrimonios de aquellos que han cohabitado son menos satisfactorios y más inestables" que los que no lo han hecho. De acuerdo con la Oficina del Censo de Estados Unidos, más de seis millones de solteros heterosexuales están involucrados en este tipo de arreglos.

> Para Larson existen varios factores habituales que juegan en contra de la cohabitación. Entre ellos están: el sentimiento que surge entre las parejas de "haber violado sus estándares morales"; la fricción creada por la oposición de los padres a su manera de vivir, y la decepción de ver que esa experiencia de vivir juntos no lleva a un matrimonio exitoso. También ha visto que, al casarse, los integrantes de la pareja que en su momento cohabitaron porque el matrimonio no les convenía, pueden sentirse ahora constreñidos por una relación en la que ya no pueden darse la vuelta y, sencillamente, irse. Larson recalca que la cohabitación no es una prueba para el matrimonio; las dos relaciones son inherentes y drásticamente diferentes.[16]

[15] Josh McDowell y Dick Day, *Why Wait? What You Need to Know About the Teen Sexuality Crisis,* Here s Life Publishers, San Bernardino, 1987, pp. 80-81.

[16] Karen S. Peterson, "Couples who cohabited more likely to divorce", en *USA Today,* 7 de octubre de 1993.

Como padres preocupados, deberíamos compartir con nuestros hijos las ideas de sentido común que se pronunciaron en abril de 1995 en el congreso de Population Association of America (Asociación de la Población de América). Más de una docena de demógrafos presentaron discursos en los que exponían sólidos argumentos contra la cohabitación y ofrecían investigaciones que demostraban que la gente que convive antes del matrimonio sufre una tasa de divorcio más elevada, tiene más probabilidades de ser incompatible y sexualmente infiel, y generalmente es menos feliz que las parejas casadas. El matrimonio, por otro lado, como demuestran las investigaciones, y comparado con la cohabitación, aporta grandes beneficios emocionales y financieros, e incluso sobre la salud.[17]

Finalmente, preguntemos a nuestro(a) hijo(a) si realmente cree, en lo profundo de sí mismo(a), que vivir juntos sea la expresión y la ofrenda genuina del amor, especialmente cuando ninguno de los dos ha hecho una promesa de compromiso al otro.

Matrimonio o "relaciones"

Después de esa charla, la chica hablará con su novio, cuya reacción confirmara si él la ama o sólo la está utilizando. Si el joven dice que se casará con ella si queda embarazada, ¿por qué no se casan ya? (La respuesta callada puede ser: "¿Por qué habría de casarme con ella? Me está dando todo lo que yo tendría si estuviésemos casados, pero no tengo que asumir las responsabilidades del matrimonio.")

Las mujeres sexualmente activas antes de los 20 años de edad, que han tenido relaciones con tres o más parejas antes de los 25, o que han tenido relaciones con alguien que ha tenido tres o más parejas, corren un alto riesgo de desarrollar un cáncer de cérvix

FUENTES: Yule, "Medical News", en *The New York Times,* 15 de marzo de 1984. Jane y Julian Chomet en *Cervical Cancer* Thorsons Publishing Group, Wellingborough, 1989) informan de descubrimientos similares: "La mayor incidencia de esta enfermedad invasiva [...] ha remitido ligeramente, pero una inquietante y elevada proporción de casos se da ahora entre mujeres de menos de 35 años de edad con un incremento de 6 % en los últimos 10 años [...] Cuanto más joven sea la mujer que tiene relaciones, mayor es el riesgo de desarrollar un cáncer de cérvix. Algunas estadísticas indican que tener relaciones antes de los 21 años supone un alto riesgo [...] También se ha demostrado que el riesgo de las anormalidades de cérvix aumentan con el número de parejas sexuales."

[17] Jennifer Steinhauer, "Studies Find Big Benefits in Marriage", en *New York Times,* 10 de abril de 1995, p. A10.

Después de una conversación sincera y realista de este estilo, la relación, con frecuencia, acabará. Puede suceder entonces que los dos jóvenes vuelvan a abrazar la virtud de la castidad.

Por otra parte, si la pareja joven ha mantenido relaciones íntimas durante algún tiempo, suele desarrollar un firme conjunto de argumentos. Les resultará difícil ver la sabiduría que supone evitar estas relaciones: "Tenemos una maravillosa relación. Estamos estrechamente unidos y nuestras relaciones sexuales son como en el matrimonio. Nuestro único problema es evitar el embarazo, ya que no nos podemos casar hasta que terminemos nuestros estudios dentro de dos años."

Nuestro papel como padres, amigos, profesores o familiares es compartir nuestros mejores consejos con ellos en ese momento, queriéndoles a pesar de todo. Es bastante probable que esta situación termine con una despedida y/o un embarazo. Lo mejor que cada uno de nosotros puede hacer es compartir su experiencia y su conocimiento sobre estos temas, incluyendo, en caso de embarazo, una voluntad cariñosa de ayudar a nuestra hija a elegir la vida para su bebé (que, después de todo, es nuestro nieto) bien a través de la adopción o quedándose el bebé, ya sea en el matrimonio o como madre soltera.

Después, a partir de un determinado punto, los jóvenes deben tomar sus propias decisiones. Algunas veces tienen que aprender por sí solos. Normalmente, antes de llegar a este extremo, el hombre y la mujer jóvenes dejan entrever algunas expresiones de preocupación sobre su relación, como el posible sentimiento de estar siendo utilizado o la inseguridad de toda su relación. Éstos podrían ser los momentos adecuados para hablarles sobre la madurez sexual, el auténtico amor humano y el significado de estas virtudes.

CREACIÓN FRENTE A ESTANCAMIENTO

Generalmente, los jóvenes pasan la pubertad y la adolescencia con éxito gracias a la ayuda de sus padres y de otros miembros de la familia. Estos niños ahora tienen una idea de quiénes son y cuáles son sus habilidades y valores. Adquieren la confianza de tener algo que compartir y de experimentarse a sí mismos como personas que aman.

Ese es el momento en que los jóvenes están listos para el matrimonio y para formar su propia familia. Quizá deseemos animar a nuestros hijos a que se digan a sí mismos: "Quiero dar a este mundo, impartir mis valores y mis ideas a los demás. Quiero tener hijos y ayudar a los demás. Quiero darme a mí mismo." Desafortunadamente, algunas personas nunca llegan a este punto. En vez de ello, dedican mucho tiempo y esfuerzo a sí mismos, esencialmente preocupados por sus propios intereses. Aquellos que alcanzan el ideal, sin embargo, son los que encuentran satisfacción.

En palabras del doctor Viktor Frankl:

> El ser humano siempre quiere llegar más allá de sí mismo, alcanzar algo más, por alguien o algo, por un sentido de satisfacción, o por otro ser humano al que amar. En otras palabras, el ser humano siempre quiere trascenderse a sí

mismo y, a menos que reconozca esta cualidad humana de autotrascenderse, la psicología degenera en una monodología. Después de todo, la autotrascendencia es la esencia de la existencia.[18]

Sufrimos muchos cambios para poder convertirnos en las personas para las que hemos sido creadas. Muchas veces, a lo largo de nuestra vida de adulto, encontramos temas relacionados con la identidad, la intimidad y la fertilidad. Estos temas surgen especialmente cuando estamos en los treinta y tantos y, de nuevo, en la crisis de la mediavida. Continuamos preguntándonos "¿Quién soy?", mientras, constantemente, examinamos nuestros progresos y nuestras cualidades a la par que nuestras fortalezas siguen creciendo. Por eso la fe tiene un papel importante en nuestra vida. Cuando llega la crisis, la fe y la oración son esenciales para mantenernos lúcidos de mente y espíritu y sobrellevar unos acontecimientos que, a veces, pueden parecer injustos y/o terriblemente difíciles. Cuán frecuentemente oímos decir: "Qué suerte tienes de tener tanta fe." Entonces uno se pregunta, ¿pero sus padres no les enseñaron a tener fe y a rezar? La realidad es que mucha gente da a Dios por supuesto, olvidando que la fe es un regalo de Dios que hay que buscar. Esto explica por qué con tanta frecuencia a la gente joven le resulta difícil rezar. Las cosas normalmente van bien, pero, cuando la crisis aprieta, tienden a la desesperación y a sufrir mucho –no se les ha enseñado a rezar y a confiar en los planes de Dios para su bien último.

Educar hijos adolescentes es, con seguridad, un desafío para nuestra madurez, identidad y habilidad como padres. De hecho, puede desafiar todo en nosotros, pero la fe y la dedicación a nuestros hijos son parte importante de nuestro crecimiento personal. Puede que no sea tarea fácil, pero Dios brinda una ayuda especial a los padres. Somos, con Él, cocreadores, y Él también tiene especial interés por nuestros hijos.

INTEGRIDAD FRENTE A DESESPERACIÓN

Todos esperamos que, en la época en la que alcancemos nuestros años maduros, hayamos llegado a alguna aceptación de la vida y seamos capaces de volver la vista atrás con alegría y satisfacción. Si, por entonces, no hemos averiguado nuestro sentido ni quiénes somos (que debe ser coherente con lo que Dios había planeado para nosotros), entonces, podemos desesperarnos. Pero, aun así, nunca es tarde para crecer y cambiar, para reconocer que el tiempo, el amor y el perdón son grandes fuentes de reconciliación.

Esto completa nuestra mirada sobre las etapas de la infancia y la adolescencia. Ahora nos adentraremos en la discusión específica sobre sexualidad y autocontrol de la gente joven.

[18] Viktor E. Frankl, "The Meaning of Love," IX International Congress for the Family, Organización Mundial de la Familia, septiembre de 1986, publicado en *Ninth International congress for the Family: the Fertility of Love* Fayard, París, 1987, p. 40.

8 Adolescentes y sexualidad sana: autorrespeto y autocontrol

Los jóvenes nos sentimos ofendidos con la idea de que no podemos controlarnos. Los que piensan así no esperan nada de nosotros ni de nuestro futuro. Creen que somos esclavos de nuestros instintos, y nosotros rechazamos esto por ser antijuventud. La castidad es el único estilo de vida projuventud. Aquellos que creen en nosotros, incluyendo a nuestros padres, deben promocionarla y vivirla.

CHRISTOPHER P. TYRELL
Presidente de American Collegians for Life

La *sexualidad es natural y buena.* Este es un principio que nuestros niños necesitan oír cuando les ayudemos a ver la adolescencia como una época en la que pueden aprender a disfrutar y a relacionarse con miembros del sexo opuesto. El objetivo es convertirse en una persona razonablemente autosuficiente e independiente, pero comprometida en mantener relaciones sanas con los demás.

El desarrollo de la totalidad sexual incluye no sólo lo físico, sino también lo espiritual, lo intelectual, lo creativo y el aspecto humano de la toma de decisiones. Esto implica asumir que la sexualidad ha sido creada para el matrimonio. Como subraya el profesor Alfonso López Quintás, este amor es mucho más que el mero erotismo tan frecuentemente publicitado hoy día, y que busca sólo la gratificación inmediata, pero que como resultado trae la decepción, la pena y la desesperación.

Incluso, a medida que su cuerpo alcanza su capacidad de dar vida, todo adolescente necesita poder entender el sentido de la vida. La actividad sexual a estas edades, como observaba el doctor Frankl, entorpece el desarrollo mental y espiritual, haciendo que los adolescentes pierdan los más altos intereses. Como todos nosotros, para mantener el equilibrio, los adolescentes necesitan interesarse por el sentido espiritual de la vida, ejercitar su habilidad mental, aprender la creatividad y la alegría de cada área de la vida, y tener una completa, pero autocontrolada, vida emocional que les lleve a una mayor preocupación y empatía por los demás. En este aspecto de la vida, y en la misma sexualidad, el autocontrol trae la paz, el progreso y la felicidad mientras que la falta de control conlleva lo opuesto.

AUTOCONTROL: SANO Y SALUDABLE

Los adolescentes necesitan entender que, en las situaciones emocionalmente agobiantes, nuestro cuerpo sufre cambios químicos. Cuando un hombre joven y una mujer intiman físicamente, liberan no sólo nuevas emociones, sino también nuevas experiencias fisiológicas. Estas experiencias están destinadas a la relación comprometida y madura del matrimonio.

Los adolescentes responsables deben posponer las relaciones sexuales hasta que estén casados y puedan hacer frente a sus consecuencias emocionales y físicas, incluyendo la concepción. Esta es una parte de la autolimitación que proviene del autorrespeto y de una madurez cada vez mayores. Es algo que no llega fácilmente, sino que se debe aprender.

Los cimientos del autocontrol se forman en la infancia, cuando los padres enseñan los límites de lo razonable por medio de una disciplina cariñosa. El autocontrol durante la adolescencia y la vida adulta no es más que la simple prolongación de la disciplina aprendida de niños. Sin este entrenamiento precoz, los adolescentes estarán en gran desventaja. De hecho, no es sorprendente que, según los últimos estudios, "los estudiantes que durante el bachillerato se meten en peleas son los más propensos a emprender otros comportamientos arriesgados, incluyendo el sexo con diferentes personas y relaciones desprotegidas".[1]

La siguiente lista puede ayudar a los adolescentes a reconocer algunas de las excusas que la gente utiliza para justificar su falta de autocontrol; subsecuentemente se presentan también algunas de las vías por las que muchas personas, incluyendo los adolescentes, logran mantener el control sobre sí mismos y sobre las situaciones en las que se ven inmersos.

EXCUSAS DE LA GENTE PARA INVOLUCRARSE EN RELACIONES PREMATRIMONIALES

La siguiente es una lista de algunas de las excusas más frecuentes para ser promiscuo antes del matrimonio:

1. Miedo a perder la relación.
2. Imaginar que "todo el mundo lo hace".
3. Querer probar que se es un verdadero hombre/mujer.
4. Pensar que "se lo debe" a la otra persona.
5. Sentirse culpable por hacer que la otra persona se excite sexualmente.
6. Sentirse presionado(a) o intimidado(a).
7. Curiosidad.

[1] D. M. Sosin y otros, "Fighting as a Marker for Multiple Problems Behavior in Adolescents", en *Journal of Adolescent Health*, núm. 16, 1995, como se informa en "Sex and Fisticuffs", en *Family Planning Perspectives* 27, núm. 3 de mayo-junio de 1995, pp. 209-215.

8. No querer parecer "pasado de moda" o "cuadrado".
9. Pensar que es el siguiente paso en la relación.
10. Buscar ganar afecto y calidez.
11. Querer "probar" el amor.
12. Pensar que se encontrará seguridad.
13. No haberlo podido evitar.

SIEMPRE PUEDES CAMBIAR TU COMPORTAMIENTO

Muchos jóvenes, pese a algunos adultos que bombardean a la gente joven con el mensaje de "todo el mundo lo hace", y pese a la intensa presión de los amigos, han elegido permanecer castos. True Love Waits (El verdadero amor espera) es una organización dedicada a llevar el mensaje de la castidad a tantos jóvenes como sea posible. Más de un millar de chicos y chicas de la organización han asumido el compromiso de castidad.

La gente joven que no es virgen puede sentirse perdida para siempre en un mundo activamente sexual y pensar que ya no puede salir de allí. Quizá les interese saber que el compromiso de la castidad es para todo aquel que desee practicar la afirmación de la vida desde hoy mismo en adelante, teniendo poco que ver con el pasado. Todo aquel que haya sido promiscuo puede elegir, en cualquier momento, cambiar su comportamiento. Aunque es imposible volver a la virginidad, siempre es posible volver a ese espíritu.

PREGUNTAS QUE HAY QUE PLANTEARSE CUANDO NOS TIENTAN

Cuando una persona tiene tentación de mantener relaciones sexuales fuera del matrimonio, él o ella debería plantearse las siguientes preguntas:

1. Si esto es bueno, ¿por qué debo mentir a mis padres para que no me castiguen?
2. Si está mal, ¿por qué lo hago?
3. ¿Por qué debería violar mi conciencia y mis creencias de lo que está bien y lo que está mal?
4. ¿Quiero de verdad adquirir una enfermedad de trasmisión sexual? (Son muy frecuentes y algunas, como el herpes genital, son incurables; es más, el VIH siempre causa el SIDA y siempre es mortal.)
5. ¿Quiero arriesgar mi capacidad de tener hijos? (Las enfermedades venéreas, los métodos artificiales de control de natalidad y el aborto pueden causar esterilidad y problemas de salud similares.)
6. Si supuestamente es tan normal y natural, ¿por qué necesito usar estos sistemas y estas pastillas, tan artificiales y antinaturales, para controlar la natalidad?
7. ¿Qué haré si el control de natalidad falla? (¡Y esto ocurre con frecuencia!)

8. ¿Qué será de mi relación cuando el control de natalidad falle?
9. ¿Quiero participar en la concepción de un bebé inocente y entonces decidir pagar a algún abortista que, en plan cadena de montaje, mate a mi niño? ¿O quiero dar mi bebé en adopción? ¿O quiero casarme mientras sigo en el colegio? ¿O quiero ser un padre, una madre, soltero(a)?
10. ¿Quiero ser padre o madre mientras estoy todavía en el colegio?
11. ¿Quiero arriesgar los planes que tengo de ir a la universidad u otros objetivos que pueda tener?
12. ¿Quiero ser capaz de seguir respetándome a mí mismo(a)?

Formas de decir "no" a la tentación

Hay muchas maneras eficaces de decirle a la pareja que *no* se quiere ser sexualmente activo. He aquí cinco de ellas:

1. *Ser directo*. Decir "no".
2. *Dar una razón para el "no"*: "Eso es para gente casada", "No estoy preparado(a) para esto", o mejor aún: "Quiero mostrarle a mi futura(o) esposa(o) mi amor y mi fidelidad esperándola(le)".
3. *Poner fin a la situación*: "Me tengo que ir"; "Vayamos a otro sitio"; "Hagamos otra cosa".
4. *Mencionar a los padres*: "Mis padres no me dejarían hacer una cosa así, y los tuyos tampoco deberían."
5. *Ser testigo de la verdad*: "Va en contra de mi conciencia y de todas mis creencias."

Es importante recordar que, es mejor tomar medidas preventivas decidiendo de antemano cómo comportarse. Antes de la cita, hay que decidir los límites que se deben establecer en el afecto, porque uno no siempre conoce su propia fuerza o la de la otra persona para resistir la tentación. Nuestra fuerza también varía de una persona a otra y de una situación a otra. No siempre sabemos cómo reaccionaremos ante nuevos sentimientos y experiencias y si tendremos la fuerza de mantener el control. La tentación continuada tiende a debilitarnos más que a fortalecernos. Es más, los besos prolongados o las caricias íntimas deberían evitarse puesto que minan nuestro autocontrol.

Finalmente, en una época en la que estamos siendo testigos de los frutos más amargos del movimiento de la "liberación sexual" de las décadas de 1960, 1970, 1980 y 1990, es importante que nuestros hijos adolescentes recuerden estas palabras de Pat Socia, consultor sobre educación sexual del estado de Texas, en Estados Unidos:

> El mensaje del sexo seguro está "destruyendo a nuestras comunidades", dice Xavier Flores, consejero anti-SIDA de East Chicago, en Indiana. "Están diciendo a nuestra gente que utilizando un preservativo estarán a salvo del

SIDA. Esto, sencillamente, no es verdad." Este fuerte y genial hispano está visiblemente enfadado. Hace hincapié en el 18-20 % de fallos entre los adolescentes que usan preservativos para evitar embarazos, y argumenta que el mensaje de "sexo seguro" encandila a los jóvenes con un falso sentido de la seguridad: "Si hay tantos bebés fruto de fallos de los preservativos, ¡imaginen cuántos casos de SIDA estamos teniendo así! Un espermatozoide es 500 veces más grande que el virus del SIDA. Además, sólo te puedes quedar embarazada durante unos días cada mes, pero puedes adquirir el SIDA cualquier día. ¿Por qué estamos pidiendo a nuestros hijos que confíen su vida a un pedazo de látex?"[2]

PELIGROS

El sexo prematrimonial no es la única situación en la que los adolescentes necesitan consejo. Deberemos explicarles también que hay que evitar la masturbación, porque nuestras capacidades sexuales han sido creadas para expresar amor con nuestro cónyuge y para traer una nueva vida al mundo. La masturbación puede ser síntoma de problemas subyacentes como una tendencia al aislamiento y a la concentración en uno mismo más que en los demás. Pero hay que tener cuidado de no causar demasiada preocupación ni demasiada culpabilidad con este tema; en cambio, los padres pueden animar a sus hijos a mirar por los demás, a tener actividades sociales que incluyan amistades con miembros del sexo opuesto y a participar en equipos deportivos, grupos juveniles, organizaciones religiosas, o a emprender un servicio de voluntariado para ayudar a los demás.

Debemos advertir a nuestros hijos, por todos los medios, que eviten la pornografía, la representación de personas en actos o posturas sexualmente sugestivas o explícitas. Por su propia naturaleza, la pornografía destruye la dignidad humana. Degrada y deshumaniza tanto al "modelo" como al lector. Tanto en los jóvenes como en los mayores, la pornografía crea o refuerza el *voyeurismo,* es decir, buscar la satisfacción sexual por medio de la observación. La pornografía se convierte en adictiva para algunas personas. También atrofia y deforma el desarrollo de la personalidad y origina profundos problemas en muchos matrimonios.

No nos dejemos engañar por los que dicen que sólo la pornografía violenta es dañina y por aquellos que intentan distinguir entre pornografía "dura" y pornografía *light.* Esas personas están a veces involucradas financieramente, en un grado u otro, en la empresa que publica la pornografía. Otros simplemente han aceptado este débil argumento para así defender una posición política.

Conocidos investigadores saben que toda pornografía pervierte a sus lectores. Esto incluye revistas muy famosas que, desgraciadamente, se pueden encontrar frecuentemente en el quiosco de la esquina de aquellas comu-

[2] Andrés Tapia, "Abstinence: The Radical Choice for Sex Ed", en *Christianity Today,* 8 de febrero de 1993, p. 27.

nidades en las que los ciudadanos todavía no han forzado su retirada legal. Esto se refiere a las publicaciones que los traficantes intentan hacer pasar como inocuas a pesar de contener fotografías explícitas de los genitales o de actos sexuales, igual que tebeos y artículos que publican delitos como la prostitución, la pornografía infantil y la violación.

Debemos alertar a nuestros hijos de que la pornografía que puede tentarles es peligrosa, que es la misma porquería que la policía ha encontrado una y otra vez en las casas de los acosadores de niños, de los psicópatas sexuales y de los asesinos en serie. Debemos recordar a nuestros hijos la verdadera naturaleza del sexo mostrándoles, por ejemplo, el amor feliz y responsable de esa pareja casada que vive con su bebé, en nuestra misma calle, un poco más abajo. El sexo ha sido creado para el amor, la delicadeza, la alegría, la vida y la familia, no para la soledad, la perversión, la enfermedad o el delito.

La homosexualidad es un desorden sexual, es un deseo de intimidad sexual con personas del mismo sexo. Un comportamiento homosexual es, claramente, un mal uso del acto sexual. De hecho, un escritor dijo sabiamente: "La manera en que un hombre homosexual trata a otro es lo que llaman liberación. Si los hombres tratasen a las mujeres de esa manera, lo llamaríamos degradación." Esta inversión de la personalidad es mucho menos frecuente de lo que muchos homosexuales, así como sus simpatizantes y los grupos de presión prosexo y control de natalidad, nos quieren hacer creer.

El frecuentemente citado Informe Kinsey, que proclama que cerca de 10 % de la población es homosexual, fue elaborado a finales de la década de 1940 y desde entonces ha sido seriamente puesto en duda. La cifra más próxima a la realidad está por debajo de 2 %.[3]

Un informe de junio de 1991 del National Opinion Research Center de Estados Unidos (Centro de Investigación de la Opinión Nacional) establece que "2 % de los adultos sexualmente activos dijo ser exclusivamente homosexual o bisexual durante el año anterior (1989) a la encuesta".[4] Según un estudio de cuatro años, financiado por el National Institute of Child Health and Human Development (Instituto Nacional de la Salud Infantil y del Desarrollo Humano) y dirigido por el Batelle Human Affairs Research Center de Seattle, Washington, sólo 1.1 % de los hombres de 20 a 30 años de edad dijeron ser exclusivamente homosexuales.[5]

Los defensores de los homosexuales argumentan que la homosexualidad, más que ser un comportamiento aprendido, es innata, pero la experiencia de homosexuales reformados y de organizaciones que, como Courage (Valor) y Exodus, les ayudan, demuestra que muchas personas superan esta

[3] Encuesta del National Center for Health Statistics (Centro Nacional de Estadísticas Sanitarias), U. S. Centers for Disease Control And Prevention, 6 de enero de 1993.

[4] National Opinion Research Center, junio de 1991, citado en "Even New Republic Admits that Homosexual 10 % Claim Is Wrong", Family Research Council, 3 de febrero de 1993.

[5] Boyce Rensberger, "Sex Survey: What Men Do and How Often They Do It", en *The Washington Post,* 15 de abril de 1993.

orientación sexual y se dedican a vivir una vida casta. Además, incluso aunque la homosexualidad fuese innata, nadie está "forzado" a llevar una vida promiscua y de alto riesgo.

Una analogía útil puede ser la de una persona alcohólica. Algunos estudios indican la existencia de una posible base genética en el alcoholismo; sin embargo, aunque la adicción pueda ser una tendencia innata, eso no quiere decir que la sociedad deba perdonar *comportamientos* tales como beber en exceso, a pesar de que admiremos la dignidad y el autocontrol de los alcohólicos que han dejado de beber. Es más, la sociedad condena el alcoholismo a la par que busca ayudar a los que tienen problemas con la bebida y quizá incluso encuentre una cura para ellos.

Una de las razones por las que parece que la homosexualidad va en aumento es que los grupos homosexuales, cuyos miembros son con frecuencia financieramente ricos y están libres de las responsabilidades y las exigencias de la vida familiar, hacen mucho ruido para influir sobre el gobierno y la prensa. La homosexualidad se ha propagado como una enfermedad debido a los esfuerzos de estos grupos para que el comportamiento *gay* sea admitido, confundiendo a muchas personas y animándolas a experimentar y a aficionarse a ello. Por ejemplo, la homosexualidad es infrecuente en los países pobres porque la mayoría de la gente está ocupada trabajando para poder sobrevivir. Por el contrario, las naciones ricas del mundo son las que están sufriendo más esta adicción, porque la riqueza trae abundancia de tiempo libre, una situación que lleva a experimentar con diversas adicciones, especialmente cuando la gente joven no tiene la educación moral que les podría ayudar a rechazar un comportamiento inmoral.

La creciente incidencia, en las décadas recientes, del cáncer de ano es también alarmante. Esto está "probablemente ligado al incremento de enfermedades de trasmisión sexual (ETS), incluyendo el SIDA". Los datos procedentes de un programa que ha durado 17 años demuestran aumentos de 24 a 34 % entre los hombres y de un 10 a 13 % entre las mujeres, con los picos más acusados en los hombres que nunca se han casado y entre aquellos que viven en la zona de la bahía de San Francisco.[6]

Podemos tranquilizar a nuestro hijo adolescente asegurándole que la homosexualidad es poco frecuente y que en el, a veces, cruel mundo del adolescente, el rechazo continuado por parte del sexo opuesto no significa que se sea propenso a ese trastorno. En vez de ello, quiere decir, sencillamente, que la gente florece en etapas diferentes; ya llegará su tiempo. Podemos recordarle también que algunas personas han sido creadas para ser solteras y que muchas personas solteras viven una existencia plena y feliz, contribuyendo a sus comunidades y países. Aquellos que han sido creados para el matrimonio, escogen una pareja, una sola, después de muchos rechazos. El énfasis en el amor y en otras actividades es una manera excelente de alimentar una sexualidad normal y saludable.

[6] M. Melbye y otros, "Changing Patterns of Anal Cancer Incidence in the United States, 1940-1989", en *American Journal of Epidemology, núm.* 139, 1994, pp. 772-780, citado en *Family Planning Perspectives,* núm. 3, mayo-junio de 1995, p. 148.

VIH/SIDA

El síndrome de inmunodeficiencia adquirida (SIDA) es una enfermedad fatal que, durante un largo periodo, no muestra sus síntomas y normalmente se contagia, o se contrae, sin saberlo. En lo que respecta a la afirmación de que el uso de preservativos en las relaciones proporciona un "sexo seguro", incluso sus más ardientes defensores deben admitir que estos débiles dispositivos funcionan, como mucho, 88 % de las veces, y que los usuarios tienen más de 10 % de posibilidades de adquirir una enfermedad que es 100 % mortal. Otros estudios indican que la tasa de éxito de los preservativos es de apenas 70 %, es decir, cerca de uno de cada tres usuarios corre el riesgo de contraer el VIH. Los preservativos tienen una tasa anual de fallos de 18.4 % para las chicas menores de 18 años. En Estados Unidos, la tasa de fallos anual entre las mujeres no casadas de las minorías étnicas es de 36.3 %. Entre las hispanas solteras, la tasa llega hasta 44.5 %.[7] No es de extrañar, por ello, que mucha gente utilice ahora la frase "sexo *más* seguro" y no "sexo seguro".

Durante los actos homosexuales, los preservativos se rompen o resbalan del todo. "La tasa de roturas durante una relación anal entre los consultados en la encuesta fue de un preservativo por cada 105, lo que es mucho más elevado que en las relaciones vaginales (1 por cada 165)", según los autores de *Contraceptive Technology*.[8] El Family Research Council (Consejo de Investigaciones Familiares) cita este hecho: "En 1984, 7 % de los homosexuales de la ciudad de San Francisco, Estados Unidos, eran seropositivos. Tras siete años de "sexo seguro" esta cifra ha alcanzado 50 %".[9] Otro experto apunta que lo importante es darse cuenta de que "existen pruebas directas de defectos en los preservativos de caucho. Las micrografías electrónicas han detectado agujeros de cinco micras de tamaño (50 veces mayores que el virus) mientras que los análisis de fractura mecánica, que detectan desperfectos de mayor tamaño, han revelado defectos inherentes de hasta 50 micras (500 veces el tamaño del virus)".[10]

En el transcurso de un año, las mujeres cuyas parejas usan preservativo tienen una posibilidad entre seis de quedar embarazadas. Las posibilidades de contraer el SIDA es incluso mayor en la medida en que el VIH es 500 veces más pequeño que un espermatozoide humano y es entre una décima y una tercera parte menor que el agujero más pequeño que se

[7] "Quick Facts on Safe Sex", Col. Focus on the Family, Colorado Springs, 1994. Cita a Mark D. Hayward y Jonichi Yogi, "Contraceptive Failure Rate in the United States: Estimates from the 1982 Survey of Family Growth", en *Family Planning Perspectives*, vol. 18, núm. 5, septiembre-octubre de 1986, p. 204. También cita a Elise F. Jones y Jacqueline Darrock Forrest, "Contraceptive Failure in the United States: Revised Estimates From the 1982 National Survey of Family en Growth", *Family Planning Perspectives*, vol. 21, núm. 3, mayo-junio de 1989, p. 103.

[8] Robert A. Hatcher y otros, *Contraceptive Technology*, Irvington Publishers, Nueva York, 1994. Cita a "Can You Rely on Condoms?", en *Consumer Reports*, marzo de 1989, pp. 135-142.

[9] *Washington Watch*, Family Research Council, octubre de 1991.

[10] C. M. Roland, editor de *Rubber Chemistry and Technology* para The National Research Laboratory, "Cartas", *The Washington Post*, 3 de julio de 1992.

pueda detectar en un preservativo.[11] Sin embargo, mientras una mujer, debido a la naturaleza de su ciclo ovulatorio, sólo puede quedar embarazada durante unas 100 horas cada mes, el VIH puede trasmitirse en *cualquier* momento.

Aproximadamente 5000 personas en el mundo se infectan a diario con el VIH, llegando el número actual de adultos infectados a aproximadamente 10 millones. Mientras el SIDA es esencialmente una enfermedad heterosexual en los países menos desarrollados (75 % de los casos registrados en el mundo son heterosexuales), en Estados Unidos un porcentaje mucho menor de hombres y mujeres contraen la enfermedad a través de una actividad heterosexual. Sin embargo, los U. S. Centers for Disease Control and Prevention (Centros Estadounidenses de Prevención y Control de las Enfermedades) informan que la incidencia de las infecciones entre los heterosexuales, incluyendo adolescentes, está aumentando.

Ya sea entre heterosexuales u homosexuales, el SIDA está claramente unido a la promiscuidad y/o a actividades sexuales antinaturales, como la sodomía (relaciones anales) y al consumo de drogas intravenosas. Consideremos los porcentajes de contagio:

- Contactos masculinos homosexuales o bisexuales 61 %.
- Por drogas intravenosas (hombres y mujeres heterosexuales) 21 %.
- Contactos masculinos homosexuales/bisexuales y drogas intravenosas 7 %.
- Contacto heterosexual 5 %.
- Por transfusión de sangre o recepción de tejidos infectados 2 %.
- Otros motivos indeterminados 3 %.[12]

Se estima que entre uno y 1.5 millones de estadounidenses están infectados con el virus VIH; eso significa uno de cada 250 estadounidenses. Se ha diagnosticado el SIDA a más de 300 000 personas y más de 200 000 ya han muerto de esta enfermedad. Se espera que el número de muertes aumente drásticamente. En 1994, en Estados Unidos, se diagnosticó el SIDA a cerca de 80 000 personas mayores de 13 años. Aproximadamente 18 % de estas personas eran mujeres; alrededor de un tercio de ellas se había contagiado por contacto heterosexual con una pareja infectada.[13]

El difunto doctor Jérôme Lejeune debatió el SIDA y sus causas:

> El SIDA es una enfermedad muy interesante para los epidemiólogos. En países como Estados Unidos, Francia y otros de Europa, se dan condiciones

[11] "Quick Facts on Safe Sex" cita a Nancy E. Dirubba, "The Condom Barrier", en *American Journal of Nursing*, octubre de 1987, núm. 10, p. 1306. Los datos sobre el agujero más pequeño detectable en un preservativo han sido confirmados por los Centers for Disease Control y por la U.S. Food and Drug Administration.

[12] Hatcher, Stewart, Trussell y otros, p. 71. Cita el informe sobre el VIH/SIDA de los U.S. Centers for Disease Control, de octubre de 1989, "Distribution of AIDS Cases in the United States, through September 1989, by Exposure Category".

[13] "Update: AIDS among Women-United States, 1994", en *Morbidity and Morality Weekly Report*, núm. 44, 1995, pp. 81-85.

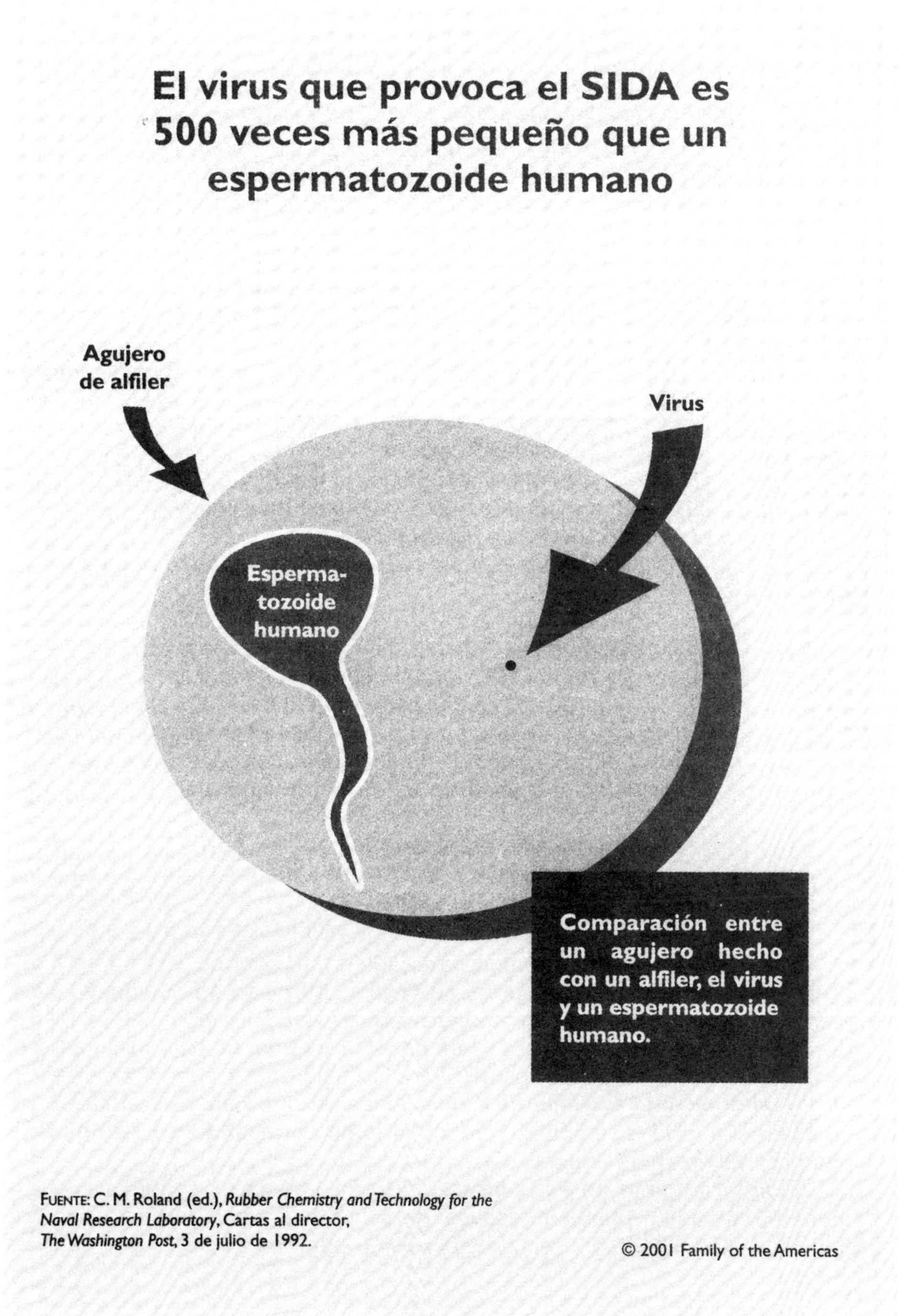
El virus que provoca el SIDA es 500 veces más pequeño que un espermatozoide humano
Agujero de alfiler
Virus
Esperma-tozoide humano
Comparación entre un agujero hecho con un alfiler, el virus y un espermatozoide humano.
FUENTE: C. M. Roland (ed.), Rubber Chemistry and Technology for the Naval Research Laboratory, Cartas al director, The Washington Post, 3 de julio de 1992.
© 2001 Family of the Americas

Figura 8.1

diferentes a las de África. La epidemiología es muy sencilla, el virus que provoca el SIDA es muy frágil, no puede sobrevivir cuando entra en contacto con el aire, y sólo puede trasmitirse por inyección directa, ya sea por el flujo sanguíneo, esto es, por inyección intravenosa, ya sea directamente a través de la mucosa del ano. Es importante apuntar que la ciencia no preveía la existencia de un virus así. Un virus que podía, por un lado, destruir la función de inmunidad de una persona de tal manera que ésta podía morir por cualquier infección o tipo de cáncer, y por otro lado, un virus que fuese tan frágil que sólo pudiese trasmitirse a través de inyecciones intravenosas o [*relaciones*] intrarrectales. Dado que la sodomía entre homosexuales se ha extendido tanto y que hay una amplia población que intercambia jeringuillas intravenosas usadas, existe un gran peligro de que el SIDA se convierta en una epidemia mundial.

Por ahora no podemos curar a las personas afectadas por el virus y que ya han desarrollado la enfermedad, pero podemos prevenir y erradicar por completo esta enfermedad sin gastar ni un solo dólar en investigaciones. Sabemos todo sobre la epidemiología; sólo tenemos que decir: la sodomía es contranatural y las drogas intravenosas son contranaturales. Si la gente estuviese correctamente informada y se abstuviese de practicar la sodomía y de consumir drogas intravenosas, el SIDA se desvanecería y desaparecería.

Se puede estar preguntando por qué las consecuencias de la sodomía son tan importantes:

a) La naturaleza ha elaborado dos sistemas diferentes para dos orificios distintos, la vagina y el ano. La vagina está normalmente abierta al exterior de tal forma que las células sexuales pueden depositarse en el interior del cuerpo de la mujer durante las relaciones sexuales. La vagina es totalmente impermeable a los virus, porque la naturaleza ha establecido que la mucosa vaginal no tenga red linfática, y la red linfática está presente en nuestro cuerpo para absorber sustancia.

b) El recto, sin embargo, ha sido diseñado para absorber hasta el último nutriente de lo que hemos ingerido. Hay una gran red linfática en el recto. Por ello el recto está hecho para absorber, y la vagina, no.

Esto es obvio porque la vagina está abierta al exterior, y si pudiese absorber virus ninguna mujer podría sobrevivir. Morirían de cualquier enfermedad viral que circulase. Las mujeres sobreviven porque la naturaleza ha decidido que la vagina es una vía sólo para el esperma, no para los virus, y el recto es la vía para expulsar los detritus y no para que se introduzca algo en él. Por ello, cuando la gente dice que utilizar el ano para las relaciones es contranatural, está diciendo la verdad, va contra la naturaleza. Es utilizar la naturaleza de manera equivocada.

Cuando la gente no es homosexual pero practica la sodomía con sus mujeres, la mujer puede infectarse de SIDA igual que les ocurre a los homosexuales. El sistema rectal es el mismo para los hombres que para las mujeres.[14]

[14] Jérôme Lejeune, en una entrevista televisiva para Family of the Americas Foundation, en la XIII Conferencia Internacional sobre la Familia, Viena, 23 de octubre de 1988.

Información relativa a las enfermedades de trasmisión sexual:[15]

- Las ETS son las enfermedades más comunes en Estados Unidos, después del catarro y la gripe.
- Uno de cada cinco estadounidenses está infectado hoy con una ETS.
- Se registran 15.3 millones de casos nuevos de ETS cada año: 33 000 al día.
- 45 millones de estadounidenses sufren de una ETS incurable.

Tabla 8.1. Casos anuales estimados de nuevos casos de enfermedades.

Enfermedad	*Costos en dólares*
Clamidia	3 millones
Gonorrea	650 mil
Sífilis	70 mil
Herpes	1 millón
HPV	5.5 millones
Hepatitis B	77 mil
Trichomonas	5 millones
Virus del SIDA	20 mil

FUENTE: American Social Health Association, diciembre de 1998. Citado en *STD History and Horizon Report*, Medical Institute for Sexual Health.

Tabla 8.2. Total de casos estimados de enfermedades virales de trasmisión sexual.

Herpes	45 millones
HPV	20 millones
Hepatitis B	750 millones
Virus del SIDA	650 a 900 millones

FUENTE: American Social Health Association, diciembre de 1998. Citado en *GTD History Horizon Report*, Medical Institute for Sexual Health.

ENGAÑOS SOBRE LA EFICACIA DEL PRESERVATIVO

El 17 de agosto de 2001, grupos de más de 10 000 médicos acusaron al gobierno de Estados Unidos de engañar al público sobre la efectividad de los preservativos. Estos médicos acusaron al "Centro de Control de Enferme-

[15] The Center for Disease Control, Atlanta Georgia, 2000. Booked Published by the American College of Obstetrics and Gynecologist, Joe S. McIlhaney Jr., *Saffe Sex*, Baker Book 1991, p. 10. Human Events, 23 de noviembre de 1991, p. 9. (Estas cifras no incluyen a los infectados con el virus del SIDA.)

dades" (Center for Disease Control) de ocultar la verdad sobre los resultados de sus investigaciones, que demostraron que los preservativos no protejen a los individuos de las enfermedades de trasmisión sexual. En un reporte emitido por el Consorcio de Médicos, el Congresista retirado Tom Coburn, M. D., el Congresista Dave Weldon, M. D. y la Asociación Médica Católica, este grupo declara que "...el Centro de Control de Enfermedades de Estados Unidos, ha ocultado y tergiversado sistemáticamente información médica vital sobre la ineficacia de los preservativos para prevenir el contagio de enfermedades venéreas o de trasmisión sexual. El negarse a reconocer los resultados de esta investigación clínica ha contribuido a la epidemia de enfermedades venéreas a nivel mundial.

Estos cargos provienen del Departamento de Salud y Servicios Humanos (Department of Health and Human Services), en el resumen de un taller de trabajo sobre la efectividad de los preservativos. Este reporte fue escrito en junio de 2000 por ese departamento y también por el Instituto Nacional de Salud (National Institute of Health) y el Instituto Nacional de Alergias y Enfermedades Infecciosas (Institute of Allergy and Infectious Diseases). Según este grupo de médicos, las investigaciones del gobierno no encontraron pruebas de que los preservativos protejen contra la mayoría de las enfermedades venéreas, como herpes, sífilis y clamidia.

En lugar de darle un reporte al público con estos resultados, el grupo de médicos afirma que el Centro de Control de Enfermedades (CCE) trató de esconder el reporte y retrasar su publicación. El CCE también demandó revisar el resumen del taller de trabajo para así crear "confusión innecesaria y tergiversar que lo contrario es un claro repudio a la efectividad del preservativo."

Los descubrimientos más importantes del reporte involucran a la enfermedad venérea del Virus del Papiloma Humano (HPV). Los autores del reporte indican que "No existe evidencia epidemiológica de que el uso del preservativo reduzca el riesgo de infección del HPV..." Según el doctor Richard Klausner, Director del Instituto Nacional de Cáncer, el HPV causa 90 % de todos los casos de cáncer cervical. Cada año más de 200 000 mujeres, incluyendo 5000 estadounidenses, mueren de cáncer cervical.

El gobierno federal de Estados Unidos sabía, mucho antes, sobre este riesgo de contraer HPV. En 1996, el Instituto Nacional de Salud (NIH), en una "Declaración en Consenso" sobre el Cáncer Cervical, reportó que "la información sobre el uso de métodos de barrera para anticoncepción para prevenir la propagación del HPV ...no apoya esto como un método efectivo de prevención...". El Centro de Control de Enfermedades (CDC) aparentemente ha ignorado esta información, por lo menos cinco años.

El grupo de médicos está pidiendo la renuncia del Director del Centro de Control de Enfermedades (CDC), el doctor Jeffrey P. Koplan. Teniendo en cuenta que el cáncer cervical reclama más vidas de mujeres estadounidenses que el SIDA, debemos concluir que la promoción del uso de preservativos es un método contra la mujer. Finalmente, debemos considerar inmoral que Estados Unidos, junto con las Naciones Unidas, continúen financiando la distribución de preservativos a nivel mundial, especialmente en países que carecen de servicios médicos elementales para diagnosticar y tratar el HPV antes de que produzca cáncer cervical. Como el Reporte Consensual, concluimos: "A nivel mundial, el cervical es el cáncer maligno más común después del de mama, produciendo ambos incidencia y mortandad. Más de 471 000 casos nuevos son diagnosticados cada año, predominando entre las clases económicamente marginadas". Las Naciones Unidas es la distribuidora más grande de preservativos en el mundo.

MÁS PELIGROS

Asegurémonos de prevenir a nuestros hijos sobre los peligros a los que se enfrentan, provenientes tanto de otros jóvenes como de adultos inclinados a seducir, a acosar, a raptar o a atacar sexualmente. Enseñemos a nuestros hijos a tener un cuidado extremo cuando les aborden extraños y advirtámosles de que *nunca* acompañen a un extraño a su coche, casa u otro sitio.

También deberemos plantear a nuestros hijos las realidades a las que se enfrenta la gente joven que se escapa de casa. Para poder sobrevivir, muchas de estas huidas acaban en prostitución con gente mayor que, además de exponerles a graves riesgos para la salud como es el VIH, también pueden engañarles, hacerles daño o incluso causarles la muerte. Estas situaciones llevan con frecuencia a los más jóvenes a la pornografía infantil. Hemos de subrayar a nuestros hijos que los amamos y que queremos hacer todo lo que está en nuestras manos para resolver todos y cada uno de los problemas de nuestra familia, y que en el improbable caso de que se escaparan, los recibiríamos de nuevo en casa con los brazos abiertos.

DROGAS, ALCOHOL Y PÉRDIDA DE CONTROL

Consumir drogas, incluyendo el alcohol, es una decisión para escapar de la realidad. Es imposible tomar una decisión inteligente cuando nuestro cerebro y nuestros pensamientos están distorsionados por la ingestión de productos químicos. Las drogas son inminentemente peligrosas para la salud física y mental y, en el largo plazo, pueden afectar la fertilidad y el bienestar del futuro niño.

La adolescencia es normalmente un tiempo de gran crecimiento y de cambios espirituales, físicos, emocionales e intelectuales. El consumo de drogas puede interrumpir el crecimiento normal de esos años hasta el punto de que el adolescente que consume drogas se arriesga a la posibilidad de que a los 20 años de edad tenga una mentalidad de 13 o 14 años. Aquellos que se atontan con el alcohol y otras drogas, se enfrentan al mundo adulto con un nivel de madurez y de capacidad muy por debajo de la media de su edad cronológica. Estos jóvenes experimentarán mucho estrés durante su vida adulta porque les faltarán las capacidades de imitar y de resolver problemas que normalmente se aprenden durante los años de adolescencia.

Mucha gente desconoce la estrecha relación que hay entre el consumo de drogas y la promiscuidad, a pesar de que el vínculo es significativo. Consumir drogas entumece el juicio, diminuye la capacidad de decidir y baja nuestras defensas, transformando a los adolescentes en personas vulnerables a cosas, como la fornicación, que podrían, de otra manera, evitar. De hecho, en un estudio de cinco años de duración para el U. S. Department of Health and Human Services (Departamento de Salud y Servicios Sociales de Estados Unidos) se estableció una clara relación entre el consumo de alcohol y la tasa de actividad sexual: "Los adolescentes que no beben, comparados con los que sí beben, tienen, de manera significativa, menos probabilidades de verse envueltos en actividades sexuales."[16] De la misma manera, un estudio publicado en *Pediatrics* descubrió lo siguiente:

> ...comparadas con las que eran vírgenes, las chicas no vírgenes eran 2.5 veces más propensas a haber consumido alcohol; 6.2 veces más propensas a haber consumido marihuana; y 4.3 veces más inclinadas a haber intentado suicidarse [...] Los chicos involucrados en el sexo prematrimonial eran 2.8 veces más proclives a haber consumido alcohol [y] 6.3 veces más proclives a haber consumido marihuana [...].[17]

IMITACIONES DEL AMOR

Podemos hacer un gran favor a nuestros hijos diciéndoles que el encaprichamiento y las decepciones amorosas son muy frecuentes entre la gente joven y que estas situaciones pueden tener un efecto positivo a la hora de ayudar a los jóvenes a crecer y a comprenderse a sí mismos. Sin embargo, es muy importante saber qué es el encaprichamiento, para así no confundirlo con el amor.

Las dos características del encaprichamiento son:

1. El adolescente tiene expectativas poco realistas (romance de novela, matrimonio, vivir felices para siempre, etc.).
2. El adolescente está completamente cegado y no ve los defectos de la otra persona.

Estas características hacen que por lo general la relación se enfríe al cabo de unas semanas, a medida que la realidad se vaya haciendo patente. Por ello la experiencia del encaprichamiento puede ayudar a demostrar cómo estos sentimientos tan intensos hacia otra persona pueden cambiar

[16] "Final Report to the Office of Adolescent Pregnancy Programs", #000816, Title XX, 1985-1990, p. 28.

[17] *The Times-Picayune*, Nueva Orléans, 26 de abril de 1991, cita un reportaje del *Chicago Tribune* sobre el estudio.

con rapidez. El tiempo es la mejor prueba para saber si una experiencia es un capricho o si es el principio del verdadero amor.

Debemos enseñar a nuestros hijos que el verdadero amor marital es recíproco y realista, de todo corazón e incondicional. El amor condicional, en cambio, es simulado y condicionado. Es decir, la otra persona debe *hacer* algo para recibir amor ("Te amaré si te entregas a mí... si pasas todo tu tiempo conmigo"). De la misma manera, la otra persona debe *ser alguien* para recibir al amor ("Te amo porque tienes un trabajo importante e interesante o por tu estatus en la escuela").

Subrayemos a nuestros hijos que las apariencias no son tan importantes como lo que hay dentro del corazón. ¿Es él o ella generoso(a), amable, alegre, bueno(a) y considerado(a) con sus padres, hermanos y con los mayores? ¿Es él o ella trabajador(a), sin vicios serios?

AMOR CONYUGAL

Subrayemos a nuestros hijos la sublime naturaleza del amor en el matrimonio. La intimidad es la habilidad de compartirse uno mismo por completo con otra persona; es un regalo de una persona a otra. Significa volverse sincero por entero y dejar que el otro conozca realmente quiénes somos.

La intimidad no puede precipitarse ni forzarse. Se desarrolla por medio del proceso gradual de compartir los propios sueños, la esperanza y los miedos. Madura gracias a la paciencia y necesita la protección de la confianza. La intimidad no es genuina ni completa sin el amor. Como decía el doctor Viktor Frankl:

> Se mire por donde se mire, la vida familiar se basa en el amor. Esto provoca la pregunta: ¿cuál es la relación entre el amor y el sexo, más concretamente el sexo humano? En lo que concierne a este último, sólo es enteramente humano en la medida en que sirve como expresión de amor. El sexo humano es siempre más que mero sexo porque funciona como la expresión física del amor o, permítaseme expresarlo así, ¡como la "encarnación" del amor! En cualquier caso, el sexo humano debe convertirse en humano y lo logra al hacerse autotrascendente.[18]

En relación con lo anterior, Frankl continuaba explicando las cuatro fases de la "madurez psicosexual". La primera y segunda etapas están relacionadas con la mera satisfacción de las necesidades sexuales. La tercera fase es una mejora porque se ve a la pareja, más que como un objeto sexual, como un compañero(a) humano(a). La cuarta fase es la más elevada. En ella, no sólo se contempla a la pareja como humana, sino también como algo único e incomparable. Esta es la esfera del matrimonio.

[18] Viktor E. Frankl, "The Meaning of Love", IX Congreso Internacional de la Familia, Organización Mundial de la Familia, septiembre 1986, publicado en *Ninth International Congress for the Family: The Fertility of Love,* Fayard, París, 1987, p. 40.

El doctor Josef Seifert ha hablado bellamente sobre el aspecto sagrado del amor de los esposos y sus comentarios son una receta virtual para un matrimonio feliz:

> El amor es la respuesta libre de una persona a otra por el valor inapreciable que la otra posee. El amor no es exclusivamente la respuesta de la voluntad al valor de la otra persona, quien se revela a nosotros como un regalo, sino que también es una respuesta del corazón. Los rasgos esenciales del amor como tal encuentran su culminación en el amor de los esposos. El valor inestimable y la irremplazable naturaleza de la otra persona se nos muestran transparentes y tocan nuestro corazón de una manera que es diferente a cualquier otra forma de amor.
>
> De manera similar, el deseo de hacer al amado(a) feliz y de verle(la) alcanzar el bien más elevado encuentra en el amor marital una singular expresión y alcanza una cima única. Nuestro anhelo de felicidad para el amado(a) no es sólo más íntimo y personal que nuestro deseo de felicidad para amigos y familiares. Más bien nos llena de un ardiente interés por su bienestar espiritual y físico, y lo que es más, deseamos su felicidad en una dimensión íntima espiritual y corporal que no puede alcanzar otra forma de amor [...] Aquí partimos de la base de que el amor de los esposos sólo es posible entre un hombre y una mujer. Para que se dé esta completa autoentrega espiritual y corporal se presupone la diferencia entre sexos y su mutua entrega al otro.
>
> El significado más profundo de los lazos maritales, así como de la sexualidad y de la procreación, se desarrolla a la luz del amor marital. Con tal amor por cimientos, el matrimonio y la unión corporal de un hombre y una mujer en matrimonio están repletos del significado más personal y de felicidad. Entendido en sus dimensiones más profundas, el matrimonio es una comunidad de amor única que posee un gran valor.[19]

[19] Joseph Seifert, "The Moral Difference between Natural Regulation of Conception and Contraception", documento inédito entregado a Family of the Americas Foundation, p. 7.

9 Educación sana e insana sobre sexualidad

No hay ningún programa de educación sexual, en ningún sitio, y para ninguna edad, que no interrumpa el proceso de crecimiento sexual normal.

MELVIN ANCHELL
What's Wrong with Sex Education?

Los padres tienen una maravillosa oportunidad de dar a sus hijos una cuidadosa educación sobre desarrollo normal, vida familiar y sexualidad que va más allá de los cursos de educación sexual unidimensional que prevalecen hoy día. Estos cursos no tienen en cuenta consideraciones morales cuando describen detalladamente las "mecánicas" del sexo (incluidas las perversiones sexuales, que han sido renombradas como "alternativas") y promueven el control de la natalidad y el aborto, todo ello mientras supuestamente pretenden reducir o eliminar, no las actividades sexuales ilícitas, sino a los inocentes bebés no-nacidos, concebidos como resultado de su promiscuidad. Los defensores de esta educación sexual amoral destruyen precozmente la inocencia de los jóvenes y les animan a embarcarse en el sexo mucho antes del matrimonio.

En octubre de 1991, un grupo de trabajo financiado por entidades privadas propuso una guía para un programa de educación sexual nacional en Estados Unidos; esta guía incluía el uso de terminología controvertida como "orientación sexual", "enfermedades de trasmisión sexual", "masturbación" y "aborto". William Yaber, presidente de este National Guidelines Task Force (Grupo de Trabajo para la Guía Nacional), dijo: "Las escuelas tienen por fin unas directrices nacionales para desarrollar sus propios programas sexuales" desde el jardín de infancia hasta el final del bachillerato. Estas guías han sido adoptadas por el SIECUS, Sex Information and Education Council of the United States (Consejo Estadounidense para la Información y Educación Sexual), cuyo líder ha declarado públicamente que su objetivo es proporcionar educación sexual desde la edad preescolar.[1]

[1] Como lectura adicional sobre la historia y objetivos del SIECUS, *véase Blessed are the Barren* de Robert Marshall y Charles Donovan, Ignatius Press, San Francisco, 1991, caps. 3 y 4.

Los niños no están preparados para oír información sobre sexo en el contexto explícito y amoral que se propone hoy día. Para empezar, los promotores de estos programas, miembros de lo que sólo se puede denominar "grupo de presión de la educación sexual", con frecuencia instigan e infiltran paneles escolares de objetivos similares que se consideran como currículo de educación sexual. Utilizan a los educadores, a los trabajadores sociales y a los autodenominados "expertos sexuales" ignorando el elemento más importante en este delicado tema: los padres.

El sexo prematrimonial es un acercamiento tan opuesto a la realidad, a la naturaleza humana, a los valores espirituales y al sentido común que, allí donde se pone en práctica, ya sea en Estados Unidos o en el mundo occidental, los embarazos entre adolescentes y las tasas de abortos se disparan. No han caído, como proclaman sus promotores. De hecho, como lo muestra un estudio cuidadosamente documentado:

> ¿Cuál ha sido el precio? Entre 1970 y 1987, el total de nacimientos entre mujeres menores de 20 años de edad ha disminuido, pero sólo porque el número de abortos anuales ha aumentado en una gran proporción –250 000– y porque el número de chicas adolescentes ha disminuido, en parte por el aborto, en 400 000 [. . .] La tasa de embarazos entre las chicas adolescentes, a pesar del incremento de exposición y acceso a los anticonceptivos, se ha incrementado en 10 % entre 1970 y 1985. Las tasas de actividad sexual para ambos sexos han subido. En 1987, 302 500 niños nacieron fuera del matrimonio de madres de entre 15 y 19 años; [*mientras que*] en la generación anterior nacieron menos de 150 000 niños fuera del matrimonio de entre todas las mujeres estadounidenses.[2]

Estas tendencias sólo han beneficiado el mercado de aquellos que se aprovechan de las desgracias ajenas, como los abortistas, los fabricantes de píldoras para el control de la natalidad y similares, la industria de la educación sexual, los editores de pornografía, etcétera.

Hoy la educación sexual no es, como insisten sus promotores, "neutral". Es más, es antivalores, especialmente contra los de los padres. Esta educación sexual actual anima a los niños (incluso durante el "periodo latente", desde los cinco hasta los 12 años de edad, cuando todavía no están emocional ni psicológicamente preparados para un conocimiento sexual detallado) a vivir de acuerdo con sus impulsos más que de acuerdo con la conciencia que sus padres le han ayudado a formar. Los educadores sexuales, de manera sutil (o no tan sutil), se burlan de las restricciones morales y sugieren que todo acto sexual posible es permisible.[3] Cuando hablan de "abstinencia" enseñan también "juegos sexuales", o lo que ellos llaman "relaciones externas",[4] apunta Reyn Archer, doctor en Medicina, ex asistente del secretario de temas socia-

[2] *Ibid.*, p. 96. Cita "Teenage Pregnancy: National Policies at the Crossroads", en *Family Policy*, Family Research Council, Washington, D. C., 1989, p. 1.

[3] Marshall y Donovan, *Blessed Are The Barren*, p. 68.

[4] "*Outercourse*" en el original. Juego de palabras sin sentido en castellano. Este término se contrapone a la palabra "*Innercours*" (relaciones). "*Inner*" en inglés quiere decir "dentro", mientras que "outer" significa "fuera"(*N.* de la *T.*).

les para el U. S. Department of Health and Human Services (Departamento de Salud y Servicios Sociales de Estados Unidos). Las prácticas de "sexo seguro" para los adolescentes que enumera el SIECUS incluyen: "Coquetear, bailar [...] desvestirse el uno al otro, masturbarse solo, masturbarse ante la pareja, masturbarse mutuamente [...] Los adolescentes podrían, con seguridad, elaborar su propia lista de actividades."[5]

Hay un precio por este tipo de actividades que llega después de haber contado al chico(a) cómo mantener relaciones íntimas, cómo evitar el embarazo y que la moralidad es algo que está "pasado de moda". Con frecuencia son las chicas y las mujeres jóvenes quienes pagan el precio más alto; son explotadas sexualmente y en muchas ocasiones se quedan con un bebé que deben cuidar o dar en adopción. Muchas mujeres jóvenes sufren un sentimiento de culpa terrible y otras sufren las complicaciones del aborto o, como lo demuestran las crecientes tasas de esterilidad, se arriesgan a un daño permanente provocado por el uso de anticonceptivos o el aborto.

Valerie Riches informa desde Inglaterra de consecuencias similares:

> Los jóvenes se hallan bajo la constante presión de varios grupos de interés para que sean indulgentes con la actividad sexual. Se ha reducido a los padres al ostracismo; las consecuencias no pueden sorprendernos. El número de jóvenes menores de edad que se ve en las clínicas de planificación familiar se ha duplicado desde 1976 a 1982. El aborto en el grupo de edad entre los 11 y los 15 y en el grupo de 16 a 19 años se ha triplicado entre 1969 (primer año completo de aborto legal) y 1982. Hay una preocupación creciente sobre el incremento del cáncer de cérvix ligado a relaciones sexuales tempranas entre las mujeres jóvenes. La prostitución infantil, que había sido casi desconocida durante el pasado medio siglo o más, ha empezado a reaparecer. Las enfermedades de trasmisión sexual entre los menores de 25, tan frecuentemente seguidas de infecciones pélvicas y esterilidad, ahora son corrientes.[6]

En Estados Unidos, cerca de 5000 centros, incluyendo las "clínicas" escolares, proveen de métodos de control de la natalidad o hacen referencia a la esterilización o al aborto. Existe una prueba clara sobre sus efectos: muchos adolescentes mantienen relaciones. Una encuesta de Lou Harris, de 1986, encargada por Planned Parenthood (Paternidad Planificada), demostraba que los adolescentes que habían recibido una educación sexual explícita eran más propensos a embarcarse en relaciones que aquellos adolescentes que no habían recibido ninguna educación sexual: 46 % frente a 34 %.[7] Más recientemente, las respuestas de una encuesta a los lectores de *Seventeen* indican que aproximadamente 51 % de los adolescentes ha tenido experien-

[5] Debra W. Haffner, "Safe Sex and Teens", informe del SIECUS, sept.-octubre de 1988, p. 9, citado por Douglas R. Scott, *Bad Choices: A Look Inside Planned Parenthood,* Legacy Communications, Franklin, Tennessee, 1992, pp. 80-81.

[6] *Véase* Valerie Riches: "No Entry for Parents: The History and Consecuences of Birth Control for Children" Nightingale Press, Reino Unido, 1984.

[7] Andrés Tapia, "Abstinence: The Radical Choice for Sex Ed", en *Christianity Today,* 8 de febrero de 1993, p. 29.

cias sexuales, con una media de 15.8 años para las chicas y de 15.4 años para los chicos.[8]

Suponiendo que esta encuesta sea plausible, es importante apuntar que, mientras que la mitad de todos los adolescentes han podido tener experiencias sexuales, la otra mitad no las ha tenido. Esta es la clave para cuando nuestros hijos adolescentes sufran la presión de sus amistades e incluso de algunos educadores sexuales que proclaman que "todos lo hacen".

Con objeto de crear demanda para sus servicios, el grupo de educadores sexuales y sus amigos en el gobierno de Estados Unidos están, como informa Kristi Stone del Family Research Council (Consejo de Investigación de la Familia), "trabajando arduamente para convencer a los estadounidenses de que 80 % de los adolescentes son sexualmente activos y que aspiran a múltiples estilos de vida alternativos". Stone cita como ejemplo un informe emitido por un comité dirigido por la congresista Patricia Schroeder (Colorado) que manipuló la cifra de 80 %, ya que añadió entre los adolescentes a los jóvenes de 20 años de edad. "De hecho", prosigue Stone, "un estudio del U. S. Department of Health and Human Services (Departamento de Salud y Servicios Sociales de Estados Unidos) demostró que casi 65 % de las chicas menores de los 18 años eran vírgenes. Entre los 15 y los 19 años, más de 50 % estaban todavía a la espera".[9]

Desde 1970, y basando sus actividades en otra mentira de los proveedores de sexo de nuestra sociedad, el gobierno de Estados Unidos ha gastado cerca de dos mil millones de dólares de los ingresos por impuestos en programas que promueven los anticonceptivos y el llamado "sexo seguro". Los que apoyan estos programas proclaman que la abstinencia es imposible. ¿Han tenido éxito sus esfuerzos? A duras penas. Durante el mismo periodo (1970-1990), los nacimientos extramaritales entre adolescentes se incrementaron en un dramático 61 %. Según el National Center of Health Statistics (Centro Nacional de Estadísticas Sanitarias), en 1990 el número de niños nacidos de madres solteras (incluyendo no adolescentes) alcanzó un récord en Estados Unidos: 1 165 384 nacimientos, comparados con 667 747 nacimientos de este tipo en 1980, es decir, hubo un incremento de 75 %.[10] El mismo organismo informa que "más de 36 de cada mil mujeres en edades comprendidas entre los 15 y los 17 dieron a luz en 1986". Esta cifra es 8 % mayor que la de 1988 y cerca de 19 % mayor que la de 1987.[11]

[8] "Love and Sex in the 90´s: Our National Survey", en *Seventeen*, noviembre de 1991, p. 64, citado por Douglas R. Scott, *Bad Choices: A Look Inside Planned Parenthood,* Legacy Communications, Franklin, Tennessee, 1992, p. 50.

[9] Kristi Stone, "Teens, Big Business and the Politics of Sex", en *USA Today*, 30 de abril de 1992, p. 13a.

[10] Charmaine Crouse Yoest, analista política para el Family Research Council; declaración ante la Comisión de Energía y Comercio, Subcomisión de Salud y Medio Ambiente, Congreso de Estados Unidos, debate sobre la reautorización del *Title X* del Acta de Servicio de Salud Pública, 19 de marzo de 1991, p. 2.

[11] National Center for Health Statistics, "Vital Statistics of the United States," Centers for Disease Control and Prevention, *Morbidity and Mortality Weekly Report* 39, núm. 46, 23 de noviembre de 1990 y anterior. También Congressional Resources Services, citado en "Relation between Unwed Births, Abortion and Title X Funding", carta del Family Research Council, 3 de febrero de 1993.

Comparación entre programas de educación sexual para reducir los embarazos en adolescentes

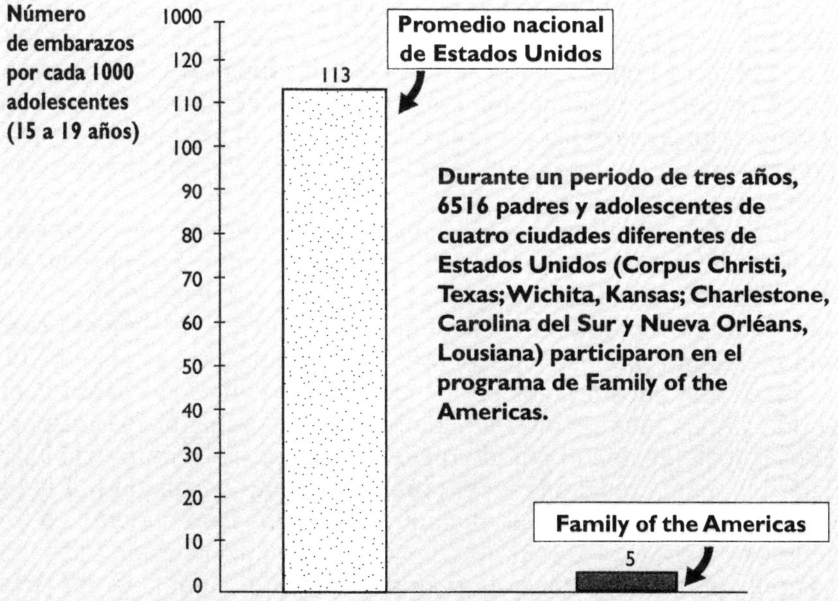

FUENTE: Datos basados en Weed & Olsen, evaluación de 1986; Statistics & the National Center for Health Statistics 1980 national rate; y el estudio independiente de la Universidad de Nueva Orléans sobre el programa de Family of the Americas, *Fertility Appreciation for Families*.

© 2001 Family of the Americas

Figura 9.1

La tasa actual de nacimientos entre adolescentes es la mayor de este país desde la llamada revolución sexual de la década de 1960. El doctor Robert Kistner, de la Escuela de Medicina de Harvard, inventor del anticonceptivo oral, ha llegado a la conclusión de que el uso de los anticonceptivos entre adolescentes estimula la promiscuidad: "Hace 10 años declaré que la píldora no llevaría a la promiscuidad. Bien, me equivoqué."[12]

EDUCACIÓN SOBRE SEXUALIDAD HUMANA BASADA EN LA FAMILIA

Estamos viviendo en un mundo que tienta a su juventud para que rompa toda ley natural y viole todo principio tradicional y todo valor moral. La llamada "liberación sexual" se ha convertido en el artículo de consumo número uno hoy día. Esto no es verdadero "amor", sino una barata explotación del instinto humano que contempla a los hombres y mujeres como cuerpos sin alma que se pueden explotar a discreción. Nunca en la historia del hombre ha habido ataques tan científicamente destructivos y tan políticamente viciosos en contra de la familia. Estos ataques pretenden destruir de manera metódica a los jóvenes, alejándolos de su deseo natural de ser desafiados a ser puros, castos, modestos, creyentes, capaces de un compromiso para toda la vida con su esposa(o).

El principal objetivo que se persigue con este libro es subrayar a los padres el profundo impacto que ellos pueden dejar en sus hijos. Su ejemplo es la *influencia esencial* en la vida de sus hijos. Los padres entenderán que el amor y el cariño que dan a sus hijos es el mejor impedimento contra un comportamiento promiscuo, así como contra otras conductas rebeldes que con frecuencia encontramos en los años adolescentes. Se darán cuenta de que una familia fuerte y disciplinada produce ciudadanos más responsables y, consecuentemente, un mundo mejor. El buen o mal ejemplo de los padres dejará una marca indeleble en el comportamiento de sus hijos y tiene altas probabilidades de determinar el camino que éstos emprenderán en los años venideros.

Family of the Americas Foundation (Fundación Familia de las Américas) es una organización sin ánimo de lucro, de carácter educativo, que se dedica a promover los valores centrados en la familia por medio de la formación de los padres. En la figura 9.2. se representa nuestro programa *Fertility Appreciation for Families* (Apreciación de la Fertilidad para las Familias), financiado con 1.2 millones de dólares otorgados por el U. S. Department of Health and Human Services (HHS) (Departamento para la Salud y los Servicios Sociales de Estados Unidos) desde 1983 a 1987. Este programa para padres y adolescentes promueve una sexualidad centrada en la familia,

[12] *Family Practice News*, 15 de diciembre de 1977, citado por James H. Ford y Michael Schwartz, en "Birth Control for Teenagers: Diagram for Disaster", en *Linacre Quaterly*, vol. 46, núm. 1, febrero de 1979, p. 76.

Relación entre nacimientos fuera del matrimonio, abortos y los fondos Title X*

Esta gráfica de los fondos Title X muestra claramente que el seguimiento de la planificación familiar artificial, los nacimientos fuera del matrimonio y los abortos están muy correlacionados.

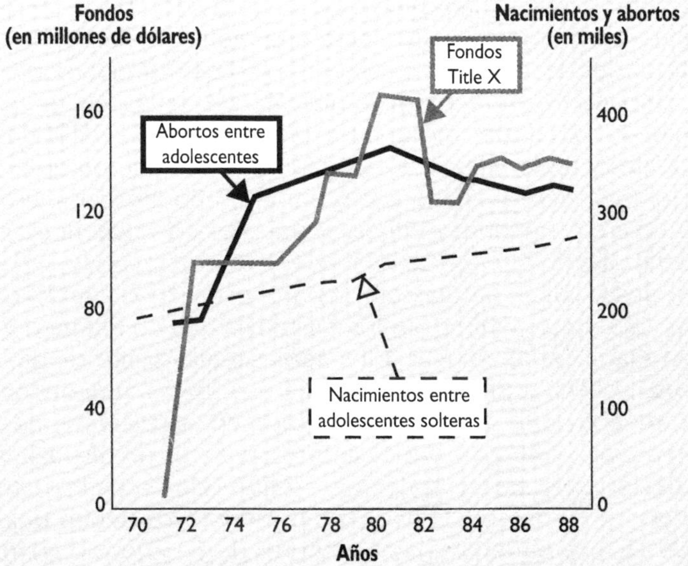

*Title X, el programa federal de planificación familiar de Estados Unidos, tiene un millón y medio (estimado) de clientes adolescentes, equivalentes a un tercio de los participantes. No se requiere autorización de los padres para recibir sus servicios y no hay un componente de evaluación en el programa.

- Los nacimientos y abortos entre adolescentes se han incrementado a medida que los fondos Title X se han ido aumentando.
- Cuando los fondos Title X decrecieron, la cifra ascendente de nacimientos y abortos entre adolescentes se estabilizó.
- Entre 1975 y 1980, cuando los fondos llegaron a su cifra más elevada, los nacimientos entre adolescentes aumentaron un 16 %.
- Entre 1980 y 1983, cuando se recortaron 38 millones de dólares (−23 %) de los fondos, los nacimientos entre adolescentes aumentaron solo un 3 %.
- Entre 1983 y 1987, los fondos se incrementaron en 18 millones (+14 %) y los nacimientos se dispararon de nuevo, aumentando un 12.3 %.

FUENTE: *National Center for Health Statistics, Vital Statistics of the United States Annual, Center for Disease Control, Morbidity and Mortality Weekly Report*, 23 de noviembre.
Gráfica reproducida por Family Research Council.

Figura 9.2

ayudando a los padres a asumir su papel como principales educadores de sus hijos en materia de sexualidad humana.

Al finalizar el programa, lo habían seguido 2478 padres y 3678 adolescentes. *Los adolescentes que participaron en el programa de Family of the Americas Foundation tuvieron un índice de natalidad de sólo 0.5 %.* Teniendo en cuenta que la media nacional de adolescentes embarazadas en Estados Unidos es de 11.1 %, la tasa alcanzada fue *cerca de 22 veces menor que la media nacional.* En un programa similar del Instituto Alan Guttmacher, se contabilizó una tasa de embarazos de 9.6 %, mientras que otros programas de planificación familiar han informado de tasas de 11.3 % entre las chicas adolescentes. Los números representan una marcada diferencia en la actividad sexual de los adolescentes. Las cifras indican directamente que el número de embarazos entre participantes adolescentes en el programa de Family of the America fue sólo una fracción (menos de 1/20) de los promedios nacionales y regionales. Los evaluadores concluyeron que el programa de Family of the Americas llegó además a un importante número de participantes de diversos orígenes étnicos, y que sus consecuencias son beneficiosas a largo plazo.[13]

Existen dos razones básicas por las que el "sexo seguro" no es verdad. La primera, tal como lo muestran los mismos datos de Planned Parenthood, (Paternidad Planificada), educar a los adolescentes sobre sexualidad y anticonceptivos no lleva a un incremento del uso de los anticonceptivos.[14] Actualmente, menos de la mitad de los adolescentes sexualmente activos utiliza preservativos.[15] Entre los que usan preservativos, el dispositivo falla con frecuencia. Un tercio de los embarazos entre adolescentes ocurre cuando están usando un contraconceptivo. Los preservativos tienen una tasa anual de fallos de 18.4 % para las chicas menores de 18 años de edad.[16] Esto significa que, en un año, las probabilidades de quedar embarazada mientras se usa un preservativo es de uno entre seis. Un estudio sobre parejas casadas en las que uno de los miembros estaba infectado con el VIH demostró que 17 % de los que usaban preservativos como protección contrajeron el virus en los 18 meses siguientes. En otro estudio, que sería motivo de risa si la epidemia del SIDA no fuese tan mortífera, la U. S. Food and Drug Administration (FDA) (Departamento de Estados Unidos para los Alimentos y los Fármacos) probó la "eficacia de los preservativos de látex como barrera ante partículas del tamaño del virus de la inmunodeficiencia humana bajo condiciones de uso simulado". El estudio detectó "el traspaso de las partículas a

[13] Peggy C. Kirby y Louis V. Paradise, "Fertility Appreciation for Families: Prevention Services Demonstration Project: Evaluation Report", 1 de octubre de 1987, p. 23.

[14] Marion Howard y Judith Blarney McCabe, "Helping Teenagers Postpone Sexual Involment", en *Family Planning Perspectives*, vol. 22, núm. 1, enero-febrero de 1990, p. 21.

[15] "Sexual Behavior Among High School Students, United States 1990", en *Morbidity and Motality Weekly Report*, vol. 40, núms. 51 y 52, 3 de enero de 1992, p. 886. Citado en "Quick Facts on `Safe Sex´", Focus on the Family, sin fecha, alrededor de 1991.

[16] Hayward y Yogi, "Contraceptive Failure Rate in the United States: Estimates from the 1982 National Survey of Family Growth", en *Family Planning Perspectives* vol. 18, núm. 5, sept.-oct. de 1986, p. 204, citado en "Quick Facts on `Safe Sex´", Focus on the Family, sin fecha, alrededor de 1991.

través del látex [...] en hasta 29 de los 89 preservativos examinados" (es decir, ¡uno de cada tres!). Sin embargo, "este estudio no incorporaba el movimiento". Como escribe la doctora Lorraine Day: "¿Puede usted creerlo? Las condiciones simuladas de uso es ¡sexo sin movimiento!" La doctora Day se pregunta si 30 % de los preservativos tuvieron fugas de SIDA durante su "uso", entonces, ¿qué porcentaje de fugas tendrán en las relaciones en las que los participantes se mueven?[17]

SI NUESTROS HIJOS SON SEXUALMENTE ACTIVOS, HABLAREMOS CON ELLOS

El embarazo sólo es posible en los pocos días fértiles del ciclo de una mujer. Por otro lado, las enfermedades de trasmisión sexual (ETS) se pueden contagiar cualquier día del ciclo/mes. El SIDA es sólo uno de los muchos peligros a los que se enfrentan las personas promiscuas. Hay más de 20 ETS peligrosas. Tristemente, dos tercios de todos los casos declarados de ETS se producen entre personas menores de 25 años de edad;[18] anualmente se infectan cerca de ocho millones de adolescentes.

Lo que parece ser una epidemia de ETS es sólo el principio. En un artículo de diciembre de 1992 publicado en *The Washington Post,* el ex secretario de Salud, Educación y Bienestar de Estados Unidos, Joseph Califano Jr., advierte de una "siniestra combinación" de SIDA, abuso de drogas y de una nueva forma de tuberculosis resistente a las medicinas que se está convirtiendo en el "can Cerbero americano" (el perro de tres cabezas que guardaba la puerta del infierno en la mitología griega).

Al citar el consumo de drogas y el sexo ilícito en la expansión del VIH, Califano apunta que la incidencia de la tuberculosis, enfermedad que ya fue en una ocasión virtualmente erradicada en Estados Unidos, ha aumentado "implacablemente" desde 1985, especialmente en los grandes centros urbanos.

De acuerdo con Califano, la incidencia de la tuberculosis entre los niños se ha incrementado en 40 %. (No obstante, por desgracia, el doctor Califano se une a los grupos de presión proeducación sexual y propreservativos a la hora de recomendarlos como solución, lo que supone en esencia "la cabeza del mismo perro que nos está mordiendo" –la capitulación de cada vez más padres ante los autollamados "experto sexuales", más preservativos en las escuelas e incluso, sí, "agujas limpias" para los usuarios de drogas intravenosas–.)[19] La doctora Helene Gayle, coordinadora contra el SIDA de The

[17] Lorraine Day, "Condoms Don´t Work!", Rockford Press, Palm Desert, California, 1992, p. 4. Cita a Carey, Herman y otros, U. S. Department of Agriculture, Rockvile, Maryland.

[18] U. S. Department of Health and Human Services, 1991. Informe anual de la Division of STD/HIV Prevention (División de Prevención contra ETS/SIDA), citado por Abigail Van Buren, "Dear Abby", en *The Washington Times,* 28 de enero de 1993, p. B4.

[19] Joseph Califano (ex secretario de Salud, Educación y Bienestar), "Three-Headed Dog From Hell", en *The Washington Post,* 21 de diciembre de 1992, p. A24.

United States Agency for International Development (USAID) (Agencia Estadounidense para el Desarrollo Internacional), informa de una tendencia similar en África donde hay 746.6 millones de personas en África, de estas, 24.5 millones de personas están infectadas del virus de SIDA, el 19 % de las muertes son a causa de sida en este continente.[20]

Obviamente aquellos adolescentes a los que no se les haya hablado de los hechos derivados del sexo prematrimonial sufrirán las consecuencias el resto de su vida. A pesar del fracaso del "sexo más seguro" y de la educación basada en anticonceptivos, se continúa con su promoción. Con estadísticas que demuestran este fracaso, es un delito engañar a la gente haciéndole creer que están "seguros". Los médicos toman precauciones extraordinarias para evitar contraer el VIH. Nunca confían en un delgado trozo de látex, aunque se dice a nuestros jóvenes que pueden confiar en él (especialmente cuando se sabe que guantes de cirujano, hechos con látex tres veces más grueso que los preservativos, han dejado pasar sangre).[21]

LAS PALABRAS PUEDEN HACER DAÑO

Los defensores de la libertad sexual manipulan de manera inteligente la terminología para disfrazar la naturaleza y las consecuencias malignas del sexo ilícito. Se confunde al público con eufemismos como "actividad sexual" en vez de fornicación, adulterio, violación legal, etc. Estos impostores se refieren fríamente al asesinato de un niño no nacido como "interrupción del embarazo". Animan a los niños a ser "responsables" y a "protegerse" cuando se inicien en la fornicación, pero, en realidad, quieren decir lo contrario: que sean promiscuos y obstruyan el funcionamiento normal de su cuerpo.

El grupo de presión prosexo, formado por organismos como Planned Parenthood, American Civil Liberties Union (Unión Americana de las Libertades Civiles) y otros, dedica su energía intelectual y su tremendo poder económico principalmente a la destrucción de los cimientos morales y legales de la familia. Como ha dicho con frecuencia el papa Juan Pablo II, todo pasa por medio de la familia. Repitió este mensaje afirmando que "la salud de un país depende de la salud de las familias de ese país". ¿Quién hubiera pensado, hace 25 años, que un día sería legal matar a un niño no nacido? ¿Quién hubiera pensado que se enseñaría a los menores de edad una educación compulsiva sobre el sexo, sin moral, para atraerles hacia la experimentación sexual? ¿Quién hubiera pensado que a los padres se les negaría su derecho a saber si sus hijos están usando formas químicas o mecánicas de control de natalidad o si sus hijas de 14 años de edad abortan?

[20] Time Almanac 2001, pp. 555, 556.

[21] Richard Smith, "The Condom", octubre de 1990, p. 13; *veáse también* Nancy E. Dirubba, "Condom Barrier", en *American Journal of Nursing*, vol. 87, núm. 10, 1987, p. 1306.

El grupo de presión prosexo se presenta a sí mismo como altruista, pero sus frutos son malignos y evidentes. Como apunta Douglas R. Scott, escritor y experto en Planned Parenthood, esta organización posee un nombre inocuo (Paternidad Planificada), pero estremece por sus verdades a medias, engaños y eufemismos ya que anima a un comportamiento destructivo, incluyendo el aborto. El Instituto Alan Guttmacher, que según Scott ha sido "considerado y tachado de independiente y prestigioso organismo de investigación" es, de hecho, "el brazo investigador de Planned Parenthood".[22] La organización ha admitido ahora algunas de esas falsas bondades: el control de la natalidad que Paternidad Planificada ha promocionado durante décadas tiene una tasa de fracasos superior a la que inicialmente se pensó. (Por supuesto, Planned Parenthood es feliz ayudando a matar los bebés no nacidos de clientes que confiaron en su asesoramiento sobre temas de control de natalidad.)

Si no se protege la fuente de la vida humana –la sexualidad humana funcionando en unión con Dios–, ¿se puede proteger la vida humana desde el momento de su concepción? Desde el momento en que la contracepción, en todas las épocas y especialmente en la nuestra, ha llevado siempre al aborto, ¿no es acaso urgentemente necesario que todas las formas de contracepción sean claramente condenadas? Es más, ¿no es acaso casi inútil condenar el aborto si no condenamos también sus raíces? Es un insulto al regalo de Dios que es la sexualidad; el aborto es el abuso máximo.

El grupo de presión prosexo también denuncia a los padres y a aquellos que quieren defender la moralidad, proteger a sus hijos y controlar la educación sobre la sexualidad de sus hijos. Estos grupos, como dice Valerie Riches, incluso calumnian a los que se oponen a su educación sexual perversa diciendo que se oponen al sexo en sí mismo, y no a su mal uso.

[22] D. R. Scott, *Bad Choices*, p. 110.

10 El grupo de presión prosexo: mentiras sobre el crecimiento de la población

No hay ningún problema de población. El crecimiento de la población es el resultado de la caída de la tasa de mortalidad y del incremento de la esperanza de vida en el mundo. Esto es el progreso.

SHELDON RICHMAN
CATO INSTITUTE

Los grupos de presión prosexo y los de procontrol de la población son con frecuencia los mismos, como también lo son sus objetivos y argumentos. Para entender los peligros que estos grupos pueden originarnos, a nosotros y a nuestras familias, examinemos la ideología que los motiva y les proporciona argumentos para promover el control de natalidad, el aborto, etc. El argumento más utilizado por los grupos prosexo/control de la población es el concepto, actualmente muy difundido, de que hay demasiada gente en el mundo y que el número de personas debería reducirse de una forma u otra.

Hablando de su trabajo con los pobres, la Madre Teresa dijo:

> Recordemos que Jesús vino a traer buenas nuevas a los pobres. Nos contó cuáles eran las buenas noticias cuando dijo: "Mi paz os dejo, mi paz os doy." Él no vino a dar la paz a un mundo en el que no nos preocupamos por el prójimo. Vino a traer la paz del corazón, que es la que proviene del amor, de hacer cosas buenas por los demás.
>
> Él renunció a todo por hacer la voluntad del padre, para enseñarnos que nosotros también debemos estar deseosos de renunciar a todo para llevar a cabo la voluntad de Dios, que tenemos que amarnos los unos a los otros tal como Él nos ama. Si no queremos dar lo que hace falta para hacer el bien al prójimo, el pecado está todavía en nosotros. Por ello debemos darnos a los demás hasta que nos duela.
>
> Cuando recojo a una persona en la calle, hambrienta, le doy un plato de arroz, un trozo de pan. Pero cuando una persona es excluida, se siente rechazada, aterrada, cuando la persona ha sido expulsada de la sociedad (*se genera*) esa pobreza espiritual mucho más difícil de superar. Y el aborto, que con frecuencia sigue a la contracepción, lleva a que la gente sea espiritualmente pobre, y ésta es la peor de las pobrezas y la más difícil de superar.

> Aquellos que son materialmente pobres pueden ser gente extremadamente maravillosa. Una tarde salimos y recogimos a cuatro personas en la calle. Y una de ellas estaba en condiciones terribles. Dije a las Hermanas: "Cuiden de los otros tres; yo cuidaré de aquel que parece peor." E hice por esa persona todo lo que mi amor podía. La tendí en la cama, y surgió una hermosa sonrisa en su rostro. Tomó mi mano, y sólo dijo una palabra: "Gracias", y murió.
>
> No pude evitar examinar mi conciencia ante ella. Y me pregunté: "¿Qué habría dicho yo en su lugar?" Y mi respuesta fue muy sencilla. Habría intentado atraer un poco de atención sobre mí misma. Habría dicho: "Tengo hambre, me estoy muriendo, tengo frío, me duele" o algo así. Pero ella me dio mucho más –me dio su amor agradecido–. Y murió con una sonrisa en los labios. Después recogimos de la cuneta a otro hombre, medio comido por los gusanos y, tras haberlo llevado al Hogar, lo único que dijo fue: "He vivido como un animal en las calles, pero voy a morir como un ángel, querido y cuidado." Entonces, después de haberle extraído todos los gusanos del cuerpo, todo lo que dijo, con una gran sonrisa, fue: "Hermana, me voy a casa con Dios" y murió. Es tan maravilloso ver la grandeza de un hombre que habla de esa forma, sin culpar a nadie, sin compararse con nadie. Como un ángel, ésa es la grandeza de la gente que es espiritualmente rica incluso cuando son materialmente pobres.[1]

Mucha gente supone sencillamente que el control de la población es válido porque han oído hablar de ello con mucha frecuencia, en especial en los medios de comunicación, y porque la pobreza y la necesidad existen en muchas regiones del mundo. Sin embargo, las estadísticas contradicen claramente el argumento de que la causa de la pobreza es el exceso de gente y que reduciendo la población se reduciría la pobreza.

En 1967, el premio Nobel de economía Simón Kuznets publicó los resultados de un estudio en los que comparaba las tasas de crecimiento de la población con las de crecimiento económico de una serie de países durante los últimos 100 años para ver si las tasas de crecimiento de la población estaban correlacionadas con las bajas tasas de crecimiento económico. Descubrió que no había conexión.

Después, tanto Kuznets como Richard Easterlin estudiaron un grupo más amplio de países con datos disponibles desde la Segunda Guerra Mundial. De nuevo no se estableció ninguna relación entre el crecimiento de la población y el crecimiento económico. Otros estudios han apoyado esta conclusión. En su revisión de la documentación para la International Union for the Scientific Study of Population (Unión Internacional de Estudios Científicos sobre Población), Ronald Lee escribió en 1983: "Docenas de estudios, empezando por el de Kuznets, no han encontrado relación alguna entre la tasa de crecimiento de la población y la tasa de crecimiento de la renta per cápita [...] Estos estudios abogan por otros factores en grados variables como el comercio, la ayuda y la inversión."

Aunque no hay relación entre el crecimiento de la población y el crecimiento económico, las investigaciones indican que sí hay relación entre la

[1] Madre Teresa de Calcuta, "Whatever You Did Unto One of the Least, You Did Unto Me", discurso en el National Prayer Breakfast, Washington, D. C., 3 de febrero de 1994.

densidad de población y el crecimiento económico. Numerosos estudios apoyan la teoría de la economista danesa Ester Bosoerup según la cual la población debe crecer por encima de un nivel mínimo antes de poder llegar al proceso de desarrollo económico.

Estados Unidos, Gran Bretaña y Hong Kong, igual que otros países, crecieron económicamente durante periodos de incremento de población sin precedentes. Las naciones más ricas están entre las más densamente pobladas.[2]

En 1990 la tasa de densidad de población por kilómetro cuadrado en algunos países era la siguiente:

Corea del Sur	467/km^2
Japón	334/km^2
Alemania	236/km^2
India	328/km^2
Haití	272/km^2
Somalia	15[3]/km^2

El escritor Robert L. Sassone apunta que los estados americanos de Massachusetts, Connecticut y Nueva York están tres veces más densamente poblados que la China comunista[4] cuya población se describe con frecuencia como "un hervidero". Según los datos de Naciones Unidas, la población de la China comunista es de 129 personas por kilómetro cuadrado.[5]

Para el economista Julian Simón, este tipo de imágenes emocionales (por ejemplo la frase "un hervidero") representa un enfoque de "gérmenes en un cubo", evocando imágenes negativas de gente multiplicándose y codeándose en un espacio muy pequeño, ganando así apoyos el "control de la población".[6] Simón apunta también que la historia, desde 1800, muestra que *no hay correlación negativa entre crecimiento de la población y crecimiento económico.* "En 1986 el National Research Council (Consejo de Investigación Nacional) de la National Academy of Sciences (Academia Nacional de Ciencias de Estados Unidos) rebatió por completo la anterior opinión 'oficial' mundial expresa en 1971", escribe Simón. "Apuntó la ausencia de toda prueba estadística de una correlación negativa entre el incremento de la población y el crecimiento económico."[7]

[2] Sheldon Richman, CATO Institute, declaración sobre la *International Population Stabilization and Reproductive Act.* (S. 1029), 20 de julio de 1995, p. 1.

[3] Densidad de población por kilómetro cuadrado, *Dorling kindersly* Concise Atlas of the World First American Edition 2001, pp. 201-207.

[4] Robert L. Sassone, "A New Way of Looking at World Population and Food Supply", en *Europe Today*, núm. 3, 23 de noviembre de 1992, p. 15.

[5] Central Intelligence Agency, *The World Factbook,* 1995, pp. 88-89.

[6] Julian L. Simón, *Population Matters: Resources, Environment and Inmigration,* Transaction Publisher, Nueva Brunswick, Nueva Jersey, 1990, p. 163. *Véase también* Simón, *The Ultimate Resource,* Princeton University: Press Princeton, Nueva jersey, 1981, pp. 175-187.

[7] Julian L. Simón, "Population Control: Bush at Home in Rio", en *The Detroit News,* 31 de mayo de 1992, p. 3B.

A continuación se menciona lo que Sheldon Richman dice en su declaración previamente citada:

> Los incrementos de población y riqueza no han sido meramente coincidentes. Hay causas y efectos de unos y otros. Hoy, con algunas excepciones, los países más densamente poblados son los más ricos. Se disipa todo misterio si se tiene en cuenta que la gente es fuente de idea [...] Como escribió el premio Nobel y economista Simón Kuznets, "mayor población significa más creadores y productores de bienes junto con el establecimiento de modelos de producción, nuevos conocimientos e invenciones" [...] Aquellos que quieren frenar el crecimiento de la población están condenando a centenares de millones de personas del mundo en desarrollo a las abyectas privaciones que caracterizaron a Occidente antes de la Revolución Industrial.
>
> [...] Como escribió Carroll Ann Hodgesm del US Geological Survey, el 2 de junio de 1995, en *Science* (pp. 1305-1312): "A pesar del espectro de la escasez que ha prevalecido a lo largo de la mayor parte de este siglo, no ha habido ninguna falta ininterrumpida de mineral [...] Ahora no hay escasez de suministro de minerales básicos para las economías industriales ni la habrá para las próximas generaciones venideras." (El único elemento que se está encareciendo es el trabajo, señal de la falta de gente.) [...] En otras palabras, no existen cupos limitados de suministros naturales.[8]

Por ejemplo, en las estadísticas, las tasas de fertilidad en Brasil han caído bruscamente en los años recientes como resultado de las agresivas políticas de población y propaganda impuestas por los países occidentales industrializados; sin embargo, la pobreza y el desempleo continúan lacrando ese país.

Para complicar aún más el tema, hay un aspecto resaltado por Nicholas Eberstadt en "Population Policy: Ideology as Science" (Las políticas de población: la ideología como ciencia). Eberstadt escribe:

> El espacio de tiempo entre el número estimado de habitantes en el mundo y su anuncio por parte de los demógrafos es un indicador de las incertidumbres que afectan a la medición de la población mundial. Ahora se piensa de forma generalizada que la tasa de crecimiento natural de la población mundial alcanzó su máximo entre 1960 y 1965, y que desde entonces ha ido declinando. Sin embargo, fue sólo a partir de 1977 cuando los demógrafos empezaron a sugerir tímidamente que la población mundial podía haber alcanzado ese máximo.[9]

Necesitamos entender estas realidades y movernos más allá de los argumentos falsos y engañosos que los grupos de presión procontrol de la población y proeducación sexual esgrimen en su extraña campaña para separar el sexo de la fertilidad, la familia de la paternidad y, en el caso de la educación sexual, a los hijos de los padres.

[8] Richman, declaración, p. 7.
[9] First Things, *Religion and Public Life,* enero de 1994, p. 33.

LOS CONTROLADORES DE LA POBLACIÓN

Cuando se habla de población es importante conocer la diferencia entre planificación familiar y control de la población:

- La *planificación familiar* implica que las decisiones se toman en pareja, teniendo en cuenta sus propias creencias y circunstancias, mirando el número e intervalo de sus hijos.
- Las *medidas de control de la población*, por el contrario, las toman los gobiernos y las agencias internacionales después de haber determinado el número de hijos que las parejas deben tener.

Estos dos conceptos son esencialmente diferentes. La planificación familiar ofrece a las parejas el control de su comportamiento reproductor. El control de la población les obliga a delegar este control al gobierno y a las agencias internacionales.

Como podemos ver en el informe del Comité de Población y Economía, existen varios tipos de coacción:

> Hay diferentes tipos de coacción establecidos en los programas de población. En el nivel más sencillo está la propaganda antinatalista utilizada en las campañas de publicidad y en las emisiones de los medios de comunicación en el Tercer Mundo para promocionar el ideal de una familia pequeña y retratar a los padres de familias numerosas como irresponsables y antisociales.
>
> La siguiente etapa es la manipulación de los impuestos y de las estructuras del bienestar, sobornando a la gente para que tenga familias pequeñas y para castigar a aquellos que se atreven a exceder los límites. Por ejemplo, el informe *Population and Economic Development* del Banco Mundial contiene los siguientes ejemplos:
>
> Tanzania: Las mujeres trabajadoras al servicio del Gobierno tienen derecho a una baja laboral por maternidad sólo una vez cada tres años.
>
> Singapur: Los niños de las familias no numerosas tienen prioridad en las admisiones escolares.
>
> Corea: Asistencia médica gratuita y ayudas a la educación para las familias con dos hijos en las que uno de los dos padres ha sido esterilizado.
>
> Tailandia: Asistencia técnica a los granjeros usuarios de anticonceptivos. A los participantes del programa se les ofrece los servicios de un "toro de planificación familiar" para fecundar su ganado [...]
>
> El Informe de Desarrollo de 1980 del Banco Mundial describe el llamado "sistema de planificación familiar en los pueblos" desarrollado en Indonesia:
>
> [Indonesia]: "Una nueva política [...] es que las parejas en edad de reproducción necesitan tener una cartilla de planificación familiar si quieren una carta oficial del gobierno. Se requiere esta carta oficial si una persona quiere comprar o vender tierra, obtener un préstamo bancario, obtener el permiso para organizar los rituales de la circuncisión, del corte del pelo y otros acontecimientos importantes."[10]

[10] Comité sobre Población y Economía, "Population and Freedom of Choice", sin fechar (alrededor de 1995).

Brasil no es el único de los países en desarrollo que ha sido inundado durante el último cuarto de siglo por los países occidentales con medidas de control de población como la píldora, los dispositivos intrauterinos, los programas de esterilización y el aborto, con una indiferencia total hacia los impactos en la dignidad y herencia cultural de su gente. Las personas de América Latina, Asia y África han padecido físicamente los efectos de tales "remedios" y han sufrido también espiritualmente por la violación de sus creencias religiosas y normas culturales. Como informa Sheldon Richman:

> Los programas del Gobierno en el área de la reproducción son particularmente peligrosos. Los terribles casos de China, India, Bangladesh y otros países que llevan a cabo un control de natalidad forzoso debería habernos enseñado que el Estado no tiene cabida en esta área tan personal de la vida.[11]

El tema aquí es si el poder y el dinero de los gobiernos debe usarse, con éxito o sin él, para pagar campañas que cambien el deseo de la gente de tener niños así como su comportamiento hacia el embarazo.

Los controladores de la población proclaman que 120 millones de mujeres en el mundo tienen "necesidades insatisfechas" en lo que se refiere a servicios de planificación familiar. Por definición, una mujer con "necesidades insatisfechas" no quiere más niños por el momento y no está usando métodos anticonceptivos. Esto incluye a las mujeres que no son fértiles, a las que no son muy activas sexualmente y a las que no quieren utilizar anticonceptivos por razones religiosas o culturales. Estas mujeres no creen tener necesidad de anticonceptivos; pero los controladores de la población no están de acuerdo.

Lant Pritchett, un economista del Banco Mundial, explicó en un artículo del número de marzo de 1994 de *Population and Development Review* (Revista de Población y Desarrollo) que "los niveles deseados de fertilidad en los distintos países presentan diferencias de hasta 90 %". Esto significa que la gente en los países en desarrollo tiene familias numerosas porque quiere tener familias numerosas. En muchas culturas, como las que tienen una economía agrícola, las familias numerosas equivalen a más personas para trabajar en la granja familiar. Se considera a los niños como un gran regalo. Estas personas no son estúpidas ni irresponsables, como nos quieren hacer creer los grupos de control de la población. Los programas de planificación familiar con frecuencia decretan que hay una necesidad de controlar la población, una necesidad que ellos están en posición de satisfacer, sin preocuparse por las tradiciones culturales o los deseos de los "clientes".[12]

Además de las organizaciones ya mencionadas, algunos cuerpos de las Naciones Unidas, como la Organización Mundial de la Salud (OMS), la UNESCO o UNICEF están envueltas en el control de la población. Estados Unidos está involucrado en el control de la población a través de su Agencia Internacional del Desarrollo y a través de grupos y fundaciones privadas

[11] Richman, declaración, p. 8.
[12] Committee on Population and the Economy, "Population and Freedom of Choice".

muy poderosas como Population Council, Pathfinder Fund, Population Institute, Ford Foundation, Rockfeller Foundation y otros. La International Planned Parenthood Federation (Federación Internacional de Paternidad Planificada), con sede central en Londres, tiene una influencia inmensa en el mundo, similar a la que su miembro participante, Planned Parenthood Federation of America (Federación de Paternidad Planificada de América) tiene en Estados Unidos (con nutridas contribuciones gubernamentales procedentes de los impuestos). Parece que Planned Parenthood está especialmente determinada a reducir la población a cualquier precio con objeto de legitimar las aberraciones sexuales e introducirse como una cuña entre hijos y padres en materia de educación sexual.

En un cierto número de países menos desarrollados, el compromiso de los fondos públicos para los esfuerzos de planificación familiar es notable. En 1980, el Banco Mundial estimó que el gasto gubernamental por cada usuario de anticonceptivos era de 68 dólares en Ghana y de 69 dólares en Nepal. Estas cifras contrastan con otras del Banco Mundial que sugieren que el gasto total del gobierno en programas sanitarios en general fue de cerca de 20 dólares por familia en Ghana y de ocho dólares en Nepal. De hecho, en Nepal, el país está tan inundado de preservativos que al gobierno le cuesta 50 000 dólares deshacerse de ellos.

Sólo en 1987, el USAID gastó cerca de 231.6 millones de dólares, procedentes de los impuestos, en actividades de control de población. El dinero gastado en programas de control de población sobrepasa los gastos totales del USAID relacionados con la salud en todo el mundo desde 1969. En algunos años, el gasto en "re-educación" anticonceptiva ha sido casi tres veces mayor que el gasto en asistencia médica propiamente dicha.

Hoy el Gobierno de Estados Unidos gasta más de 400 millones de dólares anuales en programas internacionales de población. Otros fondos adicionales para programas de población proceden del Banco Mundial, del Fondo Monetario Internacional y del Fondo para la Población de las Naciones Unidas (UNFPA). Bajo una política establecida durante la administración del presidente Ronald Reagan en 1984, el Gobierno de Estados Unidos rehusó proveer fondos para la UNPFA y otros grupos, conocidos por ofrecer consejo sobre el aborto y/o por apoyar programas coercitivos para el control de la población. Esta política de Reagan continuó durante la presidencia de su sucesor inmediato, George Bush, pero el presidente proabortista Bill Clinton se ha movilizado desde entonces para revocar la prohibición.[13] La Ford Foundation y la Rockefeller Foundation han gastado cientos de millones de dólares a lo largo de los años y han trabajado estrechamente con los gobiernos en programas antipoblación.

Estas poderosas entidades usan tanto la coacción como el engaño ya que se benefician con el comercio. Por ejemplo, Estados Unidos fuerza a los gobiernos extranjeros pobres a aceptar los fondos para controlar la población

[13] "Abortion Forecast Renews Fight for Overseas Family Planning Aid", en *The Washington Post*, 9 de marzo de 1996; *véase también* "U. S. Congress Criples 1996 Fiscal Year Aid for Family Planning", en *World Population News Service*, Popline, enero-febrero de 1996.

como condición para recibir ayudas al desarrollo. Es más, caso tras caso, agencias públicas y privadas han victimado a los pobres engañándoles sobre la naturaleza y los efectos de la píldora y de los dispositivos a los que les empujan.

Como comenta Julian L. Simón:

> Están preparados para quitar el poder de la procreación [...] [*a*] las mujeres pobres de Virginia (Estados Unidos) y de India, esterilizándolas en contra de su voluntad. Creemos que un sistema que permite que viva gente de todas las categorías es mejor para esa categoría de personas, incluyendo tanto a pobres como a gente de todos los colores.
>
> Los que están a favor del control dicen estar a favor de la libertad de reproducción. Nosotros afirmamos que están interfiriendo en la libertad de la gente para elegir y tener cuantos hijos desean –por ejemplo, las multas en China por tener más de un hijo, y las esterilizaciones forzosas de mujeres negras pobres en Virginia, programas apoyados por los organismos de población– y ésta es la peor ofensa contra la libertad de reproducción. Nuestra idea de la libertad de reproducción es el respeto al derecho de cada cual de tener tantos o tan pocos hijos como desee, y ayudarles con conocimientos a que sea así.[14]

De hecho, al evaluar las tendencias en planificación familiar, los autores de *Contraceptive Technology* señalan el giro de una planificación familiar voluntaria a otra de tipo coercitivo. Como si hubiesen olvidado sus argumentos anteriores en apoyo de la privacidad y de los "derechos" de las mujeres, los autores se refieren a la coacción como algo sencillamente "desafortunado" pero "bien establecido".[15]

En años recientes, la formación de organizaciones como Health Action International (HAI) (Acción Sanitaria Internacional) en Amsterdam y la Red Feminista Internacional para la Resistencia a las Tecnologías Reproductoras y la Ingeniería Genética (FINNRAGE) han señalado un debilitamiento en la alianza entre feministas y controladores de la población. Las mujeres involucradas en estos grupos han apuntado que los intereses y la salud de las mujeres se han convertido en secundarios en los programas de población que se centran sobre todo en la consecución de los objetivos demográficos.

Las siguientes citas se han tomado de una entrevista de la BBC con la hermana María Pilar Verzosa, en 1995. Esta entrevista fue emitida en el programa de televisión canadiense *Horizon*.

> LOCUTOR: Se están desarrollando vacunas anticonceptivas [...] En Filipinas, las mujeres creen que se ha probado la vacuna con ellas, en secreto [...]
>
> HERMANA: El gobierno anunció [...] días de inmunización nacional [...] Sólo las mujeres en edad reproductora, esto es, desde los 14 a los 45 años, debían ir a los centros de salud para vacunarse contra el tétanos.

[14] Simón, *Population Matters*, p. 561. Como lectura adicional sobre este tema, *véase también* Robert Whelan, *Choices in Childbearing*, Committee on Population and the Economy, Londres, 1992, y Jacqueline R. Kasun, *The War against Population: The Economics and Ideology of World Population Control*, Ignatius Press, San Francisco, 1988.

[15] Robert A. Hatcher y otros, *Contraceptive Technology* 1990-1992, Irvington Publishers, Nueva York, 1990, pp. 581-582.

LOCUTOR: Las estadísticas muestran que dos tercios de las muertes por tétanos ocurren entre los hombres. Entonces, ¿por qué las mujeres fueron la población objetivo? Sus sospechas aumentaron cuando descubrió que debían vacunarse cinco veces en tres años, cuando normalmente el tétanos se inyecta con menos frecuencia [...]

HERMANA: El Departamento de Sanidad envió a sus equipos a las escuelas, sólo dijeron a los profesores que se trataba de un programa gubernamental, que estaban ofreciendo un servicio, que era bueno para las chicas.

LOCUTOR: Entonces, cuando trabajaba en los barrios pobres, la hermana empezó a oír comentarios perturbadores de las mujeres.

HERMANA: Las mujeres se preguntaban: "¿Por qué las inyecciones contra el tétanos que nos ponen tienen estos efectos sobre nosotras? Nuestros ciclos de fertilidad están revueltos, algunas de nosotras hemos tenido sangrados y abortos espontáneos, otras han perdido a sus bebés en una etapa muy temprana." Los síntomas aparecieron poco después de ser vacunadas contra el tétanos –algunos días después, otros al cabo de unas semanas–. Para aquéllas que estaban embarazadas de [*sic*] tres o cuatro meses, el aborto fue realmente terrible.

LOCUTOR: Existen varios programas en el mundo que están probando cómo la vacuna contraceptiva ligada a la del tétanos crea una respuesta inmune. La vacuna contiene Beta HCG, que es parte de una hormona necesaria para el embarazo. Esta Beta HCG estimula los anticuerpos de forma que, si una mujer queda fecundada, su propia HCG natural será destruida y el embarazo no tendrá lugar.

HERMANA: Empecé a sospechar que [...] habían mezclado toxinas del tétanos con la Beta HCG. La única manera en la que podía estar segura de que no lo habían hecho era examinando las ampollas...

LOCUTOR: ... sin que se notara. Las monjas las empaquetaron en hielo y las enviaron a un laboratorio independiente...

HERMANA: Tres de cada cuatro de esas ampollas dieron un resultado positivo en (*la detección*) de HCG, por lo que mis sospechas se confirmaron, en este país no están dando sólo una simple vacuna contra el tétanos a nuestras mujeres, sino que les están dando también (*un tratamiento de*) antifertilidad.

LOCUTOR: La hermana María no estaba sola. Muchas mujeres y médicos informaron de hallazgos similares. La doctora Vilma Gonzaga empezó a sospechar cuando tuvo dos abortos espontáneos, ambos después de haber recibido una inyección del tétanos. Ahora acusa al gobierno porque las pruebas demostraron que tenía niveles muy elevados de anticuerpos contra la Beta HCG.[16]

Escritores de todo el mundo dan detalles de las violaciones de los derechos de las mujeres en los programas de población donde se las coacciona para que tengan menos hijos de los que ellas desearían y alcanzar así los objetivos del gobierno. Con frecuencia, a las mujeres del Tercer Mundo no se les dice los efectos secundarios de los diferentes métodos anticonceptivos. Estas reacciones secundarias pueden ser más graves para las mujeres pobres que para las mujeres de países más ricos debido a la malnutrición y a la mala salud general de las primeras.

[16] "The Human Laboratory", video documental filmado por la British Broadcasting Corporation, 6 de noviembre de 1995, emitido en el programa de la televisión canadiense *Horizon*, obtenido de una transcripción, pp. 12-13.

También existe preocupación por lo que se denomina métodos de dependencia del proveedor. Hay métodos que deben ser controlados por personal médico y no por la mujer misma. Implantes como los de Norplant e inyecciones como la Depo-Provera prometen protección contra la concepción durante meses e incluso años. Sin embargo, si una mujer cambia de idea y quiere tener un hijo, puede estar forzada a continuar con el uso de estos métodos. Si el gobierno ha establecido objetivos de reducción de la población, ella puede no encontrar personal médico que quiera ayudarla a quitarse los implantes.

> A través del testimonio filmado por la BBC, *Horizon* descubre un catálogo de quejas que afirman que el Norplant está destruyendo la vida de muchas mujeres. Se han denunciado graves efectos secundarios [...] La película acompaña a Farida Akhter, un seudónimo, en una misión piadosa por los barrios pobres de Dhaka para poner al descubierto lo que ella cree que es la verdad sobre las pruebas (*del Norplant*): efectos secundarios de los que con frecuencia no se informa; mujeres que piden que se les retire el Norplant, pero a las que se despide sin más o a las que se exige que paguen grandes cantidades de dinero por ello; quejas de que ni siquiera sabían que era un fármaco experimental. De las barriadas más pobres en el hemisferio occidental, de Cité Soleil, Haití, llegan historias angustiosas de mala ciencia y coacciones; los trabajadores sanitarios piensan que se ha convertido en el laboratorio franco con seres humanos de América. Farida Akther dice: "Es más barato para ellos utilizar a mujeres del Tercer Mundo que utilizar animales en un laboratorio occidental."[17]

En el documento de la BBC, el siguiente diálogo pone a debate otro anticonceptivo:

> Locutor: El Norplant es al menos un anticonceptivo oficialmente legalizado. Pero hay otros métodos, y no tan legalizados, que ya están en uso [...] Hay [...] un abanico de fundaciones privadas que están financiando la constitución de un movimiento procontrol de la población. Una organización privada, dirigida por dos médicos (los doctores Elton Kessel y Stephen Mumford) de los estados del sur de Estados Unidos, cree haber encontrado la solución para las mujeres del Tercer Mundo con una droga llamada Quinacrine.
>
> Doctor Elton Kessel: Estamos probando el método Quinacrine en 17 países como India, China, Bangladesh, y las pruebas están yendo muy bien. Diez mil mujeres están con este método, sin que se haya informado de ninguna fatalidad.
>
> Locutor: El doctor Elton Kessel ha sido el director fundador de Family Health International. Ahora investiga con la Quinacrine en una operación mundial, dirigida desde la sede del doctor Mumford en Chapel Hill, Carolina del Norte. La Quinacrine se inserta en la parte superior del útero donde provoca una inflamación y cicatrices en las trompas de Falopio, bloqueando en teoría las trompas con tejido de cicatriz e impidiendo así que el esperma llegue al óvulo.
>
> Doctor Stephen Mumfors: Es un método muy sencillo, se tarda sólo unos minutos. Puede hacerse en instalaciones primitivas y con gente que no necesariamente posea demasiados conocimientos clínicos [...]

[17] *Ibid.*, introducción del locutor.

LOCUTOR: Pero algunos científicos creen que el fármaco podría poner en peligro la vida de las mujeres –desde cáncer hasta un embarazo ectópico–. Y cuestionan todo este enfoque de la esterilización.

PROFESOR SHREE MULAY: Este método que produce tejidos de cicatriz es extremadamente salvaje. Pienso que intentar dañar los tejidos para producir una inflamación y bloquear las trompas de Falopio de esa manera es muy cruel. Y es, con seguridad, impreciso porque nadie sabe con exactitud dónde tendrá lugar el proceso y provoca mucho dolor debido a la inflamación. La historia de la investigación sobre esterilización química es larga y es realmente horrenda y muy sorprendente, porque se han usado toda clase de agentes –ácido sulfúrico, formaldehídos–; todos estos agentes, de hecho, queman los tejidos y provocan su cicatrización. La esterilización química fue utilizada por primera vez por los nazis en sus primeros experimentos en los campos de la muerte. Esto se conoció en los sesenta, setenta y ochenta y ha sido promocionado como la salvación de las mujeres del Tercer Mundo, lo que me parece bastante extraordinario.[18]

En el campo de pruebas previo a su lanzamiento al mercado para uso general, la anteriormente mencionada vacuna de regulación de la fertilidad (VRF) fue inyectada junto con toxinas del tétanos a mujeres jóvenes de India. Según un documento de la Organización Mundial de la Salud, la vacuna, con gonadotropinas coriónicas antihumanas, fue inyectada sin los estrictos controles impuestos para tales experimentos en los países más desarrollados donde los gobiernos regulan la introducción de nuevas vacunas para asegurar que no existen efectos secundarios graves e indeseables.[19]

Los motivos que se esconden detrás de tales ataques a personas y familias (después de todo, hablamos de seres humanos reales cuando se cita a la "población") incluyen con frecuencia opiniones no fundadas sobre la realidad económica. Como muchos observadores avisados han señalado (sus opiniones) incluyen el sorprendente y siniestro concepto de que es malo que haya más población, que el problema son los seres humanos, más que la injusticia social, una mala distribución de bienes y servicios, o la falta de oportunidades económicas y de libertad. Sin embargo, los controladores de la población nunca parecen verse a sí mismos como parte del "problema de la superpoblación"; sólo ven a los pobres indefensos, a quienes desprecian, coaccionan y quieren reducir en número.

LOS CONTROLADORES DE LA POBLACIÓN Y LOS GOBIERNOS

Contrariamente a lo que nos quieren hacer creer los controladores de la población, muchos países del mundo tienen recursos naturales para alimentar y proveer una vida digna a sus ciudadanos. Según un informe reciente de la FAO (Organización de Alimentos y Agricultura de las Naciones

[18] *Ibid.*, pp. 9-10.
[19] *JF Reports* I, núm. 2, marzo-abril de 1995, p. 5.

Unidas), todas las naciones tienen capacidad para alimentar correctamente a su gente.[20]

Basándonos en estas cifras, entre 1951 y 1992 la producción de alimentos se incrementó en más de 30 %. Esto ha sucedido a pesar del hecho de que se pagan millones de dólares a los granjeros occidentales para mantener baja su producción. Si estos granjeros europeos y americanos produjesen a pleno rendimiento, habría sobreabundancia de productos agrícolas.[21]

El hecho es que la justicia social y un reparto más equitativo de la riqueza, junto con el incentivo natural de la libre empresa (incluyendo una oportunidad igual para todos en la educación y la vida económica) son las verdaderas soluciones a la pobreza. Jesús dijo: "Siempre tendréis a los pobres con vosotros." La presencia de los pobres es una oportunidad y un reto para amar, para convertirnos en buenos habitantes del Cielo, tanto por conocimiento como por haber cumplido nuestra obligación de ayudar a aquellos que son menos afortunados que nosotros mismos.

Desgraciadamente, es tentador optar por la salida más fácil. Los gobiernos se dejan persuadir o coaccionar con programas de planificación familiar en detrimento de la salud física y espiritual de sus pueblos. Los gobiernos poderosos de los países desarrollados quieren reducir la población del Tercer Mundo por cualquier medio a su alcance, sin preocuparse por las costumbres religiosas y culturales de las naciones seleccionadas. Los grupos que poseen especial interés y los integrantes de la industria del control de la natalidad se benefician a expensas de las mujeres pobres a las que no se advierte de los muchos efectos secundarios de la contracepción artificial y de la promiscuidad que engendra. Como periodista independiente, Elizabeth Sobo ha escrito:

> Este año (1992) la United State Agency for International Development (*USAID-Agencia Estadounidense para el Desarrollo Internacional*) se gastará un récord de 350 millones de dólares en programas de control de la población en los países menos desarrollados. Una parte significativa de estos fondos financiará la "educación" sobre el control de los nacimientos en aquellas naciones en las que hay una importante resistencia de carácter moral y cultural a los métodos de planificación familiar occidentales.
>
> La "educación" sobre el control de la natalidad no es realmente una educación después de todo, sino una medida de último resorte, adoptada por la Oficina de Población de la USAID en aquellos lugares en los que el interés por los anticonceptivos es bajo. De hecho, los documentos internos de la USAID son más francos a la hora de describir las actividades como "persuasión" c "motivación". Quieren, en otras palabras, cambiar las preferencias por familias numerosas e incrementar la demanda de anticonceptivos.[22]

Hemos revisado las consecuencias morales, espirituales y físicas del tema aquí tratado, pero ¿y los factores políticos? Ahora, hombres y mujeres

[20] "The State of Food and Agriculture, 1990", en *Europe Today*, núm. 3, 23 noviembre de 1992, p. 15.
[21] Comittee on Population and the Economy, "Population Food", sin fechar, alrededor de 1995.
[22] Elizabeth Sobo, "Africa Under Siege", en *Catholic Twin Circle*, 16 de febrero de 1992.

de las naciones en vías de desarrollo están empezando a reconocer el elemento de "control" en los programas de población a los que les fuerzan los países occidentales. Son muchos los que perciben tonos racistas en los grupos de presión procontrol de la población, igual que perciben objetivos a largo plazo para impedir el crecimiento de las naciones en desarrollo y así evitar un cambio en el equilibrio del poder global. No hace mucho, en 1992, en la Conferencia de Naciones Unidas sobre Medio Ambiente y Desarrollo, que tuvo lugar en Río de Janeiro, se expresaron serias preocupaciones en este sentido. Por ejemplo, el 5 de junio de 1992, el informe de *The Washington Post* cita a Rosiska Darcy de Olivera, copresidenta de la Coalición de Mujeres de Brasil, que afirmaba: "Decir que las mujeres del sur que tienen muchos hijos son las responsables de la crisis del medio ambiente es un escándalo."[23]

De la misma forma, en *Issues in Reproductive and Genetic Engineering* (Temas de ingeniería reproductora y genética), Farida Akhter de Bangladesh observa:

> Sus premisas no pueden separarse: racismo, eugenesia y explotación política y económica de los países más pobres por parte de los países occidentales. Esta es una poderosa razón por la cual las mujeres deberían ser críticas con el eslogan de los derechos reproductores [...]
>
> En la práctica, los derechos reproductores significan derecho a tomar un anticonceptivo producido por corporaciones multinacionales y proporcionado por agencias internacionales y por el Estado en países como Bangladesh, al amparo de programas de control de la población [...] [24]

El fracaso de Occidente a la hora de enderezar las causas profundas del estancamiento económico y de la pobreza, acaba ayudando a los movimientos de izquierdas en muchos países en desarrollo. En efecto, Occidente financia agresivos programas de control de la natalidad *a costa de* reformas democráticas, de reducción de deuda, de asistencia técnica y de formación (medidas todas ellas destinadas a promover un desarrollo económico sostenible y mejores estándares de vida en una mayor libertad).

El profesor Julian L. Simón subraya los motivos y modos de operar de los controladores de la población:

> La característica más chocante del movimiento de la población –al menos para mí– es la voluntad de decidir sobre la vida y la muerte de otra persona [...]
>
> El *establishment* (*sistema, organización*) del control de la población –cerca de 50 organizaciones cuyos nombres van desde Audubon Society hasta Zero Population Growth (*Crecimiento de población cero*) y que reúnen a más de cinco millones de miembros– clama por la elevada base moral de su punto de vista [...]
>
> Los gobiernos extranjeros que adoptan el punto de vista del establishment del control de la población que hay en Estados Unidos –entro otros, China, In-

[23] Joel Achenbach, "At Summit, Dueling Hemispheres", en *The Washington Post*, 5 de junio de 1992, p. C1.

[24] Farida Akhter, "The Eugenic and Racist Premise Reproductive Rights and Population Control", en *Issues on Reproductive and Genetic Engineering*, vol. 5, núm. 1, pp. 1-5.

donesia, e India de vez en cuando– se comprometen a prácticas coercitivas documentadas que son inaceptables para la mayoría de los estadounidenses.

Los que están a favor del control redefinen los deseos de las parejas en interés de los objetivos del establishment de la población. Si la mujer ha dicho antes de concebir al bebé que ella no lo quería, habla de un bebé "indeseado". El deseo del padre queda excluido de esta definición, igual que se excluye el deseo decidido en conjunto por la pareja. Y el cambio de sentimientos de una madre después del nacimiento de su bebé tampoco cuenta...

Los que están a favor del control dicen ser altruistas y generosos. Pero justifican la reducción de la inmigración "para ayudar a la gente trabajadora" de Estados Unidos. Y apoyan el control de la población en los demás países para ayudar al comercio exterior –el que fuera durante largo tiempo director de la Office of Population (*Oficina de la Población*), de la Agencia para el Desarrollo Internacional, el médico Reimert Ravenholt, fue especialmente insistente en este punto–. La propuesta desde un punto de vista económico no tiene sentido, salvo que el motivo sea con claridad el puramente egoísta bienestar económico de los ciudadanos de Estados Unidos.

Los que están a favor del control instan, en nombre de las generaciones venideras, a que se construyan reservas naturales, y se cuide del ambiente. Esto supone tener en cuenta únicamente el bienestar de los que están vivos ahora mismo, ignorando los beneficios que un mayor número de personas generaría para las generaciones futuras.[25]

A medida que analizamos las políticas de control de la población, llegamos a la triste evidencia de que se han distorsionado los hechos y se ha ocultado la verdad para así incrementar los fondos dedicados a programas de población y reducir los fondos destinados a la salud pública. Tal como nos informa el profesor Julian Simón, desde 1968 en adelante, los fondos para los programas sanitarios decayeron drásticamente, mientras que los gastos para los programas de población se incrementaron.

Intolerancia, racismo y control de la población

Muchos analistas de temas familiares y de política extranjera, igual que muchos observadores como los misioneros, han concluido que la intolerancia religiosa es parte de las razones de ser de los programas de población. (Un sabio líder religioso de Kenya describe acertadamente los programas de control de la población como "imperialismo contraceptivo".) Según el profesor Simón:

Los que están a favor del control de la población dicen ayudar a la gente a conseguir lo que quieren aconsejando a las parejas cómo evitar los bebés "indeseados". De hecho, intentan trasladar a otras personas sus deseos de que haya menos niños en el mundo. Presionan a las parejas para que tengan menos hijos de los que la pareja desea porque los que están a favor del control creen que

[25] Simon, *Population Matters*, pp. 558-563.

esto acelerará el desarrollo económico. Y en su nombre, el Gobierno de Estados Unidos presiona a los demás países para que a su vez presionen a sus ciudadanos con objeto de reducir la fertilidad por debajo de lo que las parejas desearían libremente.[26]

Incluso, en el pasado reciente, los anuncios del periódico de Planned Parenthood (Paternidad Planificada) han atacado abiertamente al Papa y a la enseñanza de la moral católica. Es más, Planned Parenthood no ha abandonado las opiniones fanáticas de Margaret Sanger, fundadora de la organización a principios del siglo XX y que sigue siendo una heroína para las feministas radicales y para otros que apoyan hoy día a Planned Parenthood. Consideremos estos hechos estremecedores:

> En marzo de 1925, en una reunión internacional sobre el control de la natalidad mantenida en la ciudad de Nueva York, un orador advirtió sobre la amenaza que suponía el peligro "negro" y "amarillo". El hombre no era un nacionalsocialista (nazi) o un líder del Ku-Klux-Klan. El orador era el doctor S. Adolphus Knopf, miembro de la American Birth Control League (Liga Americana del Control de Natalidad) de Margaret Sanger que, junto con otros grupos, llegó a conocerse como Planned Parenthood [...]
>
> Para no ser superada por sus seguidores, la fundadora de Planned Parenthood, Margaret Sanger, telegrafió al presidente (de *Estados Unidos*) Coolidge, pidiéndole que estableciera una "Comisión federal para el control de la tasa de natalidad", que tendría acceso a todos los hechos y estadísticas así como a "todas las costumbres y condiciones que ahora amenazan la salud racial de nuestro país [...]". Sanger hablaba en todos los sitios de su plan para esterilizar a aquellos que ella había designado como "incapaces" para la "salvación de la civilización americana". Y también hablaba de aquellos que eran "irresponsables e imprudentes", entre los que incluía a "aquéllos cuyos escrúpulos religiosos les impiden ejercer un control sobre sus miembros". Afirmó después que no había duda alguna en las mentes de las personas inteligentes que la procreación de este grupo debía frenarse.[27]

Margaret Sanger abogaba por un control de la natalidad no sólo para eliminar a las personas discapacitadas y para combatir aquellos grupos raciales y religiosos que ella juzgaba "incapaces", sino también para sustituir los estándares morales por una libertad sexual. El "objetivo de la vida", escribió, "es liberarse de todas las inhibiciones [...] para dirigir sus propios controles (*sic*) desde la lógica y la razón, no desde el miedo y la moralidad".[28]

No es sorprendente que entre los primeros socios de Sanger hubiese individuos como Lothrop Studdard, un apologista blanco que describía las prácticas eugenésicas de los nazis como "científicas" y "humanitarias", y el

[26] *Ibid.*, pp. 558-559.

[27] Robert Marshall y Charles Donovan, *Blessed Are the Barren,* Ignatius Press, San Francisco, 1991, p. 1. Para mayor información acerca de Planned Parenthood: *Bad Choices: A Look Inside Planned Parenthood,* de Douglas R. Scott, Legacy Communications, Franklin, Tenn., 1992, o *Life Decisions International,* P.O. Box 419, Amherst, N. Y. 14226-0419.

[28] Marshall y Donovan, *Blessed Are the Barren,* p. 59.

doctor Harry Laughlin, cuyas propuestas de "mejora de la raza" aparentemente sirvieron de inspiración para la ley nazi sobre esterilización, aprobada en Alemania en 1933.[29]

Sólo después de que los nazis dieran a la eugenesia mala fama, Sanger y sus seguidores se "sumergieron" para resurgir otra vez en la década de 1950 con la "superpoblación" como nueva excusa.

Es interesante apuntar que uno de los enemigos máximos mundiales de Planned Parenthood y de su insidiosa agenda sea un protestante, no un católico. Douglas R. Scott, presidente de Life Decisions International (Decisiones Provida Internacional), ha criticado durante mucho tiempo a Planned Parenthood por su discurso y actividades anticristianas. "Planned Parenthood sólo se opone a aquellos hombres y mujeres que son tan religiosos que actúan según su fe", señala Scott, "pero si dices ser una persona «religiosa» que apoya sus ideas, estarán encantados de abrazarte y alardearán de tus conexiones «religiosas»".[30]

Scott argumenta que Planned Parenthood tiene una prolongada historia anticatólica en particular. "Su actitud es que, si pueden etiquetar a alguien de católico, ya no tendrán que usar la lógica de los argumentos contra él. Simplemente despacharán a su oponente por ser «otro católico ignorante y cegado»". Scott califica esta estrategia de "efectiva pero basada en una intolerancia religiosa profundamente enraizada". Urge a los católicos a continuar resistiendo a las actividades de Planned Parenthood. "Muchos de mis hermanos y hermanas católicos están siendo víctimas de los intolerantes ataques de Planned Parenthood. No se dejen intimidar por aquellos que buscan silenciarlos. Eso es lo que ellos quieren que ocurra."[31]

EL MITO DE LA SUPERPOBLACIÓN

El grito de pánico de "superpoblación" es tan real como la exclamación del jefe de la aldea de Astérix de que "¡El cielo nos cae sobre la cabeza!". La "bomba de población" prevista por Paul Ehrlich en 1967 se ha mostrado falsa.

El profesor Ehrlich publicó, en 1968, *The Population Bomb* (La bomba de población) que abarca 11 de los 19 años en los que la tasa de fertilidad (media de nacimientos por mujer en edad fértil, de 15 a 44 años de edad) en Estados Unidos decayó. Durante este periodo, la tasa decreció de 3.7 (hijos por mujer) en 1957 a 1.74 en 1976, cayendo en 1972 por debajo de la tasa de reemplazo de la población de 2.11 (hijos por mujer).

En 1973, Ehrlich y su mujer Anne escribieron un libro de texto escolar llamado *Population, Resources, Environment* (Población, recursos, ambiente), en donde establecieron la siguiente conclusión en lo que respecta al control de la población mundial: "Varias propuestas coercitivas merecen

[29] *Ibid.* p. 2
[30] Douglas R. Scott, entrevista personal, 7 de mayo de 1996.
[31] *Ibid.*

una seria consideración, principalmente porque podemos, en últimas, recurrir a ellas a menos que las tendencias actuales de la tasa de natalidad se inviertan por otros medios." A pesar del fracaso en el cumplimiento de sus espantosas predicciones, Ehrilch continuó exponiendo su teoría, publicando *The Population Explosion* en 1990, después de 18 años completos de tasa de natalidad por debajo del nivel de remplazo.

En las dos últimas décadas, las naciones desarrolladas han alcanzado el punto del suicidio demográfico. La tasa de natalidad en Estados Unidos, Europa occidental y Japón, en vez de "estallar", ha caído por debajo del nivel de reemplazo situado en 2.1 hijos por familia.

La tasa total del periodo de fertilidad (TTPF) nos dice el tamaño medio de una familia completa en un momento dado. En los países en vías de desarrollo, la tasa de remplazo es superior a los 2.1 hijos por familia debido a las tasas de mortalidad más elevadas, especialmente de mortalidad infantil. En otras palabras, en el Tercer Mundo las mujeres necesitan tener de 2.8 a 3.0 hijos por familia ya que, de hecho, sólo unos pocos llegarán a la vida adulta y se reproducirán.

Casi todos los países europeos están significativamente por debajo de la tasa de sustitución. Las tasas de fertilidad francesa e inglesa han permanecido cercanas a los 1.8 hijos durante más de 10 años. Italia tiene la más baja TTPF[32] del mundo con 1.25 hijos por mujer. En Europa del Este, algunos países están haciendo esfuerzos concertados por incrementar la natalidad.[33]

Los países menos desarrollados continúan creciendo a niveles normales y los "límites del crecimiento" vaticinados por el Club de Roma en 1972 se han revelado desde entonces completamente exagerados. He aquí algunos datos significativos procedentes de la Oficina del Censo de Estados Unidos:

- La tasa de crecimiento de la población mundial ha "caído a cerca del 1.5 % hoy día", la más baja en 50 años.
- "Los niveles de fertilidad han caído tanto en algunos países, principalmente en Europa, que no se espera en un futuro predecible un retorno a tasas por encima del «nivel de reemplazo» de la población."
- "86 países [...] tienen tasas inferiores a 20, o menos, nacimientos por cada 1000 habitantes, 60 países están por debajo del nivel de remplazo de la población. Los países con mayores tasas de crecimiento representan sólo 21 % de la población mundial, mientras que los que tienen tasas bajas representan 45 %."
- Las tasas de fertilidad en el mundo han estado cayendo tan rápidamente que la Oficina del Censo de Estados Unidos acaba de recortar en 120 millones sus estimaciones trienales para la población mundial en el año 2000, y en más de 300 millones para el año 2020.[34]

[32] Las previsiones de EUROSTAT para 1996 indican que España tiene la tasa de fertilidad más baja del mundo: 1.15 hijos por mujer, inferior a la de Italia (1.22). Fuente: EUROSTAT, Oficina de Estadística de las Comunidades Europeas, Luxemburgo, agosto de 1997.

[33] Committee on Population ad the Economy, "Population and Fertility Rates", sin fecha, alrededor de 1995.

[34] U. S. Census Bureau, *World Profile*, 1994.

Es más, a pesar del consenso de los medios de información sobre la crisis agrícola hacia la que se dirige el mundo, la principal corriente entre los economistas agrícolas es bastante opuesta, y así ha sido durante años. La mayor parte de los economistas agrícolas están de acuerdo en que las tendencias nos llevan hacia una mejora en la provisión de alimentos en casi todos los principales segmentos de la población mundial.

En noviembre de 1993, el Banco Mundial publicó *The World Food Outlock*. Presentamos algunas de sus conclusiones:

- La producción mundial de alimentos ha superado las tasas de crecimiento de la población y ahora muestra escasos síntomas de estar disminuyendo. Durante la década de 1980 la producción mundial de cereales se incrementó un 2.1 % por año mientras que la población creció sólo 1.7 %. Las proyecciones son excelentes: en los 20 años que se extienden en el periodo 1990-2010 veremos más aumentos.
- El índice de precios al consumo del Banco Mundial ha caído 78 % de 1950 a 1992, calculado en monedas constantes de 1990.
- De acuerdo con la mayoría de las estimaciones, tanto la tierra como el agua son abundantes. Sólo 11 % de la superficie de la tierra está actualmente siendo utilizada para cosechas agrícolas y, según una estimación comúnmente aceptada, se podría utilizar el doble de tierra y agua para la agricultura.
- La proporción de los países en desarrollo cuya población sufre desnutrición crónica ha caído de 36 %, que había en los últimos años de la década de 1960, a 20 % durante los últimos años de la década de 1980.[35]

La verdad es que el crecimiento de la población tiene importantes beneficios a largo plazo debido, sobre todo, a que las personas producen más de lo que consumen. Como apunta el profesor Julian Simón:

> La principal prueba para el optimismo son los informes de producción de alimentos, tal como se aprecia en los datos de los países miembros recopilados por la FAO y por el departamento de Agricultura de Estados Unidos a partir de los datos de 104 países y de los informes de los agregados agrícolas estadounidenses. La producción de alimentos (medida según el valor de mercado de los alimentos ajustado a un año dado, dividido entre la población mundial) fue 29 % o 37 % más elevado en 1979 que en el periodo base de 1948-1952, según la FAO y la USDA, respectivamente [...]
>
> Según (*el doctor Gale*) Johnson, quien ha revisado la historia documentada del hambre e informa sobre los resultados en su monografía "World Food Problems and Prospects" (*Problemas y previsiones del alimento en el mundo*) (1973), "es bastante improbable que las muertes causadas por el hambre (*en el tercer cuarto del siglo XX*) lleguen a ser siquiera una décima parte de las ocurridas en el periodo de los 75 años anteriores".

[35] Banco Mundial, "Population and Food".

Johnson declara que, de los 12 a 15 millones de muertes por hambre acaecida en este siglo, la mayoría (si no son prácticamente todas), "han sido debidas a una política gubernamental deliberada, a una mala administración oficial o a guerras, pero no a la escasez de cosechas".[36]

La economista Jacqueline Kasun, de la Universidad Humboldt State, en California, también desenmascara el mito de la "superpoblación" apuntando dos hechos importantes: *a*) las urbes, ciudades y pueblos cubren probablemente menos de 1 % de la superficie de la Tierra y *b*) todos los hombres y mujeres del planeta podrían vivir en el estado de Texas (aproximadamente, 680 000 km^2), aun habiendo concedido cerca 312 m^2 a cada familia de tres miembros.[37]

Robert L. Sassone ha llegado a una conclusión similar:

> Según la ONU, si se juntaran todas las construcciones del mundo, éstas cubrirían sólo unas 20 000 millas cuadradas de tierra. Es decir, toda las construcciones del mundo cabrían con facilidad en un país pequeño como Irlanda o Escocia, dejando vacío el resto del mundo. Todas las parcelas de tierra dedicadas a uso humano, incluyendo granjas, edificios, carreteras, etc., ocupan sólo 11 % del área de tierra del planeta. La Tierra tiene una densidad de población de alrededor de 30 personas por milla cuadrada. Esto quiere decir que si nos dispersásemos sobre la Tierra, la persona más cercana a otra estaría a 1000 pies de distancia, es decir, el planeta estaría escasamente poblado.
>
> La proyección de Naciones Unidas para la población futura que, en el pasado, se ha determinado como la más exacta, prevé que en los 50 próximos años la población del mundo decaerá. En Gran Bretaña y Europa, esta caída empezará en tan sólo 10 años. Una vez que comience la caída de la población, adquirirá tal impulso que la población continuará decreciendo a tasas cada vez más rápidas. De hecho, en muchas áreas del mundo, incluyendo Latinoamérica y Asia oriental, el número de nacimientos está cayendo.[38]

La columnista Marilyn Von Savant utiliza otra analogía. Si toda la población del mundo se reuniese, otorgando a cada persona un espacio de 60 cm^2, el área total utilizada sería de menos de 2590 km^2 o un área aproximada al tamaño de Jacksonville, Florida.[39]

Aunque las actuales preocupaciones sobre urbanismo (la migración masiva de la gente del campo a los centros urbanos) puedan merecer consideración, es obvio que la crisis de "superpoblación" es un mito, igual que es evidente que los métodos artificiales de control de natalidad son dañinos para las mujeres, las familias y las naciones. En 1994, 45 % de la población mundial vivía en áreas urbanas.[40] Algunos de estos controladores químicos

[36] G. Simón, *Population Matters*, pp. 96-98.

[37] *Véase también* Jacqueline R. Kasun, "Population Control of the Family", Population Research Institute, Gaithersburg, Md., 1988, p. 12.

[38] Simon, *Population Matters*, pp. 96-98.

[39] Marylin Von Savant, *Parade*, 1 de septiembre de 1991, p. 11.

[40] Estimación de la ONU, división de Población, Aglomeraciones Urbanas, 1994.

dañinos de la natalidad y otros dispositivos, prohibidos, o severamente legislados, en Estados Unidos y en otros países desarrollados (como algunos dispositivos intrauterinos y el fármaco Depo-Provera, cuyo uso ha sido sólo recientemente aprobado en Estados Unidos), son rutinariamente impuestos a las mujeres de los países pobres por los mismos controladores de población que proclaman tener su "bienestar" en mente. (En la parte IV de este libro se ofrece mas información sobre los efectos dañinos de los métodos artificiales de control de la natalidad.)

Somos demasiado pocos, no demasiados

Una vez desactivada la llamada "bomba de la población", analicemos algunos de los peligros de la disminución de la población. Ben Wattenberg, en su libro publicado en 1987, *The Birth Dearth: What Happens When People in Free Countries Don´´t Have Enough Babies?* (La escasez de nacimientos: ¿qué ocurre cuando la gente de los países libres no tiene suficientes bebés?), advierte sobre la crisis emergente en Occidente debida al mito de la superpoblación.

> ...He tenido ocasión de revisar cuidadosamente los datos y me acabo de dar cuenta de cuánto tiempo hace que América mantiene una tasa de fertilidad por debajo del nivel de reemplazo, lo que yo llamo aquí un nivel de "escasez de nacimientos". Empezó en 1972 y continúa en 1987 –15 años consecutivos–. Estas nuevas tasas en América (y en Europa y en Japón) han bajado tanto que son dañinas y parece que van a continuar, a menos que la gente entienda la magnitud del problema y responda cambiando su comportamiento reproductor.[41]

La Oficina del Censo de Estados Unidos predijo por primera vez en 1989 que la población de este país no se reemplazaría en las siguientes décadas. Habrá importantes problemas económicos y sociales como consecuencia de esta tendencia, y Wattenberg menciona algunos de ellos:

> A medida que nos adentremos en la segunda generación de la Escasez de Nacimientos, muy próxima a nosotros, la reducción ya no será únicamente de bebés, sino también de jóvenes. Los bebés "perdidos" de la primera generación equivaldrán también a productores y consumidores, a soldados y marinos, a madres y padres "perdidos". Y entonces, suponiendo que la fertilidad se mantenga en su tasa actual, la siguiente (y segunda) generación de bebés, integrantes de las pequeñas familias de ese reducido número de bebés (de la primera generación) de la Escasez de Nacimientos que ahora empiezan a convertirse en adultos, empezará a reducirse.
>
> Esto probablemente nos ocurrirá en unos años. Y todos estos cambios en el tamaño de la familia se reflejarán, por supuesto, más tarde o más temprano, en

[41] Ben J. Wattenberg, *The Birth Dearth: What Happens When People in Free Countries Don´t Have Enough Babies?*, Scripps Howard, Nueva York, 1987, p. V.

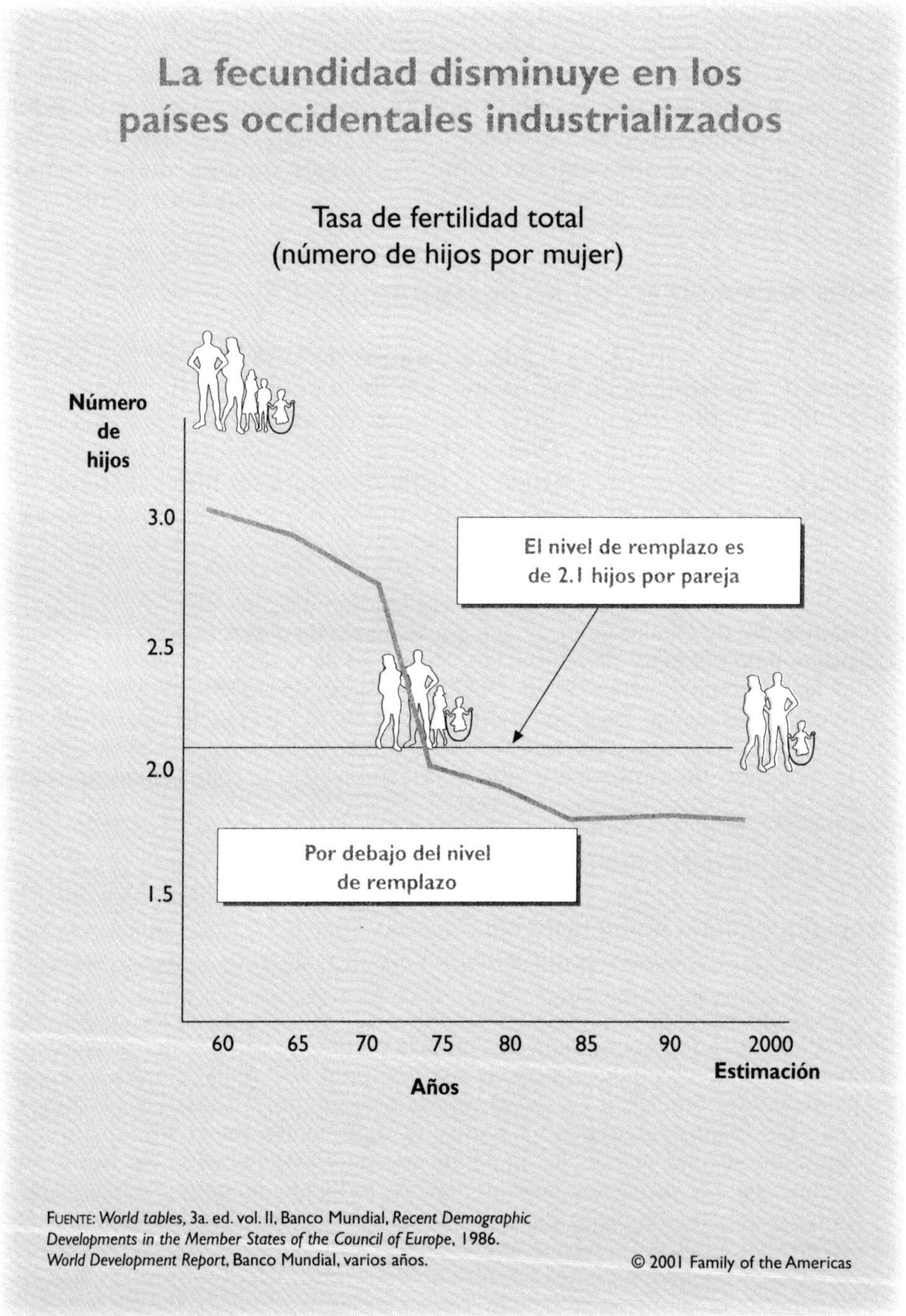

La fecundidad disminuye en los países occidentales industrializados
Tasa de fertilidad total
(número de hijos por mujer)
Número de hijos
3.0
2.5
2.0
1.5
El nivel de remplazo es de 2.1 hijos por pareja
Por debajo del nivel de remplazo
60
65
70
75
80
85
90
2000
Estimación
Años
FUENTE: World tables, 3a. ed. vol. II, Banco Mundial, Recent Demographic Developments in the Member States of the Council of Europe, 1986. World Development Report, Banco Mundial, varios años.
© 2001 Family of the Americas

Figura 10.1

las cifras de población. Los países afectados por la Escasez de Nacimientos se moverán inexorablemente de una alta tasa de crecimiento a una tasa de crecimiento lento, a otra de no crecimiento, hasta llegar a las tasas negativas que ya han aparecido en algunas naciones de Europa occidental [...]

Creo que la Escasez de Nacimientos, en un futuro próximo, empezará a provocar perturbaciones en todos los niveles de nuestra economía, desde las cajas registradoras de los restaurantes de comida rápida hasta las juntas directivas de las mayores compañías. El capitalismo moderno se ha basado siempre en el factor económico de mercados nacionales de expansión vigorosa. Esta fase se está terminando. La próxima turbulencia será difícil, aunque no imposible, de manejar. La nuestra es, después de todo, una economía responsable y flexible.

De hecho, el cercano efecto de la Escasez de Nacimientos puede suponer una gran oportunidad económica para algunos. (Invierta en funerarias, hospitales geriátricos y compañías farmacéuticas, no en empresas de alimentos para bebés, ni triciclos o uniformes de colegio, ni tampoco en una casita de cuatro dormitorios en las afueras.)[42]

Tabla 10.1. Densidad de población e indicadores de fortaleza económica en países seleccionados.

País	*Densidad de población (habitantes/km²), julio de 1993, estimado*[a]	*Crecimiento económico (tasa de crecimiento del PNB), estimado 1994*[b]	*Renta per cápita, estimada 1994*[c]
Hong Kong	10 263	N/a	N/a
Bangladesh	926	4 %	1 380
Bahrein	874	2 %	13 100
Corea del Sur	467	6.8 %	12 600
Japón	334	2.6 %	23 100
Alemania	236	2.7 %	22 500
Reino Unido	241	2.6 %	21 200
Haití	272	3 %	1300
Nigeria	123	1.6 %	960
China	135	7.8 %	3 600
Guatemala	107	5 %	3 800
Kenia	51	1.6 %	1 550
Brasil	20	0.5 %	6 100
Perú	19	1.8 %	4 300

[a] Dorling Kindersley, *Concise Atlas of the world,* 2001, pp. 201-207.
[b] *Time Almanac* 2001, pp. 719-895.
[c] *Ibid.* Las cifras están en dólares estadounidenses.

[42] *Ibid.*, pp. 7-8.

Mientras el enemigo trabajaba sin descanso para ocultar la verdad, muchos todavía son presa del engaño. La mentalidad anticonceptiva, la esterilización, el aborto, la eutanasia, el trasplante de órganos, han contribuido todos a la implosión de la población.

La elevada esperanza de vida y la baja tasa de nacimientos ya está afectando de manera dramática a algunas zonas europeas. De los 361 893 629 ciudadanos que tienen, en total, los 15 estados de la Unión Europea,[43] aproximadamente 20 % es mayor de 60 años de edad. Los demógrafos dicen que, si la tendencia continúa, esta proporción también aumentará. Su previsión es que, hacia el año 2010, "habrá más europeos cobrando pensiones que contribuyendo a las mismas".

Hasta hace poco, Europa compensaba su baja tasa de natalidad gracias a la inmigración. Aunque los países europeos buscan seguir una política inmigratoria de "puertas cerradas", los investigadores sociales han apuntado que, más que provocar paro, los emigrantes de Turquía y del norte de África realizan trabajos que los europeos no quieren hacer, a la vez que aumentan la base impositiva. Las contribuciones de estos inmigrantes ayuda a financiar programas de bienestar social como las pensiones o la seguridad social. La "escasez de nacimientos" en Europa significa que hay que investigar sobre nuevos sistemas para financiar los programas de la tercera edad.[44]

En Estados Unidos se ha sugerido que ha llegado el momento de privatizar la seguridad social. Continuar con el sistema actual, controlado por el gobierno, "requerirá incrementar la tasa de impuestos en los próximos 30 años, del actual 12.4 % a un 18 %, con un riesgo de que sea sustancialmente mayor". Este incremento será necesario por la falta de jóvenes trabajadores que contribuyan al sistema.[45]

Algunas verdades que se ocultan:

- La población de las naciones occidentales industrializadas está experimentando un descenso suicida. La mayor parte de la población del mundo se encuentra por debajo del nivel de remplazo.
- ¿Qué va a pasar con las prestaciones de la seguridad social de las naciones industrializadas cuando necesiten de cinco a seis jóvenes contribuyentes por cada persona que se jubile? En la actualidad, la mayoría de las naciones industrializadas apenas tienen de dos a tres personas trabajando por cada jubilado.
- ¿Quién va a ser la próxima víctima? ¿Los ancianos o los discapacitados, a través de la eutanasia legalizada?
- La única seguridad social que tienen los países pobres son sus hijos, que cuidarán a sus padres en su ancianidad. Recientemente, un dirigente de un país pobre recalcó que la mentalidad pagana de Occi-

[43] Central Intelligence Agency, *The World Factbook 1995*, pp. 33-336.

[44] William Drozdiak, "Europe´s `Birth Dearth? Spawns Reapparaisal of Inmigration", en *The Washington Post*, 20 de enero de 1994, p. A19.

[45] Martin Feldstein, "Time to Privatize Social Security", en *The Wall Street Journal*, 8 de marzo de 1996.

¿Está el mundo superpoblado? (6200 millones de personas).

La totalidad de la población mundial cabría con facilidad en un área del estado de Texas – 692 402 km^2

Texas es comparable a:
Chile - 756 950 km^2
Zambia - 740 720 km^2
Myanmar (Birmania) - 676 550 km^2
Polonia y Alemania juntas - 669 590 km^2
España, Portugal y Andorra - 598 860 km^2

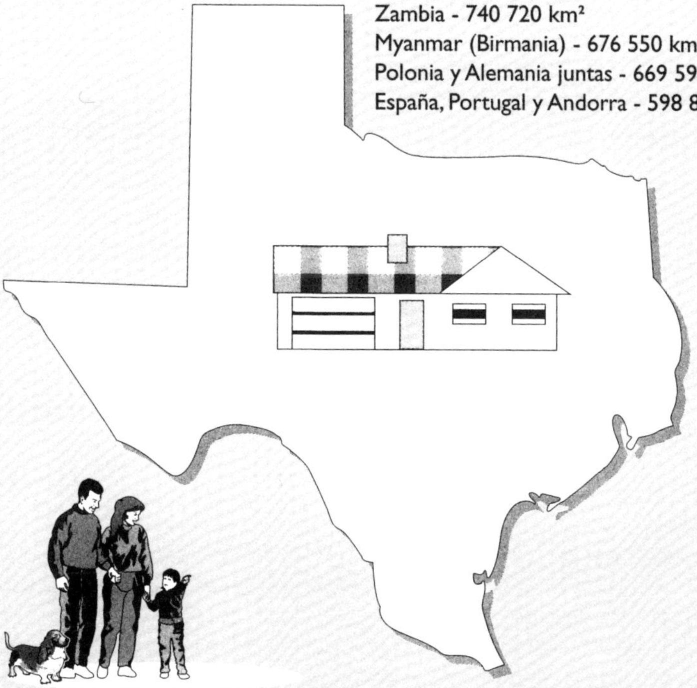

678 580 km equivalen a unos 313 m^2 para cada familia de 3 miembros.

FUENTE: Dr. Robert Sassone, *American Life League*, 1996.
Dorling Kindersley-Concise Atlas of the World.

Figura 10.2

¿Está el mundo superpoblado?

6200 millones de personas

Si toda la población del mundo se juntara, ocupando cada persona un espacio de 60 × 60 cm, el área total ocupada sería inferior a 1000 millas cuadradas (2590 km²), lo que equivale a un área aproximadamente igual (o menor que) a las indicadas en el mapa.

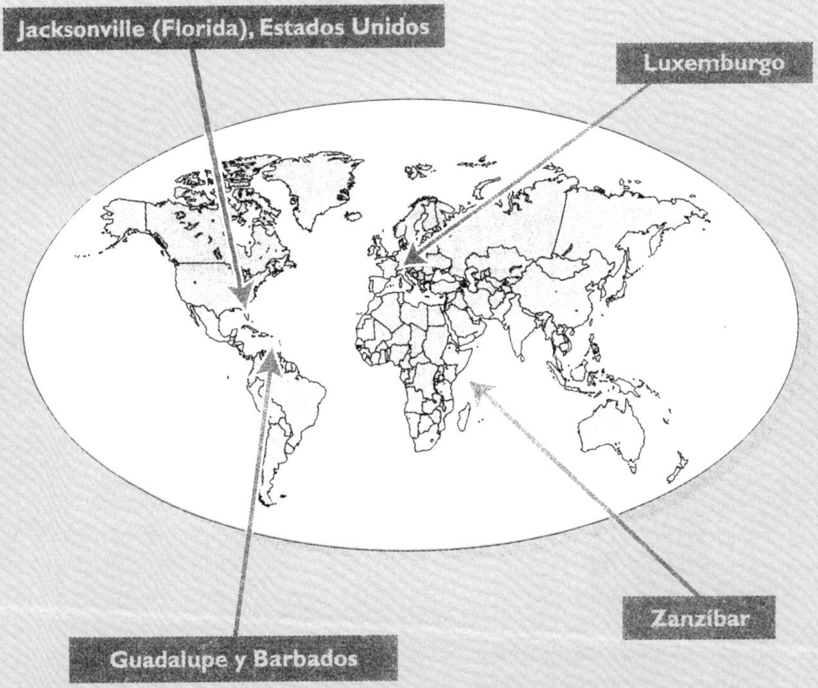

FUENTE: Reporte de las Naciones Unidas de la División de Población del Departamento de Economía y Asuntos Sociales, titulado: "Monitoreo de la población Mundial 201".

Figura 10.3

Descenso del promedio de fertilidad

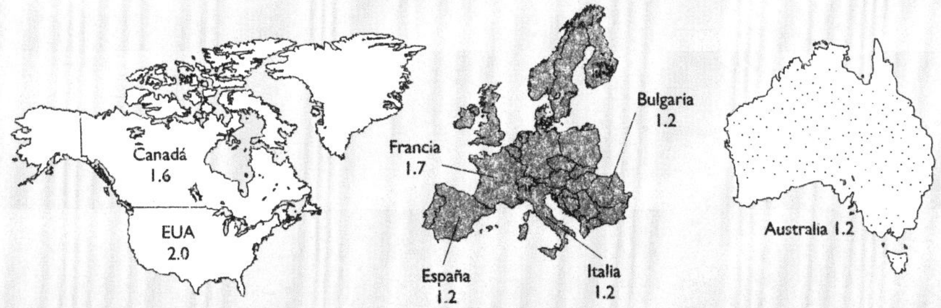

En Norteaméricana hay un promedio de 1.8 hijos por mujer

En Europa hay un promedio de 1.4 hijos por mujer

En Australia hay un promedio de 1.8 hijos por mujer

En Estados Unidos hay un promedio de 2.0 hijos por mujer mientras que en Canadá hay un promedio de 1.6 hijos por mujer.

Las mujeres europeas tienen un promedio de 1.4 hijos, muy bajo para reponer su poblacón.
Se proyecta que Europa bajará su población total 12 % para el año 2050, de 728 a 638 millones.

En el mundo desarrollado las parejas necesitan tener un minimo de 2.1 hijos para permanecer en cero de crecimiento.

FUENTE: *Millenium in Maps*, National Geographic Society, Washington, D.C. 1998. Boletín noticioso POP/64, "UN Releases 1998 World Population Estimates and Projections", 27 de octubre de 1998

Figura 10.4

En el mundo en vías de desarrollo el número de hijos por pareja ha disminuido en los últimos años

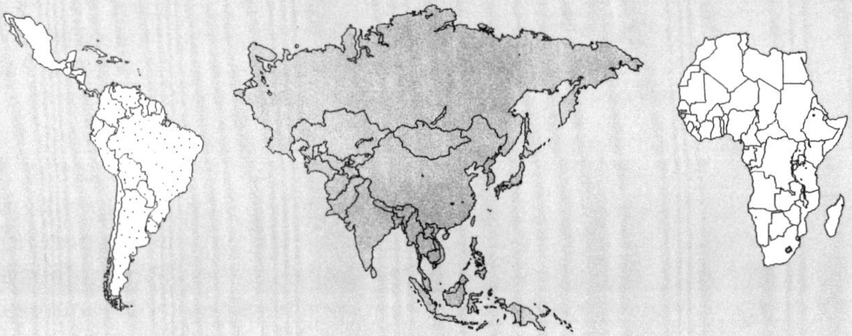

En Latinoamérica, de 5.0 a 2.7

En Asia, de 5.1 a 2.6

En África, de 6.6 a 5.1

En los países en vías de desarrollo, las parejas necesitan tener como mínimo 2.6 hijos para permanecer en cero de crecimiento poblacíonal. Por tanto, hoy día, sólo el Continente Africano está reponiendo su poblacíon, América Latina y Asia están peligrosamenta cerca de ceo y continúan bajando.

FUENTE: *Millenium in Maps*, National Geographic Society, Washington, D.C. 1998. Boletín noticioso POP/64, "UN Releases 1998 World Population Estimates and Projections", 27 de octubre de 1998

Figura 10.5

La verdad acerca del crecimiento de la población

Casi la totalidad del crecimiento de la población mundial se debe a que muere menos gente de la que nace (las tasas de nacimiento están disminuyendo más rápido que las tasas de mortalidad).

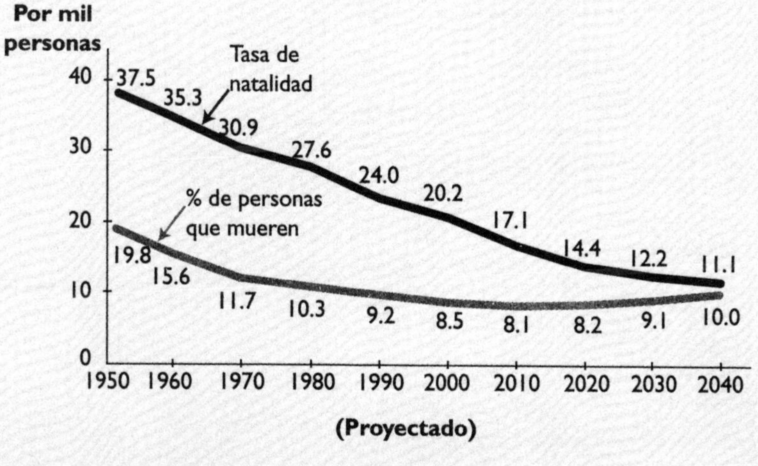

FUENTE: *Handbook on Population,* Robert Sassone, 1998.
World Population Prospects, Revisión de 1994.

Figura 10.6

Las mujeres europeas tienen un promedio de 1.4 hijos

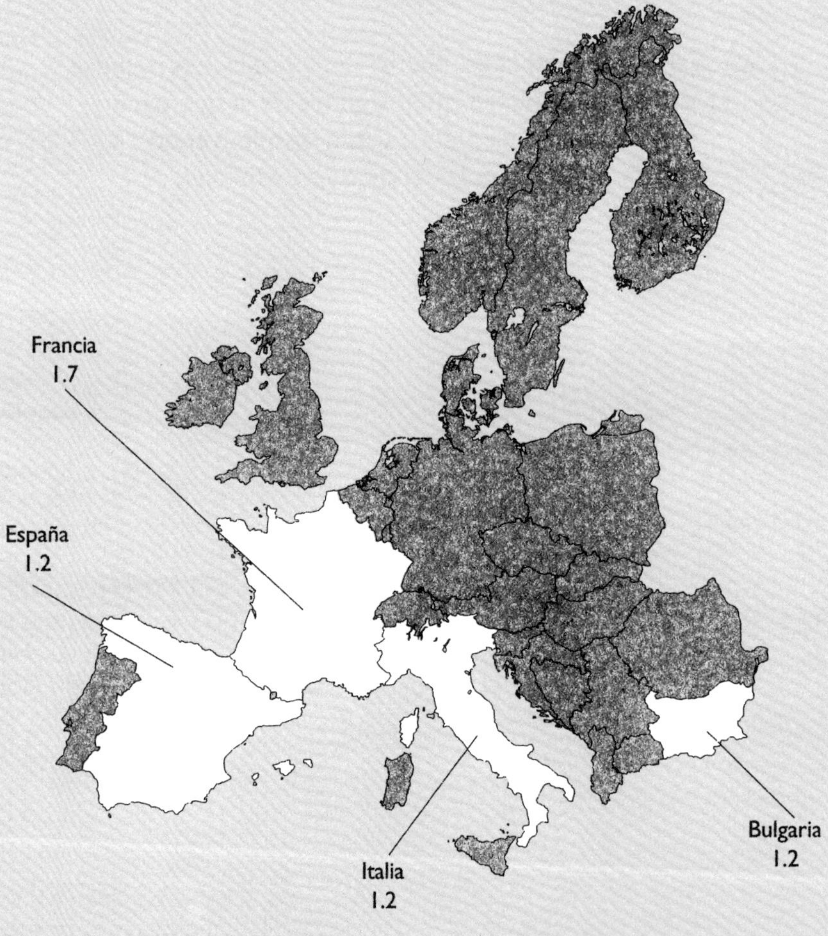

FUENTE: *Millenium in Maps*, National Geographic Society, Washington, D. C., 1998.
Boletín noticioso POP/64, "UN Releases 1998 World Population Estimates and Projections", 27 de octubre de 1998.

Figura 10.7

Todo el mundo estará perdiendo población para el año 2045

FUENTE: *Millenium in Maps*, National Geographic Society, Washington, D. C., 1998. Boletín noticioso POP/64, "UN Releases 1998 World Population Estimates and Projections", 27 de octubre de 1998.

Figura 10.8

La edad promedio de la población del mundo

Alrededor de 1900 la edad del promedio
era aproximadamente 20 años.
En 1995 llegó aproximadamente a 25 años.
En 2025 la edad promedio será de 42 años.
En algunos países la población será aún mayor

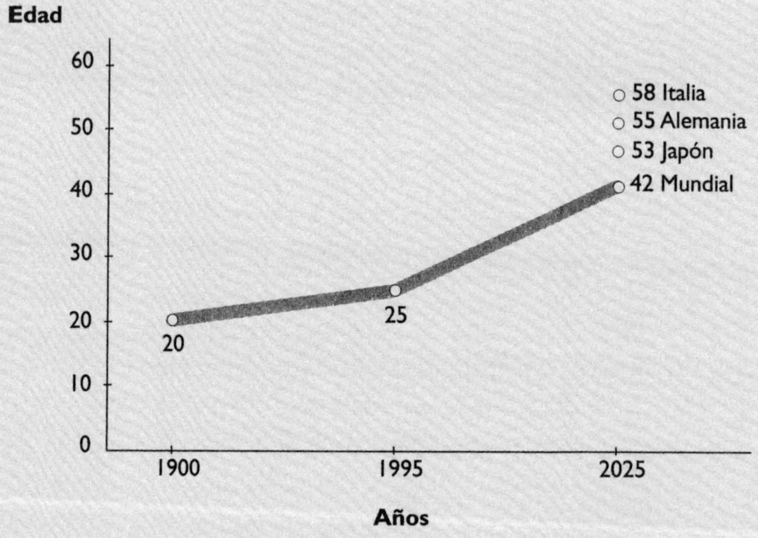

FUENTE: World Population Prospects, Revisión de 1994, citada por Nicholas Eberstadt, en "The Population Implosion", *The Wall Street Journal,* 16 de octubre de 1997.

Figura 10.9

dente está robando a los padres de los países en desarrollo los únicos tesoros que les quedan: su fe y sus hijos.

LA VERDAD ACERCA DE LA POBLACIÓN

Casi todo el crecimiento demográfico mundial se debe a que la gente vive más tiempo, y no a que haya un mayor número de nacimientos. El número total de nacimientos ha disminuido en Norteamérica, América Latina, Europa y Asia. Sólo África está todavía por encima del nivel de remplazo.

La historia ha demostrado que la proyección demográfica a largo plazo de las Naciones Unidas más exacta es la variante baja, no la variante intermedia que se cita con frecuencia. Si continúa esta tendencia:

- Europa perderá población para 2005.[46]
- La tasa de fertilidad de los países en desarrollo caerá por debajo del nivel de reemplazo para 2015.[47]

El porcentaje de crecimiento demográfico del mundo está ahora en su punto más bajo en la historia moderna y continúa bajando cada año. Italia es ahora el país con el nivel de fertilidad más bajo del mundo.

El profesor Eberstadt, de Harvard, advierte además que para 2025 la edad promedio será de más de 42 años. En algunos países como Italia la edad promedio será de 58 años, en Alemania de 55 y en Japón de 53. Según las proyecciones de las Naciones Unidas, la mitad de los actuales habitantes del mundo todavía estarán vivos cuando comience la despoblación mundial.[48]

La pregunta principal es: ¿quién está detrás de este complot contra la humanidad? Manipulaciones tan astutas, orquestadas con tal precisión, especialmente durante los últimos 30 años, no son ninguna coincidencia.

LA FARSA DE LAS CONFERENCIAS DE LAS NACIONES UNIDAS, CON ESPECIAL ÉNFASIS EN LA DEFINICIÓN DE "GÉNERO"

Estas conferencias son guerras no declaradas contra la familia. Los documentos que se presentan se imponen a los delegados que representan a prácticamente todos los países del mundo. El programa general exige un control mundial de la población a escala colosal, que se ha de lograr a través del aborto, las píldoras y otras tecnologías de fabricación humana tales como vacunas contra el embarazo a través de los toxoides del tétanos y la difteria; además,

[46] *Millennium in Maps*, National Geographic Society, Washington, D. C., 1998. Boletín noticioso POP/64, "UN Releases 1998 World Population Estimates and Projections", 27 de octubre de 1998.

[47] *Ibid.*

[48] World Population Prospects, revisión de 1994, citado por Nicholas Eberstadt, "The Population Implosion", en *The Wall Street Journal*, 16 de octubre de 1997.

incluye el reconocimiento universal de que no hay dos géneros, sino cinco. Son hostiles a la familia en la que hay dos padres y a la maternidad en particular. Son antagónicos contra la religión y los religiosos. Promueven la experimentación sexual y la homosexualidad... Cualquier cosa que no produzca nacimientos. En pocas palabras, los documentos de las Naciones Unidas en general están colmados de todos los ataques posibles contra la familia.

Dichas conferencias hacen que la declaración de la misión de Paternidad Planificada Internacional se convierta en ley internacional a través de tratados vinculantes. Los derechos de los padres se están usurpando y sus deberes y responsabilidades se pasan por alto en este proceso tiránico. Esta batalla supone cambiar los valores culturales y tradiciones religiosas de todo el mundo y enfrenta a los países occidentales más poderosos del mundo contra los más débiles y empobrecidos. Los países que más vociferan en la coalición occidental son la Unión Europea (compuesta de 15 países europeos y por la mayoría de los países escandinavos), Canadá, Australia, Japón, Nueva Zelandia y Estados Unidos. Bajo los auspicios de las Naciones Unidas, tratan de hacer del control universal de la población y la destrucción de la familia tradicional su principal objetivo.

CONTROL DEL MATRIMONIO Y LA MATERNIDAD

La coalición occidental insistió enérgicamente en que se eliminaran todas las referencias a la dignidad humana del documento considerado en Beijing, en septiembre de 1995.

El documento de Beijing señala al matrimonio y la familia como obstáculos para la superación de la mujer. El matrimonio y la familia se asocian con la violencia contra la mujer dentro de una familia.

Los negociadores occidentales no se detuvieron allí. Insistieron en cambiar el término "familia" por la palabra ambigua de "familias". Este es un cambio ominoso que significa que cualquier grupo de personas no emparentadas puede llamarse a sí misma *familia*. Aunque los delegados defensores de la familia lograron impedir este cambio, otras disposiciones del documento ampliaron el significado real del término "familia".

La Declaración Universal de los Derechos Humanos establece que "la maternidad y la infancia tienen derecho a cuidado y protección especiales". Los países occidentales pidieron repetidamente que se omitiera toda referencia a la palabra "madre", excepto cuando aparecía en forma negativa. Argumentaron que el papel de la mujer es ser ejecutiva, política o productora... Cualquier cosa, menos madre.

SE ELIMINÓ TODA REFERENCIA A LA RELIGIÓN

En Beijing la coalición contra la familia luchó agresivamente por eliminar todas las referencias a la religión, la espiritualidad, la moral o la ética, excepto cuando se mencionan negativamente, por ejemplo cuando se les asocia con la intolerancia o el extremismo. Para estos delegados, no hay nada bueno en la religión, especialmente en la Iglesia Católica. Se arguyó que la Iglesia Católica ha sido responsable de mantener oprimidas a las mujeres y ha contribuido al exceso de población.

De acuerdo con los documentos expedidos por las Naciones Unidas, todos los países del mundo deben ahora reconocer que los "derechos humanos y libertades fundamentales", como los definen los países occidentales controlados por las feministas, son más importantes que las tradiciones y creencias religiosas.

Se concede el poder al Estado

La Declaración Universal de los Derechos Humanos y la Convención sobre los Derechos del Niño contienen disposiciones especiales sobre los derechos y responsabilidades de los padres respecto de la educación y crianza de sus hijos. Las delegaciones de los países occidentales trabajaron febrilmente para eliminar el reconocimiento de los derechos y responsabilidades de los padres de secciones fundamentales de todos los documentos de las Naciones Unidas, rechazando incluso citas directas de la Convención sobre los Derechos del Niño. Se han cambiado párrafos decisivos en la mayoría de los documentos, que mencionan primero los "derechos del niño a tener acceso a información, reserva, confidencialidad..." con la inferencia de que éstos sustituyen a los derechos de los padres.

La polémica del género en la Conferencia de Beijing

Esta polémica estalló en la reunión del comité preparatorio en las Naciones Unidas en Nueva York, en la primavera de 1995. Originalmente, sólo tres países (Argentina, Guatemala y Honduras) cuestionaban el significado del término "género". Pidieron que "género", que aparece más de 200 veces en el documento de 145 páginas, se definiera adecuada y claramente. Esto ocasionó una enorme conmoción entre los países desarrollados, que querían dejar la palabra sin definir. Una reunión especial de los países que pedían una definición clara de "género", junto con el contingente usual de Occidente que quería dejar el término sin definir, se organizó en el edificio de las Naciones Unidas. Después de una reunión de dos horas en la que participaron aproximadamente 20 delegados de las naciones ricas y pobres, las segundas sugirieron que "género" se definiese como "masculino y femenino, los dos sexos del ser humano". Esta sugerencia era inaceptable para los países desarrollados. Los delegados de las naciones occidentales, particularmente Australia, Estados Unidos y la Unión Europea, se resistían enérgicamente a la posibilidad de una definición clara de "género" como "masculino y femenino".

Ya que la delegada de Guatemala había trabajado con los delegados de Argentina, Honduras, Egipto, Sudán, Benín y otros países en desarrollo, y la mayoría de los países en las Naciones Unidas son del mundo en desarrollo, no habría problema en que se aprobara la moción. Al volver a la Asamblea General, la delegada de Guatemala pidió la palabra para proponer a todos los delegados que "género" se definiese como "masculino y femenino, los dos sexos del ser humano", pero segundos después de hecha la propuesta el delegado de Estados Unidos pidió la palabra para proponer a todos los delegados que se suspendiera la decisión y que la definición de "género" se aplazara 30 días. Los delegados de los países pobres sabían que el objetivo de este aplazamiento era permitir a las naciones occidentales hacer presión sobre los delegados de las naciones pobres para que el término "género" quedase sin definir. Los países occidentales calcularon que podían ejercer más presión sobre los representantes permanentes en las Naciones Unidas que sobre los delegados de sus países de origen que vienen expresamente a estas reuniones y no están acostumbrados a la forma solapada en que se trabaja en las Naciones Unidas y que por tanto sería menos probable que cambiaran sus posturas morales.

Esta táctica iba a hacer muy difícil que las naciones pobres permanecieran unidas, ya que sus embajadores, ministros de relaciones exteriores e incluso presidentes recibirían llamadas. Funcionarios de Argentina, Honduras y Guatemala fueron objeto de tales presiones. El Secretario General de las Naciones Unidas llamó personalmente a los embajadores de Honduras y Guatemala, quejándose de que sus delegados estaban obstaculizando la reunión. Durante los siguientes 30 días la delegada de Guatemala recibió varias llamadas sugiriendo una definición más ambigua de "género" en lugar de la clara definición propuesta. Dos de los defensores más leales de la postura de Guatemala, Egipto y Honduras, ya no pudieron seguir defendiendo la clara definición de "género". La presión de Estados Unidos, en particular, fue muy efectiva para destruir la unidad de las naciones pobres. Éste es un ejemplo claro de cómo se señala a los países pobres como disidentes por defender la familia tradicional, la maternidad y los derechos de los padres. Muchos países acaban por sacrificar sus valores morales y principios éticos con la esperanza de recibir concesiones económicas que nunca llegan. Las naciones occidentales parecen preferir mantener a los países en desarrollo rogando que se les dé asistencia y préstamo, haciendo imposible eliminar la pobreza, el hambre y la miseria cuando la llamada asistencia humanitaria y los préstamos se utilizan como sobornos.

Finalmente, el término "género" se aprobó "sin definir", como sigue: *"La palabra género se interpreta y se entiende como lo es en el uso ordinario y generalmente aceptado."*

Guatemala siguió siendo el único disidente que insistía en definir "género" como "masculino y femenino, los dos sexos del ser humano". El presidente no sólo hizo caso omiso de la solicitud de Guatemala, sino que abandonó la práctica del consenso y pasó por alto el hecho de que un país no estaba de acuerdo con la decisión de la mayoría.

Los extremistas, las feministas enemigas de la mujer y de la maternidad, afirman que los papeles de género los construye la sociedad. En otras palabras, uno no nace hombre o mujer, sino que la sociedad le impone esa condición. Por consiguiente, podría llegarse a afirmar que hay cinco géneros: masculino, femenino, homosexual, bisexual y transexual.

La determinación de esta definición es de vital importancia para todos. La aceptación de la definición de "género" como "papeles socialmente construidos, socialmente determinados o socialmente asignados" impone una ideología extraña y radical a las mujeres del mundo. Esa definición ambigua de género conlleva la inferencia de que la maternidad y la heterosexualidad no son naturales, sino construcciones sociales creadas artificialmente. Es una negación de las diferencias naturales entre hombres y mujeres.

¿POR QUÉ SE ESTÁ DIFUNDIENDO LA CULTURA DE LA MUERTE?

Los efectos espirituales que emanan de un alma nueva son la amenaza más grande para el demonio. Cada niño que nace es un mensajero de la vida y la esperanza de que Dios todavía cree que somos dignos de continuar procreando. Por tanto, la mayor amenaza para las fuerzas del mal es la nueva vida. Por esta razón, la nueva vida es el objetivo primordial. Las fuerzas del mal ciegan a los seres humanos a la verdad, con el fin de hacer de ellos instrumentos de muerte. A través de sus programas están destruyendo el valor y los beneficios de la disciplina, destrozando la unidad de la familia, con la consecuencia de que aumenta el número de divorcios, y fomentando la homosexualidad como estilo de vida alternativo que debe aceptar la sociedad. Ya que una vida nueva no puede surgir de las relaciones antinaturales entre personas del mismo sexo, se convierten en armas poderosas contra el futuro de la humanidad. Esto lo están logrando al aplicar las nuevas tecnologías a sus nefastos fines, encadenando al ciudadano respetuoso de la ley al promulgar leyes contra la protección de la vida humana e incluso usando a las Naciones Unidas y a sus organizaciones para ampliar aún más los programas de control de la población, eliminando la autoridad de los padres y destruyendo la inocencia de los jóvenes. También se han infiltrado en la profesión jurídica y médica para lograr sus propósitos y han engañado deliberadamente a la sociedad para que acepte perversiones como estilos normales de vida. Están destruyendo la modestia innata y la inocencia natural de los jóvenes bajo el disfraz de "educación sexual" sin moral ni valores y excluyendo totalmente los derechos de los padres.

LOS HIJOS SON UNA BENDICIÓN

Hasta la propaganda antihijos de hace algunos años, la humanidad siempre ha considerado a los hijos como una bendición. "Los hijos son una herencia del Señor", dicen las Escrituras, "el fruto del útero, una recompensa". También en los Proverbios se menciona que "los nietos son la corona de los ancianos".

La alegría de la llegada de una nueva vida al mundo es obvia (y suficiente por sí misma), pero la doctora Kasun nos recuerda también las recompensas económicas de los niños:

> Se espera que cada bebé nacido en Estados Unidos en 1996 aporte 47 años de fuerza laboral, gane cerca de un millón de dólares a lo largo de su vida y pague 400 000 dólares en impuestos. En 1996, la tasa de retorno de los futuros ingresos de un bebé típico asciende, teniendo en cuenta sus gastos de manutención, a 100 000 dólares. Esta cantidad estará disponible para financiar servicios públicos y se sumará al capital de la sociedad.[49]

Tal como insinúa la doctora Kasun, el potencial económico de los niños palidece si se compara con las profundas recompensas y las bendiciones que ofrecen a sus familias. Sin embargo, tristemente, en un mundo flagelado por el egoísmo y la opulencia, en muchos círculos se ha puesto de moda considerar a los niños como un inconveniente. Pero quienes somos padres, sabemos que los niños que hemos traído al mundo, y que hemos alimentado y protegido, nos resultan más preciados que nuestra propia vida.

He tenido la alegría de escuchar a una madre y a un padre de medios muy humildes alegrarse de la bendición de su gran familia. La pareja ha educado carpinteros, contadores, secretarias y amas de casa, todos ellos felices, respetuosos y cariñosos con sus padres. La vida de todos ellos ha sido plena, fructífera y bendecida por Dios. Todas sus necesidades básicas han sido satisfechas por medio del trabajo, el amor y el afecto. Incluso han tenido tiempo para trabajar como voluntarios en la asociación de su parroquia. Este es un hecho común en los países en vías de desarrollo. Para mí, esta gente es pobre, pero para familias tan excepcionalmente ricas como los Rockefeller también nosotros debemos parecer pobres. Sin embargo, sentimos y contamos nuestras bendiciones cada día. Esta es la manera en que debería ser y rogamos por aquellos que atacan a los pobres y a los pequeños, para que reciban un día la gracia y el sentido común para comprender y arrepentirse. Mientras tanto, debemos reconocer los riesgos que corren nuestras familias y debemos protegerlas de los implacables "expertos sexuales" y de los controladores de la población.

[49] Jacqueline R. Kasun, entrevista personal con Mercedes Arzú de Wilson, 7 de mayo de 1996.

11 Podemos proteger a nuestra familia

Un problema crítico al que se enfrenta la juventud actual es que sus padres han aceptado voluntariamente la falacia de que ellos no pueden ni podrán enseñar de manera adecuada a sus hijos los temas sexuales. Esto ha permitido al Estado y a sus agentes, como Planned Parenthood y el SIECUS, llenar el vacío, dodo ello en detrimento de los hijos.

DOUGLAS R. SCOTT
Presidente de Life Decisions International

Como ya hemos visto, las ideas que tienen los controladores de la población acerca del sexo no coinciden con la realidad ni con los deseos de la mayoría de los padres. Podemos hacer a nuestros hijos un favor para toda la vida si les decimos la verdad sobre la apreciación saludable del matrimonio, los hijos y la familia, en contraste con las ideas engañosas y peligrosas de los grupos de presión prosexo y procontrol de la población.

Como resultado de las mentiras (que el sexo fuera del matrimonio no tiene consecuencias peligrosas y que el control de la natalidad y el aborto resuelven problemas más que crearlos), los adolescentes se ven con frecuencia presionados, en contra de sus instintos más profundos, para caer en la promiscuidad. Otro aspecto del problema es que los adolescentes muchas veces no tienen suficiente apoyo de sus padres y de educadores responsables para resistir a la tentación de actividades ilícitas.

¿Cómo podemos los padres responder mejor a las necesidades de nuestros hijos y al serio reto planteado por los defensores de la educación sexual compulsiva y de los programas de control de la población? Primero, decir a nuestros hijos que por el mero hecho de que alguien –ya sea un amigo, un profesor, un personaje famoso o quien sea– les diga algo que contradiga las creencias de nuestra familia, esto no es necesariamente cierto. Existen respuestas a los retos actuales que afrontan las creencias tradicionales, y si no las tenemos a mano, podemos buscar a alguien que las tenga. En este libro y en los escritos de los autores y especialistas citados a lo largo del mismo, encontraremos respuesta a muchos de los falsos argumentos más frecuentes hoy día.

Es importante recordar que no estamos solos; otras familias comparten nuestros valores con sus hijos. Ellas también se niegan a entregar el desarrollo de sus hijos a extraños que están fuera del control parental y que minarán los principios de la moralidad, de la coherencia familiar y de la autoridad de los padres. Podemos unir nuestras fuerzas a la de los padres de nuestra comunidad que no quieren que extraños persuadan a sus hijos con una educación sexual amoral. Es más, si el grupo de presión proeducación sexual ya ha "ganado" en la escuela de nuestros hijos, podemos solicitar la "opción inclusiva", es decir, que los padres tengan que firmar permisos para meter a sus hijos en los cursos de educación sexual, y no para evitar que asistan a ellos; de esta manera, los chicos cuyos padres no deseen que acudan, no se sentirán como excepciones. También podemos solicitar que nuestros hijos reciban sólidos cursos alternativos sobre otras materias en vez de que los envíen a la sala de estudio durante la sesión de educación sexual.

Lo más importante es recordar que las familias son las verdaderas constructoras del futuro, que las familias, incluyendo la nuestra, tienen recursos para luchar contra los que les quieren retirar sus derechos. A lo largo de la historia, la familia ha resistido con firmeza a los intentos de modificarla o destruirla. Como dijo elocuentemente un líder público y defensor de la familia: "Es como si la familia, en tanto que realidad fundamental de la sociedad humana, fuese la roca, pequeña pero sólida, que rompe la sarta de abstracciones del ideólogo sobre la naturaleza humana."[1]

LA RESPONSABILIDAD PARENTAL

Los padres deben estar atentos a los peligros internos, así como a los externos, del hogar. Después de todo, los padres son cuidadosamente observados por sus hijos, quienes con frecuencia hacen cosas, buenas o malas, porque han visto a sus padres hacerlas. Sin ni siquiera darse cuenta, los niños pueden hablar, vestir y comportarse como su mamá y su papá.

Nadie puede sustituir a los padres. Las madres deben recordar que los niños crecen deprisa y que, en un abrir y cerrar de ojos, sus bebés estarán en el colegio tiempo completo. Durante esos primeros años de formación, uno de los mayores regalos que los padres pueden ofrecer a su joven hijo es su tiempo y su atención. (Otro es tener un hermano o una hermana.) Una vez que el niño ha crecido, las madres tendrán mucho tiempo para proseguir su carrera o comprometerse en actividades voluntarias que pueden haber echado de menos mientras los hijos eran pequeños y dependían más de ellas.

Si el marido puede afrontar el cuidado de la familia con su único salario, las madres no deberían trabajar fuera de casa. Cuando los dos progenitores trabajan, el tiempo que las familias pueden pasar reunidas es limitado, lo que a su vez afecta al desarrollo del niño. Durante la década de 1980, los padres que trabajaban dedicaron un promedio de cinco horas más por semana al trabajo, es decir, cinco horas por semana menos a su familia. Como resultado, los padres y los hijos tienen menos tiempo para llegar a conocerse y los hijos se ven privados de la atención, el afecto y la disciplina en la que tanto insistimos, piedra angular de una personalidad saludable. Como escri-

[1] Carl A. Anderson y William J. Gribbin, "The Solidarity of the Family", introducción de *The Family in the Modern World: A Symposium on Pope John Paul II's Familiaris Consortio,* American Family Institute, Washington, D. C., 1982.

be Patrick Fagan, "los niños que no reciben suficientes dosis de atención y afecto deben aprender prematuramente a defenderse a sí mismos contra la soledad y la inseguridad, condiciones que asientan los cimientos de una actitud defensiva (no cooperativa) en la relación con los demás y con la realidad, que perdurará el resto de sus vidas".[2]

Cuando los dos padres están ausentes del hogar, el cuidado de los hijos se confía a terceros o se les deja solos. De hecho, un informe, publicado en diciembre de 1992 por el Consejo Carnegie, sobre el desarrollo del adolescente cita uno de los estudios que reveló que los adolescentes de Estados Unidos pasaban sólo una media de cinco minutos de comunicación cara a cara con sus padres y tan sólo 20 minutos con sus madres. Según otro estudio, cerca de 30 % de los escolares estadounidenses se quedan solos en casa dos horas o más después del colegio (los niños de hogares más humildes tienen mayores probabilidades de estar solos más de tres horas). El Consejo Carnegie también informa que, de media, los adolescentes ven 21 horas de televisión por semana, comparado con las escasas 5.6 horas que pasan haciendo deberes.[3]

Estas estadísticas perturbadoras han sido provocadas, en buena medida, por un incremento significativo del número de mujeres que trabajan fuera de casa. Por ejemplo, entre 1970 y 1988, el porcentaje de madres trabajadoras con niños de un año de edad o menos se ha duplicado, de 24 a 52.[4] Tristemente, en los países occidentales, muchas de estas madres no hacen esto para ayudar a pagar alimentos y necesidades básicas, como en los países en vías de desarrollo, sino para obtener comodidades (como un segundo o tercer coche familiar, una videocasetera o un equipo estereofónico, juegos de computadora para casa, etc.), objetos de los que se puede prescindir, por lo menos hasta que los niños hayan crecido y estén en el colegio.

La tarea más desafiante que un adulto puede emprender es el cuidado amoroso de sus hijos, la formación de su mente y la protección de su cuerpo. Es una tarea demasiado crucial como para dejársela a un extraño o a una institución. Aunque muchos padres han lamentado el tiempo que "perdieron" fuera de la familia cuando sus hijos eran pequeños, pocas madres lamentan haber estado en casa al menos durante los primeros años de la vida de sus hijos.

El doctor Theodor Hellbrugge, pediatra y educador alemán, habla de la dignidad de las madres y de la maternidad, así como de la importancia de una estructura familiar para que los hijos "aprendan" seguridad. Enfatiza la necesidad de una "relación social cercana entre la madre y el hijo" en la socialización del niño y en su desarrollo cognitivo. También habla de un "programa de mantenimiento total" de la madre en el cuidado del "factor determinante" en la personalidad del niño (pero apunta que la interacción con la totalidad de la familia también es fundamental).

[2] Patrick F. Fagan, "The Social Teaching of John Paul II on the Family: Towards a More Generous Gift of Self in the Family", documento inédito y sin fechar (alrededor de 1990), p. 3.

[3] Barbara Vobejda, "Home Alone, Glued to the TV", en *The Washington Post*, 10 de diciembre de 1992, p. A3.

[4] Fagan, "Social Teaching", p. 4.

Claramente no es natural para una madre colocar a un bebé muy pequeño en una guardería mientras ella trabaja. Este paso sólo debe tomarse si es absolutamente necesario y eso rara vez sucede. Ninguna madre puede, con toda probabilidad, sentirse tranquila en el trabajo mientras todo su cuerpo y su mente están dirigidos hacia ese lazo especial que hay entre una madre y su hijo recién nacido, quien llora buscando la cálida fragancia y la dulce voz de su madre. (Después de todo, ¡el niño ha estado acostumbrado a la seguridad y al calor del útero de la madre durante nueve meses!) Es un hecho documentado que los hijos que reciben poco, o nada, de amor después de su nacimiento son normalmente tristes y enfermizos e incluso algunos mueren de soledad.

Por supuesto, estamos de acuerdo en que las mujeres son iguales a los hombres en términos de dignidad inherente y valía; tienen el mismo potencial para contribuir de manera sobresaliente a sus comunidades y al mundo. Sin embargo, las madres cumplen, tanto con su potencial como con sus responsabilidades solemnes, convirtiendo el cuidado de sus hijos en su principal responsabilidad. Cuando los hijos vayan al colegio, tendrán amplias oportunidades de iniciar o de retomar sus carreras profesionales.

Naturalmente, como hemos dicho anteriormente, los maridos/padres tienen también un papel esencial que cumplir en la vida familiar; por ello las familias monoparentales tienen más dificultades a la hora de trabajar y de cuidar a los hijos. Todos nosotros debemos rogar por ellos y apoyar los esfuerzos de los padres y madres solteros que intentan hacer todo lo posible por sus hijos.

AMOR Y PROXIMIDAD

Nuestra proximidad ayudará a nuestros hijos a desarrollar la fortaleza para evitar y resistir a la tentación. Su fuerza vendrá de nuestro amor hacia ellos. No quieren decepcionarnos, y si los educamos para aceptar un cierto grado de disciplina, tendrán la fuerza de carácter para resistir la tentación.

Como padres disfrutaremos de una mayor paz mental cuando nuestros hijos se vayan a la universidad o se muden a su propia casa si sabemos que hemos hecho lo mejor para infundirles un fuerte sentido de la moralidad, de la virtud y del amor familiar. Ya sea cuando se hayan ido, debemos continuar la relación estrecha con nuestros hijos, por carta o por teléfono. El interés continuado por las nuevas actividades de nuestros hijos hará que su tiempo fuera de casa sea más interesante para todos. Al mismo tiempo sentirán menos "nostalgia" de su casa y no se sentirán "desconectados".

ATENCIÓN

Los padres debemos participar en las actividades de nuestros hijos antes de que abandonen el hogar. Si los amamos, esto no será una carga, sino una experiencia gratificante que, tanto nosotros como ellos, recordaremos y apreciaremos toda la vida. De igual forma debemos saber dónde están nuestros hijos en todo momento; los niños pueden detectar la falta de interés de sus padres y sentirse profundamente heridos por ello. Entre nuestras obligaciones como padres está la de ayudarles a aprender en el colegio y a que asistan a las funciones del mismo, dirigir sus deberes, etc. Nuestro interés enardecerá el interés del niño. Sin embargo, debemos ser cuidadosos en no presionar demasiado a nuestros hijos para que vayan más allá de sus habilidades académica o deportivas, pues esa presión puede ser tan dañina como la falta de interés.

A medida que nuestros hijos se hagan adultos y recuerden el pasado, descubriremos la importancia de nuestro interés en sus actividades de cada día. Los jóvenes adultos disfrutan contando historias que nos incluyen como padres cariñosos que siempre se han preocupado por su seguridad y felicidad y que, como consecuencia y con frecuencia, les han ayudado a evitar el desastre. Esta es una recompensa que no olvidaremos. De hecho, los padres raramente lamentan el tiempo empleado en sus hijos y normalmente desearían haberles dedicado más.

Es necesario animar siempre a nuestros hijos a aprovechar todas las oportunidades, especialmente en temas de educación, y a desarrollar sus talentos hacia lo mejor de sus capacidades. Si nuestros hijos se van de casa para obtener una educación superior, debemos hacerles saber que seguimos preocupándonos mucho por ellos. *No debemos dudar en mostrar nuestros sentimientos de afecto hacia un hijo ya mayor.* Los padres deberían mostrar afecto hacia sus hijos e hijas, tal como hacen las madres. Los hombres jóvenes, en especial, son reacios a mostrar su afecto hacia sus padres, y con frecuencia se frenan por las costumbres sociales prevalecientes. Ayudémosles dando nosotros el primer paso.

EDUCACIÓN SEXUAL

Además de pasar gran cantidad de tiempo con nuestros hijos y de mostrarles nuestro afecto e interés, una de las cosas más importantes que podemos hacer para protegerlos es asumir nuestras responsabilidades en el área de la educación sexual. Hoy día, con demasiada frecuencia, se induce a los padres a pensar que son maestros incompetentes en temas de educación sexual. Algunos padres pueden incluso reproducir las omisiones o la incomodidad que sintieron sus propios padres con este tema, por lo que el ciclo se prolonga.

Hoy los niños están expuestos a la influencia de los medios de comunicación desde una edad muy temprana y podemos esperar que empiecen a plantearnos preguntas antes de lo que nosotros preguntamos a nuestros padres. Por ello, los padres deben entender de anatomía básica y fisiología cuando se habla de sexualidad humana y de fertilidad, y deben estar preparados para contestar a las preguntas de los hijos de manera sencilla pero exacta. Debemos recordar que nuestros hijos admiran y confían en nosotros más que en nadie en el mundo. Lo que les decimos provoca una marca indeleble en su mente. Consideremos qué ocurre cuando un niño nos descubre contradiciéndonos: nos lo recuerda en seguida: "¡Pero tú dijiste que...!" Los niños tienen una capacidad de memoria extraordinaria. Nos agradará sorprenderles en una conversación con amigos, sobre diferentes temas. ¡Parecen nosotros! Esto es porque responden a lo que les hemos enseñado, lo cual es un recordatorio de lo profunda que es nuestra influencia sobre ellos.

Finalmente, como ya se mencionó en la parte I, debemos alertar a nuestros hijos de la peligrosa influencia de los medios de comunicación de hoy día. Hay que explicar cómo las películas, los programas de TV y los videos aparentemente "inocentes" tratan, de hecho, de justificar las relaciones íntimas antes o fuera del matrimonio. Debemos ayudarles a ver cómo los retratos de la vida de Hollywood –y su erotismo sutil y no tan sutil– no sólo están lejos de haber sido tomados de la realidad, sino que han sido diseñados para "convertir" a la gente hacia la inmodestia y un comunismo creciente. Tenemos que enfatizar a nuestros hijos que los individuos irresponsables hacen peligrar todo su futuro, su salud y su felicidad, por unos breves momentos de placer sexual ilícito y explicarles los peligros de las enfermedades de trasmisión sexual, especialmente del VIH. Hay que advertirles que las chicas que quedan embarazadas fuera del matrimonio son responsables del bebé, y si deciden abortar, llevarán no sólo el trauma físico de haber matado a su hijo, sino también un sentimiento de culpa y profundas cicatrices emocionales. Recordémosles que pedirle a una chica que se acueste con ellos antes del matrimonio, o abandonar a una chica que se ha quedado embarazada de ellos, es exactamente lo opuesto a la caballerosidad y a la virilidad.

Naturalmente, aseguremos a nuestros hijos que, aunque sean momentos difíciles, estaremos siempre con ellos para hacer lo correcto y para ayudarles a encontrar el perdón y la cura, incluyendo una "segunda virginidad". Según Focus on the Family, "los investigadores Zelnik y Kantner, quienes entrevistaron a adolescentes que habían tenido experiencias sexuales, descubrieron que sólo la mitad de ellos había tenido relaciones durante el mes anterior a la entrevista. La mitad de las chicas «sexualmente activas» habían tenido sólo una pareja, y 14 % había tenido relaciones una sola vez". En lo que respecta a la relativa inactividad y a la vuelta a la abstinencia de los adolescentes que han mantenido relaciones, es muy realista promocionar una «segunda virginidad» [...] Como apunta el doctor James Ford, "estas cifras indican que una segunda virginidad no es tan rara entre los adolescentes. En otras palabras, un elevado porcentaje de adolescentes solteros ahora no son «sexualmente activos». El número de adolescentes que son de verdad sexualmente activos es muy bajo".[5]

[5] Dinah Richard, "Has Sex Education Failed Our Teenagers?", Focus on the Family, Pomona, California, 1990, p. 42.

EL AMOR BUSCA AL PRÓJIMO

Hoy día, la mayor fuerza que trabaja en contra del amor genuino y de la vida familiar es el espíritu de libertad sexual y de egoísmo que caracterizan a la generación del "yo". Debemos, de forma constante, enfatizar a nuestros hijos, por medio de la palabra y del ejemplo, que la auténtica sexualidad humana requiere madurez y generosidad y que un hombre y una mujer están llamados a ser colaboradores amantes al dar vida a sus hijos.

Los desafíos son múltiples, pero podemos enseñar a nuestros hijos a nadar contracorriente, a mantener los valores en los que creen y a permanecer fieles a sus más profundos principios. Nuestras altas expectativas y buen ejemplo serán un reto para nuestros hijos, pero recordemos que lo que llega de manera fácil no se sabe apreciar de verdad.

Por encima de todo, recordemos que no estamos solos en nuestra batalla como padres en el día a día. Una gran cantidad de gente alrededor del mundo cree en la castidad, en la autodisciplina y en la fidelidad marital, especialmente en los países en vías de desarrollo que no tienen programas de control de natalidad. *Podemos* proteger a nuestros hijos y guiarlos hacia un concepto pleno y saludable del amor, de la vida y de la familia.

Parte IV

Planificación familiar natural frente a planificación familiar artificial

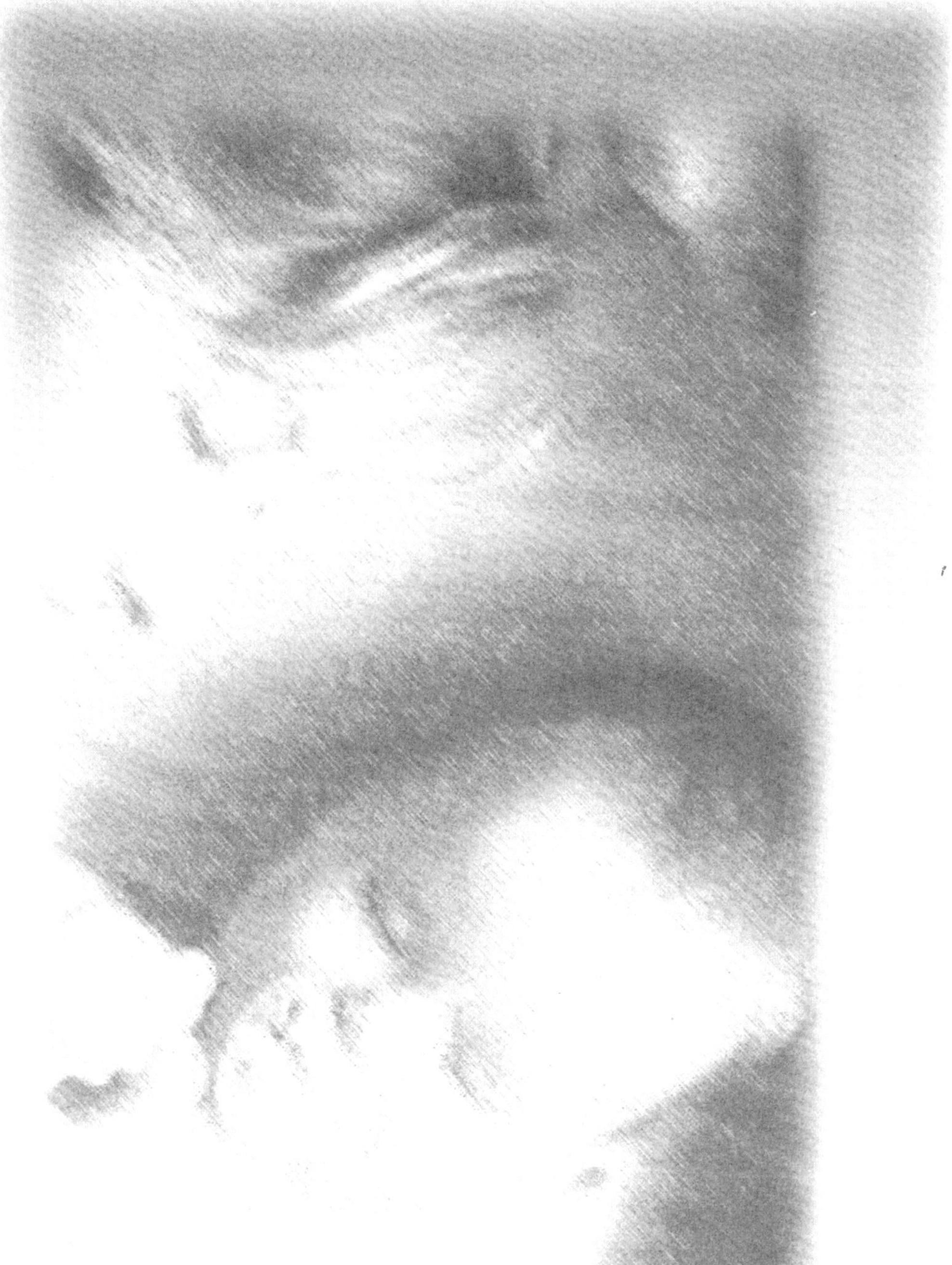

12 Respetar la fertilidad humana y el milagro de la vida

Pensamos en nosotros mismos como una nación que cuida de sus hijos, pero, de hecho, Estados Unidos trata a sus hijos como si fueran un exceso de equipaje. En otros países, se consideran los nacimientos como un acontecimiento de vital importancia para la vida y el futuro de la nación. Pero [...] nosotros consideramos la crianza de los hijos como si fuera un tipo de "hobby" privado y caro.

SYLVIA ANN HEWLETT
Time

Los temas ya tratados, igual que los que veremos en este capítulo, nos prepararán para enseñar a nuestros hijos los principios básicos de la reproducción humana y de una mejor apreciación del maravilloso regalo de la fertilidad humana.

La palabra "fertilidad", de la raíz latina "*ferre*" (llevar), se refiere a la habilidad de participar en la creación de la vida. La capacidad de traer una nueva generación. Jean Vanier comenta sobre este milagro en su documento *Family = Hope = The Fertily of Love* ("Familia = Esperanza = La fertilidad del amor"):

> La fertilidad no es sólo biológica; la fertilidad también es [...] trasmitir una esperanza, trasmitir la vida [...]
>
> Cuando los seres humanos ya no creen en su capacidad de dar vida a través de una relación, a través del amor, pierden algo muy profundo en su interior. Buscan placer y tratan de olvidar. Éste es el caso de nuestra civilización hoy día, que resalta la importancia de la productividad y el placer. Olvidamos que cada uno de nosotros tiene fuentes de amor asombrosas si las dejásemos despertar a través de la comunidad [...] Lo que debemos hacer es aceptar el riesgo del amor, la fertilidad del amor que necesita nuestro mundo [...] La maravilla de nuestro mundo, cuando miramos a las plantas vivas o a los animales vivos, es esa capacidad de dar vida a otro ser.[1]

Un significado de la palabra "sexo" es "género", lo que significa ser biológicamente un macho o una hembra. Cada uno de nosotros es concebido

[1] Jean Vanier, "Family = Hope = The Fertily of Love", en *Ninth International Congress for the Family*, Fayard, París, 1987, pp. 104-105.

como un ser sexual; somos hombres o mujeres desde el momento de nuestra concepción. Nuestra fertilidad está directamente relacionada con nuestro ser biológico.

Naturalmente, la fertilidad humana no está limitada al género. Este es una parte de nuestra sexualidad completa, que envuelve todo aquello que hace que una persona sea un hombre o una mujer a lo largo de su vida. Incluyendo nuestras características espirituales, físicas, intelectuales, culturales y emocionales. La fertilidad humana es normalmente vista como una característica física, pero el *uso* de este regalo es más el resultado de cómo las personas se aprecian y respetan a sí mismas y a los demás, qué valoran, y cómo expresan esto en otros aspectos de la vida.

NUESTRO SISTEMA REPRODUCTOR

Muchos se quejan de que los padres no educan a sus hijos sobre los hechos de la vida o de que no están capacitados o preparados cuando tienen que hablar sobre ellos. La verdad es que, una vez formados e informados, los padres son los mejores educadores de sus hijos. Sin embargo, muchos padres no dominan el tema; con frecuencia lo ignoran o se lo dejan a otros que no inciden en los principios básicos de este importante campo de la vida humana. Este capítulo contribuirá en a los padres a incrementar sus conocimientos y les proveerá de ideas para compartir con sus hijos en el momento apropiado.

Para apreciar nuestra fertilidad debemos entender el sistema reproductor de nuestro cuerpo que permite a hombres y mujeres ser padres. Nuestra clase de anatomía y fisiología incluirá, por ello:

- Una descripción de los órganos reproductores del hombre y de la mujer (anatomía).
- Una explicación de las funciones de los órganos femeninos y masculinos de reproducción (fisiología).
- Una introducción al concepto de la "fertilidad compartida", la manera en la que los sistemas reproductores de los hombres y de las mujeres se complementan el uno al otro y trabajan para traer nuevas personas a la vida.

LA MENTE SOBRE LA MATERIA: LA IMPORTANCIA DEL CEREBRO HUMANO

El cerebro es el órgano sexual primario en el hombre y en la mujer. Esto es verdad por dos motivos:

1. El cerebro ejerce el control de las hormonas que regulan el sistema reproductor.

2. El cerebro es la fuente del entendimiento sexual y de las elecciones conscientes.

La fertilidad es como semilla en el interior del cuerpo que empieza a madurar durante la época de desarrollo sexual llamado pubertad. En ese momento, la semilla, que ha sido plantada profundamente en nuestro cuerpo en el momento de la concepción, crece y madura. El cuerpo de un niño cambia y empieza a adquirir las características de un adulto. Nuestra fertilidad florece cuando alcanzamos la madurez, cuando nuestro cuerpo es capaz de traer el fruto de una nueva vida.

La pubertad se dispara por la acción de unos mensajeros químicos llamados hormonas. Las hormonas son sustancias que viajan a través de la sangre llevando mensajes a los diferentes órganos del cuerpo. Las diferentes clases de hormonas originan diversas acciones y reacciones a lo largo del cuerpo. Regulan, además del desarrollo sexual, funciones como el crecimiento y como la transformación de la comida en energía.

Antes de la pubertad, todos los chicos y chicas tienen una cierta cantidad de hormonas sexuales, tanto masculinas como femeninas, en su sistema sanguíneo. La pubertad se dispara con un fuerte incremento de hormonas, masculinas en los chicos, femeninas en las chicas. Este incremento de hormonas se origina por la acción de la glándula pituitaria en el cerebro. Ésta actúa como "centro de comunicación", que envía hormonas a través del cuerpo. Ésta a su vez da las órdenes adecuadas a los diferentes órganos del cuerpo. Cada órgano objetivo responde con su propia hormona. Durante la pubertad, los mensajes de la pituitaria se envían a los sistemas de reproducción de los hombres jóvenes, diciéndoles que produzcan espermatozoides. De la misma manera, los de las chicas jóvenes ordenan a los oocitos (óvulos inmaduros) de los ovarios que empiecen a madurar. Mientras que el número total de espermatozoides de un hombre puede variar a lo largo de su vida, las chicas nacen con un número concreto de óvulos (unos 300 000) que irá disminuyendo hasta la menopausia. Llegado ese momento, se habrán destruido todos los óvulos.

Anatomía masculina

Órganos externos

Testículos

1. Se localizan fuera del cuerpo, en una bolsa llamada escroto.
2. Son las gónadas o glándulas sexuales masculinas (normalmente dos).
3. Reproducen los espermatozoides y la testosterona (la principal hormona masculina)
4. Están situados en el exterior en vez de en el interior del cuerpo porque se requiere una temperatura más baja que la del cuerpo para reproducir espermatozoides.

Escroto

1. Bolsa externa detrás de la base del pene.
2. Envuelve y protege los testículos.
3. Mantiene los testículos a la temperatura adecuada para la producción de espermatozoides.

Pene

1. Órgano masculino para la micción y las relaciones sexuales (eyacula el fluido seminal que contiene espermatozoides).
2. Situado en continuidad con el escroto.

Órganos internos

Epidídimo

1. Es un tubo largo enrollado en el interior del testículo, que conecta el conducto deferente con el testículo.
2. Almacena los espermatozoides antes de que éstos abandonen los testículos.
3. El espermatozoide continúa aquí su maduración.

Conducto deferente

1. Es una formación tubular que se extiende desde el epidídimo hasta la uretra.
2. El esperma se expulsa a la uretra durante la eyaculación.
3. Es la estructura anatómica que se destruye en las vasectomías para impedir el paso del esperma, eliminando así la fertilidad.

Uretra

1. Es un estrecho canal que pasa a través del pene al exterior del cuerpo.
2. Transporta la orina desde la vejiga hasta el exterior del cuerpo.
3. Transporta los fluidos seminales hasta el exterior del cuerpo pero no al mismo tiempo que la orina.

Vejiga

Almacena la orina hasta que se descarga.

Próstata (glándula)

1. Circunda la parte baja de la vejiga.
2. Su secreción contribuye a la formación del líquido seminal.

Espermatozoide

1. Es la célula reproductora masculina: la "semilla de una nueva vida".
2. Es la célula más pequeña del cuerpo del hombre.
3. La producen de forma continuada los testículos, a partir de la pubertad.
4. Contiene 23 cromosomas; los cromosomas contienen los genes, una especie de sello o "marca" de las características físicas de los padres que se trasmite en la progenitura.
5. Lleva un cromosoma X o uno Y, mientras que los óvulos femeninos llevan solo X; los niños se conciben cuando un espermatozoide Y se combina con el óvulo (X); las niñas son concebidas cuando un espermatozoide X se combina con el óvulo (X). Así podemos decir que el espermatozoide es la célula que determina el género, ya que el óvulo lleva sólo el cromosoma X, femenino.

Eyaculación

1. Descarga del fluido seminal desde el pene.
2. El fluido seminal es el líquido en el que los espermatozoides son transportados y nutridos.
3. Se liberan aproximadamente 300 millones de espermatozoides en cada eyaculación.

Fisiología masculina

La pubertad en los hombres se dispara por un incremento de las hormonas pituitarias. Bajo su influencia, ocurren dos cambios importantes:

1. El incremento de la producción de testosterona origina el desarrollo de las características sexuales secundarias: voz más grave, crecimiento del vello facial y corporal, mayor crecimiento de los genitales, ensanchamiento de los hombros, etcétera.
2. Comienza la producción de espermatozoides. Éstos se producen de manera continuada desde el inicio de la pubertad. Ocasionalmente se eyacula un "exceso" de esperma durante el sueño en lo que se conoce como emisiones nocturnas o más comúnmente llamadas "poluciones nocturnas". Las poluciones nocturnas y las erecciones espontáneas del pene son una parte normal de la adolescencia y son un signo de que el sistema reproductor del hombre joven empieza a madurar.

Los espermatozoides se producen a partir de pequeñísimas células que forran los tubos en el interior de los testículos. Los espermatozoides maduran cuando viajan al epidídimo, donde se reúnen y almacenan. En la eyaculación, los espermatozoides van desde el epidídimo, a través del conducto deferente y la uretra, hasta el exterior del cuerpo. Los espermatozoides morirán casi inmediatamente en el exterior a menos que estén en un entorno favorable como es el flujo cervical (también llamado moco cervical) fértil de la mujer, donde pueden sobrevivir de tres a cinco días.

Anatomía femenina

Órganos internos

Ovario

1. Son las glándulas sexuales femeninas.
2. Se localizan a cada lado del útero.
3. Producen estrógenos y progesterona (principalmente hormonas femeninas).
4. Los ovarios de un bebé niña contienen unos 300 000 óvulos y folículos inmaduros; sin embargo, sólo cerca de 400 huevos células (óvulos) madurarán y serán liberados por los folículos a lo largo de los años reproductores de una mujer, a un ritmo de, normalmente, uno por ciclo, durante 30 años.

Óvulo

1. Es la semilla reproductora femenina, la "semilla de una nueva vida".
2. Es la célula más grande del cuerpo femenino.
3. Contiene 23 cromosomas.
4. Está contenida en los folículos de los ovarios.
5. Normalmente, en cada ciclo madura un óvulo y es liberado en el proceso de la ovulación.
6. Vive entre 12 y 24 horas después de haber abandonado el ovario.

Vagina

1. Es un tubo muscular que se extiende desde la cérvix (o cuello uterino) hasta el exterior del cuerpo.
2. Órgano femenino para las relaciones sexuales; recibe el líquido seminal que contiene espermatozoides.
3. Canal de parto: es el lugar de paso del bebé durante su nacimiento.

Cérvix

1. Cuello o parte baja del útero que se proyecta en la vagina.
2. Como una válvula, se abre y se cierra.
3. Contiene las glándulas que producen el flujo cervical. El flujo varía de aspecto y cantidad a lo largo de la fase fértil del ciclo.

Útero

1. Es un órgano muscular, hueco, en el interior de la cavidad abdominal: tiene el tamaño y la forma de una pera.
2. Puede expandirse varias veces su tamaño.

Endometrio

1. Es la capa de células que recubre el útero.
2. Las hormonas preparan al endometrio para recibir el óvulo fertilizado.

Trompas de Falopio

1. Se localizan fuera, a ambos lados, del útero.
2. Poseen canales a través de los cuales viaja el óvulo después de la ovulación; las contracciones y los cilios de las trompas mueven el óvulo a través de la trompa.
3. La concepción tiene lugar en el extremo final del tubo.

Órganos externos

Vulva

1. Órgano sexual externo de la mujer.
2. Incluye los labios mayores, los labios menores y el clítoris.
3. Contiene unas glándulas que lubrican la piel durante las relaciones sexuales (glándulas de Bartolino).

Fisiología femenina

Los cambios durante la pubertad comprenden:

1. Un incremento de los estrógenos que originan la aparición de las características sexuales secundarias: crecimiento del vello corporal, aumento del pecho, redondeo de las caderas, etcétera.
2. Los óvulos de los ovarios empiezan a madurar y se liberan durante la ovulación, normalmente al ritmo de uno por ciclo, y la menstruación ocurre como resultado de la ovulación.

Los ovarios son los órganos que producen los óvulos, los cuales pueden ser fertilizados por los espermatozoides. El endometrio es una membrana que recubre la pared interna del útero. Esta membrana mucosa se prepara cada ciclo para proveer una especie de "tejido almohadillado" en el que el óvulo fertilizado –la nueva vida humana– se implantará para desarrollarse. Si el óvulo no ha sido fertilizado, el endometrio se desintegra y es expulsado en el sangrado menstrual al final del ciclo.

Los canales por los que el óvulo viaja desde el ovario al útero son las trompas de Falopio (o simplemente, las trompas). El óvulo madura en el ovario, rodeado de un grupo de células que forman el folículo. Al principio de cada ciclo, el cerebro ordena al folículo que empiece a madurar. A medida que el folículo madura, envía una señal hormonal a la cérvix para que empiece a producir el flujo cervical. En la culminación del proceso, el óvulo maduro rompe el folículo. Es la ovulación.

Si ha habido relaciones sexuales, la fertilización del óvulo tendrá lugar en la parte externa del útero, en las trompas de Falopio. El tiempo en el que el óvulo puede ser fertilizado es muy breve. Si los espermatozoides no llegan a él durante ese tiempo, muere en 24 horas.

Las fases fértiles y las fases infértiles del ciclo de la mujer

El ciclo de una mujer incluye: la menstruación, una fase infértil, la fase fértil y otra fase infértil.

Primera fase del ciclo: la menstruación

El recubrimiento uterino o endometrio se expulsa.

Segunda fase del ciclo: primera fase infértil

1. No hay actividad significativa en el ovario, el ovario "descansa".
2. La cérvix está cerrada, sellada por un tapón de flujo cervical espeso.
3. Sensación de sequedad en el área vaginal.
4. Infecundidad, no se puede concebir durante esta fase.

Tercera fase del ciclo: fase fértil

1. El óvulo empieza a madurar dentro del folículo
2. El recubrimiento uterino (o endometrio) empieza a formarse y espesarse.
3. La cérvix baja un poco hacia la vagina y se abre, el tapón de flujo desaparece.
4. Se activan las glándulas de flujo mucoso cervical.
    - El flujo es pegajoso y no se estira.
    - El flujo sirve como "signo externo" para detectar la fase fértil del ciclo.
5. El flujo se vuelve claro, elástico y resbaladizo.
    - Es el momento "pico" de la fertilidad puesto que este flujo favorece la supervivencia de los espermatozoides. El día pico, o de máxima fertilidad, también se conoce como "día cúspide".

6. La ovulación tiene lugar.
   - El óvulo maduro es liberado con la rotura del folículo.
   - El óvulo empieza a viajar a través de las trompas de Falopio.
7. Otros signos externos de la ovulación incluyen sensibilidad en el pecho, dolor en la parte baja de la espalda, ligero dolor en el costado izquierdo o derecho en la zona de los ovarios, posible aumento de peso por la retención de agua.
8. Momento fértil, la concepción es posible en esta fase.

Cuarta fase: último ciclo infértil

1. La cérvix (cuello del útero) vuelve a cerrarse con un tapón de flujo mucoso.
2. Vuelve la sensación de sequedad, no hay mucosidad proveniente de la cérvix.
3. Infecundidad, incapacidad para concebir en este tiempo.
4. Se produce la menstruación si la concepción no ha tenido lugar.

COMPRENDER LA FERTILIDAD DE LA MUJER

La fertilidad de la mujer es como la tierra en la que la semilla puede crecer. Para que la semilla pueda hacerlo, necesita una buena tierra y riego abundante. A veces la semilla no germina. Para saber por qué, debemos estudiar los misteriosos factores que, como los mecanismos de un gran reloj, miden el complejo tiempo de la vida, los ciclos de las estaciones y los biorritmos de los seres vivos. Estos mecanismos también influyen en los importantes ritmos que afectan a nuestro cuerpo, especialmente a los del ciclo reproductor de una mujer.

Cada mujer lleva en ella una especie de reloj que controla la función vital de dar vida a un bebé. El cuerpo de una mujer es, como ya hemos dicho, la tierra en la que se planta la semilla. La tierra debe estar cálida y húmeda para que la semilla crezca. Algo similar ocurre en el cuerpo de la mujer si ella concibe un bebé. Cuando una mujer está en la fase fértil de su ciclo, puede concebir un bebé: su cuerpo segrega un flujo cervical especial. La mujer sabe que su fase fértil ha empezado cuando siente la humedad y la ve. Al principio el flujo es turbio y pegajoso. Entonces, gradualmente, se vuelve más claro y más elástico y lo siente húmedo y resbaladizo.

APRENDER A REGISTRAR EL CICLO MENSTRUAL USANDO EL MÉTODO DE LA OVULACIÓN

Para conocer su ciclo, la mujer debe observar y llevar una gráfica. Al hacer la gráfica, el punto de inicio del ciclo de una mujer es el acontecimiento conocido como la regla o menstruación. Sin embargo, una mujer puede empezar su gráfica en cualquier día del ciclo. En la gráfica, los días de la menstruación se colorean en rojo. La evidencia científica parece indicar los beneficios de la abstinencia durante la menstruación.

En este sentido los doctores Robert B. Filer y Chung H. Wu afirman que: "la endometriosis es más común en las pacientes que han mantenido relaciones sexuales durante su periodo menstrual que en pacientes que no las han tenido". Escriben que "la endometriosis está asociada a una mayor incidencia de factores de infertilidad de las trompas [...]". Es más, sostienen que "la tasa de infertilidad entre las pacientes con endometriosis es de 30-40 % dos veces mayor que las observadas en la población general".[2]

Después de la menstruación, normalmente hay un periodo de sequedad en el que la mujer no siente nada en la entrada de la vagina. En la figura 13.1 (ver capítulo 13), estos días de ciclo se colorean de marrón, como la tierra seca.

La fase fértil del ciclo empieza con la aparición de la secreción de flujo mucoso cervical, con cambios a medida que transcurren los días. En la gráfica 13.1, estos días del ciclo se colorean de blanco con la imagen de un bebé.

La evidencia científica parece indicar los beneficios de la abstinencia durante la menstruación.

La incidencia de la endometriosis es significativamente más elevada entre las mujeres que han tenido relaciones sexuales durante su periodo menstrual. Una vez que la endometriosis existe, se incrementan las posibilidades de esterilidad como consecuencia del proceso inflamatorio asociado a la endometriosis.

En un estudio de 124 mujeres sanas que estaban en la menopausia y que habían mantenido de modo habitual relaciones sexuales durante sus menstruaciones, se demostró que eran 5.5 veces más propensas a tener hemorragias menstruales importantes con el consecuente incremento en la tasa de histerectomía.

FUENTES: Filer, Robert B., y Chung H. Wu, *Journal of Reproductive Medicine*, noviembre de 1989, pp. 887-890. Cutler, Winnifred B., citado en *Ob-Gyn News*, 1-14 de diciembre 1990, p. 9.

Después de este momento "pico" o "cúspide" de fertilidad, el flujo se espesa con rapidez y se vuelve pegajoso, turbio y denso, y forma una especie de tapón en la cérvix, sellándola gradualmente. Esto ocurre tanto si el óvulo

[2] Robert B. Filer y Chung H. Wu, "Coitus During Menses: Its Effects on Endometriosis and Pelvic Inflammatory Disease", en *The Journal of Reproductive Medicine*, vol. 34, núm. 11, noviembre de 1989, pp. 887-888.

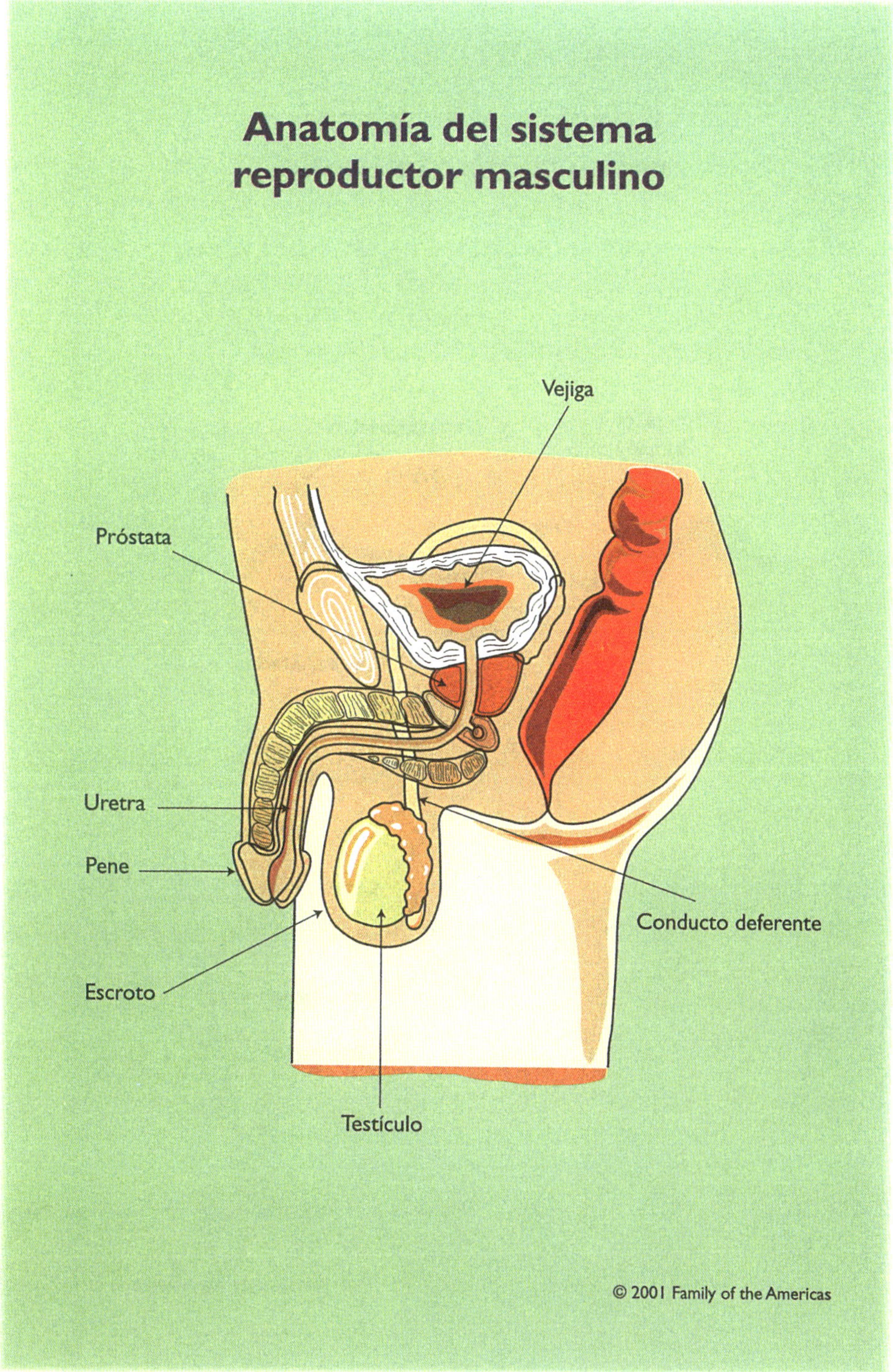
Anatomía del sistema
reproductor masculino
Vejiga
Próstata
Uretra
Pene
Conducto deferente
Escroto
Testículo
© 2001 Family of the Americas

Figura 12.1

Anatomía del sistema reproductor femenino

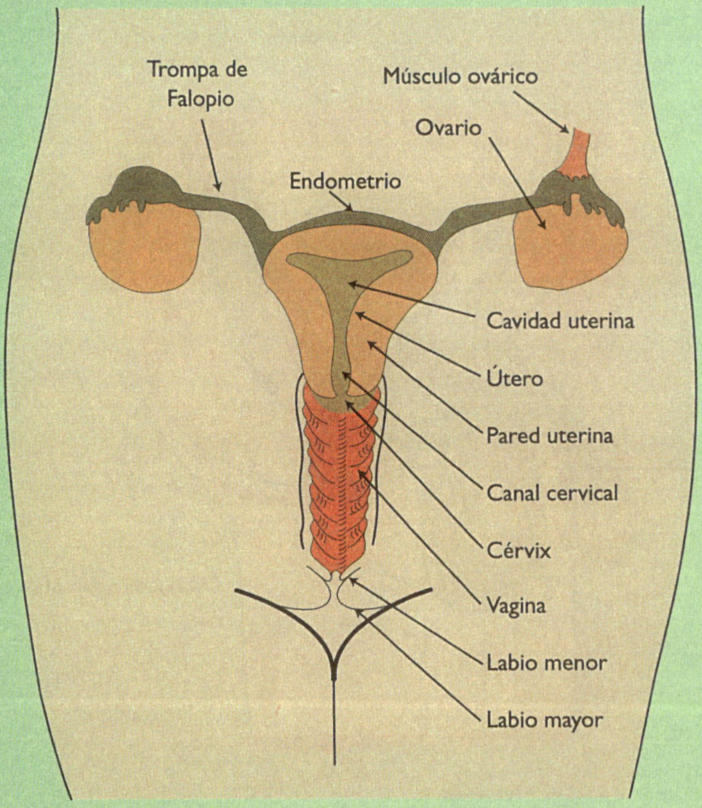

Figura 12.2

Fases del ciclo reproductor de la mujer

Primera fase: Fase menstrual

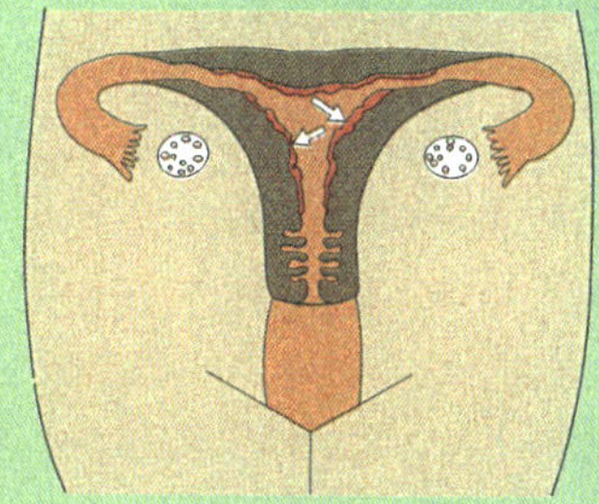

El *endometrio* es la membrana mucosa que recubre las paredes internas del útero. Este recubrimiento se prepara cada ciclo para formar una especie de nido de tejidos en el que el óvulo fertilizado, una nueva vida, se implantará para desarrollarse y crecer.

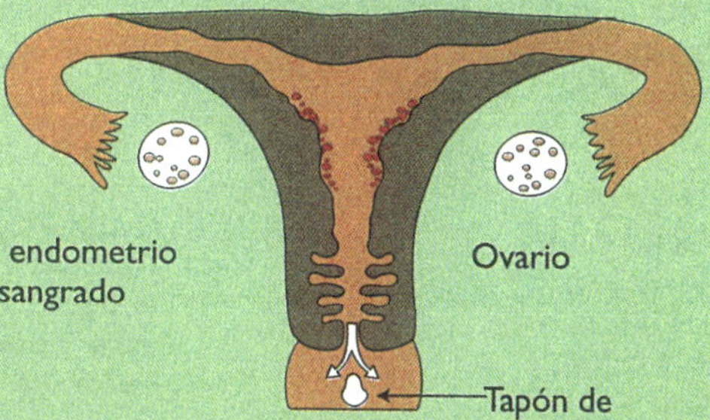

Si el óvulo no ha sido fertilizado, el endometrio se desintegra y es expulsado en el sangrado menstrual al final del ciclo.

Segunda fase: Primera fase infértil

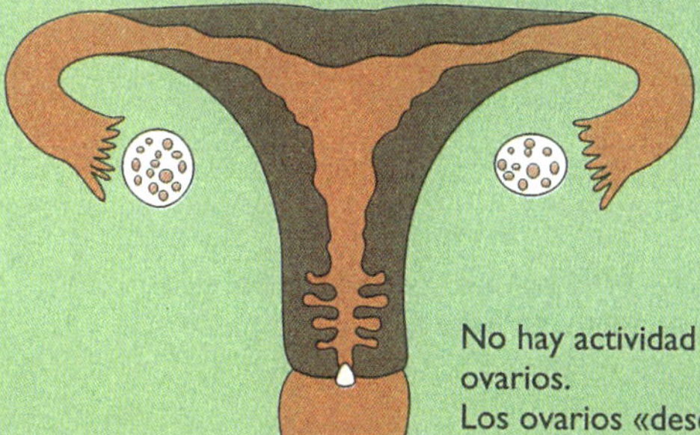

No hay actividad significativa en los ovarios.
Los ovarios «descansan».

Figura 12.3

Tercera fase: Fase fértil

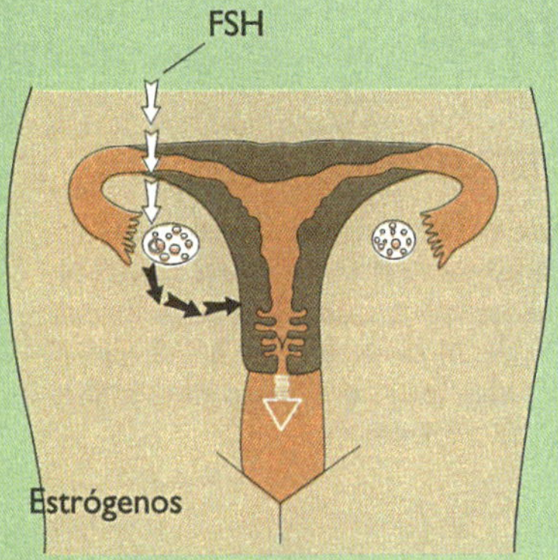

Desde el cerebro, la hormona folículo estimulante (FSH) envía señales de maduración del óvulo en el ovario. Las criptas cervicales, estimuladas por los estrógenos empiezan a producir flujo cervical fértil.

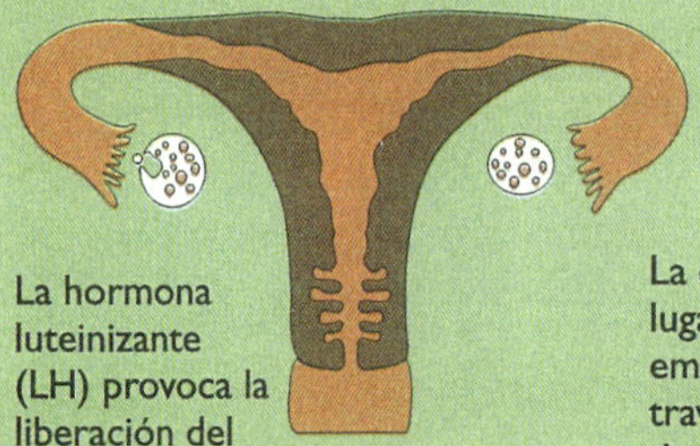

La hormona luteinizante (LH) provoca la liberación del óvulo.

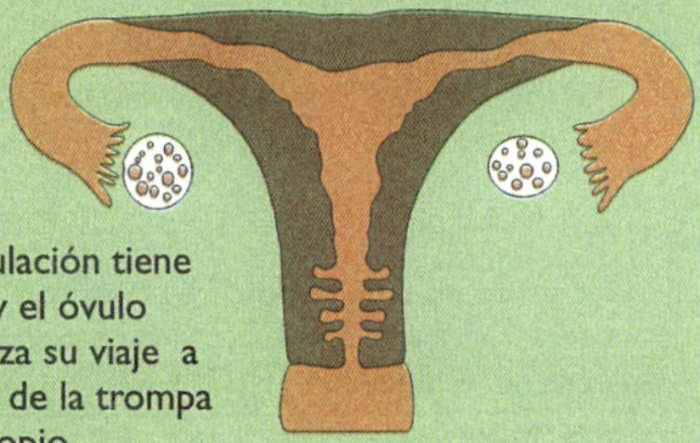

La ovulación tiene lugar y el óvulo empieza su viaje a través de la trompa de Falopio.

Cuarta fase: Última fase infértil

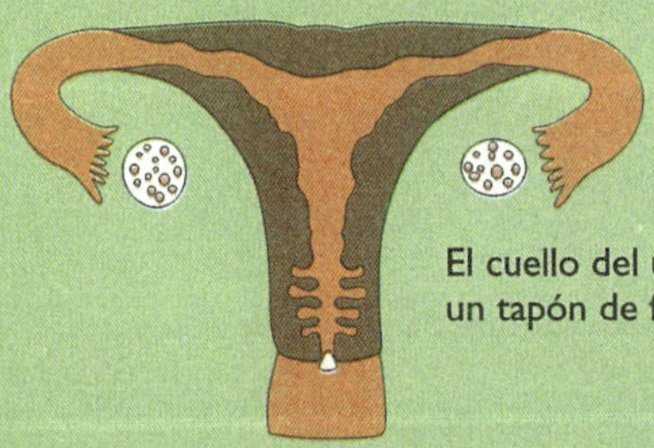

El cuello del útero está cerrado, sellado con un tapón de flujo cervical.

Figura 12.4

ha sido fertilizado como si no lo ha sido. Dicho tapón ayuda a proteger el útero y las trompas de Falopio de las infecciones. En caso de fertilización (concepción), el tapón de flujo sirve como defensa contra las infecciones que podrían hacer peligrar la nueva vida que se desarrolla en la cavidad uterina.

Otro periodo de sequedad sigue a la fase fértil. Estos días también se colorean de marrón, como la tierra (*véase* fig. 13.1, pág. 221) y durarán hasta la siguiente menstruación, momento en que un nuevo ciclo empieza.

El recubrimiento interno del útero, el endometrio, que había sido preparado para recibir al óvulo fertilizado, se degenera y es expulsado junto con el tapón de flujo mucoso. Por ello, lo correcto es pensar en la menstruación como el final del ciclo; sin embargo, justo cuando empieza la menstruación, comienza un nuevo ciclo. La naturaleza empieza a preparar un nuevo nido en el útero y pronto el primer síntoma de flujo señalará que el folículo, con el óvulo dentro, está madurando en el ovario.

Es fácil identificar la parte del ciclo en el que la semilla podría germinar. Una semilla, con toda seguridad, no puede crecer durante los días coloreados de marrón, porque estos días son los secos, los infértiles del ciclo. La semilla puede crecer (un bebé puede ser concebido) sólo cuando la mujer está teniendo la secreción de flujo especial, durante los días blancos de la gráfica. Para la mujer, el flujo mucoso es un síntoma de que está en la fase fértil y que puede concebir. Desde hace mucho tiempo se ha venido comprobando científicamente el valor de las gráficas de fertilidad para conocer las fases de ciclo (*véase* fig. 13.2, pág. 222).

MITOS Y ERRORES SOBRE LA FERTILIDAD FEMENINA

Ahora que ya hemos repasado el sistema reproductor de la mujer y cómo funciona, podemos disipar algunos de los mitos y errores más frecuentes sobre la fertilidad de la mujer:[3]

Mito: *la menstruación es el acontecimiento más importante del ciclo de fertilidad de la mujer.*

Realidad: el objetivo del ciclo es liberar el óvulo desde uno de los dos ovarios; por ello la ovulación es el acontecimiento más importante del ciclo. En otras palabras, tendría más sentido llamarlo "ciclo ovulatorio" que "ciclo menstrual".

Mito: *la ovulación normalmente empieza 14 días después del comienzo de la última menstruación.*

Realidad: el tiempo entre la menstruación y la siguiente ovulación es lo que varía de mujer a mujer, y de un ciclo a otro, dando como resultado ci-

[3] Charles Norris y Jeanne Owen, *Know Your Body,* Our Sunday Visitor, Huntington, Ind., 1982, pp. 38-39.

clos de diferentes extensiones. El tiempo entre una ovulación y la siguiente menstruación permanece bastante constante (entre 10 y 16 días).

Mito: *muchas mujeres tienen ciclos de aproximadamente el mismo número de días cada mes.*

Realidad: los ciclos reproductores de muchas mujeres son irregulares en su extensión total. En un año determinado, la extensión del ciclo puede variar tanto como en seis días, comparando el ciclo más corto de la mujer con el más largo. Sin embargo éstos se siguen considerando todavía como ciclos normales.

Mito: *si una mujer no ovula y no menstrúa todos los meses algo va mal.*

Realidad: algunas mujeres ovulan sólo dos o cuatro veces al año. Estas mujeres son normalmente "subfértiles". Si no hay enfermedad, no hay necesidad de tratamiento. No es una buena práctica médica tratar a estas mujeres con hormonas sintéticas con objeto de "devolverles la regla menstrual". Sin embargo, como se apuntó previamente, una tensión extrema puede provocar cambios en los ciclos de una mujer, igual que factores como la alimentación y la salud. No es infrecuente que las mujeres que hacen régimen para adelgazar o ejercicio de forma rigurosa experimenten el cese de su regla (amenorrea). Debido a que la amenorrea se ha vinculado al incremento de riesgo de la osteoporosis (debilitamiento de los huesos), las mujeres que experimenten este síntoma o cualquier otro cambio repentino o drástico en sus ciclos normales deben consultar al médico.

En nuestro tiempo, en el que las mujeres están presionadas para parecer delgadas, muchas de ellas dañan su salud y no siguen una alimentación equilibrada. Un régimen estricto y otros hábitos pueden inhibir la fertilidad de una mujer, la cual volverá a la normalidad en cuanto vuelva a alimentarse correctamente. Mi consejo a las mujeres jóvenes es que, si quieren estar delgadas, hagan ejercicio regularmente, no de forma excesiva, y que mantengan a la vez un régimen con calorías y nutrientes suficientes.

Mito: *el inicio del embarazo puede fecharse por el inicio de la última menstruación.*

Realidad: ese es un método inexacto. Una mujer puede concebir un bebé cuando está ovulando (entre 10 y 16 días antes de la siguiente menstruación, que de hecho no llegará nunca si ella queda embarazada). El bebé nacerá alrededor de los 266 días después de la concepción, no "nueve meses" después del comienzo de la última menstruación de la madre.

Mito: *la ovulación puede ocurrir más de una vez durante el ciclo.*

Realidad: la *ovulación* ocurre sólo durante la fase ovulatoria del ciclo de una mujer. Si en un ciclo determinado se libera más de un óvulo, esto sucederá dentro de un periodo de 24 horas, como parte del proceso ovulatorio.

Mito: *las relaciones sexuales pueden causar o provocar la ovulación.*

Realidad: las relaciones sexuales en algunos animales provocan la ovulación (en gatos y conejos, por ejemplo) pero no hay pruebas de que en las mujeres las relaciones sexuales provoquen la ovulación.

Mito: *una mujer puede quedar embarazada en cualquier momento de su ciclo, como consecuencia de haber mantenido relaciones sexuales.*

Realidad: una mujer en edad de reproducirse puede concebir un hijo sólo en aquellos periodos intermitentes en los que es fértil (unas 100 horas por ciclo ovulatorio).

Mito: *los anticonceptivos siempre previenen el embarazo.*

Realidad: no hay ningún anticonceptivo completamente eficaz. La única manera segura de evitar el embarazo es absteniéndose de todo contacto genital. Cualquier anticonceptivo puede "fallar".

Mito: *una mujer no puede quedar embarazada la primera vez que mantiene relaciones sexuales.*

Realidad: si una mujer está en la fase fértil en el momento de las relaciones, la concepción puede tener lugar.

Mito: *si una mujer tiene relaciones en la fase en la que es fértil, quedará embarazada.*

Realidad: esto no es necesariamente cierto. Tiene más probabilidades de concebir un hijo en estas circunstancias, pero siempre es posible que no suceda.

Mito: *una mujer puede quedar embarazada, sólo si se "llega hasta el final".*

Realidad: durante la excitación genital, un hombre con una erección puede secretar algunas gotas de fluido seminal sin eyaculación. Estas gotitas contienen una concentración de espermatozoides muy elevada. Si se deposita sobre o en la vulva cuando el flujo cervical de tipo fértil está presente, el embarazo puede resultar incluso sin penetración o eyaculación.

Al entender cómo funciona el cuerpo de la mujer se está demostrando que la regulación natural de la concepción es posible. Podemos controlar nuestra fertilidad de forma eficaz sin usar píldoras, DIU, esterilización, abortos, o cualquier otra acción o dispositivo antinatural. Las mujeres pueden determinar con seguridad si están fisiológicamente capacitadas, en un día determinado, para procrear.

En el mundo entero, mujeres de todos los niveles educativos y socioeconómicos están comprobando que conocer los signos de su fertilidad es un gran secreto liberador. Ahora las parejas pueden lograr (o retrasar) el embarazo, comprendiendo los mensajes de su fertilidad y comunicándose sus intenciones reproductoras.

Aquel matrimonio que quiera alcanzar el embarazo mantendrá relaciones sexuales durante el periodo fértil. Aquel matrimonio que quiera evitar el embarazo se abstendrá de contactos genitales durante los días fértiles.

13 Fertilidad compartida y concepción

Tienen que perdonarme, soy muy, muy directo. En lo que a su naturaleza se refiere, no puedo ver ninguna diferencia entre el ser humano que fueron antes y el que son ahora, porque en ambos casos eran y son miembros de nuestra especie.

JÉRÔME LEJEUNE
The Concentration Can

Las siguientes listas de similitudes y diferencias entre la anatomía y la fisiología femenina y masculina nos ayudan a insistir sobre lo que hemos aprendido y, al mismo tiempo, contribuyen para que apreciemos mejor el don de la fertilidad compartida.

Similitudes

- La fertilidad empieza a madurar en la pubertad.
- El incremento de hormonas se desencadena en la pubertad.
- La glándula pituitaria controla el sistema reproductor a través de las hormonas.
- Las células sexuales tienen 23 cromosomas.

Diferencias

Hombres	***Mujeres***
• *Espermatozoide.* Célula reproductora.	• *Óvulo.* Célula reproductora.
• *Espermatozoide.* La célula más pequeña del cuerpo.	• *Óvulo.* Célula más grande del cuerpo.
Su producción comienza en la pubertad.	Los óvulos están presentes en los ovarios desde el nacimiento.

- *Testículos.* Glándulas sexuales.
- *Fertilidad* continua después del inicio de la pubertad.
- *Pene.* Órgano para las relaciones sexuales.
- *Testosterona.* Principal hormona.

- *Ovarios.* Glándulas sexuales.
- *Fertilidad* sólo durante unos pocos días de cada ciclo.
- *Vagina.* Órgano para las relaciones sexuales.
- *Estrógenos y progesterona.* Hormonas principales.

Las similitudes entre la anatomía y la fisiología masculina y la femenina hacen que los dos sistemas sean compatibles; las diferencias los hacen complementarios y les permiten combinarse con el otro en el milagro de traer a la existencia a un nuevo ser humano. La fertilidad compartida es el poder de un hombre y de una mujer para participar en la creación de una nueva vida. Tres cosas son necesarias para que la concepción tenga lugar, para que el esperma penetre en el óvulo en la fertilización: el espermatozoide, el óvulo y el flujo cervical.

Durante el acto sexual el hombre eyacula y deposita en la vagina cerca de 300 millones de espermatozoides. El flujo cervical fértil ayuda a los espermatozoides a sobrevivir en su viaje para encontrarse con el óvulo en las trompas de Falopio. Filtra todo espermatozoide anormal y permite que sólo los sanos entren en la cérvix a través de los canales o viaductos, como si nadaran en un río. El flujo también nutre a los espermatozoides, por lo que estarán llenos de energía y vitalidad cuando alcancen el óvulo en las trompas. Además, el flujo mantiene algunos espermatozoides vivos y sanos de tres a cinco días en las criptas cervicales (pequeñas "celdas" en las paredes de la cérvix).

Los espermatozoides que sobreviven deben recorrer todo el útero mientras se dirigen hacia las trompas. Los espermatozoides no pueden saber si el óvulo está en la trompa izquierda o en la derecha, por lo que entrará en las dos.

De los millones de espermatozoides que entraron en la vagina, sólo unos cuantos cientos alcanzarán de hecho las trompas de Falopio y *un* solo espermatozoide penetrará y fertilizará el óvulo.

La concepción ocurre cuando el espermatozoide y el óvulo se unen y una nueva vida empieza. Las características hereditarias de los padres están contenidas en el esperma y en el óvulo mezclados y se trasmiten al hijo. En ese momento, se determinan las características genéticas –el color de sus ojos y del pelo, etc.– de la nueva persona. Él o ella es única e irrepetible. El doctor Lejeune explicaba:

> La historia de la vida es muy larga, pero cada individuo tiene un comienzo muy preciso: el momento de la concepción. Sabemos, y toda la genética y toda la zoología están allí para decírnoslo, que hay un lazo entre los padres y el hijo [...] En el momento en que los 23 cromosomas que lleva el espermatozoide se

encuentran con los 23 cromosomas que lleva el óvulo, se reúne toda la información necesaria y suficiente para determinar las características del nuevo ser [...]

De esta misma manera, cuando la información que lleva el espermatozoide y la que lleva el óvulo se encuentran, se define un nuevo ser humano porque su propia constitución personal y humana está totalmente determinada.

Los diminutos mensajes genéticos que aportan el óvulo materno y el espermatozoide paterno son muy diferentes; es más, un progenitor nunca da la misma información genética. Esto implica que el proceso de fecundación origine un ser único e irrepetible, con una constitución personal que no ha existido nunca antes y que no se volverá a dar en el futuro.

Los cromosomas son una larga cadena de ADN en la que está escrita la información. Están estrechamente entrelazados en los cromosomas y, de hecho, los cromosomas son comparables a un minicasete en el que está grabada una sinfonía, la sinfonía de la vida.[1]

Inmediatamente después del momento de la concepción, cuando el óvulo y el espermatozoide se unen, las células del nuevo ser humano empiezan a dividirse y multiplicarse a una velocidad increíble. Esta nueva e irrepetible vida empieza entonces a moverse hacia abajo en la trompa de Falopio para implantarse en el recubrimiento del útero (endometrio), quedando así rodeada por las células del endometrio (que le provee de protección y alimento). Mientras tanto, en la cérvix (o cuello del útero), el tapón de flujo que se está formando ayudará a proteger el desarrollo del bebé hasta el momento de su nacimiento.

El bebé ahora crecerá en el útero durante los siguientes nueve meses hasta que, al comienzo del parto, el tapón de flujo cervical sea expulsado y el bebé nazca.

Una última cosa por considerar sobre la fertilidad humana es el mecanismo que controla la mayor parte del funcionamiento de nuestro "reloj" en el cerebro. La glándula pituitaria está en la base del cerebro y regula el ciclo de la mujer (entre otras cosas) enviando ciertas señales a los ovarios. Al principio de cada ciclo, la glándula pituitaria envía la señal de maduración del folículo y del óvulo. Esto inicia el proceso que lleva a la ovulación. Este proceso, a su vez, da la señal para que se produzca el flujo cervical. Cuando una mujer está cansada o está afectada por el estrés, la glándula pituitaria en el cerebro puede no enviar la señal a los ovarios. Es como si la naturaleza reconociese que ese podría no ser un buen momento para que el embarazo tuviese lugar. Cuando esto sucede, el ciclo de la mujer puede ser largo e irregular.

Durante la lactancia, el cerebro detiene temporalmente la actividad de los ovarios con objeto de proteger la capacidad del cuerpo de la mujer para alimentar al bebé. Esto ayuda a que el bebé se desarrolle mejor, tanto física como emocionalmente. Las defensas de la madre contra las infecciones pasan al bebé a través de la leche. Como escribe el pediatra y escritor, Robert L. Jackon:

La lactancia ecológica es lo natural y seguro, pero no es un método apreciado para espaciar (*la venida de*) los hijos. Hemos aprendido de forma gradual a docu-

[1] Jérôme Lejeune, *The Concentration Can: When Does Human Life Begin? An Eminent Geneticits Testifies,* Ignatius Press, San Francisco, 1992, pp. 30-34.

mentar los cambios hormonales que ocurren automáticamente durante la lactancia, en un periodo o espacio de unos dos años entre dos nacimientos. El efecto de supresión de la ovulación durante la lactancia ecológica con la consecuente amenorrea lactante [...] es ahora un hecho bien reconocido y aprobado.[2]

NUESTRA VIDA ANTES DEL NACIMIENTO

Cuando enseñemos a nuestros hijos los maravillosos dones de la fertilidad compartida, es el momento de contarles la verdadera historia de cómo cada uno de nosotros llega a ser en el vientre de nuestra madre. La vida empieza desde el principio. Esto parece una declaración bastante obvia hasta que recordamos que los proabortistas lo niegan, como si la ciencia no lo hubiese demostrado ya. *En el momento de la concepción, somos seres humanos genéticamente completos, individuos únicos que sólo necesitan tiempo y alimento de nuestras madres para crecer y nacer.* Podemos maravillar a nuestros hijos e instalar en ellos el respeto por el milagro de la vida y de la paternidad cuando les expliquemos cómo todo ser humano, en un tiempo, ha vivido y crecido en el vientre de su madre.

Hacia el final de nuestra tercera semana de vida, nuestra espina dorsal, la columna vertebral y el sistema nervioso se están formando y nuestro corazón empieza a latir. Hacia el final de nuestra octava semana, somos capaces de sentir dolor. En nuestro tercer mes, ya podemos girar la cabeza, abrir y cerrar nuestra boca, mover las manos, despertarnos y dormir.

En ese momento nuestra madre ya sabe que estamos viviendo en su interior. Este descubrimiento trae naturalmente alegría a muchas madres, pero por desgracia no a todas. Algunas mujeres embarazadas no tienen un marido que quiera al bebé. Algunas no tienen marido de ninguna clase. Muchas de estas mujeres nunca se dan cuenta de que existe ayuda disponible para ellas. Incluso si su marido, amigo o familia no las apoyan, personas provida y grupos parroquiales están deseosos y dispuestos a ayudarlas, tanto antes como después de que nazca el bebé. Contrariando su naturaleza y sus deseos más profundos, algunas mujeres desesperadas se someten al aborto. A las 12 semanas de haber sido concebidos es cuando se cometen la mayor parte de los abortos. Para entonces nosotros ya estamos completamente formados. Tenemos incluso manitas y huellas digitales.

Hacia el final de las 16 semanas, tenemos ya la mitad de la estatura que tendremos al nacer y nuestra madre empieza a sentir cómo nos movemos en su interior. A las 20 o 24 semanas podemos oír y reconocer la voz de nuestra madre. Para entonces nuestros pulmones ya están desarrollados.

Muchos bebés que nacen prematuramente durante este tiempo llegan a sobrevivir, y la ciencia y la medicina siguen disminuyendo la edad en la que

[2] Robert L. Jackson, *Human Ecology: A Physician´s Advine for Human Life,* St Bede´s Publications, Petersham, Mass., 1990, p. 35.

podemos vivir fuera del útero. Incluso algunas pequeñas víctimas de abortos han logrado sobrevivir en este periodo (aunque muchos de ellos son entonces asesinados, dejados solos para que mueran, o peor aún, mutilados mientras están vivos todavía para obtener sus órganos y tejidos para experimentación médica).

Durante las últimas semanas antes del nacimiento (séptimo, octavo y noveno mes del embarazo), nuestro peso se triplica, usamos todos nuestros sentidos e incluso algunas veces percibimos las emociones de nuestra madre y su estado de ánimo. Estamos próximos a nacer. (Incluso en este tiempo es legal en Estados Unidos y otros países que seamos asesinados por los abortistas.)

Cuando nacemos, ¡qué alegría para nuestra madre, que nos ha llevado en su útero!; ¡qué alegría para nuestro padre, que ha esperado conocernos!; ¡qué alegría para nosotros mismos, cuando conocemos a nuestra familia y nuestro mundo!

Método de ovulación

Para posponer el embarazo, utilizar los días infértiles

Días infértiles Días fértiles Días infértiles

Para lograr el embarazo, utilizar los días fértiles

El método de la ovulación no es el viejo "método del ritmo" ni el método de la temperatura. Es un nuevo método comprobado científicamente, investigado por el doctor John Billings, basado en el sencillo reconocimiento de las señales naturales de fertilidad que aparecen durante pocos días en el ciclo menstrual de la mujer.

Si lleva un registro exacto, una mujer puede ahora identificar con seguridad las fases fértiles y las infértiles de su ciclo. Las mujeres con ciclos largos o irregulares, madres lactantes, incluso las que están pasando la premenopausia o aquellas que han dejado métodos artificiales de planificación familiar, pueden utilizar el método de la ovulación de manera segura y efectiva.

FUENTE: Mercedes Arzú de Wilson, *Love and Family*, Family of the Americas, Dunkirk, Md., 1986, p. 15.

Figura 13.1

¿Cómo se hace la gráfica de un ciclo?

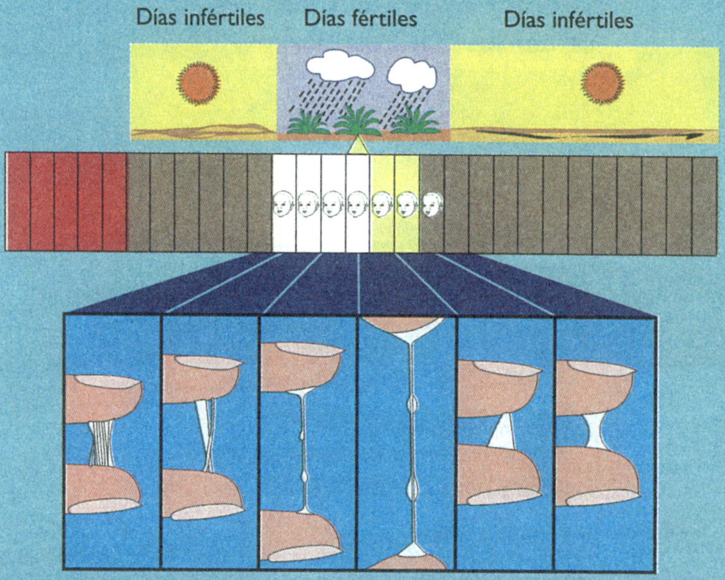

Una mujer nunca sabe con anticipación cuánto durará su ciclo. Todo lo que necesita para identificar la fase fértil de su ciclo es observar la presencia y el aspecto cambiante del flujo cervical. Tan sencillo como eso. La presencia del flujo y su aspecto cambiante informará siempre a la mujer sobre el estado de su fertilidad, sean sus ciclos regulares o irregulares. Esto es cierto incluso durante la lactancia, cerca de la menopausia o cuando se deja la píldora o el DIU.

Ese es el signo que identifica la fertilidad de una mujer. Una vez que sepas reconocerlo, comprobarás cuán preciso y seguro puede llegar a ser.

FUENTE: Mercedes Arzú de Wilson, *Love and Family*, Family of the Americas, Dunkirk, Md., 1986, pp. 17-18.

Figura 13.2

Observar un ciclo fértil

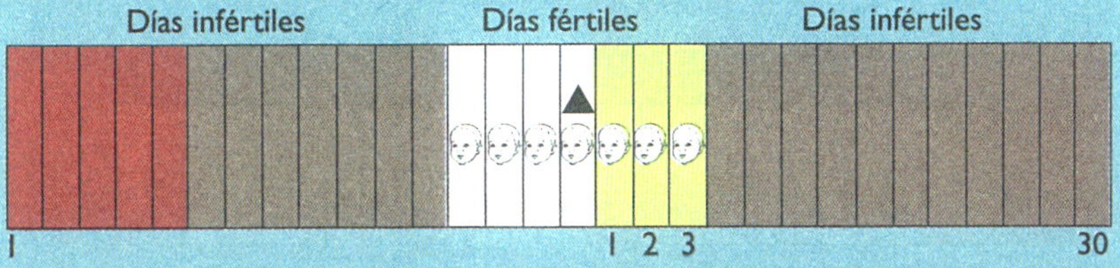

Los tres días que siguen al día pico (o día cúspide) son también fértiles. Científicamente sabemos que la ovulación por lo general tiene lugar en el día pico; pero también puede tener lugar 24 o 48 horas antes o después del día pico. Algunas mujeres siguen teniendo secreciones pegajosas, cremosas y no elásticas durante los tres días que siguen al día pico, como se muestra en el ejemplo de arriba.

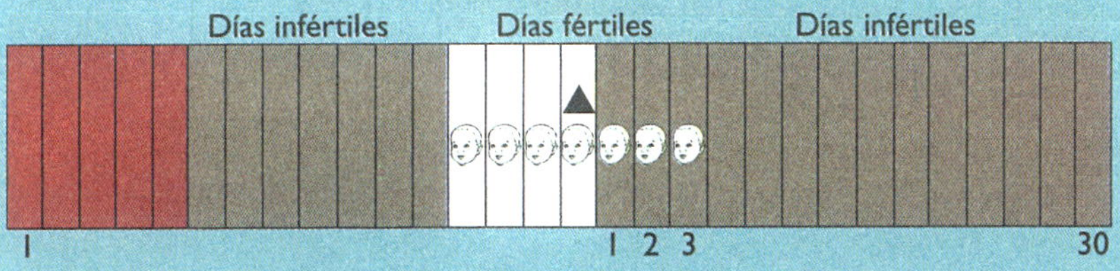

Si volvemos a la comparación de la semilla y la tierra sabemos que, aunque el suelo parezca seco, la humedad subterránea puede alimentar la semilla y hacerla crecer. Lo mismo ocurre en la mujer. Puede estar seca después del día pico o cúspide. Pero durante estos tres días hay probabilidades de que el esperma depositado en su cuerpo pueda originar una nueva vida. Esta es la razón por la que la abstinencia debe mantenerse si se quiere posponer el embarazo.

FUENTE: Mercedes Arzú de Wilson, *Love and Family,* Family of the Americas, Dunkirk, Md., 1986, p. 14.

Figuras 13.3 y 13.4

Cómo hacer la gráfica de tu propio ciclo

Primero señalamos los días de sangrado menstrual... *Dos... tres... cuatro...* quizá *cinco...* o *seis...* Estos días del ciclo se colorean en rojo.

Después de la menstruación, comienza un tiempo seco. Estos días del ciclo se registran en marrón para recordarnos que la mujer es infértil y el esperma no puede sobrevivir, igual que una semilla que no puede germinar en un suelo seco sin nutrientes.

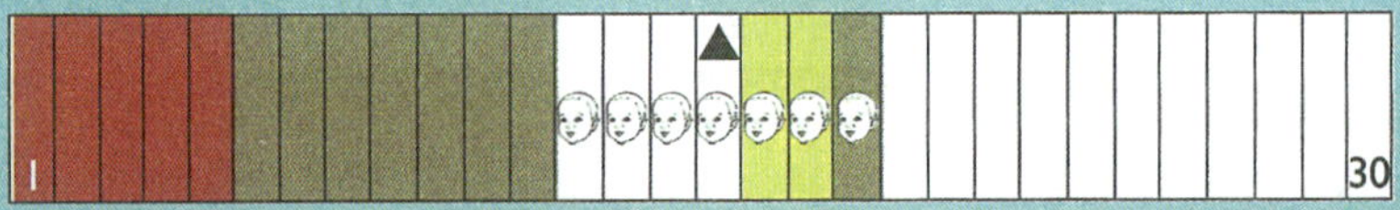

El esperma sólo puede sobrevivir durante los días en que la secreción cervical esté presente. Estos días en los que la concepción es posible, se registran con una carita de bebé.

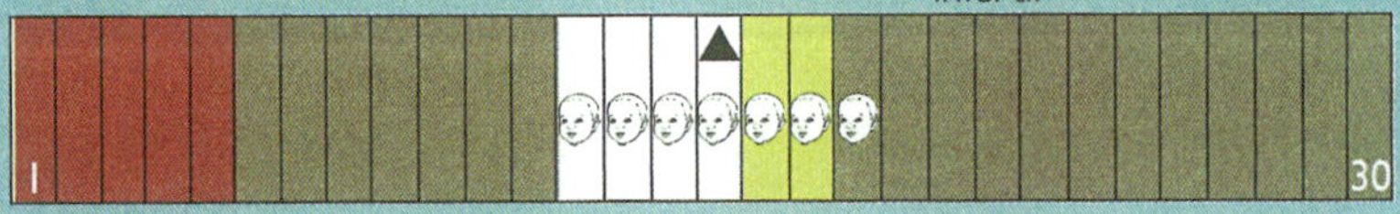

Durante estos días, la mujer es infértil hasta el final del ciclo.

▲ = Pico o cúspide de fertilidad

FUENTE: Mercedes Arzú de Wilson, *Love and Family*, Family of the Americas, Dunkirk, Md., 1986, p. 11.

Figura 13.5

Cómo detectar el día cúspide de tu fertilidad

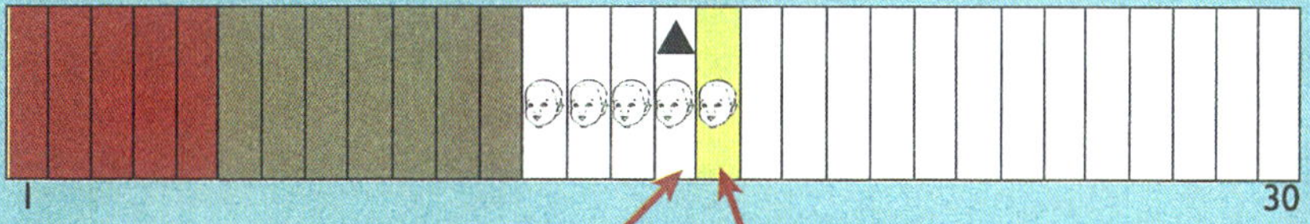

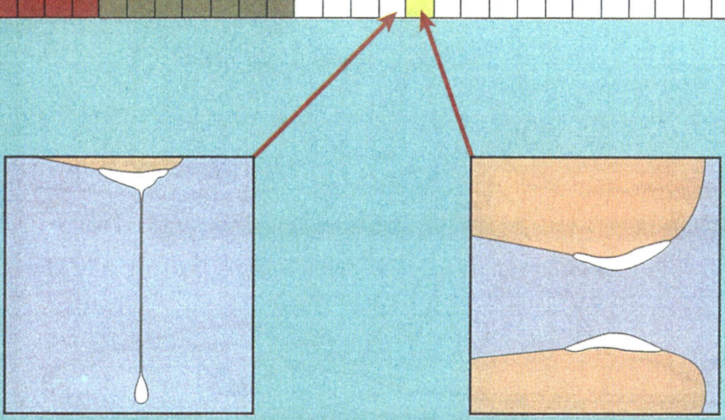

Cuando tiene lugar el cambio en el flujo cervical, éste se vuelve turbio y pegajoso, y desaparece por completo la sensación húmeda y resbaladiza.

El último día en que la mujer siente el flujo cervical húmedo y resbaladizo es el día *Cúspide*. Este día se señala de una manera especial para distinguirlo de los demás porque es un día importante que mide el ciclo de la mujer, el único día en que posee el mayor grado de fertilidad y tiene más probabilidades de concebir.

Recuerda, identificamos el día *Cúspide* al día siguiente de que éste haya tenido lugar, cuando el flujo ha cambiado y la sensación húmeda y resbaladiza ha desaparecido por completo.

FUENTE: Mercedes Arzú de Wilson, *Love and Family*, Family of the Americas, Dunkirk, Md., 1986, p. 15.

Figura 13.6

Evolución de los niveles hormonales y su gráfica durante un ciclo menstrual normal

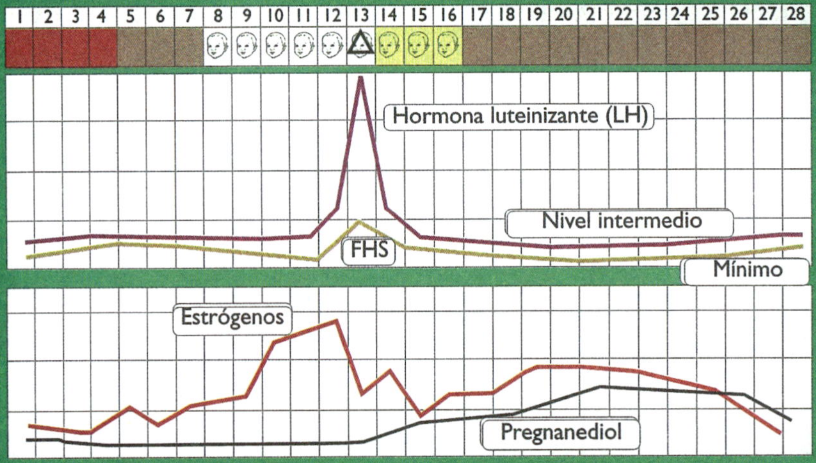

En 1962, afamados científicos, el doctor Billings y el doctor James Brown (australiano y neozelandés respectivamente), presentaron por primera véz el método de la ovulación a la comunidad cientifica.

El doctor Brown (creador de las medidas hormonales de la mujer) dirigió las investigaciones que establecieron la correlación entre las observaciones de los cambios en el flujo cervical y los cambios hormonales del ovario durante la ovulación.

Después de estudiar miles de ciclos en mujeres de todas las categorías reproductoras, las investigaciones demostraron que el síntoma de la evolución del flujo, combinado con los niveles de estrógenos de la fase folícular, es el que determina mejor la fase fértil del ciclo ovulatorio. Las investigaciones establecieron también la relación existente entre los estrógenos, la progesterona, los cambios del flujo cervical y la ovulación.

FUENTE: Mercedes Arzú de Wilson, *Love and Family*, Family of the Americas, Dunkirk, Md., 1986, p. 54.

Figura 13.7

Para lograr el embarazo

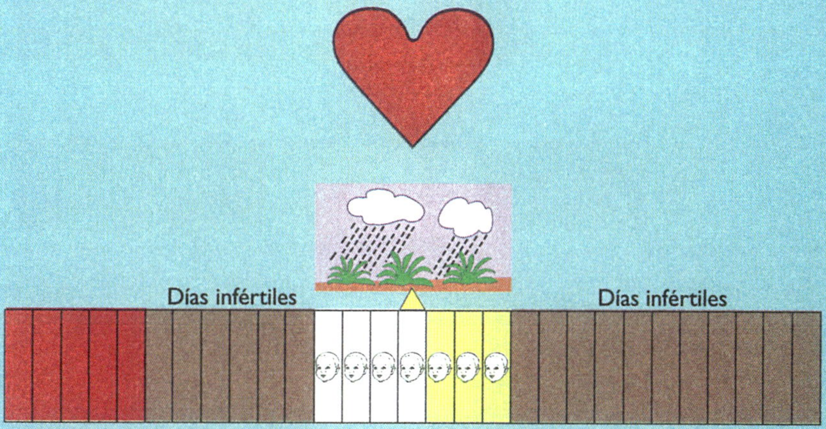

Si una mujer quiere concebir, el embarazo es posible una vez que la segregación de flujo cervical ha empezado.

El momento más favorable para la concepción es cuando el flujo es claro y elástico y se siente húmedo y resbaladizo.

FUENTE: Mercedes Arzú de Wilson, *Love and Family*, Family of the Americas, Dunkirk, Md., 1986, p. 41.

Figura 13.8

La irregularidad de los ciclos no impide la utilización del método de la ovulación

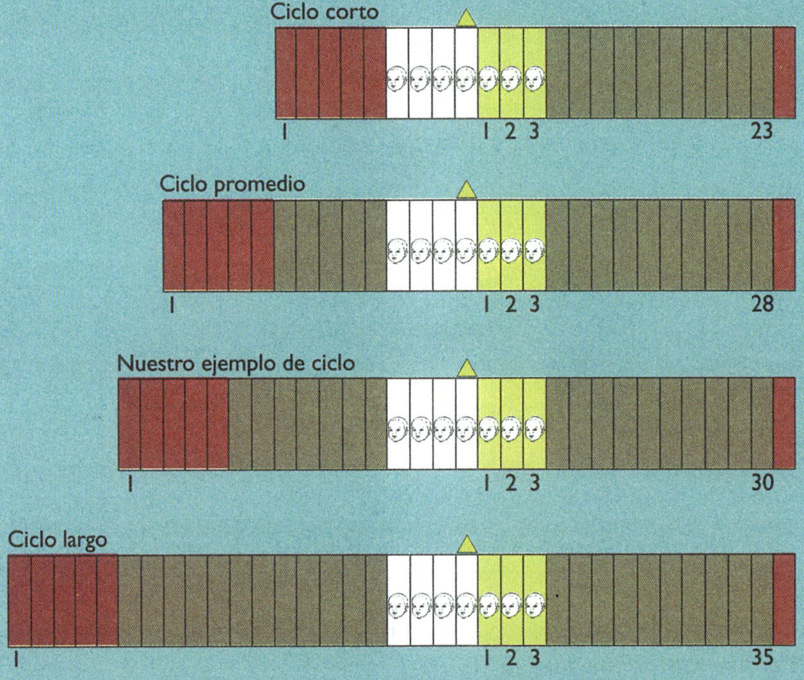

El periodo entre el día pico (o cúspide) y el inicio de la menstruación es normalmente de dos semanas. Que el ciclo sea más largo o más corto depende de los días transcurridos entre el final de la menstruación y el día pico. Puede no haber días secos antes que empiece el flujo cervical, o los días secos pueden alargarse más de lo habitual... incluso semanas. El número de días de menstruación y de flujo también pueden variar.

FUENTE: Mercedes Arzú de Wilson, *Love and Family,* Family of the Americas, Dunkirk, Md., 1986, p. 16.

Figura 13.9

14 Planificación familiar natural (PFN): El método de la ovulación

La PFN respeta la naturaleza y es ésta la que la regula; la contracepción manipula y viola la naturaleza. En el primer caso, la pareja modula su conducta según los ritmos naturales del cuerpo de la mujer; en el otro, interfieren con la naturaleza.

EDWARD D. O'CONNOR, C.S.C.
The Catholic Vision

La planificación familiar natural ha sido objeto de muchos estudios científicos y desarrollo desde los días del viejo método del ritmo. El método del ritmo (método Ogino) era inefectivo porque no tenía en cuenta el hecho de que el ciclo es diferente en cada mujer, incluso en una misma mujer, el tiempo de la ovulación puede variar de un ciclo a otro. Por otro lado, el método de la ovulación de la planificación natural enseña a cada mujer cómo reconocer sus días fértiles de forma fácil y efectiva (este método fue inicialmente investigado y desarrollado por los doctores John y Evelyn Billings y desde entonces Family of the Americas Foundation, en colaboración con misioneros, parejas y profesionales de la salud en todo el mudo, lo ha simplificado para extender su uso por todo el globo).

Jérôme Lejeune, como ya se ha mencionado anteriormente, conocido especialista en genética, de fama mundial, dijo esto de nuestro sistema de planificación familiar:

> La ciencia nos revela que la regulación natural de los nacimientos, o mejor, de la concepción, es no sólo posible, sino también plenamente efectiva. Cualquier mujer puede reconocer los signos de su fertilidad aprendiendo qué es lo que tiene que buscar. Este conocimiento de la fertilidad es la base para la verdadera libertad del amor.[1]

Más de 50 millones de parejas en más de 100 países usan el método de ovulación (o método Billings) para la planificación familiar natural para lograr o posponer el embarazo.[2] *Estudios mundiales indican una tasa de 98 a 99 %*

[1] Jérôme Lejeune, citado por Mercedes Arzú de Wilson, en *Love and Fertility,* Family of the Americas Foundation, Dunkirk, Md., 1986, contraportada.

[2] María Ruiz Scaperlanda, "Natural Family Planning Pioneers Cite Worldwide Success", en *Today's Catholic,* 29 de marzo de 1992, p. 6.

de efectividad en la postergación del embarazo. También se han alcanzado espectaculares resultados en la China comunista, donde el estudio clínico de 688 parejas que utilizaron el método de la ovulación durante un año dio como resultado *98.82 % de tasa de efectividad en la postergación del embarazo, con una tasa de continuidad de 93.04 %.* Las autoridades chinas han informado que incluso mujeres que, por razones físicas, eran incapaces de utilizar métodos artificiales, sí fueron capaces de usar el método de la ovulación. También observaron que parejas con un nivel más alto de educación cometen graves errores en el uso de métodos artificiales. Las facultades de las Universidades de Beijing y Shangai, dispuestas a aprender un método de planificación natural, han solicitado entrenamiento sobre el método de la ovulación.[3] Es interesante comparar la tasa de 98 a 99 % de efectividad del método de la ovulación con las tasas de efectividad de varios métodos artificiales (químicos y de barrera).[4]

LA IRREGULARIDAD DE LOS CICLOS NO INTERFIERE CON EL MÉTODO DE LA OVULACIÓN

El número de días entre la última menstruación de una mujer y el momento de su ovulación puede variar mucho, dependiendo de la actividad de las hormonas que disparan la ovulación. Sin embargo, el tiempo entre la ovulación y el principio de la siguiente menstruación es normalmente de 10 a 16 días. (Una de las ventajas clave del método de la ovulación, que veremos más adelante en este capítulo, es que su efectividad no depende de la regularidad de los ciclos. Este método funciona en todas las etapas de los años reproductores de una mujer, incluyendo la premenopausia y la lactancia.)

El ciclo no es igual para todas las mujeres. Incluso en una misma mujer puede cambiar de un ciclo a otro. Una mujer nunca sabe por adelantado cuánto durará su ciclo. Para poder identificar la fase fértil de su ciclo, todo lo que una mujer necesita observar es la presencia y el aspecto cambiante de su flujo cervical. Es muy sencillo.

Para entender por qué el flujo mucoso cervical es un signo externo de fertilidad tan importante es necesario saber cómo funciona el sistema reproductor de la mujer, tal como se explica en el capítulo 12.

La efectividad del método de la ovulación está documentada en la sección de "Apoyo científico" de *Love and Fertility* (Amor y Fertilidad), que acompaña al programa del mismo nombre. Esta sección presenta hechos de gran alcance así como los conocimientos necesarios para entender las delicadas e intrincadas funciones de la fertilidad humana. El conocimiento de la fisiología femenina y masculina es beneficioso para todos, especialmente para los que están pensando en casarse.

[3] Zhang, D. W. y Su, J. X, "The Effectiveness of the Ovulation Method Used by 688 Couples in Shangai", en *Reproduction & Contraception 13*, núm. 3, 13 de junio de 1996, pp. 194-200.

[4] Para más información, *véase* Wilson, *Love and Fertility*.

Comparación entre los métodos artificiales de control de la natalidad y el método de la ovulación para la Planificación Familiar Natural

(Estadisticas de Estados Unidos, 1992.)

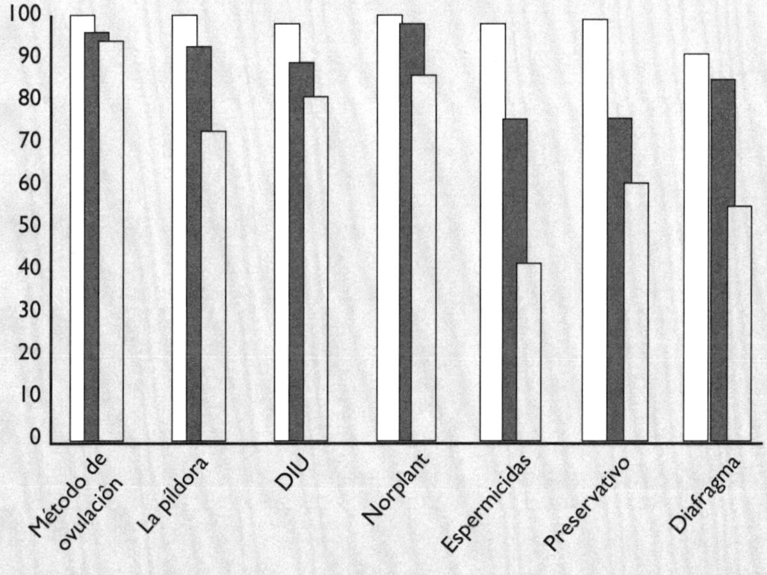

	Método de la ovulación	Píldora	DIU	Norplant	Espermicidas	Preservativo	Diafragma
Efectividad del método	99 %	99 %	97 %	99 %	97 %	98 %	90 %
Efectividad del usuario	95 %	91.7 %	88 %	97 %	74.8 %	75 %	84 %
Tasa de continuidad	93 %	72 %	78-81 %	85 %	43 %	63 %	58 %

Las estadisticas sobre los métodos artificiales provienen de fuentes diferentes, incluyendo el Instituto Alan Guttmacher (como cita Kim Painter en "The Imperfect State of Birth Control in the USA", en *USA Today* 16 de marzo de 1992); también Robert A Hatcher y otros en *Contraceptive Technology 1990-1992*, Irvington Pub., Nueva York, 1990; y en el Population Information Program de la Universudad Johns Hopkins. Los estudios científicos sobre el método de ovulacíon citados por M. A. Wilson, en *Love and Fertility, Family the Americas Foundation*, Dunkirk, Md., 1986.

*Al cabo de cinco oños la mayoria de las mujeres habian abandonado el Norplant. (FUENTE: *Population Reports. Decisions for Norplant Programs*, series K, núm. 4, noviembre.

Figura 14.1

Comparación entre los métodos artificiales para el control de la natalidad y el método de la ovulación para la Planificación Familiar Natural

(Provincia de Shangai, China, de junio de 1988 a mayo de 1990.)

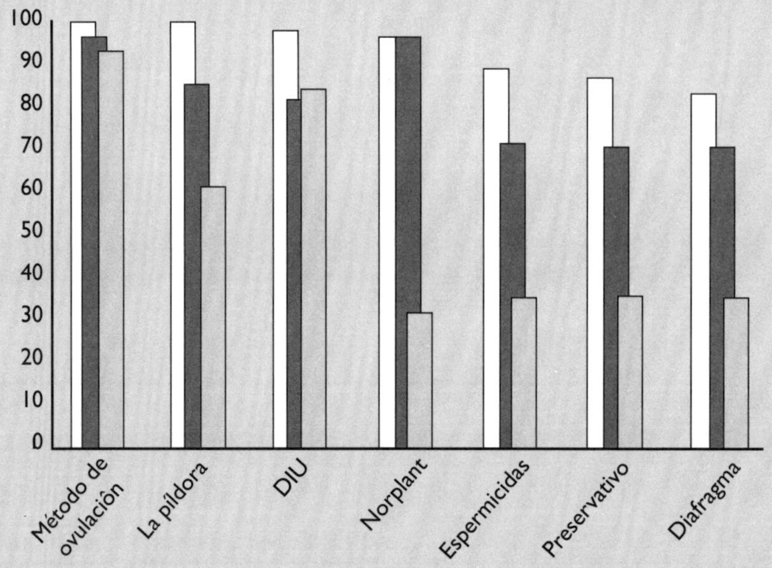

Tasa de efectividad							
	Natural	***Artificiales****					
	Método de la ovulación	*Píldora*	*DIU*	*Norplant*	*Espermicidas*	*Preservativo*	*Diafragma*
Efectividad del método	98.82 %	99 %	97 %	95 %	90 %	85 %	82.5 %
Efectividad del usuario	95 %	85 %	81 %	95 %	70 %	70%	70 %
Tasa de continuidad	93.04 %	60 %	81.4 %	30 %	35 %	35 %	60%

FUENTE: Doctor Zhang de Wei, Presidente de la Sociedad de la Ciencia de la Planificación Familiar de Shangai, estudio clínico sobre el Método de la ovulación Billings entre 688 parejas en la provincia de Shangai, China.
* Comunicación personal con la doctora Zhang De-Wei.

Figura 14.2

Es importante darse cuenta de que la mujer es fértil aproximadamente sólo 100 horas por ciclo durante sus años reproductores, mientras que un hombre es fértil todos los días, de la pubertad en adelante. Después de reconocer cuándo la mujer está en su fase fértil, si la pareja ha elegido evitar el embarazo, todo lo que se requiere son unos días de abstinencia en cada ciclo. La aceptación por parte de la pareja de las leyes de la naturaleza que pertenecen al maravilloso don de la procreación, incrementará su amor y comunicación ya que cooperarán con la naturaleza en nombre del bienestar físico y moral del otro. De esta manera, el hombre y la mujer aceptan la responsabilidad de su fertilidad compartida.

Tabla 14.1. Tasas de efectividad de los métodos artificiales y del método de la ovulación.

Método	*Efectividad teórica (uso perfecto)*	*Efectividad teórica (uso imperfecto)*[a]
Norplant	99.8 %	No hay datos
Método de la ovulación de Billings[b]	De 97.2[c] a 98.82 %[d]	De 92.8[e] a 96.35 %[f]
Píldora anticonceptiva	De 94.1 a 97 %[g]	91.7%[h]
DIU	De 96.6 a 98 %[i]	86.7 %[j]
Preservativo[k]	98 %	De 64 a 88 %
Espermicida[l]	97%	De 73.8 a 79 %
Diafragma (+ espermicida)[m]	94 %	82 a 84.1 %

[a] Es muy importante distinguir entre las tasas de efectividad (teóricas, o del método mismo, comparadas con la tasa que incluye los errores de los usuarios [uso imperfecto]). Los embarazos "del método mismo" (uso perfecto) son aquellos que ocurren a pesar de la correcta aplicación de las normas para evitar el embarazo. Los lectores pueden ver la variación entre cifras y las citadas en el estudio de la China comunista. Mientras que las cifras de la China comunista fueron proporcionadas por un programa de planificación familiar gubernamental y objetivo en aquel país, las estadísticas que se citan aquí pueden incluir errores de informes por parte de compañías farmacéuticas con ánimo de lucro y de otras entidades que tienen intereses financieros en declarar altas tasas de efectividad.

[b] El método de la ovulación proveerá una alta efectividad siempre que las parejas se abstengan por completo de las relaciones sexuales durante la fase de fertilidad. Las parejas que utilizan métodos-barrera o tienen contactos durante el tiempo de riesgo de fertilidad tienen una mayor tasa de embarazos.

[c] "A Prospective Multicentre Trial of the Ovulation Method of Natural Family Planning. II. The Effectiveness Phase", Organización Mundial de la Salud, según se informa en *Fertility and Sterility* 36, núm. 5, noviembre de 1981, pp. 591-598.

[d] Zhang y Xu, "The Effectiviness of the Ovulation Method Used by 688 Couples in Shanghai", pp. 194-200.

[e] *Fertility and Sterility,* noviembre de 1981.

[f] Zhang y Xu, *op. cit.*, pp. 194-200.

[g] Robert A. Hatcher y otros, *Contraceptive Technology,* Irvington Publishers, Nueva York, 1994, p. 229. El fallo típico del primer año de uso de la píldora es de 3 %; de un 4 % para mujeres de menos de 22 años. La tasa de fallos de 5.9 % proviene de Lorenzo Moreno y Noreen Goldman, "Contraceptives Failures Rates in Developing Countries: Evidence from the Demographic and Health

Dado que no hay reglas ni píldoras que recordar, con el Norplant no hay oportunidad para el "error del usuario". La baja tasa de embarazos, sin embargo, contrasta con su baja tasa de continuidad. En *Contraceptive Technology* (Tecnología anticonceptiva), los autores dictaminan que "al cabo de cinco años, entre 9 y 19 % de las mujeres han dejado Norplant por irregularidades en el sangrado".[5] Según otro informe, sólo entre 25 y 78 % de las mujeres continuán usando Norplant después de cinco años.[6]

Para dar una idea de las implicaciones de los costos (de los que se habla en la tabla 14.4) a escala global (al menos en los países en vías de desarrollo), consideremos la siguiente afirmación del Instituto Alan Guttmacher:

> Si la población del mundo no excede las proyecciones medias de población para el año 2000 de Naciones Unidas en la década de 1990 no nacerán más de 969 millones de personas. Esto requerirá un incremento en la tasa de utilización de anticonceptivos de 51 % en 1990 a 59 % en el año 2000. Para llegar a esta tasa de utilización, los proveedores de estos servicios deberán realizar más de 150 millones de esterilizaciones y distribuir casi 8800 millones de ciclos de anticonceptivos orales, 663 millones de inyecciones contraceptivas, 310 millones de DIU y 44 000 millones de preservativos durante un periodo de 10 años. Proporcionar estas mercancías costará 5000 millones de dólares adicionales.[7]

[5] *Ibid.*, p. 309.

[6] I. Sivin, "International Experience with Norplant and Norplant II Contraceptives", en *Studies in Family Planing*, vol. 19, núm. 2, marzo-abril de 1988, pp. 81-94, citado en *Population Reports*, Series K, núm. 4, noviembre 1992.

[7] W. Parker Mauldin y John A. Ross, "Contraceptive Use and Commodity Costs in Development Countries, 1990-2000", en *International Family Planning Perspectives* 18, núm. 1, marzo de 1991, p. 4 párrafo introductorio.

Surveys", en *International Family Planing Perspectives*, vol. 17, núm. 2, junio de 1991, pp. 44-49.

[h] Alan Guttmacher Institute, citado por Kim Painter, "The imperfect State of Birth Control in the USA", en *USA Today*, 16 de marzo de 1992, p. D4.

[i] Moreno y Goldman, "Contraceptive Failure Rates"; *véase también* C. Tietze y S. Lewit, "Use Effectiveness of Oral and Utrauterine Contraception", en *Fertility and Sterility*, núm. 22, 1971, p. 508.

[j] J. Zipper y otros, "Four Years Experience with the Cu7-200 Device-Endouterine Copper in Fertility Control", en *Contraception*, 13 de enero de 1976, pp. 7-15, citado por Thomas W. Hilgers, doctor en Medicina, "An Evaluation of Intrauterine Devices" Department of Obstetrics/Gynecology, St Louis University School of Medicine, sin fechar, p. 14.

[k] Hatcher y otros, *Contraceptive Technology*, p. 176: es más, "los preservativos tienen una tasa anual de fallos de 18.4 % para las chicas menores de 18 años; entre las mujeres solteras de minorías étnicas, la tasa de fallos anual es de 36.3 %; entre las mujeres hispanas solteras es de hasta 44.5 %". De "Quick Facts on Safe Sex", publicado por Focus on the Family. Cita a Mark D. Hayward y a Jonichi Yogi, "Contraceptive Failure Rate in the United Sates: Estimates from the 1982 National Survey of Family Growth", en *Family Planing Perspectives*, vol. 18, núm. 5, septiembre-octubre de 1986, p. 204. También Elise F. Jones y Jaqueline Darrock Forrest, "Contraceptives Failure in the United States: Revised Estimates from the 1982 National Survey of Family Growth", en *Family Planingh Perspectives* 21, núm. 3, mayo-junio de 1989, p. 103.

[l] Hatcher y otros, *Contraceptive Technology*, p. 183. También Alan Guttmacher Institute, citado por Painter, "Imperfect State".

[m] *Ibid.*, p. 200.

Tabla 14.2. Estudios sobre la efectividad del método de la ovulación.

Estudio	*País*	*Año*	*Núm. de parejas*	*Núm. de ciclos estudiados*	*Tasa de embarazos o del método**	*Referencias*
Billings, J.	Australia	1972	165	1560	0 %	J. Irish Med. Asoc. 70, abril 1977, p. 6
Weissman	Tonga	1972	282	2503	0.5 %	*The lancet 2* 1972, pp. 813-816
St. Cloud	Estados Unidos	1974	260	1823	0.6 %	Boletín de la *Human Life Foundation*
Ball	Australia	1976	124	1635	2.9 %	*Europa, J. Ob. Gyn & Rep. Biol.* 6, 1976, pp. 63-66
Kyu San Cho Urbano/rural	Corea	1976	465 918	11 064	1.61 % 1.96 %	Reunión de la OMS, Ginebra, febrero de 1976
Movimiento de la familia feliz	Corea	1977/78	3806	24 414	1.4 %	Informe anual, H.F.M. Corea, 1977-78, pp. 1-4
Mascarenhas	India	1978	3530	39 967	0.06 %	Mascarenhas MM, "The Use-Effectiveness of the OM in India", núm. 9, p. 209, 1979
Dolack	Estados Unidos	1978	329	3354	1.1 %	Program. Hosp., agosto de 1978, pp. 64 y ss.
Tamil Nadu Family Life Center, Bernard, C.	India	1978/79	3275	39 300	0 %	Informes anuales 1978/1985
Klaus, H. y otros	Estados Unidos	1979	1090	12 282	1.17 %	Contraception núm. 19, junio de 1979, p. 6

Tabla 14.2. *(Continuación.)*

Estudio	*País*	*Año*	Núm *de parejas*	*Núm. de ciclos estudiados*	*Tasa de embarazos o del método**	*Referencias*
Klaus, H.	Estados Unidos	1981	72	808	0 %	Presentado en la 9th *Annual Conference on Psychosomatic Ob. Gyn.* 1981
Billings, L. Premenopausia	Australia	1972	98	3-4 años	0%	"The Billings Method", editado por Anne O'Donovan, Pty, Australia
Estudio de OMS	Filipinas, India, Irlanda, El Salvador, Nueva Zelandia	1977/78	725	7514	2.8	*Fert. Ster;* vol. 36, 1981, p. 591
A. Dede	Lombardía (Italia)	1985	720	2974	0 %	*Medicina e Morale,* enero de 1985, pp. 72-79
Cilacap rural	Indonesia	1978/82	978	14 541	0.27 %	*Pusqat Metode Ovulasi, Jl,* Jen A. Yani 23, Cilacap junio de 1986
Xu, J.X. Zhang, D.W.	República Popular China	1988/90	688	11 075	1.18 %	*Reproduction and Contraception* junio de 1993, vol. 13, núm 3, pp. 192-200
R.E.J. Ryder	Calcuta *(India)*	1993	19 843	6467	0.4 %	*British Medical Journal, núm. 13,* sept. de 1993, vol. 307, pp. 723-726

* Tasa de embarazos "del método" se refiere a aquellos que ocurren pese a la correcta aplicación de las reglas para evitar el embarazo. Debido a los objetivos de esta presentación, en esta tabla se informa sólo de los embarazos "del método".

Tabla 14.3. Tasas de continuidad de los métodos artificiales y del método de la ovulación.

Método	*Tasa de continuidad, 1 año*
Método de la ovulación /Billings	93.04 %*
La píldora	72 %
Norplant	85 %
DIU	63 %
Preservativos	43 %
Espermicidas	58 %
Diafragma	de 35 a 67

* Zhang y Xu, "The Effectiveness of the Ovulation Method Used by 688 Couples in Shangai", Reproduction and contraception, vol. 13, Núm. 3, june 1993, pp. 194-200.

Claramente se pide al contribuyente estadounidense que pague un precio tremendo por las actividades antifamilia, proabortistas y proesterilización de los controladores de población.

La Madre Teresa, al concluir su discurso en el National Prayer Breakfast, en febrero de 1984, urgió a los estadounidenses a tomar el timón en la lucha contra el aborto:

> Si recordamos que Dios nos ama, que podemos amar a los demás como Él nos ama, entonces Estados Unidos se convertirá en un signo de paz para el mundo. De allí, una señal de amor para el más débil de los débiles –el niño no nacido– debe salir al mundo. Si se convierten en una llama ardiente de justicia y de paz en el mundo, entonces realmente serán fieles a aquello por lo que se levantaron los fundadores de este país. ¡Dios los bendiga![8]

"ANTICONCEPCIÓN" FRENTE A REGULACIÓN NATURAL

Incluso en Estados Unidos hay una insatisfacción creciente con los actuales métodos anticonceptivos. De hecho, en diciembre de 1991, la revista *American Journal of Obstetrics Gynecology* afirmaba que "la PFN (Planificación Familiar Natural) es un tema importante [...] Se acepta de manera generalizada que los nuevos métodos de anticoncepción hormonales o quirúrgicos no estarán disponibles en la próxima década y la necesidad de métodos no hormonales, no invasores, está bien documentada".[9]

[8] Madre Teresa de Calcuta, "Whatever You Did Unto One of the Least, You Did Unto Me", discurso en el National Breakfast, Washington, D. C., 3 febrero de 1994.

[9] John T. Queenan, y otros, introducción al suplemento de *American Journal of Obstetrics and Gynecology*, vol. 165, núm. 6, parte 2, diciembre de 1991, p. 1977.

Tabla 14.4. Relación de costos de los métodos artificiales y del método de la ovulación.

Método	*Costo en dólares del producto financiado* por los contribuyentes de Estados Unidos para los países en vías de desarrollo (sólo el producto)*	*Costo y tarifas totales en dólares para un usuario estadounidense*
Norplant	23 a 29	600 a 800[a]
La píldora	6 a 24	248 *y* más al año[b]
DIU	0.70 a 1	350 y más al año
Depo-Provera		140 *y* más al año[c]
Espermicida	30 a 43	
Diafragma (+ espermicida)	6.5 el diafragma 32 a 8.316 el espermicida	51 a 70 *y* más al año
Preservativos	9 a 28	63.5 *y* más al año
Método de ovulación/Billing	0	15 a 30 una sola vez en la vida[d]

*Costo aproximado del producto para un periodo de tres a cinco años. Los precios de la Agencia de Desarrollo Internacional de Estados Unidos y de la Fundación para la Población de las Naciones Unidas reflejan sólo el costo del producto. En cambio, los precios para afiliados de la Federación Internacional de Plannet Parenthood comprenden el cesio del producto, el transporte y e! seguro del transporte *(Population Report,* p. 4).

[a]Painter, "Imperfect State".
[b]*Ibid.* La media anual (dólares de 1993) ha sido facilitada por el doctor john Bruchalski, ginecólogo-obstetra con consulun privada en el este de Estados Unidos. El doctor Bruchalski también señala que los métodos artificiales rofuieren chequeos y pruebas una vez al año, y en Estados Unidos esto significa entre 90 y 140 dólares adicionales cada año (entre 11 300 y 17 600 aproximadamente). *Véase también* el informe de Associated Press, "Depo-Provera birth control's cost defended by Upjohn Co.", *en The Times-Picayune,* Nueva Orléans, 13 de enero de 1993.
[c]Hatcher y otros, *Contraceptive Technologie,* p. 291.
[d]Sólo incurren en este reducido y único costo las parejas que utilizan un entrenamiento y un equipo explicativo al principio (como el equipo *Love and Fertility* que ofrece Family of the Americas). No obstante, el Método de la Ovulación de Planificación Natural es lo suficientemente sencillo como para que incluso las parejas de las naciones pobres puedan aprender el método con profesores especializados sin comprar de hecho el video educativo (usando sólo el libro y los gráficos).

Algunos podrían argumentar que sería irracional abandonar el fomento del control de la natalidad y dejar a las mujeres sin ninguna opción para controlar el número de embarazos. El hecho es que hay una alternativa auténtica: el método natural de planificación familiar científicamente sólido y estadísticamente comprobado.

El papa Juan Pablo II dio la mejor explicación de la PNF cuando se dirigió a los participantes en un curso de capacitación sobre la planificación familiar natural el 10 de enero de 1992:

> La planificación natural de la familia, de hecho, no es de naturaleza puramente técnica, sino que *siempre tiene una dimensión moral esencial.* Por tanto, no se trata simplemente de adquirir conocimientos científicos sobre la fisiología sexual y los métodos para diagnosticar la fertilidad femenina. Ante todo, se trata de *entender la verdad acerca del amor humano en el plan de Dios* y de crecer en sensibilidad a los valores morales que éste entraña. Así, el conocimiento cada vez más exacto de los ciclos de la fertilidad femenina encuentra su horizonte apropiado y la condición para su uso moralmente lícito *en el contexto de la castidad conyugal,* entendida como virtud del auténtico amor conyugal.

Los llamados "métodos naturales" son realmente formas de diagnosticar los periodos fértiles de la mujer, que brindan la posibilidad de abstenerse de las relaciones sexuales cuando razones justificables de responsabilidad exigen que se evite la concepción. En este caso, el marido y la mujer alteran su conducta sexual por medio de la abstinencia. La dinámica de la abnegación y aceptación de la otra persona, que son propias del acto conyugal, no se ven negadas.

Como dijo el difunto profesor Jérôme Lejeune: "Para que la Planificación Natural de la Familia tenga éxito, se requieren dos elementos importantes: que el marido ame a su esposa y que respete su fisiología."

Los científicos y las parejas están deseosos de encontrar un método ideal ¿Cuál sería éste? Según un artículo publicado en uno de los mayores periódicos estadounidenses: "Todos los expertos están de acuerdo en que debería ser seguro, barato, fácilmente reversible, fácil de usar, sin efectos secundarios, que previniese las enfermedades y el embarazo y que fuese aceptable para todas las parejas en todas las etapas de su vida."[10]

Por las razones expuestas en este libro, el método de la ovulación es *el* método ideal. En 1962, las investigaciones del doctor John Billings y el doctor James Brown fueron las primeras en aportar el método de ovulación en la comunidad científica. El doctor Brown, pionero en las mediciones hormonales de la mujer, dirigió estudios que buscaban la correlación entre la exactitud de las observaciones de la mujer de los tipos de flujo cervical y las variaciones hormonales asociadas a la ovulación. Después de haber hecho pruebas siguiendo miles de ciclos de mujeres de todas las edades reproductoras, las investigaciones demostraron que el desarrollo de la secreción cer-

[10] Kim Painter, "The Imperfect State of Birth Control in the U.S.A.", en *USA Today,* 16 de marzo de 1992, p. D4.

vical se coordina con los niveles de estrógenos de la fase folicular de manera más clara que ningún otro síntoma que acompaña a la ovulación. Se estableció la relación entre estrógenos y progesterona, cambios del flujo cervical y la ovulación (*véase* fig. 13.7, en el capítulo anterior).

Esto, naturalmente, supone una buena noticia para millones de hombres y mujeres. Quizás el lector nunca haya oído hablar del método de la ovulación porque es un método que se burla de la mentalidad anticonceptiva, de la "sabiduría aceptada" que los grupos proeducación sexual y procontrol de población y sus aliados promueven desde 1960, cuando se comercializó la píldora. Los promotores de la píldora quieren que creamos que las mujeres que desean postergar la venida de hijos deben tomar medicinas muy fuertes, no para tratar un efecto o una enfermedad, sino para interferir en el resultado natural del acto sexual. Los promotores de la educación sexual y de las "clínicas" escolares quieren incluso que las jóvenes de bachillerato empiecen a utilizarlas, a pesar de los actuales riesgos de infección por VIH y de los conocidos efectos secundarios de la píldora y de otros dispositivos como el Norplant. (*Véase* más detalles en este mismo capítulo.)

¿Qué podemos hacer para mantener a nuestras hijas lejos de los promotores del control de natalidad, dañino y artificial? Lograr que entiendan la verdad que relatamos aquí sobre el maravilloso don de la fertilidad y el poder genuino que este conocimiento da a las mujeres y a las parejas. Podemos utilizar estas buenas noticias en nuestra propia vida conyugal y enseñar a nuestras hijas a hacer lo mismo cuando se preparen para el matrimonio. También podemos subrayarles los aspectos diametralmente opuestos de la anticoncepción y de la regulación natural de la fertilidad.

El doctor Josef Seifert ha hecho exactamente eso. Primero observó que existe una conexión entre el acto sexual y la procreación. A menos que haya una intervención deliberada, y si las relaciones sexuales tienen lugar durante la fase fértil del ciclo de la mujer, la consecuencia será un bebé. El mismo acto sexual que origina la concepción también expresa amor entre los esposos y establece un lazo inseparable entre ellos.

El amor conyugal es la fuente para una nueva generación de seres humanos. Cuando se le permite dar fruto, trae una nueva vida y una promesa de futuro. Pero ni el marido ni la mujer solos pueden dar vida. Pueden intentar alcanzar la concepción, pero, dado que somos tanto cuerpo como alma, sólo el Padre Celestial puede decidir la creación de una nueva vida. La maravilla de la sexualidad humana es que el Altísimo usa este don para traer nuevos seres humanos, cada uno de ellos único, irrepetible e inmortal, al mundo. La regulación natural de la fertilidad utiliza el conocimiento de la pareja sobre los momentos fértiles para espaciar los embarazos y así no desbarata los designios de Dios. En cambio, los anticonceptivos intervienen activamente, manipulando el acto sexual (y obstruyendo o destruyendo la fertilidad) para frustrar los planes de Dios.

Separar el sexo de la procreación no está en armonía con la naturaleza del acto sexual y excluye a Dios de un acto que Él ha destinado a ser parte de la creación de una nueva vida. Los métodos naturales que regulan la fertilidad, sin embargo, preservan la dignidad inmensa del acto sexual en su naturaleza unitaria y procreadora, y como dice Seifert, no traiciona la generosidad del amor conyugal; el regalo de darse el uno al otro, o la debida reverencia al cónyuge, al matrimonio y a la soberanía de nuestro Creador. Expresado de otra manera, la diferencia entre el sexo anticonceptivo y el no anticonceptivo implica, en última instancia, dos concepciones incompatibles sobre el ser humano y la sexualidad de la pareja.

El papa Juan Pablo II ha tratado con frecuencia el tema de los métodos artificiales de control de la natalidad:

> La contracepción artificial expresa con frecuencia una idea utilitarista de la sexualidad humana y tiende con facilidad a separar los aspectos físicos del contexto global del amor conyugal, como son el compromiso, la fidelidad mutua, la responsabilidad y la receptividad al misterio de la vida. Por otra parte, la manera de vivir que se deriva del ejercicio periódico de la continencia lleva a la pareja a profundizar en su conocimiento del otro y al alcanzar la armonía de cuerpo, mente y espíritu, lo que les fortalece y les anima en su viaje conjunto por la vida. Está marcado por un diálogo constante y enriquecido con la ternura y el afecto que constituyen el corazón de la sexualidad humana.[11]

Dado este punto de vista, no es sorprendente que las parejas que practican la planificación familiar natural disfruten de matrimonios más felices y fuertes. De hecho, la profesora de la Universidad de Dallas, Janet E. Smith, apunta: "Hay pruebas de que es muy raro el divorcio entre las parejas que utilizan la PFN (Planificación Familiar Natural), mientras que 50 % de los matrimonios en general terminan en divorcio. Es más, un investigador atribuye 50 % del incremento de los divorcios, desde principios de la década de 1960 hasta mediados de la década de 1970, al aumento del uso de los anticonceptivos."[12] Mantenerse en armonía con Dios y con lo natural es moral, saludable y sensato. Sí, a veces las dificultades surgen porque marido y mujer no están de acuerdo sobre el control de la fertilidad y sobre las peticiones de las relaciones. Sin embargo, recurrir a la "solución" antinatural y poco saludable de la contracepción artificial no es la respuesta. Los esposos deben buscar la ayuda de amigos íntimos y/o de un sacerdote, de un consejero o de un voluntario que les pueda ayudar a reconocer las bendiciones de la regulación natural de la fertilidad.

La dignidad del acto conyugal y sus conexiones con Dios en la creación de nuevas vidas humanas son razones poderosas, junto con la inherente humanidad y valor de cada ser humano desde el momento de la concepción, para oponerse no sólo al aborto, sino también a la fertilización *in vitro* y a otros ensayos de laboratorio con bebés. Aunque algunas parejas bien intencionadas, desesperadas por ser padres, tomen en consideración estas tecnologías, lo cierto es que estas perversiones de la ciencia tratan a los seres humanos recién concebidos como experimentos desechables. De hecho,

[11] Juan Pablo II, discurso en la Cumbre de Roma sobre Regulación Natural de la Fertilidad, 9-11 de diciembre de 1992.

[12] Janet E. Smith, *Humanae Vitae: A Generation Later,* The Catholic University of America Press, Washington, D. C., 1991, p. 127.

IMPORTANTES ESTUDIOS SOBRE EL MATRIMONIO CONCLUYERON LO SIGUIENTE:

Las parejas casadas por un Juez de Paz: 50 % de los matrimonios se divorcian.

Las parejas casadas por la Iglesia: 33 % de los matrimonios se divorcian.

Las parejas que practican la planificación familiar natural para espaciar los nacimientos: 0.2 % de los matrimonios se divorcian.

FUENTE: *"NFP Update..."* Office of NFP Diocese of Charleston, vol. 4. núm. 2. Junio de 1991.
Dr. Janet Smith, *"Humanae Vitae: A Generation Later"* p. 127, 1991.
Philip Lauter, *"The New Counter Culture"*, *The Wall Street Journal*, 13 de agosto de 1993.
Robert Lerner, "A Survey of Users of Natural Family Planning as Compared to other American Women", febrero de 2001.

con el adorno del eufemismo "preembrión", muchos seres humanos concebidos artificialmente son destruidos como "extras" de laboratorio. El profesor Donald De Marco añade:

> Con la fertilización *in vitro*, el proceso natural de engendrar un hijo se ha convertido en un proceso artificial de manufacturar un producto. Este giro introduce inevitablemente factores que despersonalizan y mecanizan la procreación humana, por un lado y, por otro, separan y violan la intimidad del "dos-en-un-solo-cuerpo" de las parejas casadas [...] La fertilización *in vitro* exterioriza un proceso que ha sido hecho para ser parte íntima e inseparable de una expresión de amor profundamente personal. "Hay posiblemente una sabiduría en el misterio de la naturaleza", se pregunta Leon Kass, "que une el placer del sexo, la comunicación del amor y deseo de hijos en la única actividad por la que nosotros proseguimos la cadena de la existencia humana [...]" Las personas no tienen *un* derecho a tener niños porque nadie tiene sobre otra persona [...] El intento de definir la actividad humana solamente en términos de actividad racional es una de las curiosidades de nuestro tiempo, un caso en el que la ciencia usurpa el lugar de una filosofía más amplia, más inclusiva, del hombre [...] El control racional no convierte al hombre moral.[13]

> Las investigaciones indican que 50 % del incremento en la tasa de divorcios desde principios de la década de 1960 hasta mediados de la década de 1970 es atribuible al incremento del uso de contraceptivos.
>
> FUENTES: Robert T. Mitchael, "Why Did the U. S. Divorce Rate Double Within a Decade?", en Research in Population 6, JAI Press, Greenwich, Conn., 1988, pp. 361-399, citado por Janet E. Smith, en *Humanae Vitae: A Generation Later*, Catholic University of America Press, Washington, D. C., 1991, p. 127.

COMPARACIÓN DE LA PFN Y LOS MÉTODOS ARTIFICIALES: VALOR Y CONTRAVALOR

La Planificación Familiar Natural (PFN)

1. Con el método natural, la mujer es capaz de conocerse a sí misma, aprende y aprecia los procesos de su propio cuerpo.
2. Usando medios naturales la mujer acepta, controla y respeta su fertilidad desde el principio hasta el fin de sus años reproductores.
3. Método natural alimenta la comunicación entre marido y mujer porque los dos cooperan en la planificación de su familia, teniendo en cuenta cada una de las fases del ciclo de la mujer. Alimenta un respeto mutuo entre los esposos.

[13] Donald De Marco, "Infertility and In Vitro Fertilization: Its meaning and morality", Life Ethics Centre, St. Joseph's University of Alberta, Edmonton, Alberta, Can., 1985.

4. Cuando una pareja debe postergar el embarazo, la misma abstinencia que requiere el método natural puede ayudar a fortalecer el matrimonio. El sacrificio que conlleva es una prueba del respeto que el marido tiene por su compañera, considerándola como persona digna y no exclusivamente como el instrumento de su propio placer egoísta. Ella, a su vez aprecia su voluntad de sacrificarse por su bien y por el bien del matrimonio, y su amor por él aumenta.
5. Con el método natural, el amor de la pareja se renueva después de un periodo de abstinencia. Se mantiene alto el interés así como el precio por el otro.
6. La actitud de los esposos con el método natural es: "Nuestra fertilidad es un regalo de Dios." Esto ayuda a construir una relación de paz y proximidad.
7. El método natural es completamente seguro, sin efectos secundarios dañinos.
8. El método natural es sencillo de aprender y utilizar. No deforma el acto sexual ni conlleva procedimientos desagradables. Los esposos no hacen nada a sus cuerpos. Simplemente planifican sus relaciones sexuales de acuerdo con sus días fértiles e infértiles.
9. El método natural es tan efectivo (98 a 99 %) como cualquier anticonceptivo si se utiliza para evitar el embarazo, pero además no conlleva peligros médicos.
10. El método natural cuesta sólo el precio inicial de algún material sencillo de aprendizaje.
11. La planificación familiar natural puede usarse tanto para lograr como para evitar el embarazo. Es inmediatamente reversible en el momento en que la pareja cambia su decisión de lograr o posponer el embarazo.
12. La planificación familiar natural es válida para personas de todas las culturas, niveles social y educativo, y creencias religiosas. La pareja puede utilizarlo con la conciencia tranquila. Este método, cuando se usa por generosidad y no por razones egoístas o materiales, respeta la vida y el privilegio de trasmitirla. Con respecto a la postergación del embarazo algunas personas pueden preguntarse cuál es la diferencia moral con los métodos artificiales si su propósito es el mismo. La respuesta es que hay una diferencia importante entre abstenerse, no por egoístas, sino serias ("no usar" el don de la fertilidad) y atacar a este regalo a través de los anticonceptivos.

Métodos artificiales

1. Los contraceptivos son, con frecuencia, utilizados a ciegas sin que la mujer sepa cómo están afectando a su cuerpo.
2. Con la anticoncepción, los esposos suspenden su propia fertilidad o se vuelven cómplices de microabortos cuando usan los métodos abortivos. Amenazan el funcionamiento normal y saludable de su cuerpo como si éste fuera un adversario que deben superar.

3. Con frecuencia los esposos nunca se comunican el uno al otro algo tan básico como el ciclo de fertilidad de la mujer. El marido con frecuencia deja todo en manos de ella y no quiere oír más del tema. En el aspecto físico, algunos contraceptivos son literalmente una barrera entre los esposos. Todos suponen deshonestidad porque, en el momento más íntimo, cuando los esposos deberían estar expresando su amor por completo, rechaza su propia fertilidad, que es una parte de su verdadera personalidad y por ello no se dan por completo el uno al otro.
4. La mujer puede sentirse explotada y utilizada cuando el marido insiste en que utilice contraceptivos, porque "él quiere lo que quiere, cuando quiere", incluso durante los días fértiles de ella, aun cuando habían decidido posponer las relaciones sexuales.
5. Cuando la pareja nunca tiene que hacer el sacrificio de la abstinencia, las relaciones sexuales pueden perder su significado profundo. Lo que siempre está disponible nunca puede ser verdaderamente especial.
6. La actitud de la pareja que usa contraceptivos es: "Nuestra fertilidad es un problema." Esto puede originar una tensión entre ellos, especialmente cuando los anticonceptivos originan problemas médicos.
7. Todo método contraceptivo supone algún riesgo médico, algunos de ellos muy serios.
8. La anticoncepción supone ingerir medicamentos peligrosos o utilizar dispositivos desagradables.
9. Los métodos artificiales más efectivos son los más peligrosos (la píldora y el DIU).
10. Los contraceptivos suponen un gasto continuo.
11. La contracepción no es un método para "planificar una familia" sino para "evitar niños". Cuando los esposos cambian de opinión, deben dejar de usarlos. Incluso entonces, algunos anticonceptivos pueden tener un efecto duradero y la mujer no vuelve siempre tan fácilmente a su ciclo de fertilidad.
12. El nivel de descontento y la tasa de abandono de muchos anticonceptivos son extremadamente altos en muchos países, especialmente en el Tercer Mundo. El uso de anticonceptivos va en contra de muchas religiones y de tradiciones culturales porque suponen un ataque directo a la capacidad de trasmitir vida. Además, algunos "contraceptivos", como el DIU y algunas veces la píldora, no previenen la fertilización del óvulo, sino que producen un aborto muy prematuro, unos días después de la concepción, impidiendo que la vida humana recién concebida se implante, o sobreviva una vez implantada, en el útero.

Hablando del tema, la Madre Teresa de Calcuta subrayaba:

> Sé que las parejas tienen que planificar sus familias y que para ello está la Planificación Familiar Natural. La manera de planificar una familia es la Planificación Familiar Natural, no la contracepción. Al destruir el poder de trasmitir vida a través de la contracepción, un esposo o una esposa se está haciendo algo

> a sí mismo. Esto centra la atención en uno mismo y por ello destruye el regalo del amor en él o ella. Al amar, marido y mujer han de dedicar su atención el uno al otro como sucede en la Planificación Familiar Natural, y no hacia uno mismo, como ocurre en la contracepción.
>
> Una vez que la contracepción ha destruido el amor, el aborto llega con mucha facilidad.
>
> También sé que hay grandes problemas en el mundo, que muchos esposos no se aman el uno al otro lo suficiente como para practicar la Planificación Familiar Natural. No podemos solucionar todos los problemas del mundo pero por lo menos no dejemos que venga el peor de todos, la destrucción del amor.
>
> Los pobres son grandes personas. Nos enseñan tantas cosas tan bonitas [...] Una vez uno de ellos vino a darnos las gracias por enseñarle la Planificación Familiar Natural y dijo: "Ustedes, los que han practicado la castidad, son las mejores personas del mundo para enseñarnos la Planificación Familiar Natural porque en el hecho de amarse el uno al otro no hay nada más que autocontrol." Y lo que dijo esta persona pobre es muy cierto. Estas personas pobres pueden no tener nada para comer, puede que no tengan una casa en donde vivir, pero son grandes personas porque son espiritualmente ricos.[14]

Ya no hay excusas para creer que sólo aquéllos con fuertes convicciones religiosas pueden seguir la planificación natural de la familia. Los obispos y sacerdotes deben apoyar colectivamente la práctica de la PNF en todo el mundo a la vez que denuncian la mentalidad anticonceptiva y abortiva que ha demostrado ser la culpable de causar daño al cuerpo y al alma. Se debe dar más aliento a los que fomentan el respeto de las leyes naturales. Además, al practicar la planificación natural de la familia, las parejas tienen una mayor garantía de la futura felicidad del matrimonio.

Los dirigentes religiosos sin duda tendrían un público más atento y seguidores entusiastas. Los médicos también tienen que volver a ganarse el respeto, admiración y confianza de sus pacientes. La Madre Teresa decía a menudo: "Los médicos no deben ver su trabajo como una profesión sino como una *vocación*, ya que están tratando a Cristo en cada paciente que curan."

Los médicos defensores de la vida y la familia deberían denunciar colectivamente a las asociaciones médicas y a los colegios de obstetricia y ginecología por adoptar abiertamente la cultura de la muerte al apoyar el aborto, los medios abortivos y todos los métodos de control artificial de la natalidad. Los miembros de la profesión médica son más culpables que nadie, pues también conocen la forma en que actúan estos métodos y sus graves efectos secundarios, pero más que nada por tratar la fertilidad como una enfermedad y no como un don de Dios.

Los lucrativos mercados de los trasplantes de órganos vitales intactos deben denunciarse con prontitud, antes de que se conviertan en prácticas generalmente aceptadas por la sociedad y protegidas por la ley.

Al entrar en el nuevo milenio y dejar atrás una era nunca antes experimentada en la historia de la humanidad, debemos reunir a nuestras fuerzas y aceptar los desafíos de la lucha contra la cultura de la muerte. Recordemos

[14] Madre Teresa de Calcuta, *op. cit.*

las palabras de la Madre Teresa, quien dijo: "Dios no exige que seamos victoriosos, sino que seamos fieles." E, incluso más dramáticas que las palabras de la Madre Teresa son las de Nuestro Señor: "Acepto que seáis fríos o calientes, pero a los tibios los escupiré de mi boca" (Rev. 3:15). La advertencia de Dante también es pertinente: "El lugar más caliente del infierno está reservado para los que permanecen neutrales en épocas de crisis moral."

Reflexionemos sobre las palabras de Su Santidad el papa Juan Pablo II en su discurso a los miembros de la Academia Pontificia por la Vida el 14 de febrero de 2000:

> Hay pruebas cada vez más claras de cómo las políticas y leyes opuestas a la vida *están haciendo que las sociedades se derrumben*, no sólo moral sino demográfica y económicamente. Por ello el mensaje de la Encíclica puede presentarse no sólo como una pauta verdadera y auténtica para el renacimiento moral, sino como *punto de referencia para la salvación civil.*
>
> Así, pues, no hay razón para el tipo de mentalidad derrotista que afirma que las leyes opuestas al derecho a la vida –las que legalizan el aborto, la eutanasia, la esterilización y los métodos de planificación familiar opuestos a la vida y a la dignidad del matrimonio– son inevitables y casi una necesidad social. Al contrario, son una semilla de corrupción para la sociedad y sus cimientos.
>
> Un auténtico apostolado de la vida no se puede delegar a movimientos específicos, por dignos de elogio que sean, que trabajan en el ámbito sociopolítico. Siempre debe ser *parte integral del ministerio pastoral de la Iglesia*, cuya tarea es proclamar el "Evangelio de la vida". Para que éste sea efectivo, es importante establecer programas educativos, así como servicios y estructuras especiales de orientación y apoyo.
>
> La modificación de las leyes debe ir precedida y acompañada del *cambio de las mentalidades y la moral* a gran escala, de manera extensa y visible. En esta esfera, la Iglesia no escatimará esfuerzos, ni puede aceptar la negligencia o el silencio culpable.
>
> Renuevo el llamado que hice en la Encíclica a toda la Iglesia: a los científicos y médicos, a los maestros y a las familias, así como a los que trabajan en los medios de comunicación y, especialmente, a los juristas y legisladores. Será a través del compromiso de todos a que el derecho a la vida se aplique concretamente en este mundo, que no carece de los bienes necesarios, si se distribuyen debidamente. Sólo de esta forma venceremos la selección cruel y silenciosa mediante la cual los más débiles son eliminados injustamente.

15 Verdades sobre la contracepción la esterilización y el aborto

Aún más profunda es la contracicción que las organizaciones procontrol de la natalidad demuestran con su preocupación provida ante la guerra nuclear y la contaminación, y su defensa, totalmente antivida, del control de la población.

JULIAN L. SIMON
Population Matters: People, Resources and Immigration

Como hemos aprendido en el capítulo 14, la diferencia que hay entre el sexo contraceptivo y el no contraceptivo implica dos puntos de vista diametralmente opuestos sobre la humanidad. Mientras que la contracepción expresa con frecuencia un acercamiento utilitarista al sexo (el don de la fertilidad es tratado como un obstáculo o un fastidio y se trata a la otra persona simplemente como un objeto de satisfacción y placer), la manera de vivir que se deriva del ejercicio de una abstinencia periódica incrementa la comunicación en el matrimonio y enriquece el amor de la pareja, del uno por el otro, gracias a una apreciación más profunda del corazón, la mente, el cuerpo y el alma.

A continuación reproducimos la charla de la Madre Teresa en el National Prayer Breakfast, en Washington, D. C., el 3 de febrero de 1994, donde habló de manera contundente sobre el aborto:

> Creo que el mayor destructor de la paz hoy día es el aborto [...] es una guerra contra el niño, una matanza directa del niño inocente, asesinado por la misma madre. Y si aceptamos que una madre puede matar incluso a su propio hijo, ¿cómo podemos decir a otras personas que no maten a los demás?, ¿cómo persuadimos a una mujer para que no aborte? Como siempre, debemos persuadir con amor y recordándonos a nosotros mismos que el amor significa dar hasta que duela [...]
>
> Con el aborto, la madre no aprende a amar, sino que mata a su propio hijo para resolver sus problemas. Y, con el aborto, al padre se le está diciendo que no debe asumir ninguna responsabilidad hacia el niño que él ha traído al mundo. Este padre probablemente pondrá a otra mujer en el mismo problema. Por ello el aborto sólo lleva a más abortos. Todo país que acepta el aborto no está enseñando a su gente cómo amar, sino a usar la violencia para conseguir lo que quiere. Esto explica por qué el aborto es el mayor destructor del amor y la paz [...]

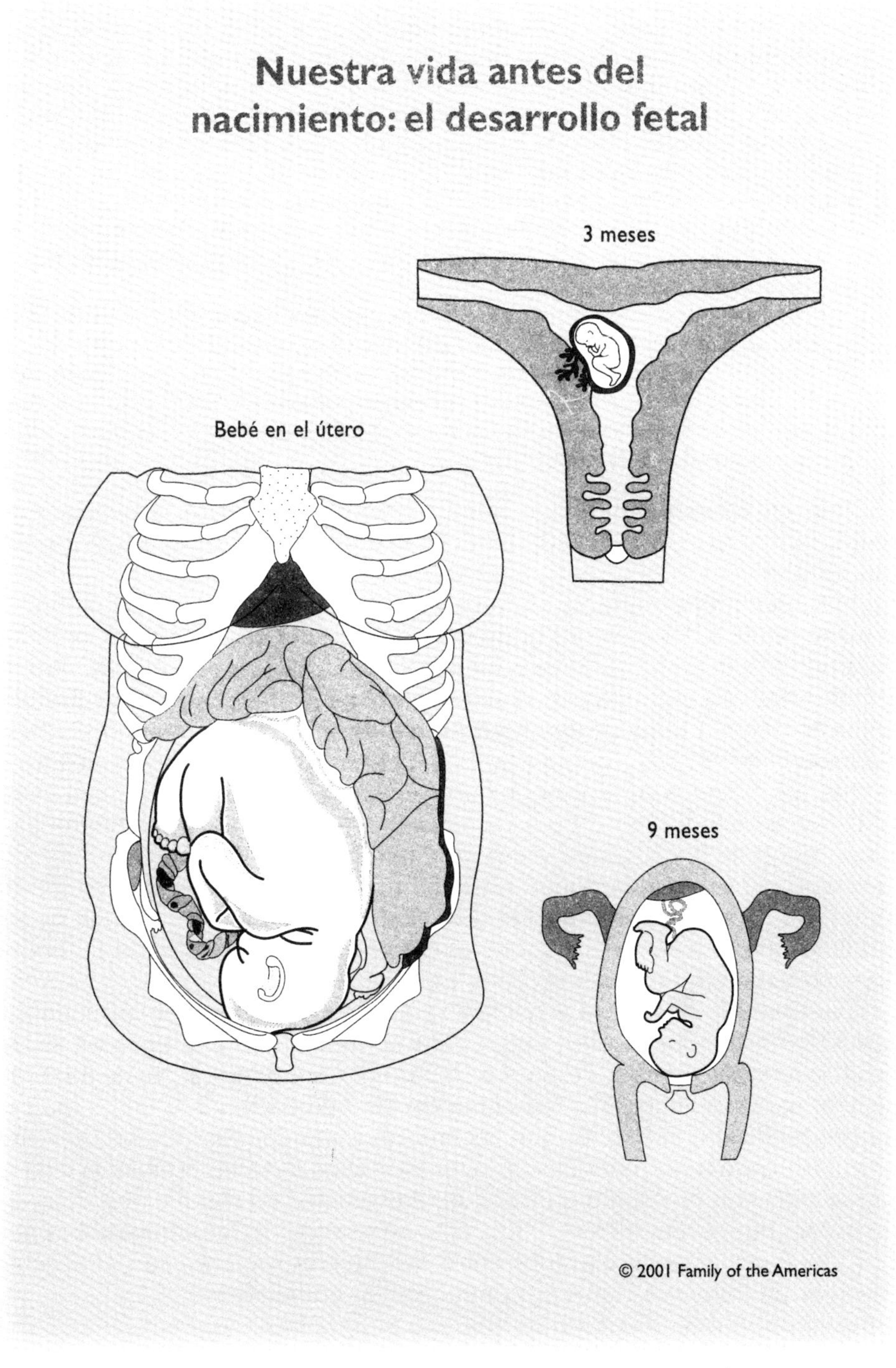
Nuestra vida antes del nacimiento: el desarrollo fetal
3 meses
Bebé en el útero
9 meses
© 2001 Family of the Americas

Figura 15.1

Voy a contarles algo hermoso. Estamos luchando contra el aborto por medio de la adopción –cuidar a la madre y lograr la adopción de su bebé–. Hemos salvado miles de vidas. Hemos enviado cartas a todas las clínicas, hospitales y comisarías de policía: "Por favor, no destruya al niño; nosotros recogeremos al niño." Por eso tenemos siempre a alguien que dice a la madre con problemas: "Venga, nosotros cuidaremos de usted, conseguiremos una casa para su hijo." Y tenemos una demanda tremenda de parejas que no pueden tener hijos, pero nunca entrego un niño a una pareja que haya hecho algo para no tener hijos. Jesús dijo: "Aquél que recibe a un niño en Mi nombre, me recibe a Mí." Adoptando a un niño, estas parejas reciben a Jesús pero, al abortar, la pareja rehúsa recibir a Jesús.

Por favor, no mates al niño. Quiero al niño. Por favor déme al niño. Estoy deseosa de aceptar cualquier niño, que en caso contrario sería abortado, y entregar ese niño a una pareja casada que lo ame y sea amada por el niño. Sólo desde nuestro hogar para niños de Calcuta hemos salvado 3000 niños del aborto. Estos niños han traído mucho amor y alegría a sus padres adoptivos y han crecido llenos de amor y alegría.[1]

Sólo en Estados Unidos, el número estimado de parejas que quieren adoptar un niño es de 1 500 000, mientras que el número de niños disponibles para adopción es de sólo 25 000.[2]

Hay, naturalmente, razones adicionales para evitar la contracepción. En el plano estético, los métodos artificiales de control de la natalidad se burlan de la naturaleza unitaria de las relaciones humanas. Un acto que ha sido diseñado para expresar el amor total y la completa autoentrega entre dos personas no debería requerir que hombres y mujeres se armen como si fueran gladiadores modernos, con gomas, espumas, cremas, píldoras y dispositivos. Es más, los métodos artificiales de control de la natalidad amenazan el maravilloso don de la fertilidad como si fuera una desventaja o una enfermedad, no un signo de buena salud y una promesa para el futuro. De hecho estos métodos con frecuencia ponen la salud y la fertilidad individual en riesgo. Incluso la Federación Internacional de Planned Parenthood, en una de sus publicaciones, ha informado sobre tasas extremadamente altas de abandono de contraceptivos en muchos países en desarrollo.

Por ejemplo, en Nigeria y Gambia se han registrado tasas de abandono de casi 30 % en los primeros siete meses. Entre las usuarias del DIU en India, la tasa de abandono del método, después de menos de cuatro meses, era de 35 %. En algunas partes de Indonesia, "una cifra tan elevada como 72 % de las mujeres que no recibieron el método que habían solicitado dejaron de usar la contracepción". Entre las razones citadas para estas tasas tan altas estaban la falta de satisfacción con el método que usaban, embarazos no planificados debido a un uso incorrecto del método y una falta de reservas en las clínicas.[3] Los riesgos son especialmente elevados entre las mujeres (quienes son el objetivo esencial de los proveedores de contraceptivos artificiales).

[1] Madre Teresa de Calcuta, *op. cit.*

[2] "Vital Signs", *Health*, enero-febrero de 1994, p. 14.

[3] *The Family Planing Manager*, vol II, núm. 3, mayo-junio de 1993, según se informa en IPFF Open File, octubre de 1993.

En Estados Unidos, la administración Clinton estaba proponiendo subir los impuestos para financiar programas ineficaces de control de la natalidad. Quieren multiplicar por dos el gasto internacional de Estados Unidos en planificación artificial: de 500 millones de dólares al año, pasaría a 1200 o 1400 millones de dólares anuales.[4] El Departamento de Estado de Estados Unidos se ha fijado como objetivo: "Proveer a toda mujer que lo desee, en el mundo entero, de servicios de planificación familiar, de un paquete de planificación familiar razonable." No obstante, el gobierno de Estados Unidos sabe que uno de sus mayores problemas para limitar la población mundial es precisamente el rechazo cultural a la planificación artificial de muchos de los países que reciben su ayuda. La población quiere familias grandes y se resiste a los esfuerzos gubernamentales que pretenden disminuir el tamaño de las familias.[5]

Invariablemente, cuando los países aceptan el control artificial de la natalidad, acaban por legalizar el aborto. A medida que los grupos de intereses especiales del mundo occidental continúan desensibilizando a la sociedad al alentar la aceptación de la "Cultura de la muerte", llenándolos de información engañosa y usando tácticas que apelan a las emociones, en vez de concentrarse en la verdad, amplían sus industrias multimillonarias. Por ejemplo, las mujeres tienen que tener derecho a elegir un método de control de la natalidad. Pero si se les dijera a las mujeres toda la verdad acerca de los efectos de cada método de control artificial de la natalidad, muy pocas estarían dispuestas a exponer sus cuerpos a productos químicos y dispositivos tan mortíferos. Es vital alentar a los dirigentes de la Iglesia a condenar el control artificial de la natalidad, no sólo por razones morales, sino por sus efectos nocivos sobre el cuerpo humano y sus efectos abortivos.

FORMA DE ACTUAR DE LA PÍLDORA ANTICONCEPTIVA, LA INYECCIÓN DE DEPO-PROVERA, EL NORPLANT Y LOS DISPOSITIVOS INTRAUTERINOS

¿Cuántas personas saben que uno de los modos en que actúa la píldora anticonceptiva, la inyección de Depo-Provera, el Norplant y los dispositivos intrauterinos es que impide la implantación de una vida humana recién concebida? Éste es un hecho aceptado, que proclaman abiertamente los fabricantes y que se indica en la bibliografía médica oficial. *El aborto quirúrgico está pasando a la historia, ahora que productos químicos mortíferos se están convirtiendo en los asesinos confidenciales de los bebés del futuro.* Hoy se practican más abortos químicos que quirúrgicos. Estos programas de planificación familiar equivalen a una guerra química contra las mujeres y los

[4] Joyce Price, "White House aims to finance family planning around the world", en *The Washington Post,* 12 de enero de 1994.

[5] Thomas Lippman, "Population Control Is Called a `Top Priority´ in Foreign Policy", en *The Washington Post,* 12 de enero de 1994, p. A4.

Imágenes de un endometrio normal visto
a través del microscopio electrónico

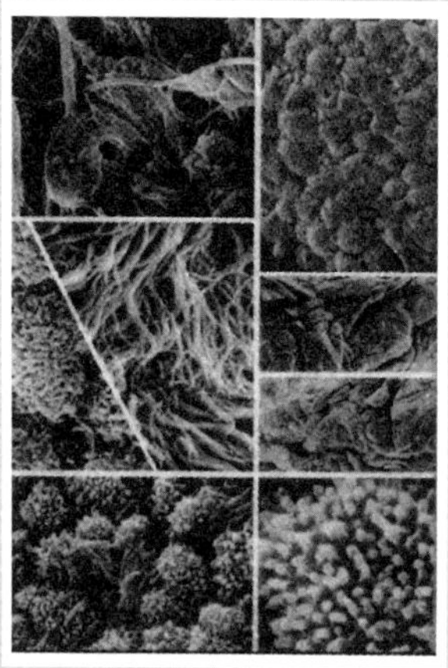

Ampliación del revestimiento uterino
(endometrio) bajo la influencia de
anticonceptivos hormonales

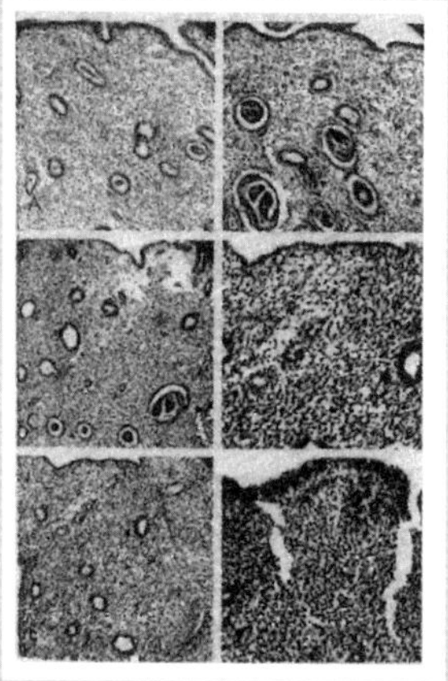

FUENTE: Hafez y Evans, *Human Reproduction Conceptions and Contraception*, pp. li, 575, 1973.

Figuras 15.2 y 15.3

bebés. La mayor tragedia de este siglo es el hecho de que el lugar más peligroso para un bebé, hoy día, es el útero de su madre.

En febrero de 1997, la Administración de Alimentos y Drogas de Estados Unidos (FDA, por sus siglas en inglés) declaró que "los anticonceptivos orales combinados son seguros y efectivos como anticonceptivos de emergencia después del coito, es decir, para abortar un posible embarazo después de tener relaciones sexuales.[6] El International Herald Tribune del 9 de febrero de 2000 publicó el informe del Gobierno de Francia sobre el uso muy difundido de la píldora en dosis altas como "prevención contra el embarazo" que deben usar hasta las niñas de 11 años. La profesión médica ha sabido durante varios años que los métodos artificiales de control de la natalidad, tales como la píldora, el Norplant, el Depo-Provera y los dispositivos intrauterinos (DIU) no sólo actúan como anticonceptivos, sino como abortivos. Lo hacen cambiando el revestimiento del útero de la mujer, lo cual impide el desarrollo normal de lo que nutre la vida recién concebida en el útero de la madre.

La política de control de la población de la administración Clinton estaba abiertamente desinteresada en considerar o respetar la voluntad o deseo de otros países en lo que se refiere a la planificación familiar. Esta política tendrá trágicas consecuencias, no sólo en Estados Unidos, sino en todo el mundo. Sus programas son claramente incompetentes y derrochadores desde el punto de vista de los contribuyentes y de los gobiernos extranjeros a los que "persuaden" para que acepten tales programas física y moralmente dañinos. Además, los países en desarrollo encuentran difícil afrontar los cuidados médicos necesarios, fruto de los efectos secundarios adversos. Empezaremos nuestro debate con la píldora, que actúa sobre el órgano esencial de la sexualidad humana: el cerebro.

Para entender por qué los anticonceptivos orales, las inyecciones de Depo-Provera y el Norplant merecen ser clasificados como abortivos, debemos estudiar cuidadosamente su mecanismo de acción. El anticonceptivo oral más común, la píldora, suele contener una combinación de las hormonas estrógeno y progesterona.

"LA PÍLDORA"

HECHOS

1. Hay dos clases: "la píldora combinada", que contiene dos hormonas femeninas, estrógenos y progesterona, y que se toma 21 días al mes, y la "mini-píldora" que contiene sólo progesterona y se toma diariamente.
2. El costo medio de utilización es de 15 dólares al mes, 248 a 300 dólares al año.[7]

[6] Aviso de la FDA publicado en el *Federal Register,* 25 de febrero de 1997, p. 8610.

[7] Kim Painter, "The Imperfect Use of Birth Control in the USA", en *USA Today,* 16 de marzo de 1992; *véase también* el informe de Associated Press, "Depo-Provera birth control´s cost defended by Upjohn Co.", en *The Times-Picayune,* 13 de enero de 1993. El doctor John Bruchalski, un ginecólogo-obstetra que ejerce en el este de Estados Unidos, ha facilitado cifras parecidas para los costos de los anticonceptivos (incluyendo los costos médicos).

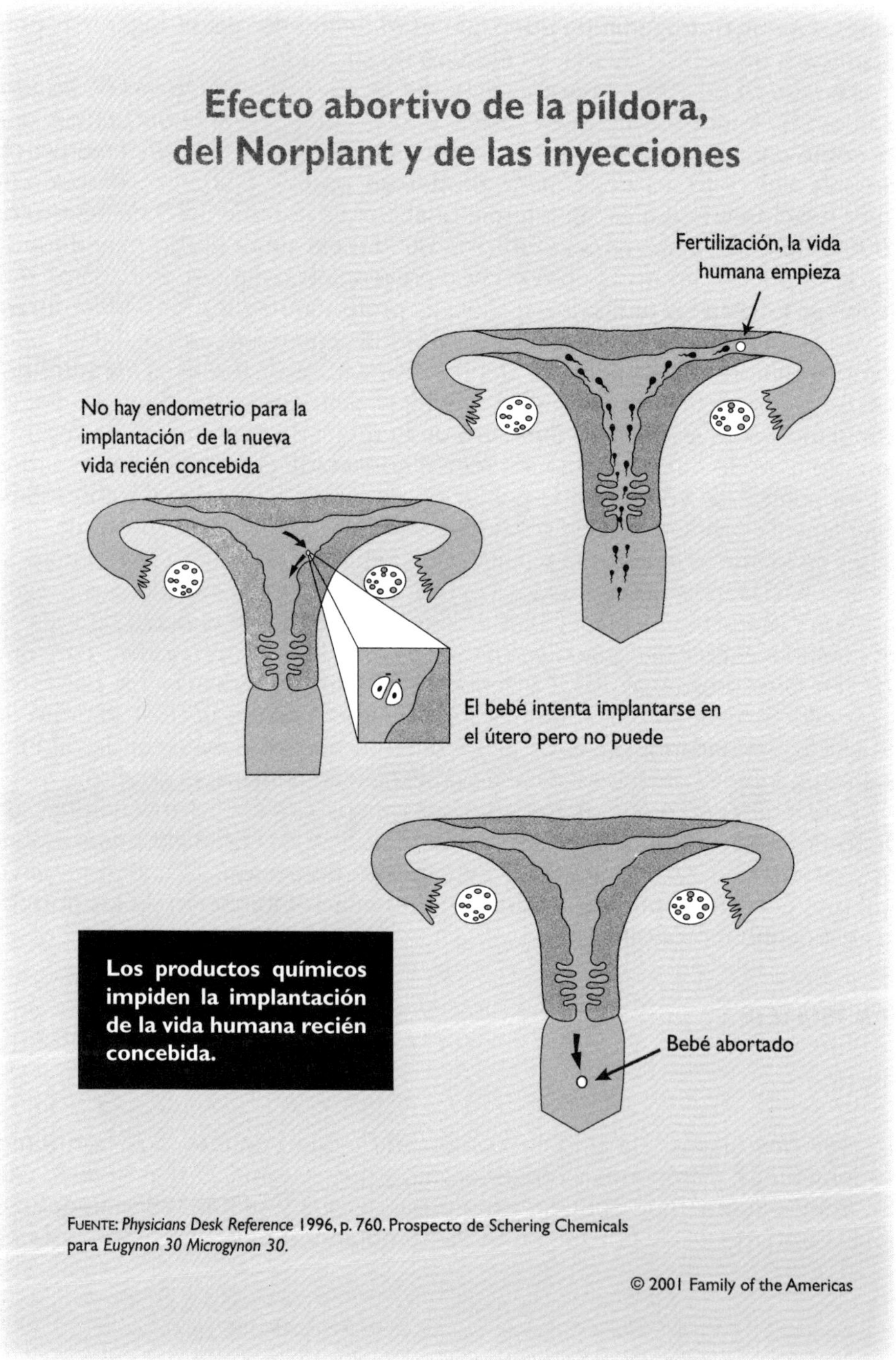
Efecto abortivo de la píldora, del Norplant y de las inyecciones
Fertilización, la vida humana empieza
No hay endometrio para la implantación de la nueva vida recién concebida
El bebé intenta implantarse en el útero pero no puede
Los productos químicos impiden la implantación de la vida humana recién concebida.
Bebé abortado
FUENTE: *Physicians Desk Reference* 1996, p. 760. Prospecto de Schering Chemicals para *Eugynon 30 Microgynon 30*.
© 2001 Family of the Americas

Figura 15.4

3. La tasa de embarazos típica del primer año es de 3 %; 4.7 % para las mujeres menores de 22 años[8] (las tasas de embarazos son incluso más altas por uso imperfecto; por ejemplo, la usuaria olvida o se "salta" una píldora aquí y allá).
4. No protege contra el VIH.

Cómo actúa

1. Por medio de señales químicas al cerebro suprime la ovulación (acción principal de los estrógenos).
2. Espesa el flujo cervical, convirtiéndolo en impenetrable para el esperma (acción esencial de la progesterona).
3. Altera el endometrio de tal manera que el útero no es receptivo a que permanezca implantado el óvulo fecundado (vida humana recién concebida); por ello algunas veces actúa como abortiva.[9]

Posibles efectos secundarios

1. Náuseas, vómito, dolor de cabeza y pérdida o aumento de peso.[10]
2. Aumento de la presión sanguínea (hipertensión) y daños en la visión.
3. Incrementa el riesgo de trombosis y ataque al corazón, incluso con la nueva píldora de dosis "reducida".[11]
4. Posible relación con el cáncer de los órganos reproductores.
5. Posible relación con el cáncer de mama y de cuello del útero.
6. Incrementa el riesgo de enfermedades de la vesícula biliar.
7. Incrementa el riesgo de desarrollo de tumores en el hígado.
8. Dificulta la concepción después de abandonar su uso.
9. Riesgo residual de ataque al corazón, incluso después de un largo tiempo de abandonar su uso.
10. Reduce los niveles de vitaminas esenciales en la sangre.
11. Desarrollo de cambios depresivos de personalidad.

Todos estos puntos constituyen las posibles complicaciones enumeradas normalmente en "el prospecto detallado para la paciente" en marcas corrien-

[8] Robert A. Hatcher y otros, *Contraceptive Technology,* Irvington Publishers, Nueva York, 1994, p. 229.

[9] Patrick McCrystal, "GAT kind of Prescription?", en *Chemist and Druggist,* 25 de febrero de 1995, p. 304. En una mujer que usa regularmente la píldora, cualquiera de estos procesos puede estar ocurriendo en un momento dado.

[10] Advertencia de Schering Chemical para la Eugynon 30, Microgynon 30.

[11] Doctor Ojvind Lidegaard y otros, Clínica Universitaria de Hvidovre (Copenhague), estudio publicado en el *British Medical Journal*, abril de 1993, citado en *Europe Today*, núm. 23, 3 de mayo de 1993. Estudio de 2400 mujeres de edades entre los 15 y los 44 años que reveló que 800 de ellas sufrían algún grado de trombosis cerebral (aunque no todos los coágulos llevaban a un ataque cerebral). Según el doctor J. H. L. Evers, profesor de ginecología en la Clínica Universitaria de Maastricht, Holanda, "este estudio demuestra claramente y por primera vez el riesgo de trombosis cerebral que asumen las mujeres cuando consumen píldoras que contienen incluso pequeñas dosis de hormonas".

Tarjeta distribuida por Paternidad Planificada (Planned Parenthood), en convenciones, conferencias, ferias, etcétera

EMERGENCY
CONTRACEPTION

Call Planned Parenthood®

1-800-230-PLAN APPOINTMENTS INFORMATION

http://www.ppfa.org/ppfa

Emergency Contraception Hot Line

1-800-NOT-2-LATE INFORMATION REFERRALS

http://opr.princeton.edu/ec/

I forgot my birth control.

I said, 'no', but he wold't stop.

He didn't pull out in time.

The condom broke!

IT'S NOT TOO LATE !
EMERGENCY CONTRACEPTION
prevents pregnancy AFTER SEX

"MORNING-AFTER" PILLS can be taken within 72 hours

IUDS can be inserted within 5 to 7 days.

FUENTE: Robert A. Hatcher *et al.*, *Contraceptive Technology*, 17a. ed., Irvington Publishers, Nueva York, 1998, p. 281.

FUENTE: Aviso de la FDA en el *Federal Register*, 25 de febrero de 1997, p. 8610.

Figura 15.5

tes de píldoras de control de natalidad como Brevicon, Norinyl y Nor-QD. En las revistas médicas y en los folletos editados por las organizaciones sanitarias gubernamentales se informa sobre más de 30 efectos secundarios.[12] Los que hemos enumerado representan sólo los más serios y los que ocurren con más frecuencia.

También debe añadirse que un estudio hecho entre las prostitutas de Nairobi reveló que las que tomaban píldora estaban afectadas de SIDA en una proporción próxima a un tercio más que las que no la consumían. En una alocución durante la III Conferencia Internacional sobre el SIDA, el doctor Francis A. Plummer sugirió que los contraceptivos orales alteran de alguna manera el tracto genital femenino, lo hacen más sensible a las infecciones de VIH. Plummer también sugirió que las píldoras de control de la natalidad podrían incrementar el riesgo de clamidiasis, una enfermedad venérea que a su vez incrementa las posibilidades de una infección de VIH.[13]

Por su parte, la doctora Margorie Profet, especialista en biología de la evolución de la Universidad de California en Berkeley, sostiene que los periodos menstruales protegen naturalmente al útero y a las trompas de Falopio de la esterilidad y de las infecciones trasmitidas por el esperma. La doctora Profet urge a las mujeres que eviten tomar la píldora porque interrumpe los periodos menstruales, bloqueando así las limpiezas regulares del útero. Sus conclusiones están publicadas en *Quarterly Review of Biology*. El periodo menstrual actúa para limpiar y proteger el útero, desgastando la superficie interna del mismo, y por tanto expulsando gérmenes. Según la doctora Profet, la pérdida de sangre durante la menstruación limpia los gérmenes con un baño de células inmunizadoras. La doctora Profet también afirma que, cuando una mujer experimenta un sangrado inexplicable, podría ser una defensa contra infecciones.[14]

Correlación entre los anticonceptivos orales y el cáncer de mamas

De 21 estudios, 19 muestran una tendencia general de aumento o riesgo significativo en la aparición del cáncer de mama entre mujeres que han usado anticonceptivos orales antes de su primer embarazo llevado a término. Es más, la mayoría de los estudios muestra que el riesgo aumenta más de 50 %.

Las mujeres que han tomado píldoras anticonceptivas durante periodos largos (es decir, cuatro años o más) corren un riesgo mayor de tener cáncer de mama. Otras mujeres que corren un riesgo son *las que las usan después de los 25 años* y *las mujeres nulíparas* (es decir, que no han tenido hijos). Estas tres categorías de mujeres parecen tener un riesgo más alto y los dife-

[12] *Véase también Physicians´ Desk Reference*, 1993.

[13] Michel Specter, "AIDS Infection and Birth Control Pills", en *The Washington Post*, 9 de junio de 1987.

[14] Margorie Profet, "Quaterly Review of Biology", en *Europe Today*, núm. 44, 18 de octubre de 1993.

rentes estudios indican que el riesgo aumenta entre 40 % y más de 200 %. Las mujeres que toman píldoras anticonceptivas durante periodos más largos y las empezaron a usar a temprana edad, al parecer corren un riesgo aún mayor.

Debe notarse, además, que las píldoras anticonceptivas también aumentan el riesgo de cáncer cervical y del hígado. Por ejemplo, en el estudio más grande que existe hasta la fecha, realizado por la Organización Mundial de la Salud, se examinó a más de 2300 mujeres y se encontró que el uso de la píldora antes de los 25 años de edad aumentaba el riesgo de cáncer cervical invasivo en 45 %. Además, en Estados Unidos más mujeres tienen cáncer de mama que todos los demás cánceres aludidos (cervical, hepático, uterino y ovárico), lo que indica que éste es el riesgo más grande en los países occidentales. Los anticonceptivos orales pueden ser particularmente peligrosos en los países de Asia y África, donde los cánceres cervicales y hepáticos son frecuentes.[15]

El lucrativo mercado de los "anticonceptivos de emergencia"

Uno de los males más recientes (dirigido primordialmente a los jóvenes, que se presenta como un "servicio" para los promiscuos) es la anticoncepción de emergencia. Tan contrario a la realidad, a la naturaleza humana, a los valores espirituales y al sentido común es este enfoque que, donde quiera que se ha ensayado tanto en Estados Unidos como en el resto del mundo occidental, el sexo antes del matrimonio, el embarazo precoz y los abortos aumentan. No disminuyen, como afirman sus defensores. Estas tendencias no han hecho más que estimular el mercado para los que se aprovechan de la desgracia ajena, como los aborteros, los fabricantes de píldoras y dispositivos anticonceptivos, la industria de la educación sexual, la pornografía y los médicos irresponsables.

La "anticoncepción de emergencia" no es más que altas dosis de hormonas anticonceptivas orales que se administran por prescripción médica después de tener relaciones sexuales "sin protección". Uno de los principales mecanismos de acción de los llamados "anticonceptivos de emergencia", según los investigadores del control de la población, es que "posiblemente alteran el endometrio para dificultar la implantación".[16] Una receta médica usual para usar "anticonceptivos de emergencia" especifica que se tomen dos píldoras en las 72 horas siguientes a las relaciones sexuales.[17] Si no se toman anticonceptivos de emergencia dentro de esas 72 horas, se les dice a las mujeres que "no es demasiado tarde" y se les ofrece colocarles un DIU, que mataría a su bebé de una vez por todas.

[15] Kahlenborn, Chris, *Medical Side of Hormonal Contraceptives*, 30 de septiembre de 1999, páginas 1-7.

[16] Robert A. Hatcher *et al.*, *Contraceptive Technology*, 17a. ed., Irvington Publishers, Nueva York, 1998, p. 281.

[17] Aviso de la FDA en el *Federal Register*, 25 de febrero de 1997, p. 8610.

La llamada "contracepción de emergencia" es la pastilla de control natal en dosis aumentadas que hace que la mujer aborte a su bebé en las próximas 72 horas después de haber tenido relaciones sexuales "sin protección". También indican que un dispositivo intrauterino se puede insertar de cinco a siete días después de las relaciones sexuales "sin protección" causándole un aborto; esto confirma el efecto abortivo de estos métodos artificiales.

En el Reino Unido, la Oficina de Estadísticas Nacionales confirmó recientemente que una de cada cinco jóvenes entre los 16 y los 19 años de edad ha admitido tener parejas sexuales múltiples en un año. De este grupo, 86 % de las jóvenes entre 16 y 17 años de edad admitieron saber acerca de la "píldora de la mañana siguiente" y una de cada seis la había usado por lo menos una vez. Además, más de medio millón de mujeres adolescentes en el Reino Unido usan la "anticoncepción de emergencia" o la "píldora de la mañana siguiente", que es la píldora abortiva.[18]

Los principales efectos secundarios de la anticoncepción de emergencia son:

- Náusea.
- Vómitos.
- Infertilidad.
- Dolor en los pechos.
- Embarazo ectópico (puede ser mortal).
- Formación de coágulos sanguíneos.
- No protege contra las enfermedades trasmitidas sexualmente, incluido el SIDA.

Nueva campaña contra la vida

Cada vez se promueve más la píldora en su papel como agente abortivo. El Colegio Americano de Obstetras y Ginecólogos ha lanzado una campaña nacional para asegurarse de que todas las mujeres se enteren del "secreto mejor guardado": que las píldoras "anticonceptivas" son muy efectivas para el control de la natalidad después del coito.[19] Además, los siete organismos más poderosos en materia de control de la natalidad han hecho una publicación en que anuncian que han establecido un consorcio y han empezado a distribuir circulares en que informan a sus colegas acerca de su compromiso de suministrar píldoras "anticonceptivas de emergencia" como atención estándar en "salud reproductiva".[20] El consorcio, del que forman parte organizaciones influyentes tales como la Federación Internacional de Paternidad Planificada (IPPF por sus siglas en inglés) y la Organización Mundial de la Salud (OMS) está trabajando en colaboración con la industria farmacéutica para aumentar la producción de "píldoras anticonceptivas de

[18] Noticias de la ONU 80/90, Buenos Aires, 1 de noviembre de 1999.

[19] Marilyn Elias, "Docs spread word: Pill works on morning after", en *USA Today*, 29 de abril de 1997.

[20] Institute of Bioethics, informe no publicado, 1998, Concerning "Emergency Contraception".

emergencia". Han indicado que tienen la intención de hacer presión sobre los gobiernos locales para mejorar el acceso mundial a estos abortivos.

Las altas tasas de abandono de los métodos artificiales de control de la natalidad los hacen aún más costosos y dispendiosos para los contribuyentes de los países occidentales que patrocinan programas de control demográfico.

Parecería incongruente que se llame "ayuda" a estos programas de control de la natalidad impuestos a los gobiernos del Tercer Mundo, ya que entrañan gastos elevadísimos para los gobiernos que tienen que atender los efectos nocivos causados por esos métodos. Ya que la salud de las mujeres pobres ya es precaria, estos programas exacerban sus condiciones de vida infrahumanas.

No se puede negar que muchas parejas desean espaciar el nacimiento de sus hijos o limitar el número de niños que pueden sostener con los recursos con que cuentan, *pero el fin no justifica los medios.* Los gobiernos sólo deberían promover programas que sean lícitos y que beneficien a la familia, no imponerle decisiones que representan un peligro para el bienestar moral y físico de su pueblo. Afirmar que los cónyuges son incapaces de unos cuantos días de abstinencia en cada ciclo cuando practican la planificación familiar natural es subestimar el autodominio que es capaz de tener una pareja que se ama.

NORPLANT

HECHOS

1. Hay dos tipos: Norplant y Norplant 2.
2. Son series de seis "bastoncillos" de goma, o cápsulas, que se implantan quirúrgicamente bajo la piel, en la cara interna de la parte superior del brazo de la mujer.
3. Los efectos contraceptivos pueden durar hasta cinco años (no obstante, las tasas de continuidad decaen hasta 75 % después de un año y son de sólo de 33 % en el quinto año).[21]
4. El Norplant 2 se diferencia por el número y tamaño de los bastoncillos; sus efectos contraceptivos duran siete años.
5. El costo medio es de 600 a 800 dólares para un tratamiento de cinco años, injerto y eliminación incluidos.[22]

[21] Population Information Program de la Universidad Johns Hopkins, suplemento de *Population Reports*, "Decisions for Norplant Programs", k-4, vol. XX, noviembre de 1992.

[22] Painter, "*Imperfect State*". También es importante resaltar aquí las serias cuestiones éticas que han surgido con los intentos de utilizar Norplant como instrumento de la política social gubernamental. Como se informa en *Newsweek*, 15 de febrero de 1993, legisladores de más de una docena de países han propuesto leyes que pretenden usar el Norplant para controlar la reproducción entre los receptores de ayudas sociales, criminales, etc.; todo ello en nombre de la reducción del gasto público. *Newsweek* cita las preocupaciones de Arthur Caplan, bioético de la Universidad de Minnesota, quien, entre otros muchos, prevé un significativo posible abuso de poder gubernamental en este aspecto.

Los tres modos de acción de la píldora, el Norplant y Depo-Provera

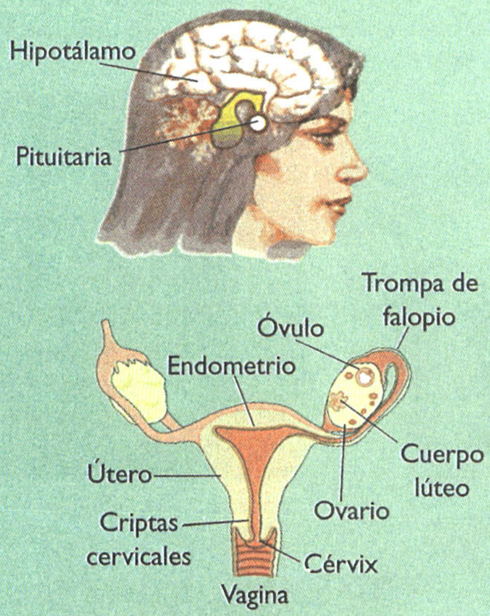

1. Inhibe la ovulación

1. Los niveles de estrógeno y progesterona suprimen las dos hormonas FSH y LH y previene que estos sean liberados por la glándula pituitaria en el cerebro.

2. Espesa el flujo mucoso

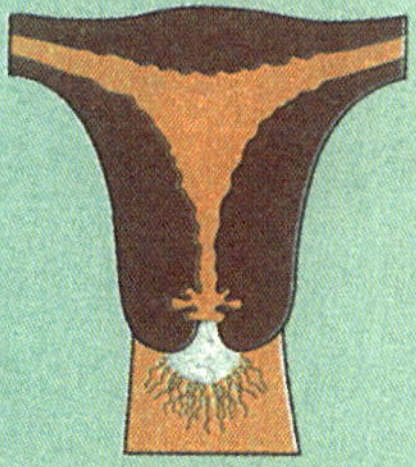

2. Los niveles de progesterona causan que se espese el flujo mucoso cervical causando que la migración de los espermas sea difícil.

3. Previene el engrosamiento del endometrio

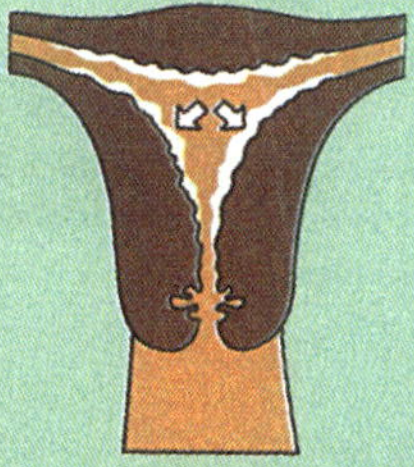

3. No deja un normal engrosamiento del forro del endometrio en el útero de la mujer. Por eso el niño recientemente concebido no puede hallar suficiente nutrición para implantarse en el útero. Este es el efecto abortivo de la píldora.

FUENTE: Robert A, Hatcher, et. al., *Contraceptive Technology*, 16a. ed., 1994. pp. 224, 286.

Figura 15.6

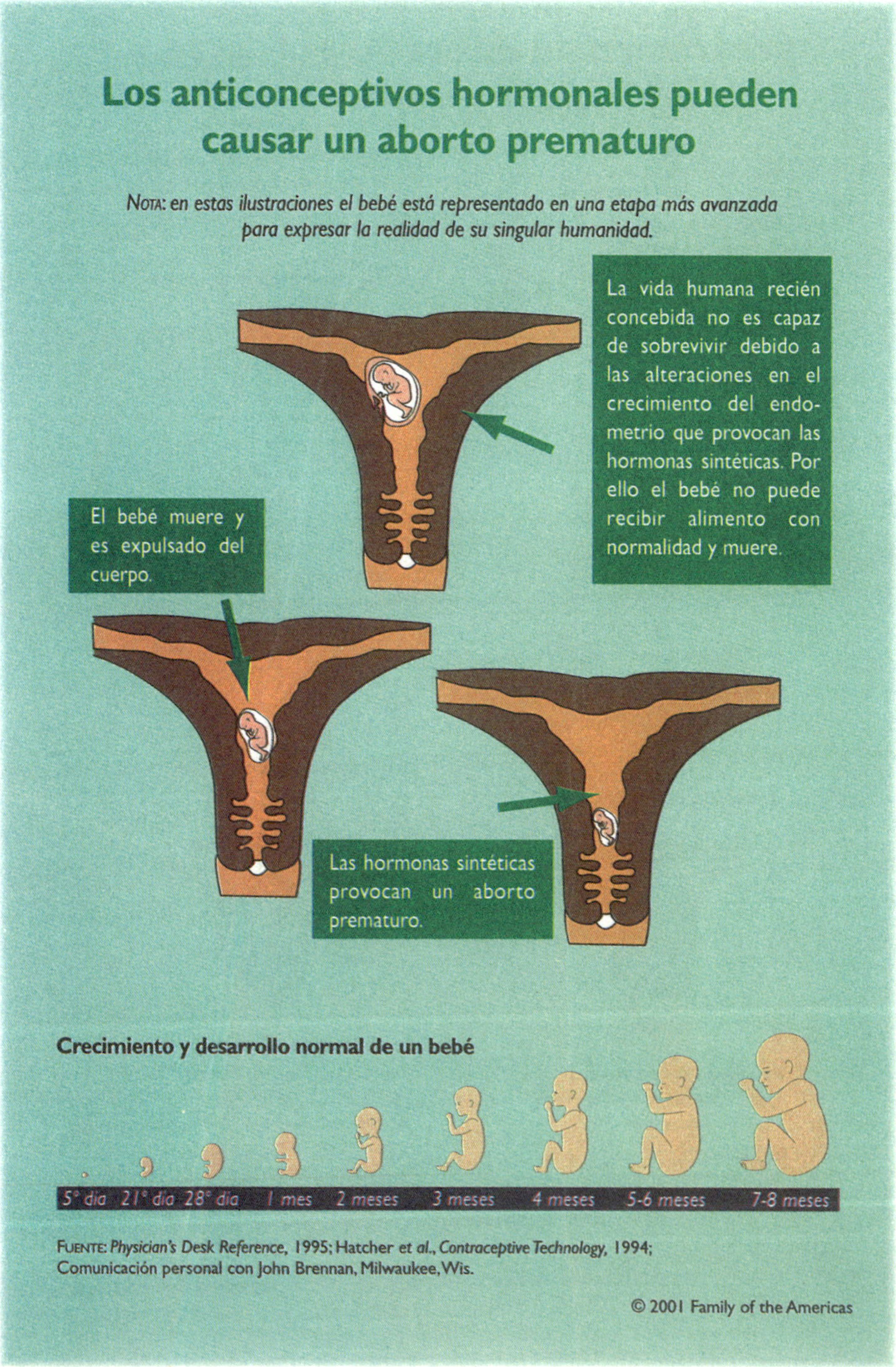
Los anticonceptivos hormonales pueden causar un aborto prematuro
NOTA: en estas ilustraciones el bebé está representado en una etapa más avanzada para expresar la realidad de su singular humanidad.
La vida humana recién concebida no es capaz de sobrevivir debido a las alteraciones en el crecimiento del endometrio que provocan las hormonas sintéticas. Por ello el bebé no puede recibir alimento con normalidad y muere.
El bebé muere y es expulsado del cuerpo.
Las hormonas sintéticas provocan un aborto prematuro.
Crecimiento y desarrollo normal de un bebé
5° día
21° día
28° día
1 mes
2 meses
3 meses
4 meses
5-6 meses
7-8 meses
FUENTE: Physician's Desk Reference, 1995; Hatcher et al., Contraceptive Technology, 1994; Comunicación personal con John Brennan, Milwaukee, Wis.
© 2001 Family of the Americas

Figura 15.7

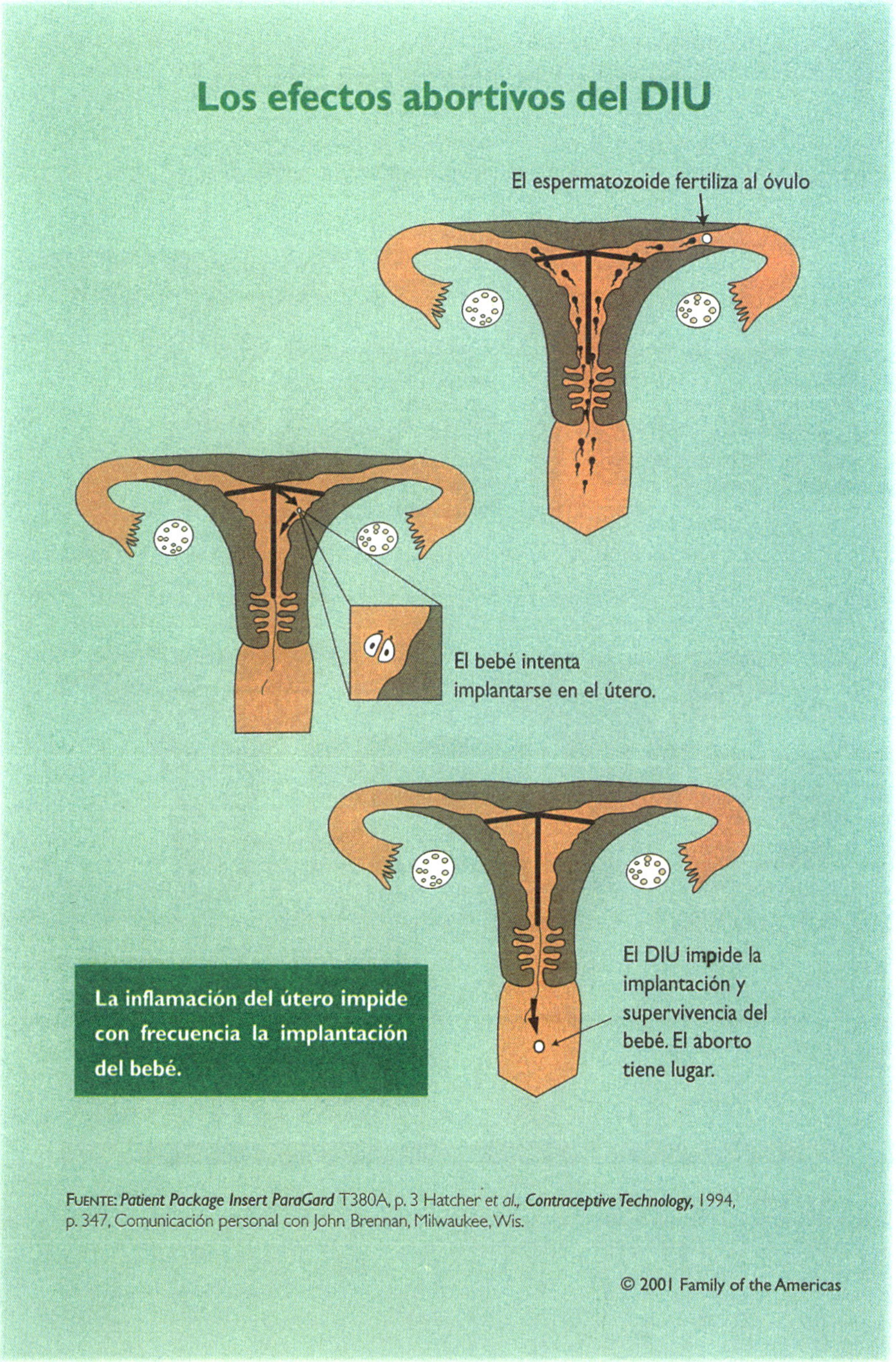
Los efectos abortivos del DIU
El espermatozoide fertiliza al óvulo
El bebé intenta implantarse en el útero.
La inflamación del útero impide con frecuencia la implantación del bebé.
El DIU impide la implantación y supervivencia del bebé. El aborto tiene lugar.
FUENTE: Patient Package Insert ParaGard T380A, p. 3 Hatcher et al., Contraceptive Technology, 1994, p. 347, Comunicación personal con John Brennan, Milwaukee, Wis.
© 2001 Family of the Americas

Figura 15.8

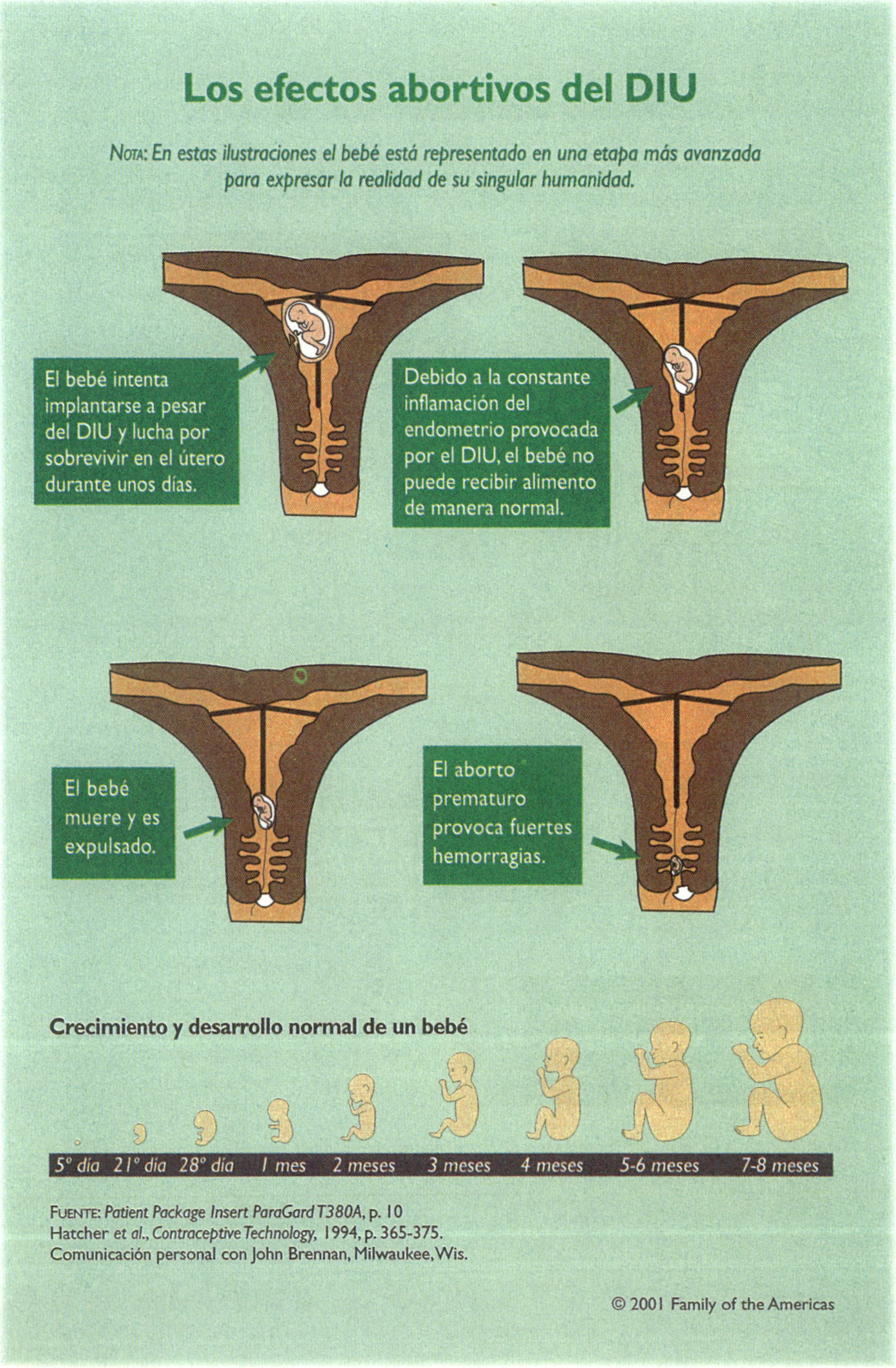
Los efectos abortivos del DIU
NOTA: En estas ilustraciones el bebé está representado en una etapa más avanzada para expresar la realidad de su singular humanidad.
El bebé intenta implantarse a pesar del DIU y lucha por sobrevivir en el útero durante unos días.
Debido a la constante inflamación del endometrio provocada por el DIU, el bebé no puede recibir alimento de manera normal.
El bebé muere y es expulsado.
El aborto prematuro provoca fuertes hemorragias.
Crecimiento y desarrollo normal de un bebé
5° día
21° día
28° día
1 mes
2 meses
3 meses
4 meses
5-6 meses
7-8 meses
FUENTE: Patient Package Insert ParaGard T380A, p. 10
Hatcher et al., Contraceptive Technology, 1994, p. 365-375.
Comunicación personal con John Brennan, Milwaukee, Wis.
© 2001 Family of the Americas

Figura 15.9

DIU que perforó el útero y es encontrado en el apendix

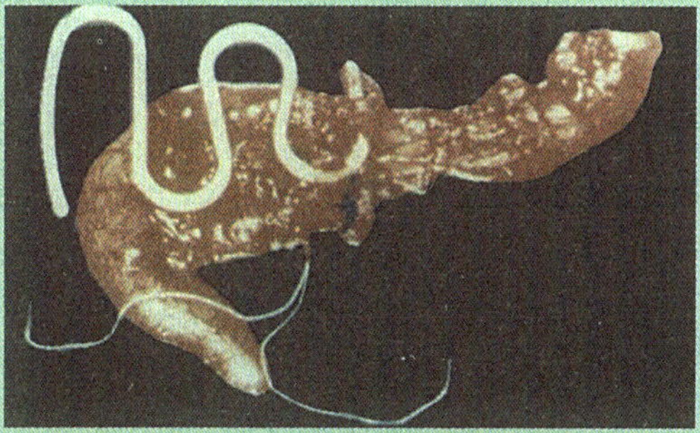

Radiografía de un bebé por nacer con el DIU insertado en su espalda

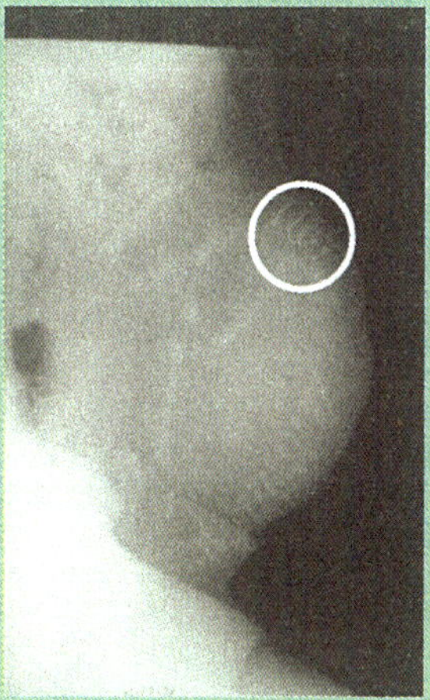

FUENTE: John Brennan, "Fotografía Patológica del Mes", diciembre de 1980, p. 64, Milwaukee, WI

Figura 15.10 y 15.11

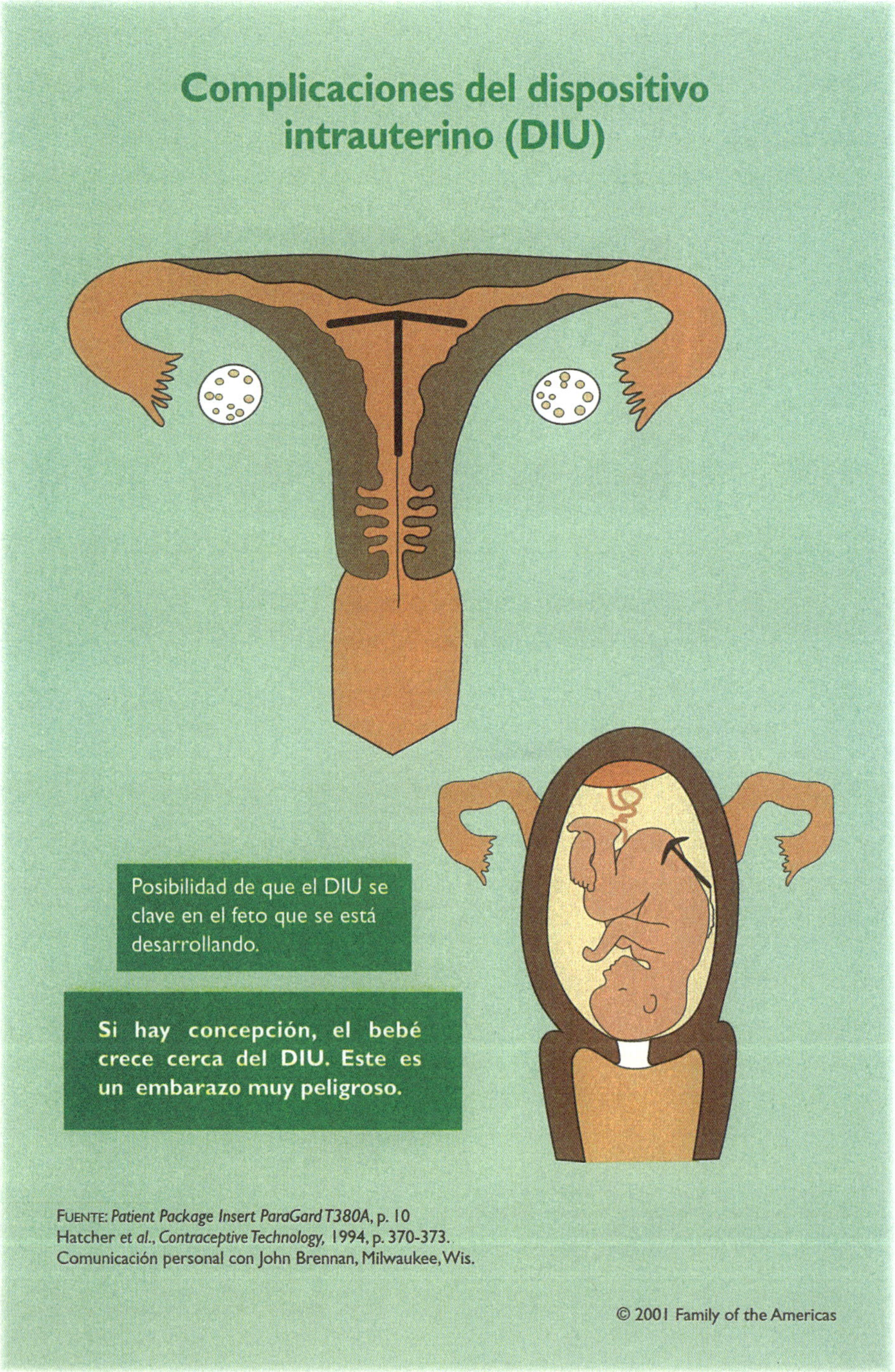
Complicaciones del dispositivo intrauterino (DIU)
Posibilidad de que el DIU se clave en el feto que se está desarrollando.
Si hay concepción, el bebé crece cerca del DIU. Este es un embarazo muy peligroso.
FUENTE: Patient Package Insert ParaGard T380A, p. 10
Hatcher et al., Contraceptive Technology, 1994, p. 370-373.
Comunicación personal con John Brennan, Milwaukee, Wis.
© 2001 Family of the Americas

Figura 15.12

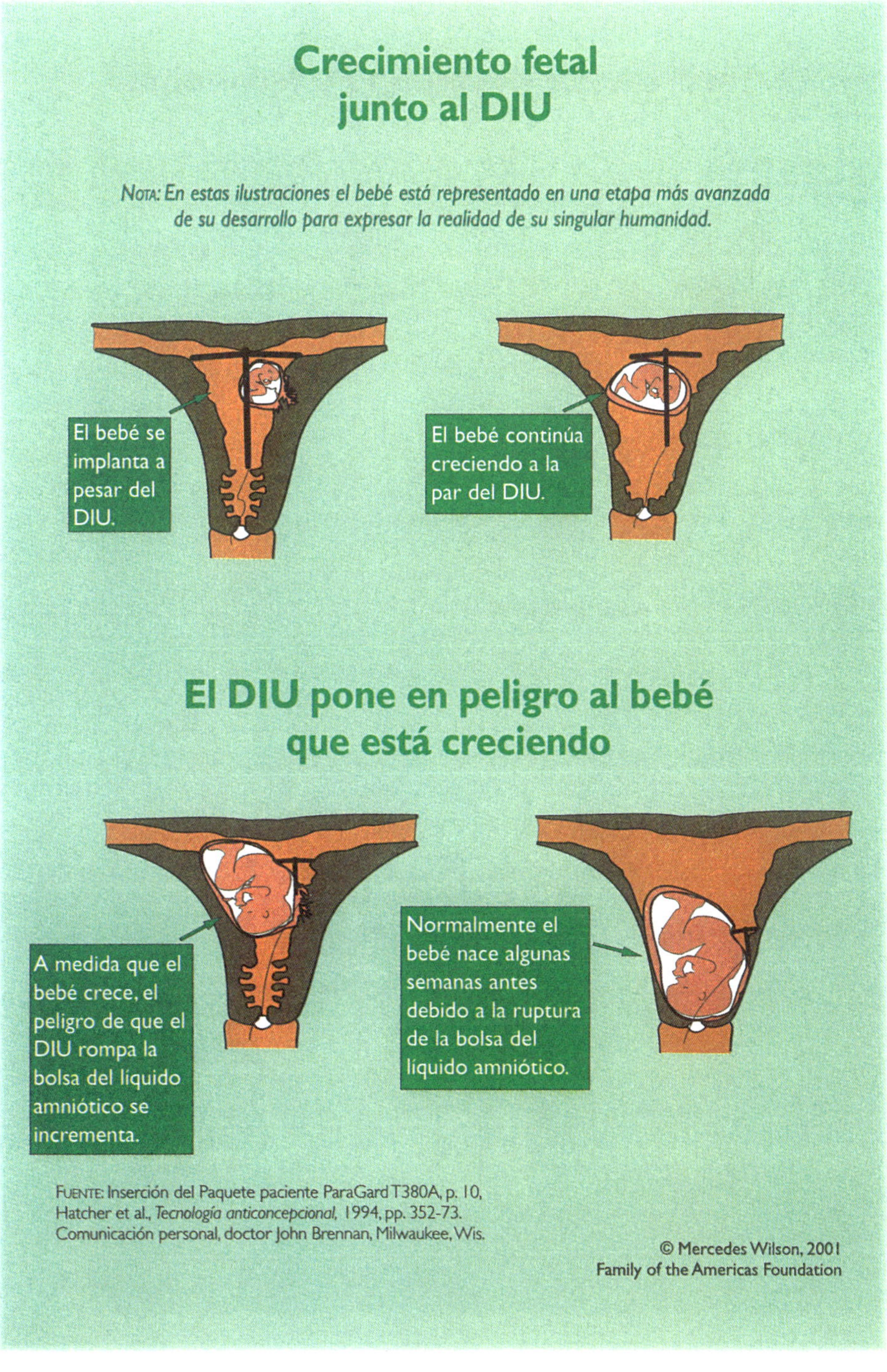
Crecimiento fetal
junto al DIU
NOTA: En estas ilustraciones el bebé está representado en una etapa más avanzada de su desarrollo para expresar la realidad de su singular humanidad.
El bebé se implanta a pesar del DIU.
El bebé continúa creciendo a la par del DIU.
El DIU pone en peligro al bebé
que está creciendo
A medida que el bebé crece, el peligro de que el DIU rompa la bolsa del líquido amniótico se incrementa.
Normalmente el bebé nace algunas semanas antes debido a la ruptura de la bolsa del líquido amniótico.
FUENTE: Inserción del Paquete paciente ParaGard T380A, p. 10,
Hatcher et al., Tecnología anticoncepcional, 1994, pp. 352-73.
Comunicación personal, doctor John Brennan, Milwaukee, Wis.
© Mercedes Wilson, 2001
Family of the Americas Foundation

Figura 15.13

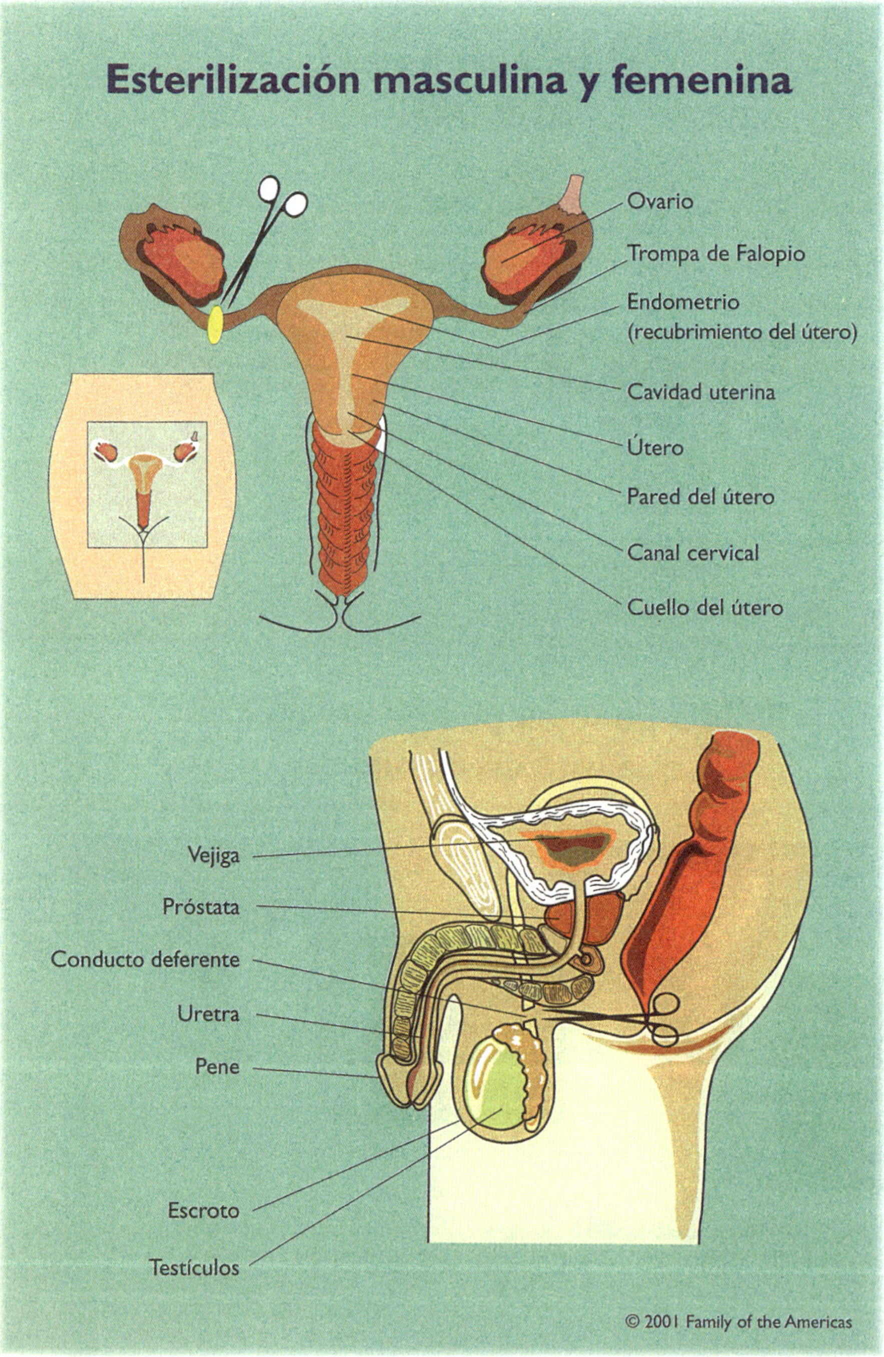
Esterilización masculina y femenina
Ovario
Trompa de Falopio
Endometrio
(recubrimiento del útero)
Cavidad uterina
Útero
Pared del útero
Canal cervical
Cuello del útero
Vejiga
Próstata
Conducto deferente
Uretra
Pene
Escroto
Testículos
© 2001 Family of the Americas

Figura 15.14

Cómo actúa

1. Suprime la ovulación en tan sólo cerca de 50 % de los ciclos. La progesterona origina un espesamiento del flujo cervical, dificultando la migración del esperma.
2. Con bastante frecuencia, el Norplant provoca un aborto prematuro. Altera el recubrimiento del útero (endometrio), convirtiéndolo en inhóspito para la implantación o supervivencia del óvulo fertilizado (vida humana recién concebida) días después de implantado; por ello, algunas veces actúa como abortivo.[23]

Posibles efectos secundarios[24]

1. Dolor abdominal severo en la parte baja.
2. Sangrados vaginales prolongados o fuertes; o amenorrea (ausencia de menstruación)[25] experimentada por más de dos tercios de las usuarias.
3. Dolor en el brazo e infecciones.
4. Rechazo de implante.
5. Migrañas, fuertes y frecuentes dolores de cabeza o vista nublada.
6. Alteraciones del nivel de lípidos en el metabolismo (digestión de grasas).[26]
7. Quistes ováricos (sufridos por una de cada 10 usuarias).
8. Aumento de la tensión arterial, aumento de riesgo de ataque al corazón.
9. Pérdida de cabello.
10. Nerviosismo.
11. Excepcionalmente, tumores hepáticos.
12. Enfermedades de la vesícula biliar.

Entre febrero de 1991 y diciembre de 1993, la Oficina de Fármacos y Alimentos de Estados Unidos (FDA) fue informada sobre un centenar de complicaciones serias del implante hormonal de Norplant, incluyendo sangrados, apoplejías y otras complicaciones que requieren hospitalización.[27]

[23] *Fertility and Sterility*, mayo de 1993.

[24] Excepto cuando se notifique lo contrario, la información procede de prospecto para pacientes del sistema Norplant, Wyeth Laboratories, publicado en diciembre de 1990. *Véase también* "Consent for Norplant System", folleto distribuido por el Departamento de Medio *Ambiente*, Salud y Recursos Naturales de Carolina del Norte, división de Salud Materna e Infantil.

[25] Hatcher, Stewart, Trussell y otros, *Contraceptive Technology 1990-1992*; hay que destacar que algunos estudios muestran que "al cabo de los cinco años, de 9 a 19 % de las mujeres ha abandonado el Norplant porque tenían irregularidades en el sangrado". También según "Decisions for Norplant Programs" del *Population Information Program* de la Universidad Johns Hopkins, "cerca de 70 % de las usuarias experimenta sangrados menstruales irregulares o amenorrea".

[26] Hatcher y otros, p. 312, "en algunos estudios entre usuarias de Norplant se ha observado disminuciones de 10 a 15 % de lipoproteínas de alta densidad. En otro estudio se encontraron más aumentos que disminuciones".

[27] D. K. Wysowski y L. Green, "Serious Adverse Events in Norplant Users Reported to the Food and Drug Administration´s Medwatch Spontaneous Reporting System", en *Obstretics and Gynecology*, 85, 1995, pp. 538-542.

Más de 400 mujeres se han unido en una acción legal contra Wyeth-Ayerst, el fabricante de Norplant, alegando problemas serios cuando les retiraron el implante, desde cicatrices hasta dolor en el nervio o daño en el músculo.[28]

INYECCIONES CONTRACEPTIVAS

HECHOS

1. La Depo-Provera (acetato de medroxi-progesterona) se inyecta cada tres o seis meses.
2. El costo del fármaco es de 29.5 dólares por inyección, o alrededor de 120 dólares por año, más otros 80 dólares por los honorarios médicos de la administración de la medicina (total: cerca de 200 dólares al año).[29]

CÓMO ACTÚA

1. Previene el embarazo inhibiendo la ovulación.
2. Abortiva: altera el crecimiento normal del endometrio y previene la implantación del bebé recién concebido o suspende la continuidad del embarazo, después de implantado el óvulo, debido a la ausencia de un endometrio normal.

POSIBLES EFECTOS SECUNDARIOS

1. Graves alteraciones del ciclo menstrual.
2. Retrasos largos e impredecibles en el retorno de la fertilidad.
3. Leve deterioro de la tolerancia a los hidratos de carbono.
4. Sangrados fuertes y prolongados.
5. Descenso en la producción láctea.
6. Depresión e inhibición de la libido.
7. Peligro para el feto en caso de embarazo: algunas mujeres, especialmente aquellas que dan de mamar, pueden estar ya embarazadas cuando reciben la primera inyección y pueden recibir una segunda inyección antes de saber que están embarazadas; se sabe que las medicinas de este tipo están asociadas a anormalidades del feto, principalmente a efectos de masculinización en los bebés niñas.

Muchos países en desarrollo han permitido durante mucho tiempo el uso de la Depo-Provera para el control de la población, pero en Estados Unidos

[28] J. Roberts, "Women in the U. S. Sue Makers of Norplant", en *British Medical Journal*, 309, núm. 145, 1994.

[29] Jack Jackson, vicepresidente senior de la compañía farmacéutica Upjohn, citado por Associated Press, "Depo-Provera Birth Control's Costs".

el fármaco sólo ha sido recientemente aprobado para su uso como contraceptivo debido a que algunos estudios provocaron la preocupación del público cuando se indicó que este fármaco crea tendencia a desarrollar tumoraciones benignas o malignas en el pecho.[30] También se sospecha que la Depo-Provera puede causar cáncer de cérvix. El uso de la Depo-Provera en los países en desarrollo ha sido fomentado por organizaciones internacionales cuyos fondos provienen con frecuencia (aunque normalmente de manera indirecta) del USAID, que ofrece ayudas a las naciones en desarrollo que aceptan controlar la natalidad.

EL PRESERVATIVO

HECHOS

1. Es una delgada funda de caucho o látex que se pone sobre el pene erecto durante las relaciones.
2. Debe guardarse en un lugar frío y seco para impedir que se deteriore la goma; de otra manera, almacenados los condones tienen una "vida media" limitada porque los materiales del preservativo se deterioran con el tiempo.
3. Los lubricantes y/o espermicidas pueden originar un fallo del preservativo al acelerar el deterioro del látex.
4. El costo de un año de uso puede ser de más de 63 dólares al año (relaciones cuatro veces a la semana).

CÓMO ACTÚA

Los preservativos retienen la eyaculación en el fondo del colector, por lo que impiden que el esperma llegue al óvulo (pero para ello es esencial que el preservativo se coloque correctamente y que no se rasgue ni se caiga durante la relación).

POSIBLES EFECTOS SECUNDARIOS

1. Es efectivo sólo en un 84 a 88 % de las veces como mucho (la posibilidad de embarazo en un año de uso es de uno sobre seis).
2. La tasa de embarazo es de 18.4 % entre las mujeres menores de 18 años; entre las mujeres solteras de minorías étnicas, la tasa de fallos de los preservativos es incluso más alta (cerca de 36 %); entre

[30] Paul, Skegg, Spear, "Depot Medroxyprogesterone (Depo-Provera) and Risk of Breast Cancer", en *British Medicine Journal*, núm. 299, 1989, pp. 759-762. (La Depo-Provera fue aprobada por la FDA en octubre de 1992.)

las mujeres solteras de origen hispano, la tasa de fallos es de hasta 44.5 %.[31]

3. En contra de los que dicen que los preservativos pueden ser un medio efectivo de prevenir la expansión de VIH, el hecho es que el virus de la inmunodeficiencia es 500 veces más pequeño que un espermatozoide humano. Obviamente, los preservativos, dado que fallan de todas formas de 12 a 44 % de las veces en la prevención de embarazo, resultan incluso menos efectivos para la prevención de la trasmisión de este pequeñísimo virus.[32]

¿Sexo seguro con preservativos?

Los únicos métodos artificiales que no son abortivos son los que tienen las tasas de fracaso más altas: los preservativos, los diafragmas y los espermicidas.

Hay dos razones fundamentales por las que no existe tal cosa como "sexo sin riesgos". En primer lugar, como lo demuestran los datos de la propia Paternidad Planificada, educar a los adolescentes acerca de la sexualidad y los anticonceptivos no los lleva a usar más los anticonceptivos pero sí conduce a una mayor promiscuidad.[33] Actualmente, menos de la mitad de los adolescentes sexualmente activos usan preservativos. [34] A los que sí los usan, el dispositivo les falla a menudo. La tercera parte de los embarazos entre adolescentes ocurren mientras estaban usando un anticonceptivo. Los preservativos tienen una tasa de fracaso anual de 18.4 % para las jóvenes de menos de 18 años de edad. [35] Esto significa que durante un periodo de un año, usando un preservativo la joven tiene una de seis posibilidades de quedar embarazada.

En un estudio de parejas casadas en las que uno de los cónyuges estaba infectado con el VIH se encontró que 17 % de las parejas que usaban preser-

[31] "Quick Facts on Save Sex", Focus on the Family. Cita a Mark D. Hayward y Jonichi Yogi, "Contraceptive Failure Rate in the United States: Estimates from the 1982 National Survey of the Family Growyh", en *Family Perspectives*, vol. 18, núm. 5, sep.-oct. de 1986, p. 204. También a Elise F. Jones y Jacqueline Darrock Forrest, "Contraceptive Failure in the United States: Revised Estimates from the 1982 Survey of Family Growth", en *Family Planning Perspectives,* vol. 21, núm. 3, mayo-junio de 1989, p. 103.

[32] Es más, hay pruebas directas de la existencia de poros en los condones de látex. Las micrografías electrónicas revelan poros de hasta cinco micras de tamaño (50 veces mayores que el virus [VIH]), mientras que los análisis mecánicos de fractura, sensibles a la presencia de grietas de mayor tamaño, revelaron grietas de hasta 50 micras (500 veces el tamaño del virus). C. M. Roland, editor de *Rubber Chemistry and Technology* para el National Research Laboratory, "Cartas", *The Washington Post,* 3 de julio de 1992.

[33] Marion Howard y Judith Blarnery McCabe, "Helping Teenagers Postpone Sexual Involvement", en *Family Planning Perspectives*, vol. 22, núm. 1 enero-febrero de 1990, p. 21.

[34] Sexual Behavior Among High School Students, United States, 1990. "Morbidity and Mortality Weekly Report", vol. 40, núms. 51 y 52, 3 de enero de 1992, p. 886. Condom Sense, The Medical Institute, Austin, Texas, 2000, p. 3.

[35] Mark D. Hayward y Jonichi Yogi, "Contraceptive Failure Rate in the United States: Estimates from the 1982 National Suvery of Family Growth," en *Family Planning Perspectives*, vol. 18, núm. 5, septiembre-octubre de 1986, p. 204, citado en "Quick Facts on Safe Sex," Focus on the Family, sin fecha (alrededor de 1991).

vativos para protegerse, de todas maneras contraían el virus en los siguientes 18 meses.[36] En otro estudio, la Administración de Alimentos y Drogas de Estados Unidos probó la "efectividad de los preservativos de látex como barrera contra partículas del tamaño del virus de la inmunodeficiencia humana en condiciones de uso simulado". En este estudio se encontró que "era detectable el paso de partículas del tamaño del VIH, a través de los preservativos de látex (...) a través de 29 de los 89 preservativos ensayados" (¡es decir, más o menos uno de cada tres!).

Algunos afirman que al mezclarse el VIH con los espermatozoides el virus ya no pasa a través de los poros de un preservativo, permitiendo así el "sexo sin riesgo". Esto es engañoso, pues el virus no siempre se adhiere a un espermatozoide. Se puede mover de modo independiente y pasar fácilmente a través de los poros de un preservativo.[37]

Investigadores del Laboratorio Naval de Investigación (NRL por sus siglas en inglés), usando poderosos microscopios electrónicos han encontrado que el látex nuevo, con el cual se fabrican los preservativos, contiene "fallas inherentes máximas" (es decir, agujeros) de 70 micras de diámetro. Estos agujeros son 700 veces más grandes que el virus VIH-1. Otro experto observa que es importante darse cuenta de que "existen pruebas directas de agujeros en el caucho de los preservativos. Los microscopios electrónicos revelan espacios de 5 micras (50 veces más grandes que el virus), mientras que el análisis de la mecánica de fractura, que detecta los agujeros más grandes presentes, sugiere fallas inherentes de hasta 50 micras (500 veces más grandes que el virus)".[38] La probabilidad de contraer el SIDA es aún más alta, ya que el VIH es 500 veces más pequeño que un espermatozoide humano y la décima o la tercera parte del más pequeño agujero detectable en un preservativo.[39] Además, aunque una mujer sólo puede quedar embarazada durante unas 100 horas cada mes debido a la naturaleza de su ciclo ovulatorio, el VIH se puede trasmitir en cualquier momento.

DISPOSITIVO INTRAUTERINO (DIU)

Métodos artificiales de control de la natalidad tales como las píldoras y los DIU (dispositivos que se colocan en el útero de la mujer a través del canal cervical, que pueden contener restos de metales u hormonas para aumentar

[36] Tercera Conferencia Internacional sobre el SIDA, Estocolmo, Suecia, 1987.

[37] Hoja de datos sobre los preservativos y el SIDA de la American Life League, Inc., actualizada en 1995. Anderson D. J. y Scofield, V. L., *The Journal of NIH Research*, vol. 4, pp. 104-111, 1992.

[38] C. M. Roland, editor de "Rubber Chemistry and Technology" para el Laboratorio Nacional de Investigación, "Cartas", The Washington Post, 3 de julio de 1992.

[39] "Quick Facts on Safe Sex", cita a Nancy E. Dirubba, "The Condom Barrier", American Journal of Nursing, vol. 87, núm. 10, 1987, y Drug Administration 1306. (Los datos sobre los agujeros más pequeños detectables en los preservativos fueron confirmados por los Centros de Control y Prevención de Enfermedades de Estados Unidos y la Administración de Alimentos y Drogas de ese país.)

su efecto abortivo y sólo tienen una eficacia de alrededor de 84 %) tienen una tasa de abandono de hasta 50 % entre mujeres fuertes y sanas.[40] Las mujeres de salud marginal en el mundo en desarrollo tienen una tasa de abandono aún más alta. Ya débiles y anémicas, a menudo no pueden tolerar las hemorragias severas y prolongadas que causa el DIU. Éste crea una inflamación crónica del endometrio, o revestimiento del útero, que impide la implantación de una vida humana recién concebida y produce un aborto.[41]

La bibliografía médica habla de los efectos abortivos del DIU, los embarazos ectópicos, los abortos espontáneos, los defectos congénitos y los embarazos sépticos que producen.[42] Aunque en el mercado de Estados Unidos ya sólo quedan dos tipos de DIU debido a las demandas judiciales contra los médicos, los DIU continúan utilizándose ampliamente en los países en desarrollo. La píldora anticonceptiva causa 150 cambios químicos en el cuerpo de la mujer.[43] Los efectos secundarios de la píldora,[44] el Norplant[45] y los anticonceptivos inyectables[46] también son severos.

HECHOS

1. Es un dispositivo de plástico que se coloca en el útero a través del canal cervical; puede contener metal u hormonas para incrementar su eficacia anticonceptiva.
2. Sólo tiene 84 % de efectividad.
3. El costo de un DIU y su inserción se sitúa entre 200 y 300 dólares al año.[47]

CÓMO ACTÚA

No se entienden demasiado bien los mecanismos por lo que funciona un DIU. Parece que provoca una inflamación crónica del endometrio que impide la implantación de la vida humana recién concebida (efecto abortivo).

[40] Las estadísticas sobre los métodos artificiales se derivan de varias fuentes, incluso el Instituto Alan Guttmacher (citado por Kim Painter, *The Imperfect State of Birth Control in the USA*, en *USA Today*, 16 de marzo de 1992; también Hatcher, Stewart, Trussell *et al.*, *Contraceptive Technology*, 1990-1992, Irvington Pub., Nueva York, 1990; y el Programa de Información de la Población de la Universidad de Johns Hopkins.

[41] Una lista de los efectos secundarios del DIU aparece en *Physicians Desk Reference*, 1999, pp. 2240-41.

[42] Hatcher *et al.*, *Contraceptive Technology*, 16a. ed. 1998., p. 516-517, *Physicians Desk Reference*, 1984 (*véase* Lippes Loop, CU-7 and Tatum T., Progesteasert), *Physicians Desk Reference*, 1993, p. 1105, *Physicians Desk Reference*, 1995, p. 1116-1122.

[43] Potts, M. y P. Diggory, *Textbook of Contraceptive Practice*, 2a. ed., Cambridge University Press, 1983, p. 155.

[44] Physicians Desk Reference, 1993, pp. 2228-2229.

[45] Hatcher *et al.*, *Contraceptive Technology*, 1998, pp. 477-478.

[46] The Upjohn Company, Depo-Provera Patient Information, 1994; Paul, Skegg, Spears, "Depot medroxyprogesterone (Depro Provera) and Risk of Breast Cancer", en *British Medical Journal*, 1989, 299, pp. 759-762.

[47] Hatcher y otros, *Contraceptive Technology*, p. 350.

Posibles efectos secundarios

1. Perforación ocasional del útero o de la cérvix, lo que requiere intervención quirúrgica.
2. Incrementa el riesgo de pérdida del bebé (aborto espontáneo).
3. Incidencia de embarazos ectópicos (fuera del útero) 10 veces superior a la media.
4. Inflamaciones pélvicas que pueden provocar esterilidad.[48]
5. Anemia debida a un exceso de sangrado menstrual.[49]
6. Posibilidad de que se clave, mueva o fragmente.
7. Sangrados o prolongación del flujo menstrual.
8. Presencia de actinomyces en las citologías (o Papanicolau) de 90 % de las usuarias; las infecciones por actinomyces en los órganos reproductores es en general rara, pero es típica de las usuarias de larga duración del DIU.
9. Incrementa el riesgo de infección de VIH.[50]

ESPERMICIDAS

Hechos

1. Existen muchas formas de presentación y uso, incluyendo cremas, geles, supositorios, espumas en aerosol y pastillas de espuma.
2. Efectividad de sólo 74.8 %.

Cómo actúa

Los espermicidas forman una barrera química en la entrada del útero impidiendo que los espermatozoides lleguen al óvulo. Lo espermicidas también pueden destruir o dañar el esperma.

Posibles efectos secundarios

1. Posibilidad de una mayor incidencia de desórdenes congénitos en niños inocentes que fueron concebidos mientras se usaban espermicidas: síndrome de Down, malformaciones con miembros enanos, neoplasma maligno (crece tejido cancerígeno) e hipospadias severas.[51]

[48] *Ibid.*, p. 383, "Las infecciones del DIU pueden ser serias, y si no se tratan pueden llevar a la histerectomía (extirpación del útero) e incluso la muerte [...]".

[49] *Ibid.*, p. 370, "aproximadamente 15 % de la usuarias deben retirarse el DIU debido a síntomas y/o señales asociadas a sangrados o manchados".

[50] *Ibid.*, p. 360, "el efecto del DIU en el recubrimiento uterino puede crear un medio favorable para la trasmisión del VIH [...] se planea hacer estudios sobre esta cuestión. El incremento de sangrado, asociado con el uso del DIU, puede aumentar la expansión del virus (si la mujer es VIH positiva), y el posible efecto del DIU en el interior del útero puede aumentar la tasa de infección (*de la mujer*)". Los autores citan a Treiman K. Liskin L., "IUDs: A New Look", en *Population Reports*, 1988, Series B (5), pp. 1-31.

[51] "Vaginal Spermicides and Congenital Disorders", en *Journal of American Medical Association* (*JAMA*), vol. 245, núm. 13, 3 de abril de 1981, pp. 1329-1332.

2. Incremento de posibilidades de tener una infección vaginal porque la absorción del espermicida altera el ambiente normal de la vagina.
3. Posible relación con el incremento de riesgo de VIH.[52]

DIAFRAGMA

Hechos

1. Anillo flexible de metal cubierto de caucho en forma de cúpula chata.
2. Tasa de efectividad de sólo 84.1 %.
3. El riesgo de fallos es aproximadamente el doble cuando la usuaria tiene menos de 30 años de edad o tiene relaciones cuatro veces a la semana o más.[53]

Cómo actúa

1. Se coloca en la vagina para que rodee por completo la cérvix e impide así que el esperma entre en el útero.
2. Normalmente se usa con geles o cremas espermicidas aplicadas en la cara de la cúpula que da a la cérvix.

Posibles efectos secundarios

1. El *New England Journal of Medicine* informa sobre pruebas de la relación entre el uso de diafragma y el síndrome de choque tóxico.[54]
2. Irritación cutánea local provocada por hipersensibilidad o alergia.

ESTERILIZACIÓN FEMENINA

En los países en desarrollo tienen que engañar a la gente con regalos, una sutil práctica coactiva para hacer que los hombres y las mujeres consientan dejarse esterilizar. En algunos casos, con conocimiento de causa, no

[52] *Progress Report,* 1991, Center for Population Research, Instituto Nacional de la Salud Infantil y del Desarrollo Humano, Estados Unidos, p. 123: "Una presentación en la V Conferencia Internacional sobre el SIDA, en 1989, informó que las prostitutas africanas que usan esponjas contraceptivas que contienen Nonoxynol-9 experimentan un incremento en la incidencia de infección por VIH [...] Se desconoce si el aumento se debe al N-9, al efecto de la esponja en tanto que cuerpo extraño o a otro factor [...] Es posible que aquella mujer que tenga altos niveles de actividad sexual desarrolle abrasiones debido a las esponjas u otros objetos insertados en la vagina. Si los datos sobre el uso de las esponjas (*con espermicidas*) son correctos, las duchas vaginales y los diafragmas pueden también suponer algún riesgo de incrementar la sensibilidad hacia el VIH.

[53] Hatcher y otros, *Contraceptive Technology,* p. 200.

[54] *Véase también* Faich, G., K. Pearson y otros, "Toxic Shock Syndrome and the Vaginal Contraceptive Sponge", en *Journal of the American Medical Association,* núm. 255, 1988, pp. 216-218.

dan su consentimiento y se les esteriliza sin que lo sepan después de una operación cesárea o se les introduce un dispositivo intrauterino después de un parto normal. Sin embargo, en Occidente la gente va por su propia voluntad a destruir o eliminar su propio don de la procreación como si se tratase de un tumor maligno.

Hechos

1. Técnica más o menos irreversible para impedir la concepción.
2. Existen dos tipos:
   a) Ligadura de trompas o electrocoagulación (sella las trompas de Falopio e impide el paso de los óvulos de los ovarios al útero; tasa media de fallos de 0.15 %).
   b) Histerectomía (extirpación del útero).

Posibles efectos secundarios

1. Sangrados graves.
2. Infección pélvica.
3. Embarazo ectópico (riesgo elevado de hasta tres veces más de lo normal).[55]
4. Consiguiente histerectomía debida a problemas menstruales severos.
5. Muerte debida a la anestesia, a la perforación de la aorta y quemaduras en los intestinos.
6. Depresión posoperatoria.
7. Disfunciones sexuales.
8. Riesgo de no poder recanalizar las trompas en caso de que se deseara.
9. Las mujeres que tienen las trompas ligadas sufren más dolores menstruales que los que solían tener antes, y las posibilidades de embarazo después de la ligadura de trompas es de 2 a 5 %.

ESTERILIZACIÓN MASCULINA

Hechos

1. Se llama vasectomía; es una operación virtualmente irreversible en la que se extirpa parte de los conductos deferentes izquierdo y derecho (tubos por los que viaja el esperma desde los testículos hasta la próstata) y se atan los extremos.

[55] Fleet y otros, *British Journal of Obstetrics and Gynecology*, núm. 95, agosto de 1988, pp. 740-746, citado por Denis St. Marie en "Sterilitation, Pervasive and Insidious". También "desde 1970 se ha registrado un incremento del triple de embarazos ectópicos con tasas de 6.4 por cada 1000 embarazos [...]"

2. Puede no ser efectivo durante los tres primeros meses debido a células espermáticas residuales.
3. Tasa de fallos de 0.15 %; la recanalización (restablecimiento de los vasos deferentes por un proceso de curación interna) tiene lugar en un caso entre mil.

Posibles efectos secundarios

1. La producción de esperma es la misma que antes de la operación (se producen cerca de 50 000 espermatozoides por minuto). Sin embargo, el esperma no se eyacula, por lo que entra en la sangre, donde se producen anticuerpos para eliminar el esperma del sistema corporal. Esto puede llevar a desórdenes de tiroides y articulaciones, enfermedades del corazón y circulatorias y diabetes. Cuando el cuerpo activa sus defensas para contrarrestar células que él mismo ha generado, como en el caso de la vasectomía, el cuerpo se convierte en "autoinmune" (alérgico a sí mismo). Diversos estudios han detectado estos anticuerpos, generados como respuestas a los antígenos del esperma, en 55 a 75 % de los pacientes en los dos años siguientes a sus vasectomías.[56]
2. Dos estudios en Estados Unidos han concluido que los hombres con vasectomía tienen de 85 a 90 % más de riesgo que los hombres que han elegido no operarse de tener posteriormente un diagnóstico de cáncer de próstata.[57]
3. Dificultades psicológicas, incluyendo ansiedad y sentimiento de baja autoestima, decaimiento del deseo sexual. Una prueba estándar de desórdenes de la personalidad reveló que más de 40 % de los vasectomizados de un grupo de estudio experimentaban desórdenes de la personalidad entre la primera prueba y la realizada un año más tarde, después de la operación.[58]
4. Incrementa el riesgo de problemas renales, incluyendo piedras en el riñón.[59]

La única operación quirúrgica que se hace para destruir deliberadamente el funcionamiento de órganos saludables y sanos es la esterilización para el control de la natalidad; es un acto extremo de automutilación que con frecuencia tiene un efecto negativo profundo en las relaciones perso-

[56] "Sexual Sterilization: Some Questions and Answers", folleto distribuido por la Couple to Couple League, 1981.

[57] Giovannucci y otros, *Journal of the American Medical Association,* 16 de febrero de 1993.

[58] St. Marie, "Sterilization".

[59] Kromal y otros, *The Lancet,* vol. 1, núm. 2, 1988, citado por Denis St. Marie, "Sterilization". El estudio de los 11 205 hombres que participaron en un estudio sobre cirugía de la arteria coronaria en Estados Unidos reveló que el riesgo de padecer piedras en el riñón se incrementaba 2.6 veces para los hombres entre 30 y 55 años; y 1.3 veces para los que tenían entre 55 y 65 años de edad. "Había una importante relación entre la vasectomía y las enfermedades renales."

¡El método de control de la natalidad más empleado en Estados Unidos es la esterilización!

¡El 40 % de las mujeres de edad fecunda que practica alguna forma de control de la natalidad se ha sometido a la esterilización!

¡El 15 % de los hombres que practican alguna forma de control de la natalidad se ha sometido a la esterilización!

FUENTE: Centro Nacional de Estadísticas Sanitarias de Estados Unidos, Esterilizaciones Quirúrgicas en Estados Unidos de América. Prevalencias y Características, 1965-1995.
Women's Characteristics and Surgical Sterilization: serie 23 Núm. 20, 1995.

Figura 15.15

nales entre marido y mujer. "Habiendo quitado la vida a su amor", como lo ha descrito un observador, "las parejas esterilizadas se privan el uno al otro del regalo milagroso de fertilidad compartida, un regalo verdaderamente maravilloso que de otra manera les permitiría ser co-creadores con Dios de la concepción de una nueva vida." Es ciertamente una de las maneras de suprimir lo "mágico" de su propio matrimonio.

Patricia Pitkus Bainbridges, directora ejecutiva de la organización Life Decisions International, contraria a Planned Parenthood, es muy crítica con aquéllos que ocultan o reducen los peligros que rodean el uso de método artificiales de control. "Un principio básico de las feministas es que las mujeres deberían tener la información disponible para poder tomar decisiones. Planned Parenthood, y otras organizaciones que piensan como esta organización, tienden a limitar la información en un esfuerzo de vender a las mujeres los llamados beneficios del control artificial de la natalidad." Como ejemplo, Bainbridges apunta la existencia de estudios que vinculan el aborto con el cáncer de mama. "La relación de Planned Parenthood ante los numerosos estudios que muestran un incremento de riesgo de cáncer de mama, en especial si una mujer aborta en su primer embarazo, es proclamar que se necesitan más estudios. Si en cambio, sólo hay un estudio que, por ejemplo, muestre que tomar la píldora beneficia la salud, Planned Parenthood lo acepta como una verdad definitiva."[60]

Christopher P. Tyrrell, presidente de American Collegians for Life, está también espantado por la falta de información que se está dando a las mujeres, en especial a las mujeres jóvenes:

> Pedir a Planned Parenthood que diga a las chicas jóvenes que sus servicios son peligrosos para sus cuerpos y sus mentes es como esperar que R. J. Reynolds [*empresa fabricante de cigarrillos*] diga voluntariamente a sus clientes que fumar les matará. Sólo si se ve forzada a actuar, Planned Parenthood emprenderá acciones que reducirán su base de clientes.

Sin embargo, Tyrrell dice que los hombres y las mujeres jóvenes tienen cada vez más sospechas de que las organizaciones de "planificación familiar" no les están contando toda la verdad.[61]

VACUNA CONTRA EL EMBARAZO[62]

Se están publicando informes en todo el mundo acerca de que la Organización Mundial de la Salud, conjuntamente con los gobiernos del mundo desarrollado, están financiando y aplicando el uso de una vacuna contra el embarazo. Una documental de la BBC, The Human Laboratory (El laborato-

[60] Patricia Pitkus Bainbridges, entrevista personal, 8 de mayo de 1996.

[61] Christopher P. Tyrrel, entrevista personal, 8 de mayo de 1996.

[62] Informes HLI, junio-julio de 1995, p. 1. HLI Reports, noviembre de 1996, pp. 1-9. "Los expertos confirman vacuna antitetánica", boletín noticioso de la oficina del senador filipino Francisco Tatad, 4 de septiembre de 1996.

rio humano), filmado en 1994, señala estos abusos, e informa en particular sobre su investigación de casos en las Filipinas. Una sustancia llamada Gonadotropina Coriónica Humana se agregó a la vacuna contra el tétanos sin que los pacientes lo supieran.

La GCh es una hormona natural. Es el mensajero que le indica al cuerpo de la mujer que está embarazada y es esencial para mantener el embarazo.

Cómo actúa

1. La vacuna de GCh impide que el cuerpo reconozca el embarazo.
2. La mujer produce anticuerpos que atacan y destruyen su GCh natural.
3. La GCh se inyecta con toxoide del tétano o la difteria como vehículo.
4. Al generar anticuerpos contra el toxoide, se engaña al cuerpo para que también genere anticuerpos contra la GCh.
5. Al faltar el mensaje de la GCh, ocurre la menstruación, lo cual pone fin al embarazo en sus primeras etapas.

En México, el gobierno promovió y usó esta vacuna, particularmente en mujeres de 12 a 45 años de edad. Un grupo de dirigentes pro-vida obtuvo cuatro muestras del toxoide antitetánico y las mandaron a un laboratorio en Estados Unidos para investigar si la vacuna había sido contaminada con Gonadotropina Coriónica Humana. Los resultados de la prueba confirmaron que se había alterado la vacuna y organizaron una campaña nacional para denunciar el programa de vacunación opuesto a la vida, impuesto a las mujeres pobres de México que nada sospechaban.[63]

EL ABORTO PROVOCADO

Era de esperar que nuestro debate sobre los métodos artificiales nos condujera a hablar del aborto porque la mentalidad anticonceptiva (decir "no" a una potencial nueva vida) y el aborto (eliminar una nueva vida) están claramente emparejados. De hecho, según el Alan Guttmacher Institute (en Estados Unidos), proabortista, 75 % de las mujeres que abortan lo hacen por razones de "conveniencia", no de salud (sólo 7 %).[64] Obviamente, para muchas mujeres, el aborto es simplemente un "apoyo" al control de la natalidad artificial que con frecuencia falla.

HECHOS

1. Todas las formas de aborto provocado conlleva el asesinato premeditado de un niño no nacido, en el útero de su madre.

[63] Estudio no publicado efectuado por Héctor Zepeda, diplomado de la Junta Americana de Patología, El Paso, Texas, 7 de febrero de 1998.

[64] Alan Guttmacher Institute, enero de 1993, citado por Carolyn Hax, "No Birth, No Pangs", en *The Washington Post*, 21 de marzo de 1993, p. C1.

Los niños asesinados por aborto en Estados Unidos desde Roe *vs.* Wade* podrían repoblar toda California

* Jane Roe es el seudónimo que la prensa otorgó a la mujer que se querelló contra el estado americano de Texas; embarazada como resultado de una violación (aunque luego ella misma confesó que no era cierto). Roe demandó a Texas porque sus leyes le impedían abortar. Las sucesivas apelaciones llevaron el caso al Tribunal Supremo de los Estados Unidos, quien finalmente dio la razón a Roe y dictaminó en 1973 la legalización del aborto en el nivel federal, reconociéndolo como un derecho constitucional. Mientras tanto, el hijo de Roe ya había nacido y fue entregado en adopción. Roe trabajó durante años en una clínica abortista hasta que, hace poco, decidió dar un cambio radical a su vida y abandonó su trabajo. Ahora dedica sus esfuerzos a una organización provida antiabortista.

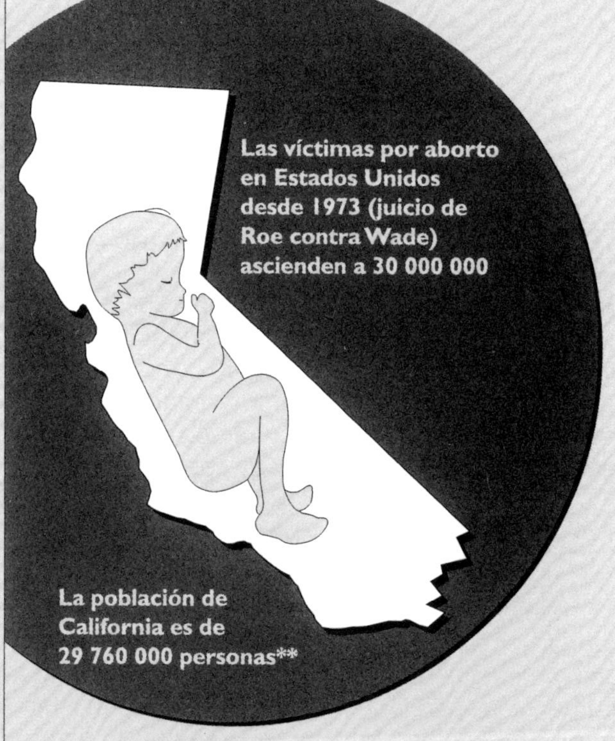

(Se estima que se producen entre 36 y 53 millones de abortos al año en el mundo)

**Fuente: Almanac of the 50 states: *Basic Data Profiles with Comparatives Tables*, R. Hornon (ed.), Information Publications, 1992.

Figura 15.16

Política en materia de aborto

De más de 100 países importantes, 25 ofrecían abortos según la demanda, casi 40 habían prohibido los abortos y el resto habían impuesto distintas restricciones

Algunos países que permiten el aborto según la demanda.

Albania, Austria, Bélgica, Bulgaria, Canadá, China, Corea del Norte, Cuba, Dinamarca, Eslovaquia, Estados Unidos, Francia, Italia, Mongolia, Noruega, Países Bajos, Rep. Checa, Rumania, Rusia, Singapur, Suecia, Túnez, Turquía, Vietnam, Yugoslavia

Algunos países que permiten el aborto por motivos sociales y de salud.

Australia, Bangladesh, Finlandia, Gran Bretaña, Hungría, India, Taiwán, Zambia

Algunos países en los que el aborto se permite por motivos limitados de salud.

Alemania, Arabia Saudita, Argelia, Argentina, Bolivia, Burundi, Camerún, Congo, Corea del Sur, Costa Rica, Ecuador, Egipto, El Salvador, España, Etiopía, Ghana, Hong Kong, Iraq, Israel, Jamaica, Jordania, Liberia, Malawi, Malasia, Marruecos, Pakistán, Panamá, Perú, Polonia, Portugal, Ruanda, Sudáfrica, Suiza, Tailandia, Uganda, Uruguay, Zimbawe

Algunos países en los que el aborto es ilícito o sólo se permite para salvar la vida de la mujer.

Afganistán, Angola, Brasil*, Camboya, Chile, Colombia, Costa de Marfil, Guatemala, Filipinas, Haití, Honduras, Indonesia, Irán, Irlanda, Kenia, Laos, Líbano, Libia, Mauritania, México*, Mozambique, Myanmar, Nicaragua, Nigeria, Paraguay, Rep. Dominicana, Somalia, Sri Lanka, Sudán*, Tanzania, Venezuela, Yemen, Zaire

*Sólo permitido en casos especiales (violación, incesto, o para salvar la vida de la mujer)

Índice de abortos por 1000 mujeres de 15 a 44 años.

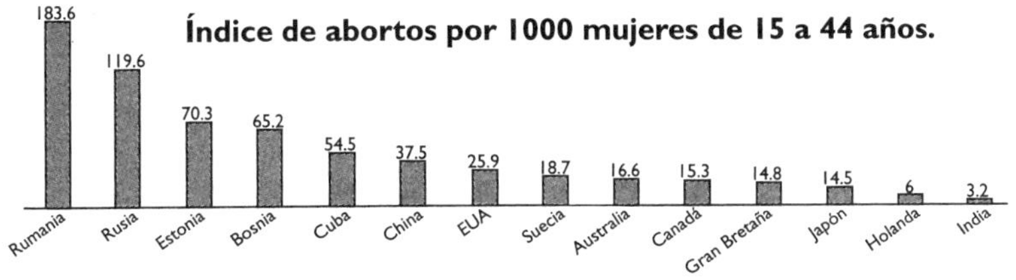

FUENTE: Population Action International, Riesgo reproductivo, 1995, Instituto Alan Guttmacher. *The Washington Post*, 17 de agosto de 1996, p. A19.

Figura 15.17

2. Sólo en Estados Unidos se cometen más de 1.5 millones de abortos al año.
3. Se estima que se practican alrededor de 36 a 53 millones de abortos anuales en todo el mundo.[65]

Los métodos abortivos y sus complicaciones

Aborto temprano: *succión o dilatación y legrado (D&C)*

Alrededor de las 11 o 12 semanas de gestación se practican muchos abortos utilizando estos métodos. Es importante señalar que, ya a las nueve semanas, el bebé no nacido responde al tacto y siente el dolor. El corazón fetal late, y se pueden distinguir sus ojos y los dedos de sus pies y manos.

En el aborto por succión, el abortista inserta un largo tubo hueco a través de la cérvix y, entonces, con una potente fuerza aspiradora arranca la placenta de la pared uterina, desmembrando al bebé (feto) y echando sus restos a un recipiente adjunto.

En la dilatación y legrado (*D&C*) el abortista inserta una legra, o cuchara afilada, en la cérvix dilatada de la madre y desmiembra al bebé (feto) raspando la pared uterina. Para asegurarse que el proceso ha sido completado y que no quedan partes del cuerpo en el útero (podrían provocar una infección), el abortista, o la enfermera, deben "recomponer" el cuerpo fetal para asegurarse que la cabeza, el torso y los miembros están allí. Otro procedimiento similar, la dilatación y evacuación (*D&E*), "aún la tradicional *D&C* con el curetaje por aspiración en el segundo trimestre. La *D&E* es especialmente apropiada para los procedimientos practicados entre las 13 y 16 semanas de gestación, aunque muchos practicantes usan este método hasta las 20 semanas y más".[66]

Complicaciones:

- Laceración de la cérvix por la succión del aspirador o por la legra.
- Hemorragia.
- Perforación de útero.
- Laceración de la vejiga urinaria y de los uréteres.
- Embolia pulmonar (burbuja de aire en la sangre).
- Laceración de intestinos y consiguiente infección.
- Choque.
- Reacciones a la anestesia, incluyendo obstrucción bronquial, *choque* anafiláctico y paro cardiaco.
- Reacción a la transfusión de sangre.

[65] Organización Mundial de la Salud (OMS), "Reproductive Health, A Key to a Brighter Future", junio de 1992.

[66] Hatcher y otros, *Contraceptive Technology*, p. 451.

Entre 36 y 53 millones de bebés mueren por aborto quirúrgico cada año en el mundo

En América esto equivale a eliminar a toda la población de América central entera y de Venezuela

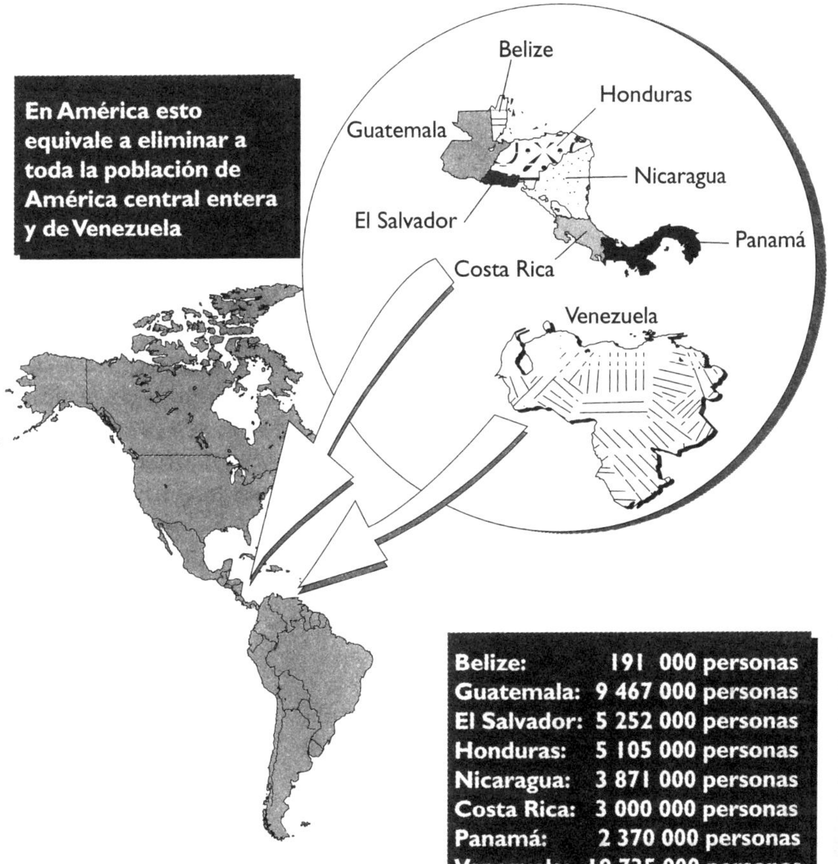

Belize:	**191 000 personas**
Guatemala:	**9 467 000 personas**
El Salvador:	**5 252 000 personas**
Honduras:	**5 105 000 personas**
Nicaragua:	**3 871 000 personas**
Costa Rica:	**3 000 000 personas**
Panamá:	**2 370 000 personas**
Venezuela:	**19 735 000 personas**

FUENTE: Almanaque *Whitakers* 1993, Whitakers & Sons, Ltd-*U. N. Demographic Year Book*, Londres, 1991

Figura 15.18

- Laparatomía (corte quirúrgico de la pared abdominal).
- Histerectomía.
- Retención de restos fetales.
- Mucho mayor riesgo de desarrollar un cáncer de mama.[67]
- Muerte de la madre.

Una mujer de Maryland, Susanne Logan, ganó 2.6 millones de dólares en el pleito contra su clínica local por un aborto realizado en malas condiciones, pero murió en diciembre de 1992.[68] En la misma época, DaNette Ferguson, de 19 años de edad, murió durante un aborto voluntario en Arizona. Estas mujeres son sólo dos de las víctimas de los que apoyan el llamado "aborto seguro y legal".

Aborto temprano: *RU-486*

También conocida como la "píldora abortiva", la RU-486 conlleva un régimen molesto y caro de cuatro etapas que incluyen la toma de varios medicamentos muy fuertes y al menos cuatro visitas al abortista.

Janice Raymond, autoproclamada "feminista" y directora asociada del Instituto de la Mujer y de la Tecnología, del Instituto tecnológico de Massachussets, dice: "Las peticiones de que el aborto por RU-486 sea privado y se «desmedicalice» se contradicen por el número de visitas médicas y el inmenso cóctel de fármacos a los que la mujer puede tener que someterse."[69]

Al impedir la acción de la progesterona en el útero, la RU-486 funciona como abortiva durante las primeras ocho a 10 semanas después de la concepción. La RU-486 se usa con prostaglandinas (misoprostol) para aumentar su efecto letal.

Complicaciones:

- Náuseas.
- Vómito.
- Diarrea.
- Sangrados severos y a veces prolongados (en algunas mujeres, incluso dos meses después de haber abandonado su uso).[70]

[67] Las mujeres que abortan en su primer embarazo duplican su riesgo de tener cáncer de mama. *The Deadly After-Effect of Abortion-Breast Cancer,* folleto publicado por Hayes Publishing Co., Cincinnati, Ohio.

[68] "Botched-Abortion Victim Dies in Baltimore", en *The Washington Times,* 2 de diciembre de 1992, p. B2.

[69] Susan Ince, "The Trouble with RU-468", en *Vogue,* julio de 1991, p. 88.

[70] "En un reciente estudio clínico en Gran Bretaña, 588 mujeres abortaron con la RU-486 combinada con prostaglandinas. Cinco mujeres sangraron tanto que requirieron transfusiones de sangre, 166 necesitaron narcóticos para aliviar el dolor [...] 35 fracasaron en su intento de aborto y tuvieron que sufrir una intervención quirúrgica. Y, después, todas ellas padecieron, de media, más de 20 días fuertes sangrados." Georges Grant, *The Quick and the Dead: RU-486 and the New Chemical Warfare Against Your Family,* Good News Publishers, Whetaon, Illinois, 1991, p. 50. Cita el número de agosto de 1991 del *American Druggist.*

Entre 36 y 53 millones de bebés mueren por aborto cada año en el mundo

FUENTE: Instituto Nacional de Estadística, *Portugal en números, 1996,* datos estimativos para el año 1994. Para España, *Rectificación Padronal Municipal de Habitantes, 1994.*

Figura 15.19

- Fracaso en la expulsión del bebé (esto ocurre en uno de cada 20 casos, por lo que se busca otro método para abortar).[71]
- Choque cardiovascular.
- Muerte de la madre.[72]

Aborto tardío: *inyección salina*

Después de las 16 semanas, el bebé (feto) es demasiado grande para que le maten por los procedimientos antes mencionados, por lo que los abortistas recurren a la inyección salina (envenenamiento con sal). Es importante señalar que desde las 11 semanas de gestación todos los órganos del bebé están formados y funcionando. A las 16 semanas, los ecografistas han captado a niños no nacidos dando patadas y nadando, incluso chupándose el pulgar. Es terrible: según los Centros de Prevención y Control de la Enfermedad de Estados Unidos, más de 77 000 bebés son abortados en ese país cada año, a esta edad y aun mayores.

En un aborto salino, el abortista inserta una larga aguja a través del abdomen de la madre, extrae parte del líquido amniótico que protege al bebé y sustituye esa cantidad con una solución salina (sal) que envenena al bebé en cuanto la traga, y quema su piel. La madre se pone en posición de parto y da a luz un niño muerto.

Complicaciones:

- Hemorragias transplacentarias.
- Reacciones a la anestesia.
- Hipernatremia (aumento del contenido de sal en sangre).
- Edema (hinchazón) cerebral.
- Convulsiones.
- Coma.
- Fallo hepático.
- Fallo cardiaco.
- Fracaso en la expulsión del feto muerto.
- El bebé nace vivo pero con gravísimas quemaduras. (En 1990, Trashila Nicole Gillespie, de 17 años de edad, demandó a una clínica abortista de Nashville después de que la práctica fallara y diera a luz prematuramente a una niña de 26 semanas de gestación.)[73]

El aborto por inyección de prostaglandinas (potentes hormonas que inducen a un parto violento y a un nacimiento prematuro) es similar al sali-

[71] Grant, *Quick and the Dead*, p. 53.

[72] *Ibid.*, p. 51. Cuando se informó sobre las primeras muertes maternas en 1991, el Ministerio de Sanidad francés creó nuevas leyes, más estrictas, para el uso de la RU-486.

[73] "Abortion Clinic Sued after Teen Has Baby", en *The Washington Times*, 12 de enero de 1990.

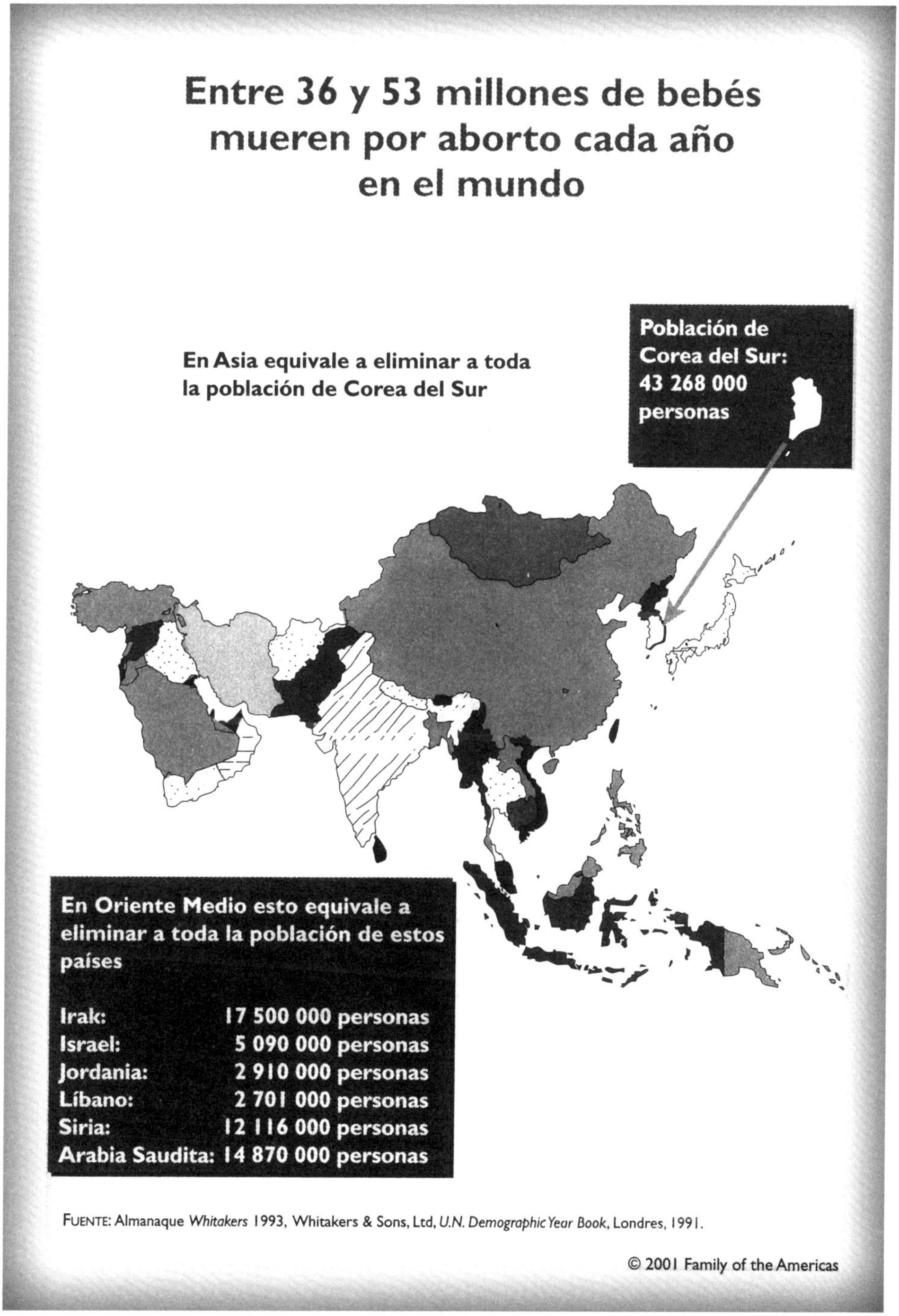
Entre 36 y 53 millones de bebés mueren por aborto cada año en el mundo
En Asia equivale a eliminar a toda la población de Corea del Sur
Población de Corea del Sur: 43 268 000 personas
En Oriente Medio esto equivale a eliminar a toda la población de estos países
Irak: 17 500 000 personas
Israel: 5 090 000 personas
Jordania: 2 910 000 personas
Líbano: 2 701 000 personas
Siria: 12 116 000 personas
Arabia Saudita: 14 870 000 personas
FUENTE: Almanaque Whitakers 1993, Whitakers & Sons, Ltd, U.N. Demographic Year Book, Londres, 1991.
© 2001 Family of the Americas

Figura 15.20

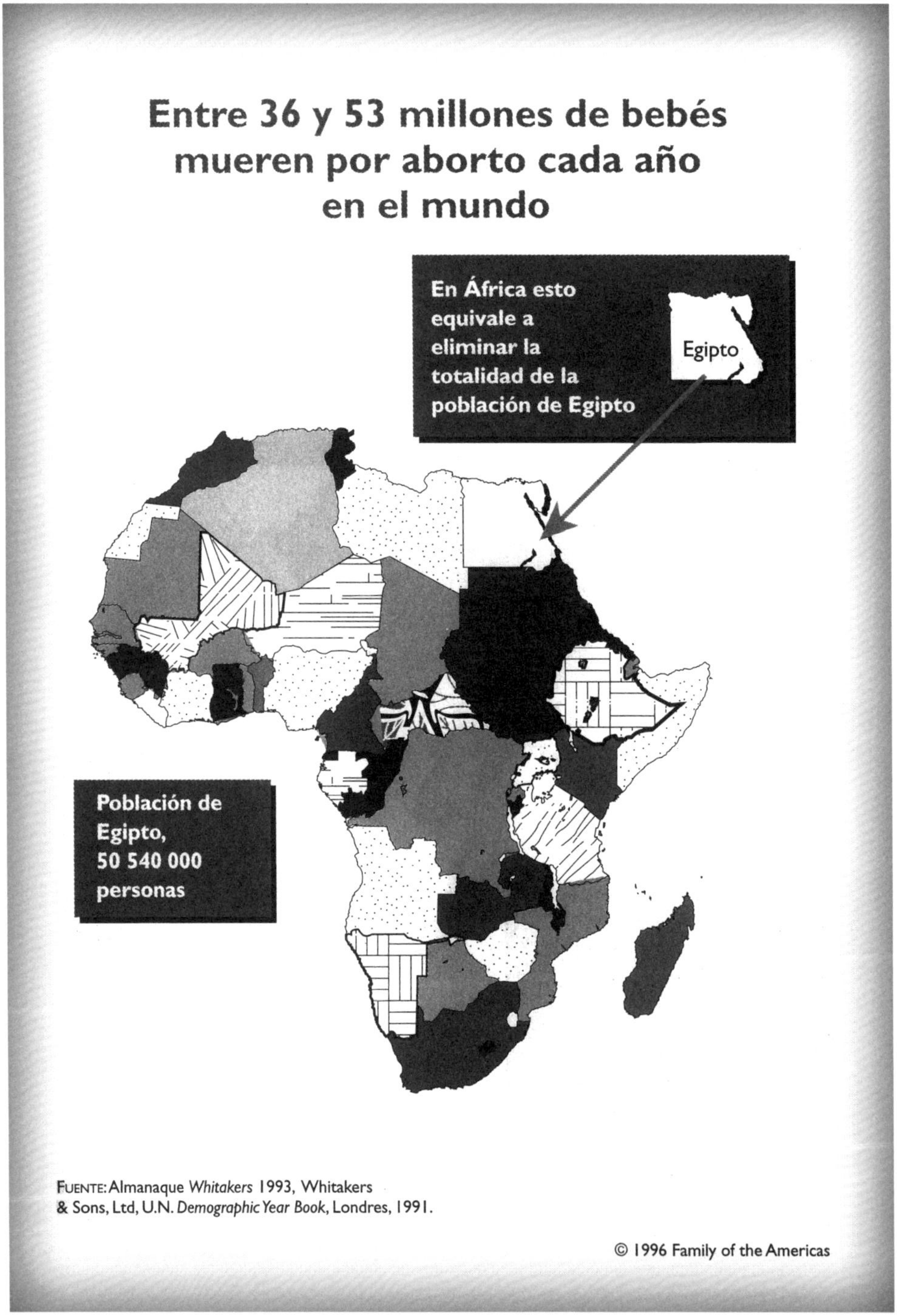
Entre 36 y 53 millones de bebés
mueren por aborto cada año
en el mundo
En África esto
equivale a
eliminar la
totalidad de la
población de Egipto
Egipto
Población de
Egipto,
50 540 000
personas
FUENTE: Almanaque Whitakers 1993, Whitakers
& Sons, Ltd, U.N. Demographic Year Book, Londres, 1991.
© 1996 Family of the Americas

Figura 15.21

no. El abortista puede inyectar toxinas para matar el bebé primero. "Las clínicas están practicando un porcentaje en aumento de abortos provocados durante el segundo trimestre [*de gestación*] por medio de una combinación de los métodos que acabamos de describir."[74]

Aborto tardío: *histerotomía*

Parecido a la intervención por cesárea, esta nueva forma de aborto supone la extirpación del bebé del útero. Después se mata al niño o se deja morir.

Complicaciones:

- Hemorragias.
- Recreación a la transfusión de sangre.
- Reacción a la anestesia.
- Histerectomía.
- Alta tasa de mortalidad de las madres.

Aborto tardío: *aborto provocado por prostaglandinas*

Como ya hemos mencionado en los párrafos sobre el aborto por inyección salina y sobre la RU-486, la prostaglandina es una hormona muy potente que provoca violentas contracciones del útero y la consecuente expulsión del bebé.

Complicaciones:

- Retención de tejidos fetales en el útero
- Rehospitalización para intervención quirúrgica.
- Septicemia (infección generalizada).
- Enfermedad inflamatoria de la pelvis.
- Peritonitis.
- Fallo de coagulación de la sangre.
- Sangrados.
- Riesgos propios de una anestesia general, como el absceso pulmonar (aspiración de vómito durante la anestesia).
- Trombosis en las venas profundas.
- Síndrome posabortivo.
- Muerte de la madre.

[74] Hatcher y otros, *Contraceptive Technology*, p. 453.

Aborto tardío: *dilatación y extracción*

Método desarrollado por un abortista que señala que la "mayoría de los cirujanos encuentran difícil el desmembramiento [*fetal*] a las 20 semanas, o más, debido al espesor de los tejidos fetales en esta etapa". Esta técnica de la dilatación y extracción requiere que la cérvix de la madre se dilate y que la placenta (la bolsa con el líquido) se rompa. El ayudante del abortista utiliza entonces los ultrasonidos para escanear el abdomen de la madre y localizar las extremidades bajas del niño no nacido. Utilizando los fórceps (pinzas de extracción), el abortista tira de las piernas del bebé, vagina abajo. El abortista emplea sus manos para tirar de los brazos y de los hombros del feto y dar la vuelta al bebé sobre su estómago. La cabeza del bebé, demasiado ancha para pasar, queda atrapada en la cérvix. Con unas tijeras afiladas y curvas el abortista sigue la espina dorsal del feto hasta la base del cráneo. "Habiendo clavado las tijeras en la base del cráneo, abre las tijeras para ensanchar la apertura. Entonces retira las tijeras e introduce un catéter de succión en el agujero y evacua el contenido del cráneo." Una vez que el cráneo ha sido vaciado se aplasta con más facilidad, permitiendo que el cuerpo del bebé sea retirado por completo del de su madre. Este es el procedimiento tal como lo describe el abortista de Ohio Martin Haskell, quien proclama haber practicado más de 700 procedimientos en sus dos clínicas.[75] Sólo en Ohio se practican cerca de 200 de estos procedimientos al año.

EFECTOS DEL ABORTO EN LOS EMBARAZOS POSTERIORES[76]

1. Posible esterilidad.
2. Más probabilidad de tener un aborto espontáneo (50 %).
3. Más probabilidad de tener un embarazo ectópico (200 %).
   Todas las formas de aborto pueden conllevar la aceptación o, por el contrario, una reacción ante la participación en la mujer del propio hijo. Esto se puede manifestar como una depresión severa y prolongada, aflicción, sentido de pérdida (algunas veces durante años).
4. Incremento en la posibilidad de tener hijos con retrasos mentales (40 %).
5. Partos prolongados.
6. Rasgadura de la cicatriz uterina (después de una histerectomía).
7. Desarrollo de anticuerpos Rh en madres con Rh negativo.
8. Incompetencia de la cérvix (después de abortos tempranos) dando como resultado la pérdida del bebé.

[75] Doctor Martin Haskell, documento presentado en *National Abortion Federation Risk Management Seminar,* Dallas, Texas, 13 de diciembre de 1992. Algunos estados, incluyendo Ohio, y al menos uno de los representantes del Congreso de Estados Unidos, han hecho un borrador de ley que, de aprobarse y aplicarse, prohibirían estos nacimientos-matanzas.

[76] Ada B. Ryan, "Complications of Abortion". Este artículo, publicado en *A. L. L. About Issues,* febrero de 1982, recopila y resume otros artículos y bibliografía adicional sobre este tema.

Etapas del desarrollo del pecho femenino (lóbulos)

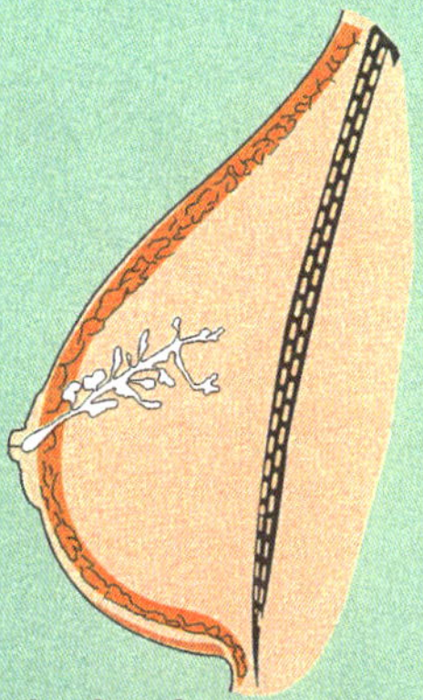

Lóbulo tipo 1
El más indiferenciado.
Predomina en el pecho inmaduro de las mujeres antes de la menarquía.

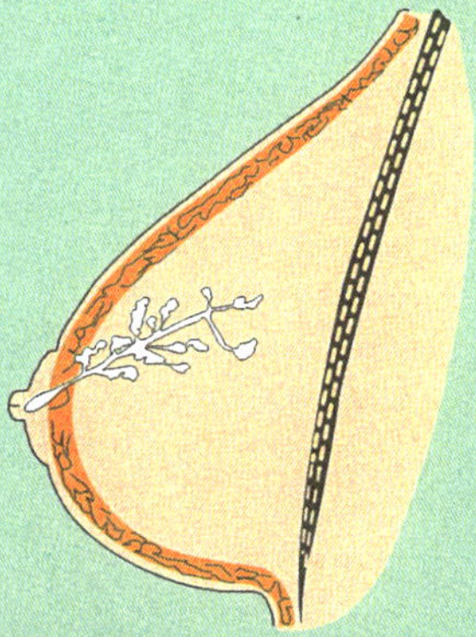

Lóbulo tipo 2
Evoluciona a partir del tipo 1 y es estrictamente más complejo.

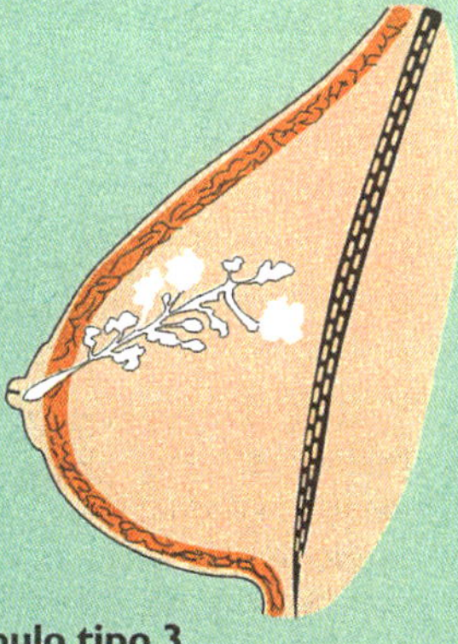

Lóbulo tipo 3
Con frecuencia se ve en el pecho de las mujeres embarazadas y está mucho más especializado.

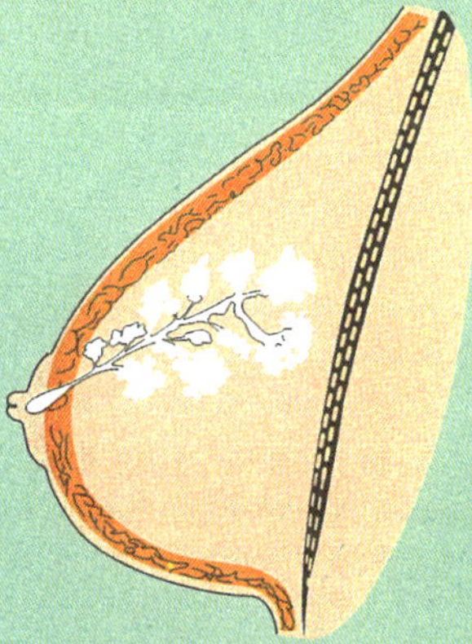

Lóbulo tipo 4
Es el más diferenciado y está presente en el pecho de las madres lactantes.

FUENTE: "Cancer, Epidemiology, Biomakers and Prevention", en *Toward a Physiological Approach to Breast Cancer Prevention,* junio de 1994, vol. 3, pp. 353-364.

Figura 15.22

Anatomía del pecho adulto femenino

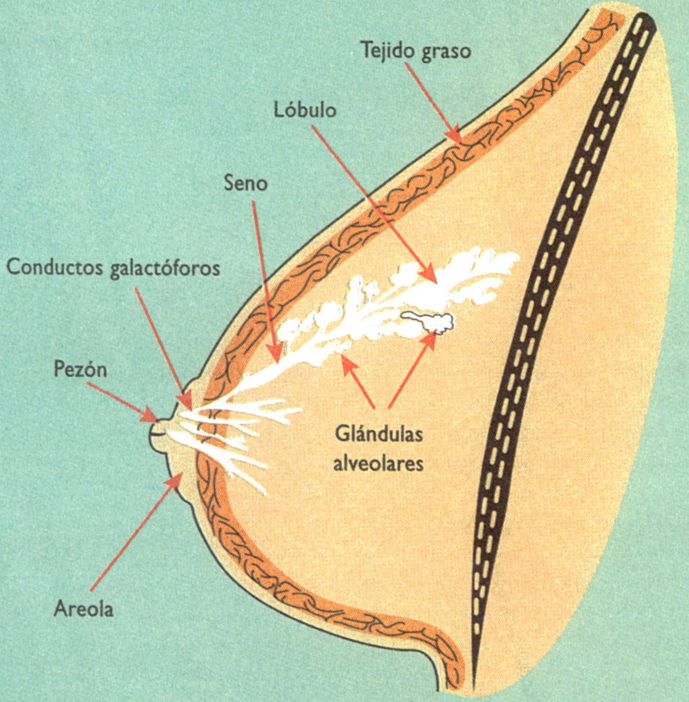

La fisiología del pecho humano ha sido uno de los grandes rompecabezas biológicos. Se debe principalmente al hecho de que la composición o constitución de la glándula mamaria cambia varias veces durante el desarrollo de una mujer de niña a adulta. Ningún otro órgano presenta estos cambios drásticos en tamaño, forma y función, como ocurre en el pecho durante el crecimiento, pubertad, ciclos menstruales, embarazo y lactancia.

FUENTE: "Cancer, Epidemiology, Biomakers and Prevention", en *Toward a Physiological Approach to Breast Cancer Prevention*, vol. 3, junio de 1994, pp. 353-364.

Figura 15.23

Ciclo de vida del pecho de una mujer con hijos

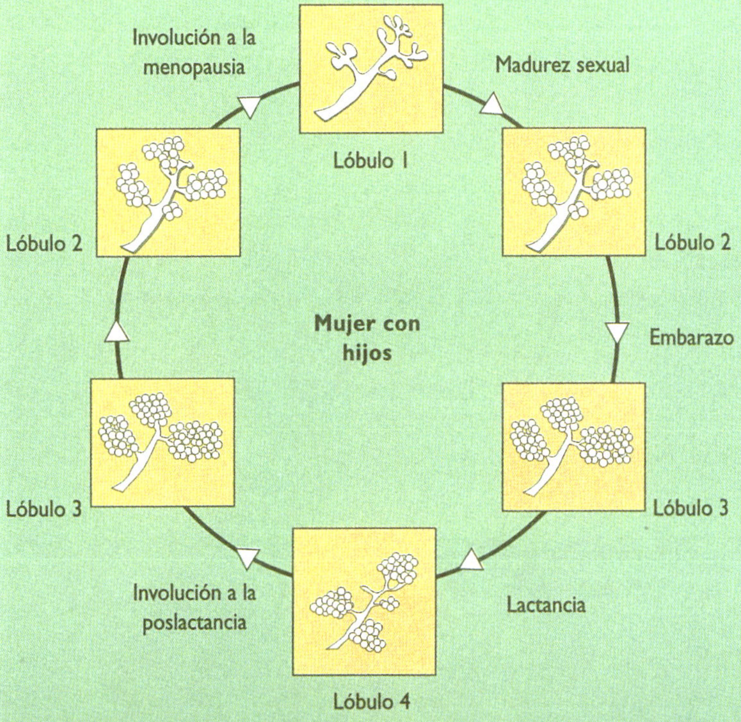

El pecho atraviesa un ciclo completo de desarrollo a través de la formación de lóbulos de tipo 1 a 4 (con el embarazo y la lactancia) que más tarde retrocede, o involuciona, a los lóbulos tipo 2 y 1. Los pasos en el desarrollo son: *a*) de lóbulo 1 a 2, crecimiento de células inmaduras; *b*) de embarazo a lóbulo 4, diferenciación; *c*) de lóbulo 4 a 2 (retroceso), las células productoras de leche mueren. (Las células que el cuerpo produce para la lactancia durante el embarazo mueren cuando ya no son necesarias. Algunas células precancerígenas mueren de forma natural durante la involución.)

FUENTE: "Cancer, Epidemiology, Biomakers and Prevention", en *Toward a Physiological Approach to Breast Cancer Prevention*, junio de 1994, vol. 3, pp. 353-364.

Figura 15.24

Ciclo de vida del pecho de una mujer sin hijos

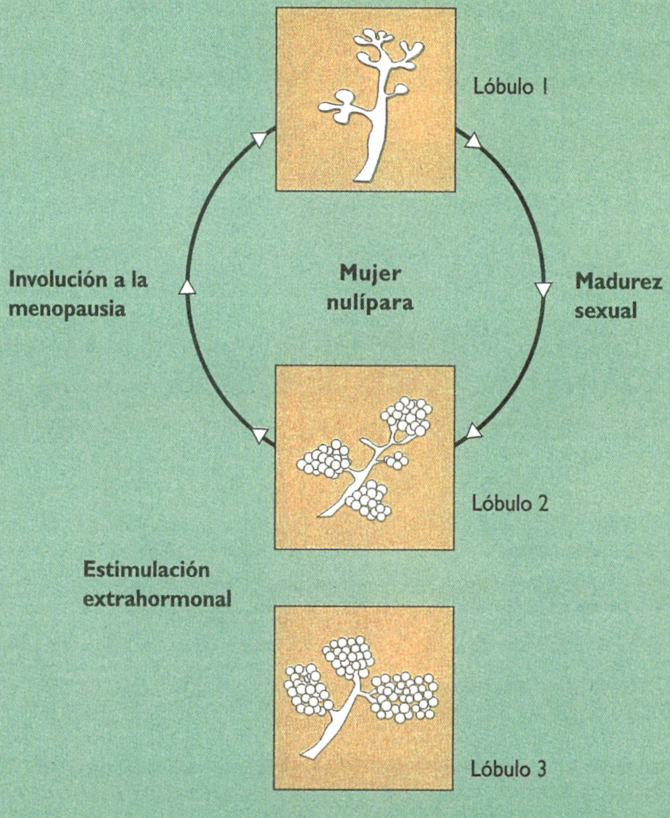

El pecho está básicamente compuesto por lóbulos de tipo 1 con algunas progresiones al tipo 2. El lóbulo de tipo 2 es donde el pecho atraviesa el mayor desarrollo y el riesgo de cáncer es mayor. Sólo hay una formación mínima de lóbulos de tipo 3 durante la madurez sexual, que regresa (involuciona) al lóbulo tipo 1 con la menopausia.

FUENTE: "Cancer, Epidemiology, Biomakers and Prevention", en *Toward a Physiological Approach to Breast Cancer Prevention*, junio de 1994, vol. 3, pp. 353-364.

Figura 15.25

Abortos según demanda: provisión de carne humana para investigaciones sobre los tejidos fetales

Aunque pueda parecer espantoso, algunos miembros de la comunidad científica están ansiosos por aprovecharse de la muerte de los bebés no nacidos.

En uno de sus primeros actos oficiales, el presidente de Estados Unidos, Bill Clinton, levantó la prohibición del Gobierno Federal que impedía los experimentos científicos con tejidos obtenidos de los bebés muertos por aborto provocado. Estos experimentos se han fomentado por peticiones que afirman que inyectar células fetales en el cerebro de las personas que sufren la enfermedad de Parkinson les ha ayudado a aliviar los síntomas de los pacientes. Según una carta escrita por la profesora Linda Gourash:

> *Archives of Neurology* de 1989 publicó una detalladísima descripción de este procedimiento, resumiendo: se succiona de manera selectiva el cerebro del niño no nacido por medio de un tubo insertado en el útero de su madre para asegurar que las células fetales vivas se recolectan en buenas condiciones de trasplante. El proceso mata al feto, que es abortado.[77]

Hace poco escuchamos noticias de Edimburgo, Escocia, donde los investigadores están trabajando para perfeccionar un proceso por el que los óvulos de las hembras abortadas podrían implantarse en mujeres vivas para ayudarlas a quedar embarazadas.

En una editorial de *The Catholic World Report*, Philip F. Lawler escribe:

> Los investigadores, que han separado el vínculo entre el proceso de reproducción y el acto de amor conyugal, están ahora intentando laboriosamente ensamblar su propia secuencia artificial de causas y efectos. E igual que un niño ante un rompecabezas muy complicado, no logran juntar las piezas de la forma correcta.
>
> En la pasada década, los científicos dieron pasos de gigante para entender el proceso de la reproducción humana; (*sin embargo desde entonces*) la incidencia de la esterilidad ha alcanzado niveles sin precedentes. Se enseñó a los más jóvenes, desde sus más tempranos días escolares, cómo evitar las enfermedades de trasmisión sexual; desde entonces las epidemias de estas enfermedades están arrasando nuestra sociedad. Los farmacéuticos ofrecen un desconcertante batallón de dispositivos para evitar la concepción; sin embargo los embarazos "no planificados" se incrementan sin control. Y ahora estos buenos doctores de Edimburgo ofrecen la golosa promesa de que, siendo los carniceros de los niños no nacidos en el útero, ¡podemos extraer vida saludable de sus cadáveres desmembrados![78]

[77] Linda Gourash, "Cartas", en *The Washington Post,* 31 de mayo de 1991, p. A18.

[78] Philip F. Lawler, "Poverty of Love, Poverty of Logic: The moral bankruptcy of bioengineering is matched by the ethical reasoning that supports it", en *The Catholic World Report,* febrero de 1994, p. 1.

Presumiblemente, como con otros usos de tejidos fetales, estos óvulos tendrán que ser recolectados cuando el bebé que va a ser abortado está todavía vivo.

Lawler continúa:

> Durante milenios, se ha esperado que los procesos de embarazo fluyesen naturalmente de un acto de amor. Y allí estaba ese proceso natural que normalmente funcionaba sin defectos, sin ninguna intervención mágica. Oh, siempre han existido personas que buscan evitar el proceso; los "magos" trabajaban incluso en los días del antiguo Israel. Pero hasta este nuestro buen siglo, sus actividades eran generalmente reconocidas como perversiones.
>
> A través de todos esos milenios, una mujer joven sabía que ella podía llevar un hijo si hacía un acto amoroso de autodonación. Para las mujeres que siguen la moda de hoy día, el embarazo conlleva dos cuidadosos cálculos: la decisión de abstenerse de contraceptivos y, después, la decisión de renunciar al aborto. Y para un número en aumento de mujeres –gracias a la ciencia moderna– el embarazo puede ocurrir sin esa autorrendición. Un niño nacido hoy no tiene garantía de que su vida empezara con un acto de amor.
>
> Si la vida es un regalo, ¿cómo podemos arrebatársela a un bebé niña que ha sido abortada para empezar así todo el proceso? Si, en efecto, cada nacimiento se justifica por sí mismo, ¿deberíamos producir tantos niños como fuera posible, por todos los medios disponibles a nuestro alcance, sean buenos o terribles? Si un acto puede justificarse simplemente porque trae felicidad a alguien, ¿queda algún límite moral inviolado?[79]

Como dice otro observador, "el sentido común nos dice que los tejidos muertos no son útiles para el trasplante humano. ¿Han oído alguna vez que alguien toma el hígado, u otro órgano, trasplantándolo de un cadáver? No, los tejidos para el trasplante deben estar vivos [...] los doctores deben extraer el tejido vivo, lo que tortura y mata al niño [*no nacido*]".[80]

¿Cómo puede algún científico racionalizar tales actos macabros? Increíblemente, algunos lo intentan. "El aborto es una tragedia", dice uno de los investigadores en trasplantes, "pero mientras ocurra, creo que es inmoral dejar que los tejidos y los materiales se echen a perder".[81] Sorprendentemente la profesora de universidad "feminista", autoproclamada "proabortista", Janice Raymond, de la Universidad de Massachussets y del MIT, se halla entre las que respaldan las advertencias de Bopp y Burtchaell de que los trasplantes fetales aumentarían los abortos y, añade, harán de las mujeres meras fábricas para los

[79] *Ibid.*

[80] Kate Wolf, "Fetal Tissues Research", página de noticias de AAA *Women for Choice,* Manassas, Virginia.

[81] El doctor Eugene Redmond, Jr., director del laboratorio de comportamiento neuronal de la escuela médica de Yale, en el *New Yorks Times,* 15 de marzo de 1988, citado por James Boop, Jr., y James T. Burtchaell en " Fetal Tissue Transplation: The Fetus as a Medical Commodity". Declaración de desacuerdo ante el informe del *Human Fetal Tissue Transplantation Research Panel of the National Institutes of Health,* diciembre de 1988.

experimentos médicos: "Las mujeres se convierten en fuentes cuyo cuerpo es minado en nombre del oro científico [...]"[82]

Introducción al estudio del Instituto Nacional del Cáncer sobre el riesgo de cáncer de mama en las mujeres menores de 45 años que han sufrido aborto(s) provocado(s).

El pecho es là localización más frecuente de tumores malignos en la población femenina. El cáncer de mama es el segundo en mortalidad (muerte por cáncer en las mujeres). El riesgo de una mujer de tener cáncer de mama está influenciado por su historial reproductor.

Los investigadores del Fred Hutchinson Cancer Center de Seattle descubrieron que las mujeres que han estado embarazadas al menos una vez y que han tenido un aborto, se enfrentan a un 50 % de mayor riesgo de desarrollar un cáncer de mama que aquellas que jamás han tenido abortos. El riesgo era mayor entre las que tuvieron abortos antes de los 18 o después de los 30. En esos dos grupos, el riesgo de cáncer de mama aumenta si el aborto tiene lugar entre las ocho y 12 semanas de embarazo. La teoría de este estudio es que el vínculo entre el cáncer de mama y el aborto provocado se debe a la diferenciación de las estructuras lobulares del pecho.

La glándula mamaria parece ser el único órgano que no está totalmente desarrollado al nacer. Cambia drásticamente de tamaño, forma y función como respuesta al crecimiento, la pubertad, el embarazo y la lactancia.

Se sabe que las mujeres con un historial de embarazos tempranos y completos tienen menos riesgo de desarrollar cáncer de mama que aquellas que nunca han tenido hijos. Se otorga a la diferencia de estructura del pecho este efecto protector porque los carcinomas se originan en células indiferenciadas (lóbulo tipo 1, y en ocasiones, tipo 2). Cuando el embarazo se termina con un aborto, la diferenciación de la célula no tiene lugar, incrementando por ello el número de células susceptibles de ser agentes causantes de cáncer. Cuando el aborto tiene lugar antes del segundo trimestre, las células no han evolucionado todavía al estadio del lóbulo 3. Los lóbulos indiferenciados 1 y 2 predominan, incrementando la posibilidad de tumores.

FUENTE: Journal of the National Cancer Institute, 86, núm 21, 2 de noviembre de1994.
The Houston Chronicle, 26 de octubre de 1994, p. 10 A, Tom Paulson, Seattle Post-Intelligence.

[82] Profesora Janice Raymond del MIT, testimonio ante el subcomité del Congreso para temas de investigación en trasplante de tejidos, 1991, como informa *The Washington Times*, 6 de enero de 1992. Para más lectura adicional sobre trasplantes de tejidos fetales humanos, *véase* "Cures from Womb", en *Newsweek*, 22 de febrero de 1993.

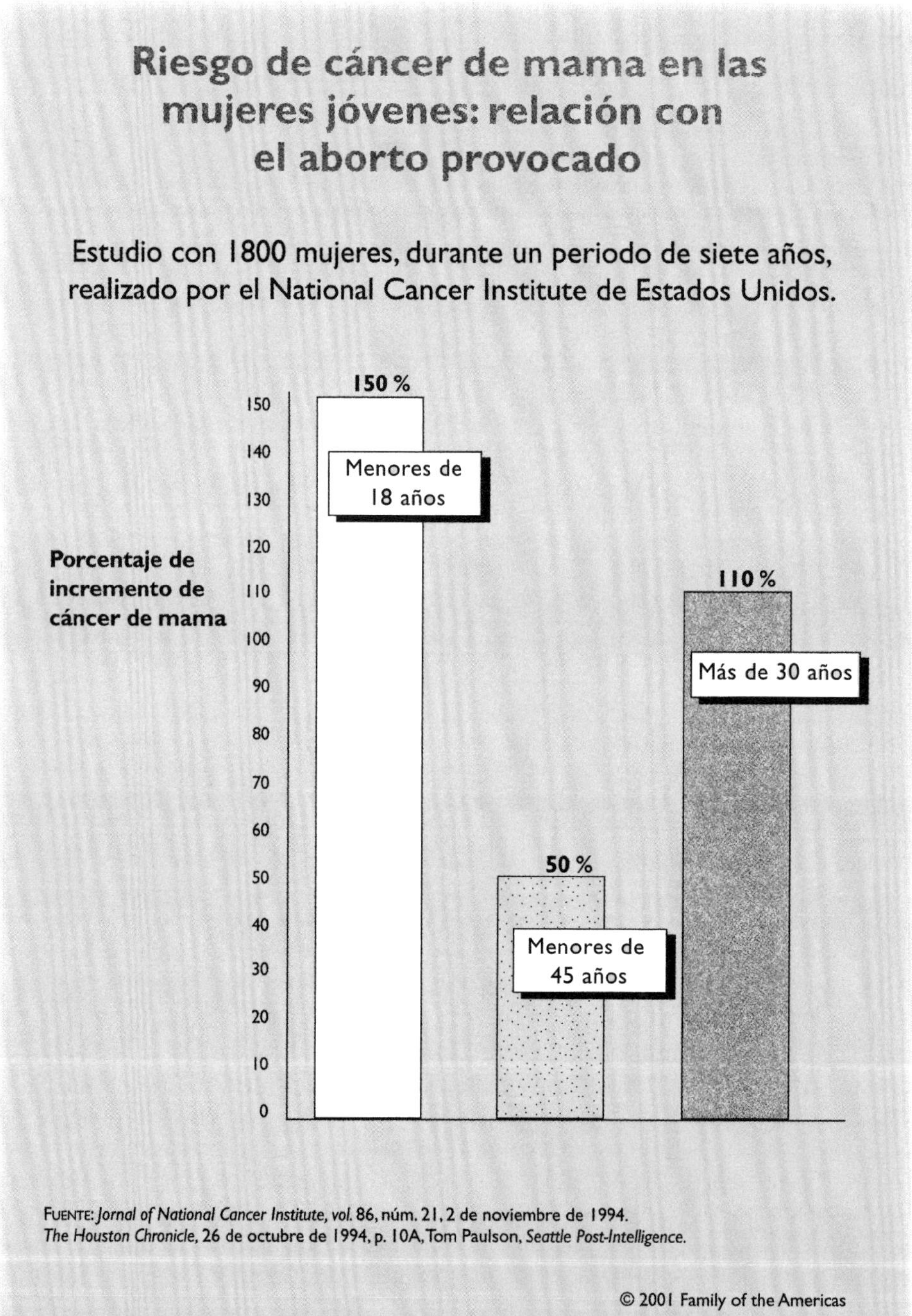
Riesgo de cáncer de mama en las mujeres jóvenes: relación con el aborto provocado
Estudio con 1800 mujeres, durante un periodo de siete años, realizado por el National Cancer Institute de Estados Unidos.
Porcentaje de incremento de cáncer de mama
150
140
130
120
110
100
90
80
70
60
50
40
30
20
10
0
150 %
Menores de 18 años
50 %
Menores de 45 años
110 %
Más de 30 años
FUENTE: Jornal of National Cancer Institute, vol. 86, núm. 21, 2 de noviembre de 1994.
The Houston Chronicle, 26 de octubre de 1994, p. 10A, Tom Paulson, Seattle Post-Intelligence.
© 2001 Family of the Americas

Figura 15.26

Los análisis más extensos, prominentes y meticulosos en la literatura médica sobre el riesgo de contraer cáncer de mama por un aborto inducido fueron documentados por Brind Chinchilli, Severs and Summy-Long en 1996. Estos investigadores reportaron un sostenido aumento de 50 % en mujeres que han practicado un aborto inducido antes de tener un embarazo que haya llegado a su término de nueve meses y 30 % de aumento de riesgo en mujeres que han practicado un aborto inducido después de tener un embarazo que llegó a su término de nueve meses.[83]

[83]"Breast Cancer" en *Its link TO Abortion and the Birht Control Pill.*

16 Enfermedades de trasmisión sexual infecciones y SIDA: La mentira del "sexo seguro"

Ninguna cultura perdura para siempre: de aquellas que han desaparecido[...] muchas han sido por decadencia interna.

RUSSELL KIRK
America's British Culture

Además de conocer la verdad sobre las devastadoras consecuencias del aborto y la contracepción artificial, nuestros hijos deben estar alertados sobre las peligrosas enfermedades infecciosas que se pueden trasmitir a través del contacto sexual. Muchas de estas enfermedades han alcanzado niveles de epidemia. Las infecciones de trasmisión sexual (también llamadas infecciones o enfermedades venéreas) incluyen algunas conocidas desde hace muchos años como la gonorrea o la sífilis. Pero, hoy día, también son frecuentes enfermedades insidiosas como el síndrome de inmunodeficiencia adquirida (SIDA) y el herpes genital. "Hace 30 años clínicamente existían sólo cinco enfermedades aparentemente venéreas. Hoy hay más de 50 enfermedades infecciosas causadas al menos por 20 organismos o virus que se trasmiten sexualmente a la pareja durante las relaciones y a los bebés durante el embarazo o el parto."[1]

Obviamente, cuanto más promiscua sea una persona (cuantas más parejas sexuales tenga), mayor riesgo de contraer una o más formas de enfermedad venérea. La incidencia en las personas jóvenes es particularmente trágica. Las enfermedades de trasmisión sexual (ETS) afectan anualmente a cerca de 8 millones de jóvenes estadounidenses. De hecho, como ya hemos visto en este libro, cerca de 66 % de todos los casos de ETS ocurren entre personas menores de 25 años. Según los Centers for Disease Control and Prevention de Estados Unidos, en 1992 se reportaron más de 50 000 casos de jóvenes estadounidenses entre los 13 y los 29 años de edad que padecían SIDA.[2]

[1] Robert G. Marshall y Charles A. Donovan, *Blessed are the Barren*, Ignatius Press, San Francisco, p. 313.

[2] U.S. Centers for Disease Control, "HIV/AIDS Surveillance Reports", vol. 5, núm. 1, mayo de 1993. Se pueden considerar las actuales epidemias de SIDA y de enfermedades de trasmisión sexual como el "doble peligro" del comportamiento sexual temprano/promiscuo: "Según la Organización Mundial de la Salud, las enfermedades que, como la gonorrea, el herpes genital, la sífilis y otras enfermedades de trasmisión sexual, debilitan las defensas de inmunización y provocan lesiones ulcerosas en los genitales, incrementan las probabilidades de infección con el virus del SIDA en 300 %." Mariano Yee Meglar, "AIDS – Reality and Prevention", en *Siglo Veintiuno*, Guatemala, 9 de diciembre de 1992.

Las consecuencias de las enfermedades trasmitidas sexualmente son desastrosas, particularmente para las mujeres. Muchas ETS pueden provocar daños irreparables en el sistema reproductor.[3]

Es más, no hay cura para el SIDA y la enfermedad es siempre fatal.

¡Atención! Las ETS son contagiosas incluso cuando no se perciben síntomas externos y muchas nuevas de ETS son resistentes al tratamiento. Es más, los adolescentes son más susceptibles de verse afectados por las ETS porque tienen, de media, un menor nivel de anticuerpos que los adultos.

Además de amenazar el bienestar físico de hombres y mujeres, las enfermedades de trasmisión sexual también infligen un gran daño emocional y psicológico, incluyendo la pérdida del autorrespeto y el aislamiento de los demás. El costo para las naciones, en términos de productividad perdida y gastos en cuidados sanitarios, son asombrosos, de miles de millones de dólares cada año.

Obviamente se necesita dinero para investigar sobre el SIDA y otras enfermedades infecciosas. (El total del dinero necesario está, naturalmente, sujeto a debate, pero el hecho es que en 1991 se gastaron más de 4300 millones de dólares en investigación sobre el SIDA sólo en Estados Unidos, 10 veces más por paciente de lo que se gastó en cáncer.)[4] Sin embargo, las epidemias de SIDA y de otras enfermedades de trasmisión sexual no serán jamás vencidas únicamente con la investigación. La sociedad en su conjunto *debe* regresar a altos estándares de moralidad sexual. Las leyes naturales no sólo se ocupan del orden y la belleza asombrosos de nuestro universo, sino que también nos protegen del daño físico, emocional y espiritual. La actividad sexual temprana, el sexo con múltiples parejas, la práctica de la sodomía, etc., son actividades junto con otras, que violan la Ley Natural (que los fundadores de Estados Unidos respetuosamente denominaron "las leyes de la naturaleza y de la naturaleza de Dios") y amenazan a las personas, a las familias, a las naciones y a las generaciones venideras. Como se apuntó en el capítulo 2, no es verdad que la gente sea libre de hacer lo que quiera en privado en su casa, en la medida en que su comportamiento "no visto" no afecte a los demás. La actividad sexual ilícita o el consumo de drogas son comportamientos que minan la dignidad y el autocontrol de los individuos que se ven envueltos en ellas, y cuando este comportamiento lleva a la trasmisión del VIH, o de otra infección de trasmisión sexual, los contribuyentes terminan con frecuencia compartiendo la factura a través de unos costos sanitarios más caros. El doctor Siegfried Ernst añade:

> Hay una cosa que debería quedar clara incluso para la persona más simple: carece de sentido proclamar la ausencia de (*todo*) estándar para gobernar las

[3] Según la Organización Mundial de la Salud, hay más de 60 millones de parejas no fértiles alrededor del mundo. Teniendo en cuenta el efecto devastador que el aborto, las ETS y los medios artificiales de control de la natalidad han provocado en la salud reproductora de la mujer, no es sorprendente que las tasas de fertilidad del mundo hayan caído de manera dramática en los últimos años.

[4] Comunicado de Prensa de la Casa Blanca, 19 de agosto de 1992, texto del discurso del presidente Bush en la comida del Republican National Committee, Houston, Texas.

relaciones humanas más íntimas y cercanas –entre hombre y mujer, y también entre padres e hijos– y solicitar al mismo tiempo normas de comportamiento fijas para los mayores organismos sociales o, de hecho, "justicia" absoluta entre personas, clases y razas. A pesar de las marchas por la paz de los congresos por la paz, la paz seguirá siendo una ilusión completa hasta que pongamos fin a la guerra entre el hombre y la mujer y contra los niños, una guerra que es consecuencia de la revolución sexual.[5]

SIDA (SÍNDROME DE INMUNODEFICIENCIA ADQUIRIDA)

HECHOS

1. Originado por el virus de la inmunodeficiencia humana (VIH), presente en los fluidos corporales incluyendo la sangre, el semen y el flujo vaginal.
2. Los grupos de alto riesgo son los hombres homosexuales (al principio cerca de 73 % de todos los casos aparecieron entre hombres *gay*; el VIH se trasmitía esencialmente por sodomía), hoy día, un porcentaje del aumento de casos es resultado de las inyecciones intravenosas (los drogadictos comparten agujas). También se puede contraer vía una relación heterosexual con un individuo infectado; y, más raramente, a través de transfusiones de sangre infectada o bebés nacidos de una madre infectada.
3. El VIH se trasmite sobre todo a través de personas que no presentan ningún síntoma externo (antes de que el SIDA se desarrolle por completo). Las personas infectadas pueden no presentar síntomas hasta durante 10 años, lapso en el que se pueden sentir bien y exhibir escasa presencia del virus en sangre, planteando por ello el riesgo de expandir la enfermedad, sin saberlo, a otros.[6]
4. Es incurable y siempre fatal.
5. Los U. S. Centers for Disease Control and Prevention (Centros Estadounidenses para el Control y la Prevención de Enfermedades) estiman que ahora hay por lo menos de 1 a 1.5 millones de casos de infección de VIH en Estados Unidos (uno de cada 250 estadounidenses); la Organización Mundial de la Salud estima que hay cerca de 34.3 millones de casos en todo el mundo.[7]
6. El virus VIH es 500 veces menor que un espermatozoide humano.

[5] Doctor Siegfried Ernst, "Is Humanae Vitae Outdated?", Human Life International, Gaithersburg, Md., 1990, p. 7.

[6] William A. Hasaltine, "The future of AIDS", discurso pronunciado en la Academia Francesa de las Ciencias, París, 16 de noviembre de 1992. Estudios del doctor Anthony Fauci del United States National Institutes of Health y el doctor Ashley T. Haase de la Universidad de Minnesota. Los investigadores descubrieron un "refugio masivo de la infección" en el sistema linfático de los pacientes. Esto es, el VIH permanece oculto en los nodos linfáticos y en tejidos similares mucho tiempo antes de que el individuo desarrolle totalmente el SIDA.

[7] Organización Mundial de la Salud 1999, publicado en *Time Almanac* 2001.

Síntomas

1. Los síntomas del SIDA incluyen sudores nocturnos, fiebre, anorexia, fatiga extrema y desarrollo del sarcoma de Kaposi (cáncer que afecta al sistema linfático, con frecuencia marcado por manchas rojizas en la piel y síntomas parecidos a las paperas en los nodos linfáticos).
2. Muchas personas son portadoras del VIH sin mostrar los síntomas. También puede haber un retraso de varios meses entre la fecha de infección y la prueba positiva de VIH. (Por ello, una prueba de VIH negativa no es una garantía de seguridad para que las personas emprendan comportamientos de alto riesgo.)
3. Infecciones oportunistas (a las que normalmente el organismo resiste). Como hemos apuntado antes en este libro, la "combinación siniestra" de SIDA, consumo de drogas y la nueva clase de tuberculosis resistente a los fármacos han llevado al rebrote de esta enfermedad en las ciudades estadounidenses y en los países menos desarrollados. El número de casos ha aumentado "implacablemente" desde 1985.[8]

Efectos

1. Derrumbamiento del sistema inmunitario (que es el que nos capacita para luchar contra la infección y la enfermedad).
2. La persona es propensa a numerosas infecciones y malignidades.
3. Daño en el cerebro en la medida en que se está atacando el sistema nervioso.
4. Muerte inminente (algunas terapias "posponen" la muerte, pero no hay cura para el SIDA).

El hecho es que el SIDA es infeccioso en todas sus etapas. Es un retrovirus (una persona puede estar en la etapa de "portador" o en la de "desarrollo completo" y todavía seguir trasmitiendo el virus). *Es infeccioso en todas sus etapas.*

CÁNCER DE CÉRVIX Y CAMBIOS PRECANCERÍGENOS EN EL CUELLO UTERINO

Hechos

1. La displasia es una lesión precancerosa del cuello del útero.
2. Empieza en la zona de transformación de la cérvix (zona T) de mujeres jóvenes con sistema reproductores inmaduros.
3. Hay pruebas contundentes de que el virus del papiloma humano (HPV por sus siglas en inglés) es el agente que, trasmitido por la vía sexual,

[8] Joseph A. Califano Jr., "Three-Headed Dog from Hell", *en The Washington Post,* 21 de diciembre de 1992, p. A24.

causa la displasia, que a su vez puede derivar en cáncer de cérvix. En el *Journal of the National Cancer Institute* de junio de 1995, los científicos de la Escuela de Higiene y Salud Pública Johns Hopkins argumentan que este cáncer debería tratarse como una enfermedad de trasmisión sexual (ETS). Un equipo multinacional de investigaciones ha descubierto que el HPV es la principal causa de cáncer de cérvix en todo el mundo.

4. Mujeres con alto riesgo: las mujeres sexualmente activas antes de los 20 años de edad; relaciones con tres o más parejas sexuales antes de los 35 años de edad; o mantener relaciones con alguien que haya tenido tres o más parejas.
5. Mujeres con riesgo incrementado: aquellas que usan de manera prolongada la píldora y otros anticonceptivos orales. Tres estudios recientes –uno en Los Ángeles, otro en Quebec y un estudio internacional de la Organización Mundial de la Salud– indican que el uso de los anticonceptivos orales aumenta el riesgo de desarrollar un adenocarcinoma de cérvix en 30 a 40 %, duplicándose el riesgo para las usuarias que toman anticonceptivos orales desde hace tiempo, comparadas con las que nunca los usan.[9]
6. El diagnóstico se hace mediante un frotis (también llamado citología o Papanicolaou).
7. El 90 % de todos los casos de cáncer cervical son causados por el virus del Papiloma humano[10].

Síntomas

1. Con frecuencia no hay síntomas visibles.
2. Manchado o sangrado vaginal anormal.

Efectos

1. Si no se trata, puede degenerar en un cáncer preinvasor (carcinoma *in situ*) o en un cáncer invasor de la cérvix, pudiéndose extender a otras partes del cuerpo.
2. Requiere extirpación quirúrgica, cauterización, criocirugía o cirugía con láser para eliminar las células anormales.

CLAMIDIASIS

Hechos

1. Afecta al aparato genital de los dos sexos y a las trompas de Falopio en las mujeres.
2. La causa una bacteria; se puede tratar con antibióticos.

[9] G. Ursin y otros, J. Brisson y otros, "Oral Contraceptive Users May Be at Some Increased Risk of Cervical Carcinoma", en *Family Planing Perspectives*, vol. 27. núm. 3, p. 134, mayo-junio de 1995.

[10] (National Institute of Health, 1996) Instituto Nacional de Salud, 1996.

3. Es la enfermedad venérea más frecuente en Estados Unidos.
4. Cada año dos millones de individuos se infectan de clamidiasis genital en Estados Unidos de tal manera que para el año 2000 se infectaron 3 millones más, provocando costos estimados de 2200 millones de dólares en costos directos e indirectos.[11] (Obsérvese que, dado que los encargados de la salud pública no están obligados a informar sobre los casos de clamidiasis, el número actual de casos probablemente sea más alto.)[12]

SÍNTOMAS

1. Dolor al orinar en los hombres, picores y escozor en las mujeres.
2. Muchas personas no tienen síntomas (más de 70 % no se da cuenta de que está infectada).[13]

EFECTOS

1. Enfermedad inflamatoria pélvica (EIP) en las mujeres (*véase* más adelante para más detalles sobre la EIP); posible infecundidad.
2. Pérdida del bebé, alumbramiento de un mortinato (nace muerto).
3. Conjuntivitis en el recién nacido.

GONORREA

HECHOS

1. Infección bacteriana de los aparatos genital y urinario, tanto en los hombres como en las mujeres.
2. Cerca de 650 000[14] millones de casos anuales.
3. Es la enfermedad sobre la que más se informa.
4. Se puede parecer a otras enfermedades; debe confirmarse con un examen médico.
5. Curable si se trata con penicilina (sin embargo, también se han desarrollado algunas cepas resistentes).

SÍNTOMAS

1. Los portadores pueden trasmitir la enfermedad (muchos hombres y mujeres que llevan en el organismo las causas de la gonorrea carecen de síntomas evidentes).

[11] Centers for Disease Control and Prevention. STD in Adolecents and Young Adults. feb. 2000.
[12] "Is Sex Safe?", Grapevine Publications, Boise, Idaho, 1992, p. 3.
[13] *Ibid.*
[14] American Social Health Association. Sexualy Trasmitted Diseases in America: How many cases and at what cost? Kaiser family foundation, 1998.

2. Sensación de escozor al orinar.
3. Pus en el pene o en el flujo vaginal.

Efectos

1. Puede causar esterilidad permanente, tanto en hombres como en mujeres.
2. Cicatrices en la uretra e infecciones en el aparato urinario.[15]
3. El 40 % de las mujeres que no han sido tratadas desarrollan la enfermedad inflamatoria pélvica.
4. Posible ceguera en los recién nacidos.
5. Posible daño en articulaciones, corazón, hígado, cerebro y espina dorsal.

HERPES GENITAL

Hechos

1. Provocada por el virus de herpes simplex (VHS); existen los tipos I y II; estos virus no se pueden distinguir clínicamente.
2. Tiene rango de epidemia en Estados Unidos (cerca de 45 millones de personas infectadas).[16]
3. Cerca de 1 millón de nuevos casos al año; 70 % de la población sexualmente activa tiene esta enfermedad.[17]
4. Se puede tratar pero no curar.
5. Muy contagiosa incluso cuando no hay llagas (tipo ampollas) visibles.

Síntomas

1. Primer síntoma, una llaga en o cerca de los genitales; la infección inicial se detiene en un estado latente.
2. Aparición frecuente de ampollas dolorosas y recurrentes en los genitales, en los muslos, en las nalgas y en la zona anal.
3. Está acompañada de síntomas parecidos a los de la gripe (fiebre, dolor de garganta, inflamación de ganglios).
4. Picor y dolor en la zona de los genitales, sensación de quemazón al orinar o con la descarga vaginal.
5. Infecciones recurrentes provocadas por el estrés y por otras causas no identificadas.

[15] "Is Sex Safe?", Grapevine Publications, Boise, Idaho, 1992, p. 3.

[16] *Medical Institute for Sexual Health*, "Safe Sex", programa de diapositivas y conferencias, 1992, Austin, Texas, Estados Unidos.

[17] *New England Journal of Medicine*, 337:1105-1111, 1997.

EFECTOS

1. Incremento de riesgo de cáncer de cérvix.
2. El recién nacido puede infectarse en el canal de nacimiento, con posibilidades de desarrollar retraso mental o incluso de morir.

ENFERMEDAD INFLAMATORIA PÉLVICA (EIP)

HECHOS

1. Inflamación de los órganos pélvicos de la mujer.
2. Provocado por una variedad de agentes microbianos, incluyendo la gonorrea y la clamidia.
3. Un millón de casos anuales.
4. Cerca de 420 000 pacientes buscan tratamiento cada año, con un costo de 2000 millones de dólares.[18] Un millón de mujeres americanas, incluyendo más de 200 000 jóvenes son diagnosticados con enfermedades inflamatorias pélvicas.[19]

SÍNTOMAS

1. Dolor y sensibilidad en el bajo abdomen, la cérvix y el útero.
2. Fiebre y escalofríos.
3. Elevado número de glóbulos blancos en la sangre.

EFECTOS

1. La inflamación hace que las trompas de Falopio sean susceptibles de ser invadidas por otros organismos.
2. Posible infecundidad, histerectomía prematura y depresión.
3. Posibles complicaciones que ponen en peligro la vida, incluyendo embarazos ectópicos (en las trompas) y abscesos en la pelvis.

SÍFILIS

HECHOS

1. Curable si se trata con penicilina y antibióticos; sin embargo, el daño es irreversible.

[18] "Safer Sex", en *Newsweek magazine,* 9 de diciembre de 1991, p. 52.
[19] *Journal American Medical Association,* 1991.

2. Puede parecerse a otras enfermedades, debe confirmarse con una prueba médica.
3. Se dan 130 000 o más nuevas infecciones al año.

SÍNTOMAS

1. Primer síntoma: una úlcera sifilítica o llaga muy contagiosa, pero normalmente sin dolor, en el pene o alrededor de la vagina. Esta llaga no tiene necesariamente por qué aparecer o ser detectada.
2. Signos secundarios: síntomas parecidos a la gripe, picor en las manos y los pies, pérdida de cabello.
3. Etapa latente o de cama: síntomas externos desaparecen pero la enfermedad está todavía activa y haciendo daño al cuerpo.

EFECTOS

1. Daño en el cerebro, en el corazón, en la sangre, en los vasos sanguíneos, locura y ceguera.
2. A veces es fatal.
3. Los niños no nacidos pueden verse seriamente afectados y morir (trasmisión congénita).
4. Es la octava enfermedad infecciosa más común en Estados Unidos.[20]

VERRUGAS VENÉREAS (CONDILOMA)

HECHOS

1. Provocado por el virus del papiloma humano (HPV)
3. Muy contagioso.
4. Tratado por congelación o por cauterización.
5. Se diagnostican cerca de tres millones de casos al año (incluyendo las infecciones cervicales de HPV).[21]

SÍNTOMAS

1. Verrugas en o alrededor de las zonas genitales y anales.
2. Verrugas subclínicas (condiloma plano) en la cérvix.

[20] Center for Disease Control.

[21] *Véase* Hatcher y otros, *Contraceptive Technology* 1990-1992, Nueva York, Irvington Publishers, 1994, p. 108.

Efectos

Pruebas contundentes de que algunos tipos de HPV están causalmente relacionados con el cáncer de la cérvix (también hay indicios de un incremento en el riesgo de cáncer de pene).[22]

HEPATITIS B

Hechos

1. Hay 300 000 nuevos casos al año.
2. Es la enfermedad de trasmisión sexual más común en el mundo.

Síntomas

1. Con frecuencia, ninguno.
2. Algún síntoma de ictericia (amarillo de la piel, de los ojos), fatiga, orina oscura, heces grisáceas.

Efectos

Cinco mil estadounidenses mueren de hepatitis B debido a los daños severos en el hígado (incluyendo cirrosis, cáncer de hígado).

La enfermedad puede ser trasmitida de madre a recién nacido. (De 20 a 90 % de los bebes infectados se vuelven portadores infecciosos.[23]

Las enfermedades de trasmisión sexual son la infecciones más frecuentes en Estados Unidos después del resfriado común

FUENTE: American College of Obstetricians and Gynecologists, citado en "Resource Director", para el folleto "Is Sex Safe?", Grapevine Publications, noviembre de 1992.

[22] "The Facts about Sexually Transmitted Disease Epidemic", en *Medical Institute for Sexual Health,* folleto sin fecha (alrededor de 1993).

[23] Center for Disease Control, 1991.

17 Lo que hay que recordar sobre la actividad sexual entre adolescentes

Algo de nuestro retrato nacional se está perdiendo cuando se considera que el antídoto para el SIDA es el sexo seguro.

KATHLEEN PAKER
Buffalo News

Además de la expansión desenfrenada de las enfermedades venéreas, una de las consecuencias de la actividad genital precoz es el embarazo de adolescentes y sus efectos tanto en el bebé, en los padres jóvenes y sus familias, como en la comunidad y la sociedad en su conjunto. Aunque entre 1970 y 1990 Estados Unidos gastó más de 2000 millones de dólares en programas destinados a promocionar el uso de anticonceptivos, el número de nacimientos entre adolescentes solteros ha aumentado en un abrumador 61 %. Los abortos entre adolescentes también se han disparado en las dos últimas décadas.

Hemos estudiado, por supuesto, el acto insidioso del aborto y el imperativo moral de elegir la vida. Pero en el caso de los embarazos entre adolescentes, la planificación del futuro requiere difíciles decisiones sobre un posible matrimonio, la crianza del bebé o su colocación en adopción.

Lo ideal es que la familia apoye a su hija aunque el hecho de conocer su estado provoque mucha pena y tristeza. No es sabio presionar al adolescente a un matrimonio que tiene grandes probabilidades de fracasar. Sería mejor para los abuelos del bebé dar la bienvenida a ese niño en su casa para que viva con su madre (la hija). A medida que la hija madure, tendrá otras oportunidades para un matrimonio estable.

Además del apoyo de la familia existen innumerables agencias y organizaciones voluntarias comprometidas con la asistencia a adolescentes y a sus familias. Estos grupos ofrecen tanto asistencia como consejo, transporte y asesoramiento para los cuidados prenatales, ayuda material (hogar, ropa, ayuda financiera, etc.) y todo lo que sea necesario para ayudar a la joven mujer a llevar el embarazo a término.

Uno de los mitos más comunes sobre el embarazo adolescente es que existe un alto riesgo de mortalidad materna. No es verdad. Una chica de 15 años de edad no corre más riesgo que una mujer de 30.

Hay que animar a los adolescentes que se enfrenten a estas decisiones, difíciles de cara a su futuro y a su hijo, a que consideren, de manera realista, las demandas físicas, emocionales y financieras que supone cuidar de un hijo. Estas consideraciones se convierten en más cruciales para la joven mujer que debe cuidar de su hijo sin el apoyo de su marido o de su familia.

En ausencia del apoyo de la familia, la adopción constituye una opción positiva para permitir que su hijo disfrute del regalo de la vida. En casi todos los casos, las agencias de adopción entregan el bebé a parejas cariñosas que ansían tener hijos; algunas de estas parejas esperan años para adoptar. Tristemente, sin embargo, cuanto más jóvenes son los padres adolescentes, más presión ejerce la sociedad para "tomar la salida fácil": abortar al niño no nacido.

Como cualquier otra madre, la adolescente experimentará un profundo sentimiento de pérdida cuando entregue su bebé en adopción. Debe entender que es lo mejor para su hijo, pero es natural que ella sienta tristeza y angustia. Los amigos y los miembros de la familia pueden ayudar a la joven mujer a sobreponerse a esos sentimientos recordándole que, a través de su generosa decisión, está dando a su bebé el precioso regalo de la vida y la oportunidad de un maravilloso futuro con padres cariñosos.

Conclusión

LA CULTURA DE LA MUERTE

Vivimos en un mundo en el que una minoría de poderosos grupos y personas está imponiendo una doctrina humanista secular al resto del mundo. La hábil manera en la que estos poderosos adversarios disfrazan sus programas, como si fuesen benévolos protectores de la familia, es realmente repugnante. La mayoría de los ciudadanos de los países occidentales no están al tanto de que esta cultura de la muerte, financiada con sus impuestos, está contribuyendo a su propia destrucción al reducir la población por debajo del nivel de reemplazo. Según las Naciones Unidas, la población mundial iniciará su declive a principios del siglo XXI y, al mismo tiempo, el sistema de pensiones se derrumbará. Pero, incluso hoy, no hay suficientes jóvenes contribuyentes para financiar la pensión de cada jubilado. Por tanto, el paso siguiente será eliminar a los más ancianos e impedidos por medio de una eutanasia oficialmente legalizada y con el uso de argumentos sutiles como "una muerte digna" o "testamentos vitales". Ya somos testigos de cómo lavan el cerebro a la gente para preparar así la mente de los ciudadanos a que acepten menos gastos en sanidad y para que sean considerados y no se conviertan en una carga financiera para las futuras generaciones. La "guerra" lingüística contra los más indefensos ya está teniendo lugar. Ahora, cuando el asesinato de los niños no nacidos ya está legalizado, se ha abierto el camino para la legalización de la eliminación de los discapacitados e inválidos.

Hace escasas décadas, un abortista habría ido a la cárcel por su delito; hoy se castiga a los que protestan por el asesinato masivo de vidas inocentes.

Se está destruyendo la modestia innata y la inocencia natural de los jóvenes bajo el disfraz de una "educación sexual" sin principios morales ni valores, que desecha por completo los derechos de los padres.

Las prácticas homosexuales, antes consideradas abominables, ahora están protegidas por la ley. La epidemia de enfermedades venéreas mortales continúa expandiéndose por todo el mundo mientras grupos de intereses creados continúan beneficiándose de las consecuencias de un comportamiento promiscuo.

LA CULTURA DE LA VIDA

El futuro de la humanidad está en nuestras manos. Debemos rescatar a la familia de las garras de la oscuridad. Conforme entramos en el tercer milenio, debemos unirnos con los que están sinceramente preocupados por el futuro de la humanidad. Como dijo Juan Pablo II en su mensaje del Ángelus dominical del 13 de febrero de 1994:

> El verdadero amor no es un vago o una ciega pasión. Es una actitud interior que envuelve a todo el ser humano. Es mirar a los demás, no para utilizarlos, sino para servirlos. Es la capacidad de regocijarse con los que se regocijan y de sufrir con los que sufren. Es compartir lo que uno posee de manera que nadie continúe privado de lo que necesita. El amor, en una palabra, es regalo de uno mismo... La familia, la gran escuela del amor, es la primera escuela; de hecho, es una escuela duradera donde a la gente no se le enseña a amar con ideas áridas, sino con el incisivo poder de la experiencia. Cada familia debe redescubrir de verdad su ¡propia vocación de amar! Un amor que respeta realmente el plan de Dios, un amor que es la elección y el regalo recíproco de uno mismo dentro de la unidad familiar.[1]

Nuestra influencia como padres y educadores puede derrotar a las fuerzas de la oscuridad. No debemos subestimar el poder de autocontrol que la gente joven posee y deberíamos retarles a ponerlo en práctica. "El verdadero amor espera al matrimonio" es la respuesta a su futura felicidad.

Las parejas casadas no tienen por qué seguir siendo esclavas de los lucrativos mercados de control artificial de la natalidad, la esterilización o el aborto que continúa explotándoles. La Planificación Familiar Natural une a la pareja, incrementa la comunicación y contribuye a la desaparición del divorcio.

En los capítulos precedentes hemos estudiado la manera milagrosa en que venimos al mundo, los magníficos designios de Dios para la fertilidad humana y el papel integral que juega el amor, el compromiso para toda la vida, la familia y la moralidad en la creación y protección de los hijos con los que somos bendecidos. Es realmente maravilloso. Compartiendo con nuestros hijos este profundo sentido de la maravilla, respeto y reverencia por la vida humana les ayudaremos a desarrollar valores y virtudes que siempre les guiarán hacia el futuro.

[1] Juan Pablo II, "The Family Is a Great Workshop of Love", en *L'Osservatore Romano,* edición inglesa, vol. 27, núm. 7, 16 de febrero de 1994, p. 1.

Glorario

Abortivo. Todo aquello que se utiliza para provocar o inducir un aborto.

Aborto. Finalizar el embarazo (a veces entre las semanas 20 y 28 de gestación) antes de la etapa de viabilidad.

Espontáneo: pérdida del feto sin manipulación o administración de medicamentos.

Provocado: finalización intencionada del embarazo por medio de la utilización de instrumentos o medicación.

Abstinencia periódica. Evitar voluntariamente el contacto genital durante la fase fértil del ciclo menstrual, si no se desea el embarazo.

Acini. Glándulas secretoras de leche.

Adenosis vaginal. Presencia de crecimiento aberrante de una columna epitelial (células) en la vagina, normalmente recubierta por un epitelio escamoso. La adenosis vaginal se encuentra con frecuencia en mujeres jóvenes cuyas madres ingirieron estrógenos, especialmente *dietiletilbestrol*, durante el embarazo.

Alvéolos. Unidades parecidas a bolsitas en los lóbulos del pecho donde están localizados los acini.

Amenorrea. Ausencia o supresión de la menstruación; antes de la pubertad, después de la menopausia, durante el embarazo y la lactancia.

Amniocentesis. Extracción de una muestra de líquido amniótico por medio de un pinchazo en el abdomen.

Amnios. Bolsa membranosa que envuelve al niño que se está desarrollando. El líquido ocupa la cavidad amniótica e incrementa constantemente su volumen hasta el sexto o séptimo mes de embarazo. El líquido protege al feto de daños y le permite moverse libremente en el útero. La ruptura del amnios y el derrame del líquido amniótico durante el parto es lo que se conoce como "romper aguas".

Amniótico, líquido. Líquido que envuelve al feto.

Ampular (tercio ampular de las trompas de Falopio). Tercer distal de las trompas de Falopio donde normalmente tiene lugar la fertilización.

Andrógenos. Hormonas sexuales masculinas que estimulan la actividad de los órganos sexuales accesorios y ayudan al desarrollo de las características sexuales masculinas (*véase testosterona*).

Anillo himeal. Residuo de tejido alrededor de la entrada de la vagina, justo en el interior de los labios menores.

Anillos vaginales. Ondulaciones circulares de la membrana mucosa de las paredes de la vagina.

Anovulación. Suspensión o cese de la ovulación.

Anovulatorio, ciclo menstrual. Ciclo menstrual en el que la ovulación no tiene lugar.

Anticoncepción. Acción y efecto de impedir la concepción de un nuevo ser humano por medios, prácticas o agentes artificiales, incluidos los abortivos. Se utiliza también el término "contraconcepción" como sinónimo de anticoncepción.

Areola. Tejido eréctil que rodea el pezón.

Bartolino, glándulas de. Glándulas situadas a cada lado de la apertura vaginal que producen una secreción acuosa que actúa como lubricante antes y durante la relación sexual.

Blastocisto. Etapa de desarrollo del cigoto humano en el momento de su implantación en el endometrio.

Calendario, método del. Método de planificación familiar en el que la fase fértil se predice por cálculos basados en los registros de las fechas de los anteriores ciclos menstruales (también se le conoce por método del ritmo, así como método Ogino Knauss).

Calostro. Fluido secretado por el pecho de la madre el primer o segundo día después del parto. El calostro es rico en proteínas y anticuerpos.

Canal del parto. Canal a través del cual el feto pasa durante el nacimiento; la cérvix y la vagina.

Canal endocervical. *Véase Cérvix.*

Capacitación. Proceso por el cual los espermatozoides adquieren la capacidad de fertilizar óvulos. Este proceso ocurre en el aparato genital de la mujer. Se produce en algunas especies animales y se cree que también ocurre en los humanos.

Carcinoma *in situ*. Cáncer que no ha invadido los tejidos que están por debajo del epitelio.

Cavidad endometrial. Espacio interior del útero.

Célula reproductora. Célula que tiene como función principal la reproducción: el óvulo y el espermatozoide.

Cervicitis/endocervicitis. Inflamación del ectocérvix o del endocérvix; puede deberse a las mismas causas que la vaginitis.

Cérvix. Es el cuello del útero; la cérvix está formada por el canal endocervical, las criptas endocervicales, el ectocérvix y el endocérvix.

Canal endocervical: canal de 2.5 cm de longitud que atraviesa la cérvix y conecta la vagina con la cavidad uterina.

Criptas endocervicales: cavidades a lo largo del canal endocervical recubiertas por células epiteliales que segregan flujo cervical (son aproximadamente 400 unidades formando glándulas).

Ectocérvix: parte externa del cuello que sale a la vagina.

Endocérvix: parte interna de dicho cuello.

Ciclo endometrial. Cambios en el endometrio durante el ciclo menstrual, consistente en la menstruación, la fase de proliferación y la fase de secreción.

Fase de proliferación: fase del ciclo endometrial desde la menstruación hasta la ovulación en la que los estrógenos estimulan las células basales del endometrio para que se multipliquen.

Fase de secreción: fase del ciclo endometrial desde la ovulación hasta el comienzo de la menstruación, en la que las células endometriales se reorganizan para formar glándulas que producen flujo mucoso cervical y distintas capas. Pequeños vasos sanguíneos crecen en el recubrimiento para nutrirlo y para prepararlo en caso de que un óvulo fertilizado se implante. Esto ocurre gracias a los estrógenos y a la progesterona secretados por el cuerpo lúteo.

Ciclo menstrual. Ciclo reproductor femenino que empieza con el primer día de flujo menstrual y finaliza el último día antes de la siguiente menstruación.

Ciclo ovárico. Serie de acontecimientos cíclicos que ocurren en el ovario mientras que el folículo madura, ovula y se convierte en el cuerpo lúteo.

Fase folicular: fase en el ciclo ovárico durante la cual el folículo madura; tiene lugar generalmente desde la menstruación a la ovulación.

Fase lútea: fase del ciclo ovárico durante la cual el folículo roto se convierte en cuerpo lúteo; tiene lugar generalmente desde la ovulación a la menstruación.

Ciclo uterino. *Véase Ciclo endometrial.*

Cigoto. Ser humano (de una a cuatro células) en un estadio de desarrollo muy temprano.

Cistis. Similar a la vejiga, es una bolsa de estructura que contiene fluidos.

Cistocele. Hernia de la vejiga, en el nivel de la cara anterior de la vagina, provocada por el debilitamiento de los músculos vaginales.

Climaterio. Fase de la vida de la mujer durante la cual la función reproductora cesa. A veces se llama "el cambio de la vida" o perimenopausia.

Clítoris. Estructura eréctil localizada bajo la cima del labio interno. Es el homólogo del pene.

Clomifeno. Citrato de clomifeno. Es una medicina fertilizante que se utiliza para provocar la ovulación. El clomifeno funciona interceptando los lugares receptores de estrógenos en el hipotálamo y engañando al cerebro para que crea que no hay estrógenos en la sangre. Cuando se deja de suministrar el clomifeno, normalmente después de cinco días, los receptores del hipotálamo detectan altos niveles de estrógenos. La pituitaria, dirigida por el hipotálamo, libera entonces la hormona luteinizante (LH) y tiene lugar la ovulación.

Concepción. Es la unión del espermatozoide y del óvulo (fertilización).

Concepción por contacto. La concepción que resulta del contacto íntimo entre los órganos sexuales, sin penetración del pene en la vagina e incluso sin eyaculación.

Conducto. Estructura tubular que da salida a la secreción de una glándula.

Conducto deferente. Comúnmente llamado conducto espermático; es un largo tubo fibromuscular que transporta el esperma desde el epidídimo hasta la parte prostática de la uretra.

Conductos galactóforos. Conductos de las glándulas mamarias. Hay entre 20 y 24 conductos galactóforos que llevan la leche desde los lóbulos y terminan en los pezones.

Contacto genital. Contacto del pene con la vulva, sin eyaculación.

Contracepción. *Veáse Anticoncepción.*

Cordón umbilical. Estructura vascular (formada por dos arterias y una vena) que une al feto con la placenta.

Corion. Componente fetal de la placenta. Sus funciones complejas incluyen la secreción de una hormona (la gonadotropina coriónica humana) que estimula el desarrollo del cuerpo lúteo del ovario materno hasta los tres meses de gestación. Después, la placenta asume la función del cuerpo lúteo segregando estrógenos y progesterona.

Corpus albicans. Cicatriz residual en que se convierte el cuerpo (amarillo) lúteo si no hay fecundación.

Cowper, glándulas de. Dos pequeñas glándulas en forma de guisante localizadas a los dos lados de la uretra. Durante la eyaculación liberan su secreción mucosa en la uretra penil, haciendo funciones de lubricante (también conocidas como glándulas bulbouretrales).

Criptas endocervicales. *Véase Cérvix.*

Cromosomas. Son cuerpos microscópicos formados por cromatina en su núcleo; son especialmente visibles durante la mitosis. Los cromosomas contienen los genes que son responsables de la trasmisión de las características hereditarias de la descendencia. Las células humanas contienen 46 cromosomas (número diploide) ordenado por pares. Los 44 cromosomas (22 pares) son los llamados cromosomas autosomales; los dos restantes (un par) son los cromosomas sexuales. Todas las células del cuerpo contienen 46 cromosomas, salvo el espermatozoide y el óvulo que contienen 23 cada uno (número haploide). El espermatozoide tiene tanto un cromosoma X como un Y, y la fertilización de un óvulo por un espermatozoide que contenga un cromosoma X (espermatozoide femenino) da lugar a una mujer, mientras que la fertilización por un espermatozoide Y (espermatozoide masculino) da lugar a un varón.

Cromosomas sexuales. Estructura genética en el núcleo de las células que determinan el sexo del individuo. Las células femeninas tienen dos cromosomas X; los hombres tienen un X y un Y.

Cuerpo lúteo. Estructura amarillenta, resultado de la ruptura del folículo ovárico, que produce progesterona hasta el final del ciclo, momento en que se degrada si el embarazo no ha tenido lugar. Si el óvulo ha sido fertilizado, el cuerpo lúteo crece y produce hormonas que ayudan al embarazo durante varios meses.

Cuerpo polar. Doble producto cromosómico de la génesis, que contiene 23 cromosomas pero ninguna otra parte celular.

De Graaf, folículo de. Folículo maduro justo antes de la ovulación.

Días fértiles. Aquellos días del ciclo menstrual en los que puede ocurrir el embarazo por medio de relaciones sexuales o por contacto genital.

Diferenciación. Es la modificación de las células para realizar una determinada función. Resultado del proceso por el que células, tejidos y estructuras aparentemente indiferenciadas (no maduras y simples) alcanzan su forma y función adulta y completa. (En el pecho humano, la capacidad irreversible de las células, antes inmaduras, de producir leche, ocurre durante la lactancia.)

Dismenorrea. Menstruación difícil y dolorosa.

Dispareunia. Dolor durante las relaciones sexuales.

Displasia. Desarrollo de tejidos anormales.

Cervical: cambios premalignos en las células escamosas epiteliales de la cérvix (también llamada cuello del útero).

Ducha vaginal. Lavado de la vagina con agua o fluidos medicinales.

Ectocérvix. *Véase Cérvix.*

Ectopia (cervical). Del griego *Ek*, fuera y *Topos*, lugar, presencia de epitelio columnar endocervical (células) en el ectocérvix.

Embarazo ectópico. Implantación del cigoto humano fuera de la cavidad uterina, normalmente en las trompas de Falopio.

Embrión. Etapa de desarrollo prenatal entre el óvulo y el feto; desde la segunda a la octava semana inclusive.

Endocérvix. *Véase Cérvix.*

Endocrino. Perteneciente a una secreción interna; glándulas sin conductos que secretan en la sangre.

Endógeno: Originario o producido en el organismo.

Endometrial, líquido. Producido por las glándulas endometriales; provee los nutrientes necesarios para la supervivencia de un nuevo ser humano entre el tiempo de la fertilización y la implantación.

Endometriales, glándulas. Se desarrollan en la fase de proliferación del ciclo endometrial y durante la fase secretoria segregan el líquido endometrial.

Endometrio. Membrana mucosa que recubre la cavidad uterina. El embrión normalmente se implanta en el endometrio. Si la fertilización no tiene lugar, este recubrimiento espeso y superficial se expulsa durante la menstruación.

Endometriosis. Presencia de tejido endometrial en lugares anormales como las trompas de Falopio, los ovarios, la cérvix, la vagina, etcétera.

Endometritis. Inflamación del endometrio; puede deberse a las mismas causas que la vaginitis.

Enfermedad inflamatoria pélvica. Infección que afecta a los órganos reproductores internos de la mujer.

Enfermedades de trasmisión sexual (ETS). Conjunto de enfermedades infecciosas (también llamadas "enfermedades venéreas", o, para incluir el VIH, "enfermedades de trasmisión sexual").

Epidídimo. Órgano alargado conectado con los testículos; son unos largos túbulos en los cuales las células espermatozoides se mueven y maduran. El epidídimo continúa en el conducto deferente.

Erosión cervical. Destrucción del epitelio escamoso del ectocérvix por una inflamación o un proceso físico.

Escroto. Es la bolsa externa suspendida detrás de la base del pene, que contiene los testículos.

Espermatogénesis. Proceso de formación y desarrollo de los espermatozoides; es un proceso cíclico lento que dura unos 64 días; tiene lugar en los túbulos seminíferos de los testículos.

Espermatozoide. Célula sexual masculina madura.

Esterilidad. Incapacidad de fertilidad o de reproducción.

Esterilidad femenina: esterilidad absoluta (incapacidad de la mujer de concebir debido a una estructura o función inadecuada de sus órganos genitales).

Esterilidad masculina: la incapacidad del hombre de fertilizar el óvulo; puede estar asociado o no a la impotencia.

Esterilidad relativa: infecundidad.

Esteroides. Amplia familia de componentes químicos relacionados con el colesterol que comprende muchas hormonas, vitaminas, constituyentes corporales y fármacos.

Estrógeno. Hormona producida por las células de la teca interna, en el folículo de los ovarios, en respuesta a la hormona luteinizante (LH); origina la regeneración del endometrio (fase prolífica del ciclo endometrial); estimula las glándulas cervicales para que produzcan flujo mucoso estrogénico; dispara la aparición de la LH; durante el embarazo es segregada por la placenta y estimula el desarrollo de las glándulas secretoras de leche del pecho.

Exógeno. Originado o producido fuera del organismo.

Eyaculación. Descarga de semen desde el pene.

Fase de proliferación. *Véase Ciclo endométrico.*

Fase de secreción. *Véase Ciclo endométrico.*

Fase fértil. Fase del ciclo menstrual durante la cual las relaciones sexuales o genitales pueden dar lugar al embarazo.

Fase folicular. *Véase Ciclo ovárico.*

Fase lútea. Parte del ciclo ovárico que tiene lugar después de la ovulación en la que el cuerpo lúteo produce progesterona; corresponde a la fase posovulatoria del ciclo menstrual y a la fase de secreción del ciclo endometrial (*véase Ciclo ovárico*).

Fértil. Capaz de reproducirse.

Fertilidad. Término que puede significar tanto *a*) la capacidad de un hombre de ser padre, o de una mujer para alcanzar y llevar con éxito el embarazo y dar a luz, o *b*) la habilidad de una pareja para alcanzar el embarazo.

Fertilidad compartida. Término utilizado en la Planificación Familiar Natural para resaltar la contribución conjunta del marido y la mujer en la concepción. Aunque un hombre es permanentemente capaz de ser padre, la pareja sólo puede concebir en la fase fértil del ciclo de la mujer.

Fertilización *in vitro*. Literalmente, "en vidrio", en laboratorio. Técnica según la cual el óvulo que ha sido recolectado por laparoscopia del ovario de una mujer es fertilizado en un recipiente de vidrio por el semen recolectado de un donante (normalmente el marido de la mujer). El óvulo fertilizado es entonces colocado en el útero de la mujer en un etapa de desarrollo más avanzada.

Feto. Niño en el útero desde el tercer mes hasta el nacimiento. El término feto (literalmente, "el que es joven") se aplica al bebé cuando éste es reconociblemente humano incluyendo la vista no científica.

Fimbrias. Prolongaciones de tejido parecidas a dedos al final de las trompas de Falopio.

Flujo cervical. Secreción del aparato reproductor femenino que contiene agua, sales inórganicas, células epiteliales, leucocitos y una mezcla de glucoproteínas. También se denomina flujo mucoso cervical o, simplemente, moco.

Flujo cervical estrogénico. Secreción producida por las glándulas cervicales en respuesta a los estrógenos; proporciona el Ph adecuado, los nutrientes y el sistema de transporte para el esperma; aparece en la entrada de la vagina durante o cerca del momento de la ovulación, proveyendo un signo externo de fertilidad, y como tal se utiliza en el método de la ovulación en la Planificación Familiar Natural; su Ph es de 7.8 a 8.5.

Flujo mucoso cervical. *Véase Flujo cervical.*

Flujo ovulatorio, modelo del. Secuencia de cambios en las características físicas del flujo cervical en las proximidades del momento de la ovulación, provocado por cambios en los niveles de estrógenos y progesterona.

Flujo preeyaculatorio. Pequeña cantidad de fluido que se descarga del pene de manera involuntaria durante la excitación sexual. El fluido contiene una alta concentración de espermatozoides con gran movilidad.

Folículo. Formación que rodea al óvulo y que contiene fluidos (líquido folicular), preparado para ovular.

Forma de helecho. El flujo cervical E-L y E-S adopta bajo el microscopio durante algunas etapas del ciclo menstrual formas tipo helecho y tipo hoja de palma. La forma, provocada por la cristalización del flujo cuando se seca, depende de la concentración de electrólitos presentes, especialmente cloruro sódico.

Fórmix, fórnices. Fosa(s) de la parte alta de la vagina producida por la protuberancia de la cérvix en la vagina.

Frotis. Técnica de diagnóstico ginecológico; consiste en raspar ligeramente los tejidos internos del aparato reproductor de la mujer para obtener muestras y analizarlas. También se llama Papanicolaou o citología.

FSH. *Véase Hormona folículo estimulante.*

Galactorrea. Flujo espontáneo de leche del pezón. Una descarga continua de leche de los pechos en los intervalos de las tomas o después de que el niño haya mamado.

Gameto. Célula reproductora masculina o femenina madura.

GCH. *Véase Gonadotropina coriónica humana.*

Gemelos. Hermanos que surgen de la división del cigoto, mórulo o blastocisto después de la fertilización. Son gemelos idénticos.

Genitales. Órganos reproductores.

Gestágeno. Aquello que produce efectos progestacionales. Este término general se aplica normalmente a los esteroides naturales o sintéticos utilizados para alterar la fisiología reproductora.

GMH. *Véase Gonadotropina menopáusica humana.*

Gónadas. Término genérico que se refiere a las glándulas sexuales tanto femeninas, los ovarios, como a las masculinas, los testículos. Cada una de ellas forma las células necesarias para la reproducción humana; los testículos producen espermatozoides y los ovarios, los óvulos.

Gonadotropina. Hormona secretada por la glándula pituitaria o por la placenta que estimula el crecimiento o las actividades secretoras de las gónadas.

Gonadotrofina coriónica humana (GCH). Hormona secretada por las células coriónicas de la placenta. Su presencia en la sangre y en la orina constituye la base de las pruebas de embarazo. Estimula la producción de progesterona de las células granulosas del cuerpo lúteo al principio del embarazo.

Gonadotropina menopáusica humana (GMH). La GMH es una hormona que se recolecta en la orina de las mujeres menopáusicas o posmenopáusicas, y se utiliza para estimular la ovulación en las mujeres infecundas. La GMH es una combinación igual de LH y FSH. Cuando se usa como fármaco fertilizante estimula directamente los ovarios. La GMH puede sobreestimular los ovarios y provocar su ruptura si no se controla con cuidado.

Granulosas, células. Células del cuerpo lúteo que producen progesterona en la fase posovulatoria del ciclo menstrual; las estimula la LH desde la pituitaria, y, si se produce el embarazo, las estimula la GCH desde la placenta.

Himen. Pliegue de membrana mucosa que normalmente recubre de manera parcial la entrada de la vagina de una mujer virgen.

Hiper. Prefijo griego que denota exceso o por encima de lo normal. Se corresponde con el prefijo latino "súper".

Hiperprolactinemia. Elevado nivel de prolactina, reacción fisiológica normal durante la lactancia, pero patológica si no hay lactancia; la prolactina también puede elevarse en caso de determinados tumores de la pituitaria y en otras condiciones. Suele ir acompañada de amenorrea.

Hipo. Prefijo griego que significa *a*) localización, bajo algo *b*) disminución o deficiencia y *c*) el más bajo, o menos rico, en oxígeno de una serie de componentes químicos; corresponde al prefijo latino "sub".

Hipotálamo. Conjunto de células nerviosas agrupadas alrededor del tercer ventrículo de la base del cerebro; es el mayor centro de control del cuerpo; interactúa con la glándula pituitaria que está justo debajo de él.

Hormona. Sustancia química formada en un órgano o parte del cuerpo y llevada a través de la sangre a otro órgano u otra parte. Dependiendo de las características de sus efectos, las hormonas pueden alterar la actividad funcional y algunas veces la estructura de sólo un órgano o de un cierto número de ellos.

Hormona folículo estimulante (FSH). Gonadotropina producida por la pituitaria anterior. En las mujeres, esta hormona actúa en el ovario para estimular la maduración de los folículos de los óvulos; en el hombre, actúa en los testículos para estimular la espermatogénesis.

Hormona gonadotrófica liberadora (GnRh). Hormona segregada por el hipotálamo que activa la glándula pituitaria para que secrete hormonas estimuladoras.

Hormona liberadora (Factor de gonadotropina liberadora). Sustancia de origen hipotalámico capaz de acelerar la tasa de secreción de una determinada hormona de la glándula pituitaria anterior.

Hormona luteinizante (LH). Gonadotropina que produce la pituitaria anterior; en las mujeres estimula la producción de progesterona de las células granulosas del cuerpo lúteo y provoca la ovulación.

Hormona luteinizante, aumento de la. Rápido incremento de LH en la sangre, provocada por una subida de estrógenos; provoca la ovulación.

Horquilla posterior. Parte de la vagina en contacto con el periné, cerca de la apertura; anatómicamente es la parte más baja de la vagina donde el flujo cervical tiende a acumularse (limpiarse de delante hacia atrás empuja el flujo cervical hacia el cuerpo perineal, mientras que limpiarse de atrás hacia delante tiende a empujar el flujo cervical hacia la vagina, de tal manera que es más difícil observarlo).

Implantación. Fijación del blastocito en el endometrio.

In situ: En posición.

Infecundidad. Esterilidad relativa, disminución o ausencia de fertilidad; no implica la existencia de una condición positiva o irreversible como la esterilidad. La infecundidad puede estar presente tanto en uno como en los dos miembros de la pareja y normalmente es reversible. La investigación diagnóstica incluye pruebas especiales para los dos, así como un examen físico completo. Algunos factores responsables de la infecundidad son los sistemas reproductores inmaduros o anormales, anomalías en otros órganos en los alrededores, infecciones, una disfunción endocrina y problemas emocionales.

Introito. Apertura externa de la vagina.

Involución. La vuelta de las células o los lóbulos a su condición anterior.

Involución poslactancia. Es el regreso de las células y de los lóbulos a su condición anterior.

Labios (menores y mayores). Pliegues de piel que rodean la entrada de la vagina.

Lactancia. Secreción o producción de leche después del embarazo que permite dar de mamar.

Lactógeno. Agente que estimula la producción o secreción de leche; la lactógena placenal humana es una hormona proteínica de origen placentario; su actividad biológica imita débilmente a la hormona del crecimiento pituitario y la prolactina.

Laparoscopia. Examen visual directo del interior del abdomen por medio de un instrumento óptico (laparoscopio) insertado a través de una apertura bajo el ombligo.

LH. *Véase Hormona luteinizante.*

Ligamento tubo-ovariano. Tejido conjuntivo que se extiende entre la trompa de Falopio y el ligamento ovárico.

Ligamento uterovárico. Estructura que aguanta los ovarios.

Ligamentos uterinos. Estructuras de tejidos que mantienen en su sitio al útero en la pelvis: el uterosacral (posterior), el cardinal (lateral) y el redondo (anterior).

Lóbulos. Partes del pecho que producen la leche; cada pecho contiene de 15 a 24 lóbulos. Son grupos de células dentro del pecho formadas por el crecimiento de células que se estructuran o forman los conductos (para la leche) a medida que madura el pecho.

Loquios. Descarga de sangre, flujo y tejido del útero durante las primeras semanas después del nacimiento.

Lútea. Perteneciente al cuerpo lúteo, sus células y hormonas.

Luteólisis. Degeneración o destrucción de los tejidos ováricos luteinizados (cuerpo albicans).

Manchado. Término cuantitativo que indica pequeñas cantidades de sangre vaginal (roja o marrón) que pueden tener lugar al principio o al final de la menstruación o durante un sangrado intermenstrual.

Meato uretral. Apertura externa de la uretra.

Mellizos. Resultado de la ovulación de dos óvulos, fertilizados por dos espermatozoides; son gemelos no idénticos.

Menarquía. Primera menstruación. Establecimiento de la función menstrual.

Menometrorragia. Sangrado irregular o excesivo durante la menstruación y entre periodos menstruales: es un síntoma pero no un diagnóstico aceptable.

Menopausia. Periodo de cese o terminación natural de la menstruación que ocurre normalmente entre los 45 y los 55 años de edad.

Menorragia. Hipermenorrea.

Menstruación. Descarga periódica de sangre, flujo cervical y detritus celulares procedente del útero, llamada comúnmente menstruación, regla o periodo, ocurre en periodos más o menos regulares en la vida de una mujer, desde la edad de la pubertad hasta la menopausia.

Metaplasia. Transformación anormal de un tejido adulto, completamente diferenciado de una clase en un tejido diferenciado de otra clase.

Metaplasia escamosa (cervical). Zona de transformación (la zona T) formada por la sustitución de las células del endocérvix por células escamosas. La transformación tiene lugar en respuesta a un estímulo y el proceso puede ser normal o anormal. El cáncer de cérvix surge casi siempre en la zona de transformación.

Métodos de barrera. Métodos anticonceptivos, incluyendo preservativos, diafragmas, etc., utilizados para impedir que los espermatozoides lleguen al óvulo.

Mioma (fibromas). Tumores sólidos no malignos que surgen en el tejido muscular del útero (miometrio).

Miometrio. Parte muscular del útero.

Mittelschmerz. Dolor abdominal, especialmente en el lugar de la ovulación, entre dos periodos menstruales en el momento de la ovulación.

Moco cervical. *Véase Flujo cervical.*

Modelo de infertilidad básica. El término se utiliza en el método de la ovulación Billings para significar la manifestación fisiológica de la inactividad relativa del ovario antes del comienzo de la maduración folicular. Puede consistir tanto en sequedad como en una descarga constante y no cambiante que permanece igual día tras día, o una combinación de las dos; se recomienda la ayuda de un monitor especialista para reconocer esta fase.

Mórula. Estadio de desarrollo humano en el que hay más de cuatro células pero menos de 50.

Mucosa. Membrana de recubrimiento que consiste en una capa de epitelio segregativo de flujo cervical, sujeta por una capa de tejido conjuntivo.

Nulípara. Mujer que nunca ha dado a luz.

Oligomenorrea. Menstruación escasa.

Ooforitis. Inflamación de los ovarios.

Oogénesis. Proceso de producción ovular en el ovario, bajo la influencia de la FSH.

Os cervical.

Externo: apertura vaginal (orificio) de la cérvix uterina.

Interno: apertura cervical (orificio) de la cavidad uterina.

Ovario. Una de las glándulas del sistema reproductor femenino; produce la célula reproductora (el óvulo) y dos hormonas: el estradiol (estrógenos) y la progesterona.

Ovulación. Liberación del óvulo desde un folículo ovárico maduro.

Óvulo. Célula reproductora femenina madura.

Oxitocina. Hormona obtenida del lóbulo posterior de la glándula pituitaria que provoca la contracción uterina y la subida de la leche materna.

Pene. Órgano masculino para la copulación y la micción (expulsión de orina).

Pezón. Protuberancia en la parte frontal de cada pecho a través de la cual los conductos lácteos descargan la leche: cada pezón tiene de 15 a 24 conductos abiertos (uno por cada lóbulo).

pH. Medida de acidez o de alcalinidad; menos de 7.0 es ácido y más de 7.0 es alcalino; el Ph normal de la vagina es de 3.8 a 4.2; el Ph normal del flujo cervical estrogénico y el del fluido seminal es de 7.8 a 8.5.

Pituitaria, glándula. Glándula del tamaño de un guisante sujeta por el tallo a la base del cerebro, directamente debajo del hipotálamo; segrega hormonas, algunas de las cuales controlan la función de los ovarios y de los testículos; se divide en el lóbulo anterior y en el posterior.

Placenta. Estructura esponjosa oval o discoide en el útero; es el órgano de intercambio metabólico entre el feto y la madre.

Planificación Familiar Natural. Métodos para lograr o evitar el embarazo basados en la observación de los signos y síntomas naturales de las fases fértiles e infértiles del ciclo menstrual. Se considera implícito en la definición de Planificación Familiar Natural que, cuando se usa para evitar el embarazo: *a*) no se utilizan medicinas, dispositivos, procedimientos quirúrgicos; *b*) hay abstinencia de todo contacto genital durante la fase fértil del ciclo; y *c*) el acto sexual, cuando ocurre, es completo.

Polimenorrea. Sucesión de ciclos menstruales con una frecuencia mayor de la normal.

Poslactancia. Estado que sigue a la fase de producción de leche.

Posovulatorio. Después de la ovulación; es la fase del ciclo menstrual que se extiende desde la ovulación hasta el comienzo de la siguiente menstruación.

Posparto, periodo. Después de dar a luz.

Premenopausia. Término comúnmente utilizado para indicar la época en que una mujer percibe irregularidades anormales en sus ciclos menstruales así como otros síntomas, preludio de la menopausia.

Preovulación. Antes de la ovulación; es la fase del ciclo menstrual que se extiende desde el principio de la maduración folicular hasta la ovulación, generalmente considerado como el tiempo que sigue a la menstruación y se extiende hasta la ovulación.

Progesterona. Es la hormona producida por las células granulosas del cuerpo lúteo en respuesta a la LH; también se produce en el cuerpo lúteo como respuesta a la HCG en la primera etapa del embarazo; más tarde el embarazo, la produce la placenta; hace que la temperatura basal cambie después de la ovulación; estimula el endometrio; provoca la producción del flujo gestagénico en las glándulas cervicales; en el embarazo estimula el desarrollo de los acini en los alvéolos de los lóbulos del pecho.

Prolactina. Hormona producida por el lóbulo anterior de la glándula pituitaria. Es capaz de iniciar y suspender la lactancia. Un elevado nivel de prolactina puede provocar amenorrea.

Proliferación. Multiplicación de las células.

Próstata. Una de las glándulas sexuales accesorias del hombre que rodea la parte baja de la vejiga y la uretra superior. Sus secreciones son el mayor componente del semen.

Quiste de Naboth. Quiste prominente en la zona T formado por criptas cervicales cuyas bocas han sido cerradas por un proceso metaplásico escamoso.

Quistes ováricos.

Foliculares: quistes que surgen en folículos que pueden haber fallado al intentar romperse y continúan secretando estrógenos o pueden luteinizarse y secretar tanto progesterona como estrógenos sin que tenga lugar la erupción del óvulo.

Luteínicos: quistes provocados por el cuerpo lúteo que puede persistir en secretar progesterona y estrógenos más allá de la fase lútea normal.

Rectocele. Protuberancia del recto a través de la pared vaginal.

Relaciones interlabiales. Actividad sexual durante la cual el pene se introduce entre los labios, donde tiene lugar la eyaculación.

Relaciones sexuales completas. Actividad sexual durante la cual el pene penetra en la vagina, donde tiene lugar la eyaculación.

Relaciones sexuales incompletas. Este término incluye las siguientes formas de actividad sexual: *coitus interruptus* y *coitus reservatus.*

Coitus interruptus: actividad sexual durante la cual el pene se retira de la vagina antes de la eyaculación y ésta se produce fuera de ella (también llamada comúnmente "retirada").

Coitus reservatus: actividad sexual durante la cual el pene penetra en la vagina pero la eyaculación es deliberadamente evitada.

Ritmo, método del. *Véase Calendario, método del.*

Salpingitis. Inflamación de las trompas de Falopio. Puede deberse a las mismas causas que la vaginitis.

Sangrado anormal. Cualquier sangrado vaginal que no sea el sangrado menstrual normal; debe ser siempre evaluado por un médico.

Sangrado intermenstrual. Sangrado marginal que ocurre entre las menstruaciones; debe ser siempre evaluado por un médico.

Secreción. Es el producto (sólido, líquido o gaseoso) de la actividad de una célula o de una glándula que almacena o utiliza el organismo que lo produce.

Semen. Fluido que expulsa el aparato reproductor masculino durante la eyaculación; es un fluido espeso, blanco-amarillento, que contiene espermatozoides; es una mezcla de secreciones de los testículos, la vesícula seminal, la próstata y las glándulas bulbouretrales.

Pseudociesis. Condición en la que la paciente tiene todos los signos y síntomas usuales del embarazo, como ensanchamiento del abdomen, aumento de peso, cesación de la menstruación, náuseas al levantarse, pero no está embarazada.

Sintotérmico, método. Método de Planificación Familiar Natural en el que se identifican las fases fértiles del ciclo menstrual por medio de la observación de los cambios en el flujo cervical, registrando a diario la temperatura basal corporal y anotando síntomas adicionales como sangrado intermenstrual, dolor, sensibilidad en los pechos y cambios en la cérvix. Algunas versiones del método sintotérmico añaden los cálculos del método del calendario para estimar el final de la fase infértil.

Skene, glándula de. Localizada justo en el meato de la uretra, puede contribuir a eliminar el líquido arousal.

Teca externa. Capa de células externas de la pared de folículo y del cuerpo lúteo.
Teca interna. Capa interna de células de la pared folículo, lugar de producción de los estrógenos.
Temperatura basal corporal, método de la. Método de Planificación Familiar Natural en la que se identifica la fase infértil del ciclo menstrual con el cambio térmico en la curva de temperatura basal del cuerpo.
Temperatura basal del cuerpo. Se refiere a una subida de la temperatura del cuerpo de entre 0.4 y 1 grado Farenheit en función de la ovulación; la temperatura varía debido a la progesterona; vuelve a caer con la menstruación y continúa elevada en caso de embarazo.
Testículo. Una de las dos gónadas del hombre, localizada en la cavidad del escroto. Produce espermatozoides y secreta andrógenos.
Testosterona. Principal hormona andrógena formada por células Leydig de los testículos y posiblemente segregada también por los ovarios y la glándula adrenal en pequeñas cantidades.
Trompas de Falopio. Son dos tubos que se extienden desde la parte superior del útero hasta los ovarios y a través de los cuales: *a*) el óvulo pasa de los ovarios al útero, y *b*) los espermatozoides progresan desde el útero hasta los ovarios. La fertilización normalmente tiene lugar en las trompas de Falopio.
Uretra. Estrecho canal que se extiende desde la vejiga hasta la vulva en las mujeres y, en los hombres, pasa a través del pene y se abre en su extremo. La uretra, en hombres y mujeres, conduce la orina desde la vejiga al exterior del cuerpo. En los hombres también conduce el semen al exterior.
Útero. Órgano reproductor de la mujer con forma de cavidad donde el óvulo fertilizado se implanta y desarrolla. Tiene una parte superior redondeada llamada cuerpo y una parte inferior más estrecha llamada cérvix, que se extiende hasta la vagina.
Vagina. Canal muscular y genital hueco que se extiende desde la vulva hasta el útero.
Vaginitis. Inflamación de la vagina que puede estar provocada por organismos infecciosos, traumatismos o por un cuerpo extraño.
Vasectomía. Esterilización quirúrgica de los hombres en la cual se secciona el conducto deferente bilateralmente.
Vejiga. Bolsa muscular donde se almacena la orina antes de vaciarse periódicamente.
Vesículas seminales. Son un par de estructuras con forma de bolsa, ligadas al conducto deferente y localizadas detrás de la próstata.
Viscoso. Que tiene una cualidad adhesiva, pegajosa.
Vulva. Órgano reproductor externo de la mujer, incluye el pubis, los labios mayores y menores, el clítoris, la entrada de la vagina y sus glándulas, así como la apertura de la uretra y de la vagina.
Zona de transformación. *Véase Metaplasia escamosa.*
Zona pelúcida. Material claro y gelatinoso que forma una especie de concha alrededor del óvulo; después de la fertilización se altera de tal manera que impide la entrada de otro espermatozoide. La zona pelúcida persiste hasta que el embrión empieza a implantarse en el útero, de cinco a ocho días después de la concepción.
Zona perineal. Piel entre la parte posterior de la vagina y el ano.

Apéndice I

Tablas de crecimiento demográfico en el mundo

Economías de bajos ingresos
Tasa de fertilidad total*

	Año		
País	1965	1990	2000**
Mozambique	6.8	6.4	6.7
Tanzania	6.6	6.6	6.6
Etiopía	5.8	7.5	7.3
Somalia	6.7	6.8	6.6
Nepal	6.0	5.7	4.6
Chad	6.0	6.0	6.1
Bhutan	5.9	5.5	5.4
Laos	6.1	6.7	6.0
Malawi	7.8	7.6	7.4
Bangladesh	6.8	4.6	3.3
Burundi	6.4	6.8	6.6
Zaire	6.0	6.2	5.6
Uganda	7.0	7.3	6.6
Madagascar	6.6	6.3	5.2
Sierra Leona	6.4	6.5	6.5

*Los nombres y cifras en cursivas, al final de **todas las tablas de este apéndice,** indican que corresponden a un año diferente del especificado. La tasa de fertilidad total indica el número de hijos por pareja.
**Robert Sassone-American Life League, 2001-Reporte pendiente de publicación.

Economías de bajos ingresos (*Continuación.*)

País	Año 1965	1990	2000
Mali	6.5	7.1	7.0
Nigeria	6.9	6.0	5.0
Níger	7.1	7.2	7.3
Ruanda	7.5	8.3	7.6
Burkina Faso	6.4	6.5	6.3
India	6.2	4.0	3.0
Benin	6.8	6.3	5.2
China	6.4	2.5	1.8
Haití	6.1	4.8	4.2
Kenya	8.0	6.5	5.5
Pakistán	7.0	5.8	4.6
Ghana	6.8	6.2	4.6
Rep. Central Africana	4.5	5.8	5.3
Togo	6.5	6.6	6.5
Zambia	6.6	6.7	6.1
Guinea	5.9	6.5	6.5
Sri Lanka	4.9	2.4	2.1
Mauritania	6.5	6.8	6.8
Lesotho	5.8	5.6	4.5
Indonesia	5.5	3.1	2.4
Honduras	7.4	5.2	4.1
Egipto, Rep. Árabe	6.8	4.0	3.1
Camboya	6.2	4.5	3.5
Liberia	6.4	6.3	5.2
Myanmar	5.8	3.8	2.9
Sudán	6.7	6.3	5.4
Vietnam	6.0	3.8	2.9

Economías de ingresos medios-bajos
Tasa de fertilidad total

	Año		
País	1965	1990	2000
Bolivia	6.6	4.8	3.7
Zimbabwe	8.0	4.9	3.4
Senegal	6.4	6.5	6.3
Filipinas	6.8	3.7	2.7
Costa de Marfil	7.4	6.7	5.8
Rep. Dominicana	7.2	3.2	2.4
Papúa N. Guinea	6.2	5.1	4.0
Guatemala	6.7	5.4	3.4
Marruecos	7.1	4.5	3.4
Camerún	5.2	5.8	5.3
Ecuador	6.8	3.7	2.8
Siria	7.7	6.5	5.4
Congo	5.7	6.6	6.3
El Salvador	6.7	4.2	3.2
Paraguay	6.6	4.6	4.0
Perú	6.7	3.8	2.8
Jordania*	8.0	6.3	5.6
Colombia	6.5	2.7	2.2
Tailandia	6.3	2.5	2.1
Túnez	7.0	3.6	2.7
Jamaica	5.7	2.8	2.1
Turquía	5.7	3.5	2.7
Rumania	1.9	2.2	2.1
Polonia	2.5	2.1	2.1
Panamá	5.7	2.9	2.2
Costa Rica	6.3	3.1	2.3
Chile	4.8	2.5	2.1
Botswana	6.9	4.7	3.1
Argelia	7.4	5.1	3.7
Bulgaria	2.1	1.9	1.9
I. Mauricio	4.8	1.9	1.8
Malasia	6.3	3.8	3.0
Argentina	3.1	2.8	2.3
Irán	7.1	6.2	5.6
Albania	*5.4*	*3.1*	*2.3*
Angola	*6.4*	*6.5*	*6.6*
Mongolia	*5.9*	*4.7*	*3.7*
Namibia	*6.1*	*5.9*	*4.8*
Nicaragua	*7.2*	*5.3*	*4.2*
Yemen	*7.0*	*7.7*	*7.5*

*Los datos de Jordania cubren sólo el margen oriental.

Economías de ingresos medio-altos
Tasa de fertilidad total

	Año		
País	1965	1990	2000
México	6.7	3.3	2.4
Sudáfrica	6.1	4.3	3.4
Venezuela	6.1	3.6	2.7
Uruguay	2.8	2.3	2.1
Brasil	5.6	3.2	2.4
Hungría	1.8	1.8	1.8
Yugoslavia	2.7	2.0	2.0
Rep. Checa	2.4	2.0	2.0
Gabón	4.1	5.7	6.1
Trinidad y Tobago	4.3	2.8	2.3
Portugal	3.1	1.6	1.6
Corea	4.9	1.8	1.8
Grecia	2.3	1.5	1.6
Arabia Saudita	7.3	7.0	5.9
Irak	*7.2*	*6.2*	*5.1*
Libia	*7.4*	*6.7*	*5.8*
Omán	*7.2*	*7.0*	*5.9*

Economías de ingresos altos
Tasa total de fertilidad

	Año		
País	1965	1990	2000
Irlanda	4.0	2.2	2.1
Israel	3.8	2.8	2.3
España	2.9	1.5	1.2
Singapur	4.7	1.9	1.9
Hong Kong	4.5	1.5	1.5
Nueva Zelanda	3.6	2.0	2.0
Bélgica	2.6	1.6	1.6
Reino Unido	2.9	1.8	1.9

Economías de ingresos altos (*Continuación.*)

	Año		
País	1965	1990	2000
Italia	2.7	1.3	1.2
Australia	3.0	1.9	1.9
Holanda	3.0	1.6	1.5
Austria	2.7	1.5	1.4
Francia	2.8	1.8	1.7
Emiratos Árabes	6.8	4.6	3.6
Canadá	3.1	1.7	1.6
Estados Unidos	2.9	1.9	2.0
Dinamarca	2.6	1.7	1.7
Alemania	2.5	1.5	1.3
Noruega	2.9	1.8	1.8
Suecia	2.4	1.9	1.5
Japón	2.0	1.6	1.4
Finlandia	2.4	1.8	1.7
Suiza	2.6	1.7	1.5
Kuwait	7.4	3.4	2.6

Apéndice II

Tasas de esterilización mundial de mujeres casadas*

Área del mundo y país	*Año de métodos artificiales*	*Porcentaje de usuarias esterilizadas*	*Porcentaje de usuarias*
África			
Botswana	1988	33	13
Burundi	1987	9	1
Ghana	1988	13	8
Kenya	1989	27	17
Liberia	1986	6	17
Mali	1987	5	2
I. Mauricio	1985	75	6
Nigeria	1990	6	0
Senegal	1986	11	2
Swazilandia	1988	21	22
Uganda	1988/89	5	16
Zimbabwe	1988	43	5
Asia/Pacífico			
Bangladesh	1985	25	31
China	1985	74	36
Indonesia	1987	48	6
Corea	1989	77	48
Nepal	1986	14	45
Filipinas	1986	45	24
Sri Lanka	1987	62	40
Taiwán	1985	78	33
Tailandia	1987	68	33

*Estudio realizado por el Population Information Program de la Universidad de Johns Hopkins, Population Reports, noviembre de 1990.

Área del mundo y país	*Año de métodos artificiales*	*Porcentaje de usuarias esterilizadas*	*Porcentaje de usuarias*
Latinoamérica y el Caribe			
Brasil	1986	66	41
Colombia	1986	65	28
Costa Rica	1986	70	20
Rep. Dominicana	1986	50	66
Ecuador	1989	53	34
El Salvador	1988	47	63
Guatemala	1987	23	45
Jamaica	1989	55	25
Haití	1989	10	25
México	1987	53	35
Paraguay	1990	48	15
Perú	1986	46	14
Trinidad y Tobago	1987	53	16
Oriente Próx.- África del Norte			
Egipto	1988	38	5
Jordania	1985	27	18
Marruecos	1987	36	6
Túnez	1988	50	23
Turquía	1988	77	2
Países desarrollados			
Alemania, Rep. Fed.	1985	78	13
Japón	1988	56	10
Holanda	1985	72	7
España	1985	59	7
Estados Unidos	1988	74	31

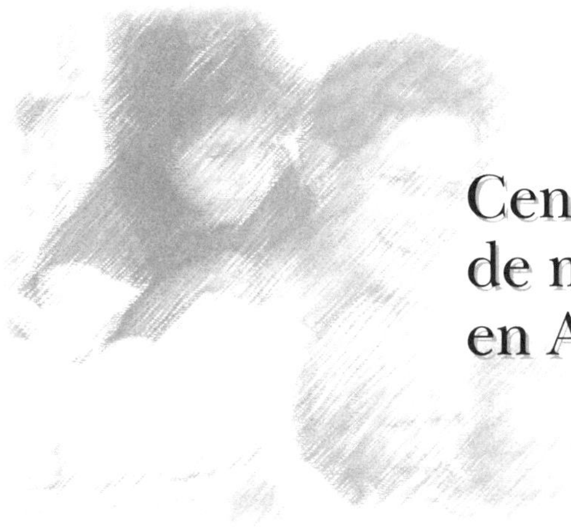

Centros y profesores de métodos naturales en América

Agradecemos a Family of the Americas Foundation la información que nos ha facilitado para la elaboración de este listado. Los números entre paréntesis que preceden a los teléfonos abajo indicados corresponden a los prefijos internacionales y locales.

Argentina

Doctor Eduardo Zubizarreta, Conferencia Episcopal Argentina
P. Colón 221, P.B. –1399, Capital Federal Buenos Aires.
Tel. (54 1) 33 37 01

Doctor Rafael L. Pineda
Boulevard Orono, 733-2000, Rosario

Belize

Don Timoteo y Doña Margarita Robinson
Instituto Católico Belizeño a favor de la vida humana
Misión Católica, Benque Viejo del Carmen, Belize.
Tel. (501) 93 25 35; fax (501) 93 30 82

Bolivia

Hermana Marceline Yurkovic, MM.
Conferencia Episcopal Boliviana
Casilla 8596, La Paz

Brasil

Hermana Martha Silvia Bhering, Presidenta CENPLAFAM
Avenida Bernardino de Campos, 110 cj. 12 – CEP 04004
Paraíso, Sao Paulo.
Tel. (5511) 289 89 73, (5511) 284 38 84; fax (5511) 884 34 17

Chile

Doctor Patricio Mena, Profesor de Obstetricia Universidad de Chile
Charles Hamilton 11051, Santiago. Tel. (562) 32 19 98; fax (562) 77 50 62

Colombia

Don Jesús Magaña, Presidente Asociación Vida y Verdad
Trv. 10 núm. 109-75, Santa Fe de Bogotá.
Tel. (571) 619 80 13; fax (571) 620 77 37

Sor Zulma Duque R.
Casa la Milagrosa, Carrera 45, núm. 54-18,
Medellín. Tel. (574) 626 53 98

Costa Rica

Doña Gloria M. de González
Comisión Nacional Episcopal de Regulación Natural de la Fertilidad
Apartado Postal 1663 –1000 -1000 San José.
Tels. (506) 234 12 97, (506) 283 61 65; fax (506) 435 17 55

República Dominicana

Pro-vida Dominicana, Ignacio y Mari Carmen Ibáñez
Apartado 3002, Santo Domingo. Tel. (809) 567 40 45

Doña Gloria Diclo Vargas
Duarte # 11, San Juan de la Managua

Ecuador

Doctor Washington Villacres Estrella, Médico PFN
Arzobispado de Quito, Apartado núm. 106, Quito

El Salvador

Doña María Elena Alfaro Avilés, AMOBES
Colonia Los Arcos, Pasaje B #228, Sta. Anita, San Salvador.
Tel. (503) 242 05 23; fax (503) 274 21 85

Estados Unidos de América

Doña Mercedes Arzú de Wilson
Family of the Americas Foundation, Inc.
P.O. Box 1170 – Dunkirk – MD 20754 -1170
Tel. (1301) 627 33 46; fax (1301) 627 08 47; e-mail: family@upbeat.com

Guatemala

Doña Dominique de Quiñones
Asociación Guatemalteca para la Familia de las Américas
Avenida de las Américas 7-30, zona 13
Edificio Los Arcos, 4o. nivel, Guatemala Ciudad. Tel. y fax (502) 360 60 36

Honduras

Don José Rodolfo Quan y Doña Ma. Elena Suazo de Quan
Doctor Napoleón Zapata y Doña Eva Luz de Zapata
Programa RENACE MOB
Boulevard Morazán Edificio J. S. # 307, Apartado Postal 4681,
Tegucigalpa. Tel. y fax (504) 39 68 23

México

Doctora Marines Girault de Sánchez Mejorada
María Pilar Calva Mercado AMEIF.
Volcán 120, México, D. F. Tel. (525) 294 63 65

Doña Patricia Villarreal de Cárdenas
Fame Saltillo, Torreón 1960, col. Rep. Ote,
Saltillo, Coahuila. Tel. (5284) 160 858

Nicaragua

Doctora Luisa Isabel Rodríguez Castellón;
Doctor Jairo Javier Vanegas López
Comisión Pastoral Social de Arquidiocesana
Barrio Altagracia, Antigua Nunciatura Apostólica
Apartado Postal 2430, Managua.
Tels. (505) 266 96 20, (505) 266 56 01; fax (505) 266 56 00

Panamá

Doña Itzkra M. de Trute
P.O. Box 8770, Panamá. fax (507) 223 01 58;
e-mail: itzkra@hotmail.com.

Paraguay

Doctor Nestar Robledo de Stark, Servicio Amor y Vida
Conf. Episcopal Paraguaya
Casilla de Correo núm. 2093, Asunción. Tel. (59521) 90 920

Perú

Doña Blanca B. Neira Canelee, CEPROFARENA
General Suárez 287, Miraflores,

Lima 18. Tel. (511) 242 61 30;
fax (511) 441 28 16

Doctor Fernando Carbone Campoverde, Caritas Perú
Calle Omicron 492, Lima. Tel. (511) 242 61 30; (511) 463 69 24

Puerto Rico

Doctora Luisa Burgos
La Riviera, 58 S. E. St. núm. 1289,
San Juan 00921. Tel. (1787) 754 37 00

Doña Teruca Rullán P. Wilfredo Peña
La Mujer por la Familia en Puerto Rico
Box 19241 Fernández Juncos Station, San Juan 00910.
Tels. (1787) 725 94 55; (1787) 762 03 75; (1787) 257 76 43

Uruguay

P. Pedro Richards, C.P.
Instituto de Ciencias Familiares
Pablo de María, 1362, 11200 Montevideo.
Tel. (5982) 403 251; fax (5982) 409 049

Venezuela

Doña Christine de Vollmer, PROVIVE
Apartado 1623 Carmelitas, Caracas 1081.
Tel. (582) 962 19 84; fax (582) 962 13 84

Avemo Billings
Avenida Francisco Miranda, Edificio Guarimba, piso 8, núm. 80-81
Apartado de Correos 80505, Prados del Este, Caracas. Tel. (582) 34 73 76

Bibliografía seleccionada

Abrams, Jim, "Until Marriage Do Us Part", en *The Washington Post,* 2 de febrero de 1993, p. C5.

Achenbach, Joel, "At Summit, Dueling Hemispheres", en *The Washington Post,* 5 de junio de 1992, p. C1.

Akhter, Farida, "The Eugenics and Racist Premise of Reproductive Rigths and Population Control", en *Issues in Reproductive and Genetic Engineering,* vol. 5, núm. 1, Pergamon Press Ltd., 1992, pp. 1-8.

American Journal of Obstetrics and Gynecology, vol. 165, núm. 6, 2a. parte, diciembre de 1991.

Anchell, Melvin, doctor en Medicina. *"What´s Wrong with Sex Education?",* Selma, Al., Hoffman Center for the Family, 1991.

Anderson, Carl A. y William J. Gribbin, *Emblem of Freedom: The American Family in the 1980´s,* Durham, NC: Carolina Academic Press, 1981.

——, *The Family in the Modern World,* Washington, D. C., The American Family Institute, 1982.

——, "The Solidarity of the Family", introducción a *The Family in the Modern World,* simposio capital sobre *Familiaris Consortio,* 1982.

Andrews, Mason C., Jones *et al.,* "Reproductive Medicine", Norfolk General Hospital, Forum, vol. 2, núm. 1, febrero de 1985.

Bennett, William J., *Index of Leading Cultural Indicators,* Washington, D. C., Joint Publication of Empower America, Heritage Foundation and Free Congress Foundation, 1992.

Brennan, John, doctor en Medicina, Conferencia presentada en el Congreso Internacional de la Familia, Ciudad de Guatemala, Guatemala, 1980.

Buckley, James L., Embajador Discurso en nombre de Estados Unidos en la Conferencia Internacional sobre Población, Ciudad de México, 6 al 14 de agosto de 1984.

Califano, Joseph, "Three-Headed Dog From Hell", en *The Washington Post,* 21 de diciembre de 1992.

"Can You Rely on Condoms?", en *Consumer Reports,* marzo de 1989, pp. 135-142.

Carlos, Allan C., "On the Importance and History of the Family", Informe para Family of the Americas Foundation, inédito.

Center for Population Research, National Institute of Child Health and Human Development, *1991 Progress Report*, p. 1213.

Cox, Meg, "Suicide Manual for Terminally Ill Stirs Heated Debate", en *The Wall Street Journal*, Nueva York, 12 de julio de 1991.

"Cures from the Womb", en *Newsweek*, 2 de febrero de 1993.

Day, Lorraine, *Condoms Don´t Work*!, Palm Desert, Cal., Rockford Press, 1992, p. 4.

The Deadly After-Effect of Abortion-Breast Cancer, Cincinnati, Ohio, Hayes Publishing Co.

Deer, Brian, "Inquiry Ordered on Professor´s Bogus Pill Tests", en *Child and Family*, **20:** 116-117, 1988.

DeMarco, Donald, doctor en Filosofía, "Infertility and In Vitro Fertilization: Its Meaning and Morality", Life Ethics Centre, St. Joseph´s University College, University of Alberta, Edmonton, Alberta, Canadá, 1985.

"Depo-Provera birth control´s cost defended by Upjohn Co.", en *The Times-Picayune*, Nueva Orléans, Lousiana, 13 de enero de 1993.

"Depot Medroxyprogesterona (Depo-Provera) and Risk of Breast Cancer", en *British Medical Journal*, 1989, **299:** 759-762.

Dirubba, Nancy E., "The Condom Barrier", en *American Journal of Nursing*, octubre de 1987, p. 1306.

Division of STD/HIV Prevention, U.S. Department of Health and Human Services, "1991 Annual Report".

Drozdiak, William, "Europe´s «Birth Dearth» Spawns Reappraisal of Inmigration", en *The Washington Post*, 20 de enero de 1994, p. A19.

Edelman, D. A., "Develoment and Testing of Vaginal Contraceptives: Final Report," Research Triangle Park, North Carolin, Family Health International, 1983.

Ernst, Siegfried, "Is ´Humanae Vitae´Outdated?", *Medizin und Ideologie*, septiembre de 1988.

Fagan, Patrick F., Lista extraída de "Children´s Well-Being: An International Comparaison". Center for International Research, Bureau of the Census, U. S. Department of Commerce, International Population Reports Series, núm. 80 noviembre de 1989, p. 95.

Fagan, Patrick, "The Social Teaching of John Paul II on the Family: Towards a More Generous Gift of Self in the Family", documento inédito, p. 3.

Faich, G., K., Pearson y otros, "Toxic Shock Syndrome and the Vaginal Contraceptive Sponge", en *Journal of the American Medical Association*, 1986, 255: 216-218.

Fedoryka, Damian, "Reflection on Christian Parenthood", documento presentado para Family of the Americas Foundation, pp. 5-6. *Fertility/Sterility*, vol. 36, p. 591, 1981.

Filer, Robert B., doctor en Medicina, y Chung H. Wu, doctor en Medicina, *Journal of Reproductive Medicine*, noviembre de 1989, pp. 887-890.

Fleet y otros, *British Journal of Obstetrics and Gynecology*, agosto de 1988, vol. 95, pp. 740-746.

Ford, James H. y Michael Schwartz, "Birth Control for Teenagers: Diagram for Disaster", en *Linacre Quaterly*, febrero de 1979, p. 76.

Frankl, Viktor, "Man´s Search for Meaning", documento no publicado para Family of the Americas Foundation.

——, *Man´s Search for Meaning*, 2a. ed., Boston, Beacon Press, 1963.

Gayle, Helene, entrevista de Jim Fisher-Thompson, USIA Wireless File, una publicación de la United States Information Agency, 7 de enero de 1993.

Gilder, George, *Men and Marriage,* edición revisada de *Sexual Suicide,* Gretna, Pelican Publishing Company, 1986, pp. 6-7.

Giovannucci y otros, *Journal of the American Medical Association,* 16 de febrero de 1993.

Gourash, Linda, "Cartas", en *The Washington Post,* 31 de mayo de 1991, p. A18.

Grant, Edward R. y otros, "Repackaging the Euthanasia Debate: 25 Years of Change in Public Policy and Language", en *AUL Insights,* vol. 3, núm. 1, febrero de 1992, p. 9.

Grant, Ellen, *The Bitter Pill,* Elm Tree Books/Hamish Hamilton, Gran Bretaña, 1985.

Grant, George, *The Quick and the Dead: RU-486 and the New Chemical Warfare Against Your Family,* Wheaton, Illinois, Good News Publishers, 1991, p. 50.

Harris, Jeanne A., "Planned Parenthood and the Myth of Population Control", en *New Dimensions,* vol. 5, núms. 9 y 10, septiembre-octubre de 1991, p. 50.

Haskell, Martin, documento presentado en el National Abortion Federation Risk Management Seminar, Dallas, Texas, 13 de septiembre de 1992.

Hatcher, Stewart, Trussel *et al., Contraceptive Technology 1990-1992,* Nueva York, Irvington Publishers.

Hax, Carolyn, "No Birth, No Pangs", en *The Washington Post,* 21 de marzo de 1993.

Hayward, Mak D., Jonichi Yogi, "Contraceptive Failure Rate in the United States: Estimates from the 1982 National Survey of family Growth", en *Family Perspectives,* vol. 18, núm. 5, septiembre-octubre de 1986, p. 204.

"High cost of teen pregnancies", editorial, *The Times-Picayune,* Nueva Orléans, Lousiana, 13 de enero de 1994.

Hitchcock, James, "Forces Working Against the Family", documento presentado en Family of the Americas Foundation, p. 13.

Howard, Marion y Judith Blarney McCabe, "Helping Teenagers Postpone Sexual Involvement", en *Family Planning Perspectives,* enero-febrero de 1990, vol. 22, núm. 1, p. 21.

Ince, Susan, "The Trouble with RU-486", en *Vogue,* julio de 1991.

IPPF Open File, octubre de 1993, citando *The Family Planning Manager,* vol. II, núm. 3, mayo-junio de 1993.

"Is Sex Safe", Boise, Idaho: Grapevine Publications, 1992.

Jackson, Robert, *Human Ecology: A Physician´s Advice for Human Life,* Petersham, Massachusetts, St Bede´s Publications, 1990, p. 35.

Jones, Elise F. y Jacqueline Darrock Forrest, "Contraceptive failure in the United States: Revised Estimates from the 1982 National Survey of Family Growth", en *Family Perspectives,* vol. 21, núm. 3, mayo-junio de 1989, p. 103.

Kasun, Jacqueline R., "Population Control of the Family", folleto publicado por el Population Research Institute, Gaithersburg, Maryland, 1988.

Kasun, Jacqueline, "Population and Families", documento inédito para Family of the Americas Foundation.

"Kids Now Swap Hard-Core Porn on Computer Floppy Disks", en *Europe Today,* núm. 3, 23 de noviembre de 1992, p. 14.

Kromal *et al., The Lancet,* vol. 1, p. 2, 1988.

Lawler, Philip F., "Poverty of Love, Poverty of Logic: The moral bankrupcy of bioengineering is matched by the ethical reasoning that supports it", en *Catholic World Report,* febrero de 1994, p. 1.

Lejeune, Jérôme, *The Concentration Can: When Does Human Life Begin? An Eminent Geneticist Testifies,* San Francisco, Ignatius Press, 1992, p. 71.

——, "The Genetic Revolution: When Does Human Life Begin?", en *Juventud y*

Amor, documento presentado en el III Congreso sobre la Familia, Caracas, Venezuela, 1985.

Lidegaard, Ojvind y otros, *British Medical Journal,* abril 1 de 1993.

Lippman, Thomas, "Population Control Is Called a «Top Priority» in Foreign Policy", en *The Washington Post,* 12 de enero de 1994.

Lyons, Barbara L., "The Case Against Euthanasia and Assisted Suicide," *Life Cycle,* núm. 114, abril de 1992.

Madre Teresa de Calcuta, *I Thrist,* núm. 4, International Link Letter for Youth Co-Workers.

——, "Whatever You Did Unto One of the Least, You Did Unto Me", conferencia en el National Prayer Breakfast, Washington, D. C., 3 de febrero de 1994.

Marshall Robert y Charles Donovan, *Blessed are the Barren,* San Francisco, Ignatius Press, 1991, caps. 3 y 4.

McDowell, Josh y Dick Day, *Why Wait? What You Need to Know about the Teen Sexuality Crisis,* San Bernardino, Cal., Hers´s Life Publishers, Cal., 1987, pp. 80-81.

Medved, Michael, *Hollywood vs. America,* Nueva York, Harper Collins, 1992.

Melgar, Mariano Yee, "AIDS-Reality and Prevention", en *Siglo Veintiuno,* Guatemala, 9 de diciembre de 1992.

Moreno, L. y N. Goldman, "Contraceptive failure Rates in Developing Countries: Evidence From the Demographic and Health Surveys", en *International Family Planning Perspectives,* vol. 17, núm. 2, pp. 44-49, junio de 1991.

Naciones Unidas, *World Demographic Yearbook,* 1990.

National Center for Health Statistics, United States Centers for Disease Control and Prevention, informe, 6 de enero de 1993.

Nicholi, Armand M., Jr., "The Adolescent", *The Harvard Guide to Modern Psychiatry,* Cambridge, Bel-Knap Press, 1980, p. 530.

——, doctor en Medicina. "The Impact of Separation and Divorce on Children", documento preparado para Family of The Americas Foundation.

O´Connor, Edward D., C.S.C., *The Catholic Vision,* Huntington, Our Sunday Visitor Publishing, 1992, pp. 208-209.

Office of Scientific Information, National Institute of Mental Health, "Suicide Facts", marzo de 1992.

Painter, Kim, "The Imperfect State of Birth Control in the U.S.A", en *USA Today,* 16 de marzo de 1992.

Peterson, Karen S., "Couples who cohabited more likely to divorce", en *USA Today,* 7 de octubre de 1993.

Population Information Program of the Johns Hopkins University, Suplement to Population Reports, *"Decisions for Norplant Programs"*, k-4, vol. XX, noviembre de 1992.

Powell, John S. J., *Unconditional Love,* Allen, Texas, Pabor Publications, 1978.

Price, Joyce, "White House aims to finance family planning around the world", en *The Washington Times,* 12 de enero de 1994.

Proceedings of the Sixth International Neo-Malthus and Birth Control Conference, American Birth Control League, 1926.

Project Respect, "Final Report to the Office of Adolescent Pregnancy Programs," núm. 000816, Title XX, 1985-1990, p. 28.

Report of the International Fund for Agricultural Development, Nueva York, Naciones Unidas, 1992.

Richard, Dinah, *Has Sex Education Failed Our Teenagers?,* Focus on the Family Publishing, 1990, p. 42.

Riches, Valerie, "Sex and Social Engineering", documento presentado en el Congreso Internacional de la Familia, París, 1986.

Roland, C. M., Carta, *The Washington Post,* 3 de julio de 1992.

"Safer Sex", en *Newsweek,* 9 de diciembre de 1991.

Sanger, Margaret, *Birth Control Review,* octubre de 1926.

Sanger, Margaret, *What Every Boy and Girl Should Know,* Fairview Park, Elmsford, Nueva York, Maxwell Reprint Company, 1969, publicado por primera vez en 1915.

Sassone, Robert L., "A New Way of Looking at World Poppulation and Food Supply", reeditado en *Europe Today,* núm. 3, 23 de noviembre de 1992, p. 15.

Scaperlanda, María Ruiz, "Natural Family Planning Pioneers Cite Worldwide Success", en *Today´s Catholic,* 29 de marzo de 1992, p. 6.

Scott, Douglas R., *Bad Choices: A Look Inside Planned Parenthood,* Franklin, Tennessee, Legacy Communications, 1992.

Seifert, Josef, "The Moral Difference Between Natural regulation of Conception and Contraception", traducción de Damian Fedoryka, Academia Internacional de Filosofía, 1984.

"Sexual Behavior Among High School Students-United States, 1990", en *Morbidity and Mortality Weekly Report,* vol. 40, núms. 51 y 52, 3 de enero de 1992, p. 886.

"Sexual Sterilization: Some Questions and Answers", Cincinnati, Ohio: Couple to Couple League.

Short, Ray E., *Sex, Love or Infatuation: How Can I Really Know?,* Augsburg Fortress Press, 1990, p. 102.

Simón, Julian L., "Population Control: Bush at Home in Rio", en *The Detroit News,* 31 de mayo de 1992, p. 3B.

——, *Population Matters: People, Resources, Environment, and Inmigration,* Nueva Brunswick, Nueva Jersey: Transaction Publishers, 1990, p. 163.

——, *The Ultimate Resource,* Princeton, Nueva Jersey: Princeton University Press, 1981, pp. 175-187.

Silvin, I., "International Experience with Norplant and Norplant II Contraceptives", en *Studies in Family Palnning,* vol. 19, núm. 2, pp. 81-94.

Silvin, I. y otros, "Long-term Contraception with Levenorgestrel 20 mcg/day (Lng) and the Copper T 380 Ag intrauterine device: A Five-Year Randomized Study", en *Contraception,* vol. 42, núm. 4, pp. 361-378, octubre de 1990.

Smith, Janet E., "Humanae vitae", en *A Generation Later,* Washington, D. C., The Catholic University of America Press, 1991, pp. 127 y 235.

Smith, Richard, "The Condom," inédito, octubre de 1990, p. 13.

Sobo, Elizabeth, "Africa Under Siege", en *Catholic Twin Circle,* 16 de febrero de 1992.

Specter, Michael, "AIDS Infection and Birth Control Pills", en *The Washington Post,* 9 de junio de 1987.

State Ranking 1992*: A Statistical View of the 50 United States,* Lawrence, Kansas, Morgan Quitno Publishing.

Stone, Kristi, "Teens, Big Business and the Politics of Sex", en *USA Today,* 30 abril de 1992, p. 13a.

"Studies Link Pill to Higher Cancer Rate", en *The Lancet,* Londres, 22 de octubre de 1983.

Su Santidad el Papa Juan Pablo II, discurso en la Cumbre de Roma sobre Regulación Natural de la Fertilidad, 9-11 de diciembre de 1992.

Tapia, Andrés, "Abstinence: The Radical Choice for Sex Ed.", en *Christianity Today*, 8 de febrero de 1993.

Torinus, Mark, "The Faces of Euthnasia", en *Life Cycle*, núm. 114, abril de 1992.

United States Centers for Disease Control and Prevention, *Quaterly AIDS Surveillance*, hacia marzo de 1993.

United States Department of Health and Human Services, informe anual de la Division of STD/HIV Prevention.

Vandegaer, Paula, S.S.S., "The Psycho-Sexual Development of Young People", documento presentado en Family of the Americas Foundation.

Vanier, Jean, "Family = Hope = Fertility of Love", documento presentado en el Congreso de la Familia de París, 1986.

"Vital Signs", en *Health*, enero-febrero de 1994, p. 14.

Vitz, Paul, "Defending Traditional Values: Comments for Parent", documento presentado en Family of the Americas Foundation.

Vobedja, Barbara, "Home Alone, Glued to the TV", en *The Washington Post*, 10 de diciembre de 1992, p. A3.

Von Savant, Marylin, *Parade*, 1 de septiembre de 1991, p. 11.

Wattenberg, Ben J., *The Birth Bearth: What Happens When People in Free Countries Don´t Have Enough Babies*?, Nueva York, Scripps Howard, 1987, p. V.

Wilson, Mercedes Arzú de, Testimonio ante el Select Committee on Children, Youth and Families, Congreso de Estados Unidos, 18 de julio de 1991.

Wolf, Kate, "Fetal Tissue Research", *Newsletter of the AAA Women for Choice*, Manassas, Virginia.

World Bank, *Trends in Developing Economies*, 1991.

——, *World Economic Survey*, 1990.

——, *World Tables*, 1991.

World Health Organization, "Reproductive Health, a Key to a Brighter Future", junio de 1992.

Yoest, Charmaine Crouse, testimonio ante el Committee on Energy and Commerce, Subcommittee on Health and Environment, Congreso de Estados Unidos, 19 de marzo de 1991, p. 2.

Yule, "Medical News", en *The New York Times*, 15 de marzo de 1984.

Zhang De-Wei, "Friendly Collaboration and Fruitful Achievement", informe para la Family of the Americas Foundation, 3 de julio de 1992.

Bibliografía en español

André, Leonard, *La moral sexual explicada a los jóvenes*, Ediciones Palabra, Madrid, 1996.

Arzú de Wilson Mercedes, *Amor y fertilidad*, Family of the Americas Foundation.

Aznar, Justo y Martínez de Marigorta, Javier, *La procreación humana y su regulación, 100 preguntas y respuestas*, Edicep, Valencia, 1995.

Billings, Evelyn y Ann Westmore, *Método Billings*, Regulación natural de la fertilidad, Gedisa, Barcelona, 1988.

Burke, C., *Felicidad y entrega en el matrimonio*, Rialp, Madrid, 1990.

Cachán, Carlos, *Manipulación verde ¿está en peligro la Tierra?*, Ediciones Palabra, Madrid, 1994.

Ferrer, Eusebio, *Educar al adolescente sobre el sexo, la fe y el divorcio*, Ediciones Palabra, Madrid, 1995.

Gotzon Santamaría Garai, M., *Saber amar con el cuerpo*, Ediciones Palabra, Madrid, 1996.

Isaacs, David, *La educación de las virtudes*, EUNSA, Pamplona, 1976.

Juan Pablo II y John J. Billings, *El don de la vida y el amor*, Ediciones Palabra, Madrid, 1995.

Larrea Holguín, Juan, *El Papa y la familia*, Ediciones Palabra, Madrid, 1996.

Lasanta, Pedro Jesús, *La familia, futuro de la sociedad*, Ediciones Palabra, Madrid, 1994.

Leal Noval, Manuel y Camilo López Pardo, *SIDA: enemigo a vencer*, Ediciones Palabra, Madrid, 1995.

López Quintás, Alfonso, *El amor humano, su sentido y su alcance*, Edibersa, Madrid, 1991.

Melendo Granados, T., *Ocho lecciones sobre el amor humano*, Rialp, Madrid, 1992.

Melendo, Tomás, *Fecundación in vitro y dignidad humana*, Casals, Barcelona, 1987.

Mínguez Sanz, J. A. y otros, *Sexo y naturaleza*, EUNSA, Pamploma, 1995.

Monge, Fernando, *Persona humana y procreación artificial*, Ediciones Palabra, Madrid, 1994.

Montblelli, Antonio, *Paternidad responsable, Guía de los métodos naturales*, Ciudad Nueva, Madrid, 1988.

Nathanson, Bernard, *La mano de Dios*, Ediciones Palabra, Madrid, 1997.
Otte, Medialdea, González y Martí, *¿Cómo reconocer la fertilidad? El método sintotérmico*, EIUNSA, Barcelona, 1997.
Polaino-Lorente, Aquilino, *Madurez personal y amor conyugal*, Rialp, Madrid, 1991.
Rodríguez, Ana Mercedes y Teresa Gutiérrez, *Regulación Natural de la fertilidad, Guía del método de la ovulación (Billings)*, Ciudad Nueva, Madrid, 1992.
Rojas, Enrique, *El amor inteligente*, Temas de hoy, Madrid, 1997.
Roldán, S. y J. P. Silva, *La mujer ciega ante el método Billings, Vuelve la familia*, Encuentro, Madrid, 1988.
Sheed, F. J., *Sociedad y sensatez*, Herder, Barcelona, 1976.
Urteaga, Jesús (dir), *La educación sexual*, Ediciones Palabra, Madrid, 1994.
Von Hildebrand, Alice, *Cartas a una recién casada*, Ediciones Palabra, Madrid, 1997.
VV.AA. *Colección HACER FAMILIA*, Ediciones Palabra, Madrid.

Índice onomástico

Índice analítico

FUNDACIÓN PARA LA FAMILIA DE LAS AMÉRICAS
P. O. Box 1170 • Dunkirk, MD 20754-1170
Consultas: (301) 627-3346
Correos electrónicos: familyplanning@yahoo.com
Para hacer pedidos llamar al: 1-800-443-3395
Sitio Web: www.familyplanning.net